上海政法学院刑事法学文库
上海市高校一流学科（B类）法学学科（监狱学方向）建设计划项目资助

SHOUWANG YU CHAOYUE

# 守望与超越

变革时代下监狱理论与实践探析

贾洛川 /著

### 图书在版编目(CIP)数据

守望与超越:变革时代下监狱理论与实践探析/贾洛川著. —北京:北京大学出版社,2016.9

ISBN 978-7-301-27520-7

Ⅰ. ①守… Ⅱ. ①贾… Ⅲ. ①监狱—理论研究 Ⅳ. ①D916.7

中国版本图书馆 CIP 数据核字(2016)第 219559 号

| | |
|---|---|
| 书　　　名 | 守望与超越——变革时代下监狱理论与实践探析<br>SHOUWANG YU CHAOYUE |
| 著作责任者 | 贾洛川　著 |
| 责 任 编 辑 | 朱梅全　尹　璐 |
| 标 准 书 号 | ISBN 978-7-301-27520-7 |
| 出 版 发 行 | 北京大学出版社 |
| 地　　　址 | 北京市海淀区成府路 205 号　100871 |
| 网　　　址 | http://www.pup.cn |
| 电 子 信 箱 | sdyy_2005@126.com |
| 新 浪 微 博 | @北京大学出版社 |
| 电　　　话 | 邮购部 62752015　发行部 62750672　编辑部 021-62071998 |
| 印 　刷 　者 | 三河市博文印刷有限公司 |
| 经 销 者 | 新华书店 |
| | 720 毫米×1020 毫米　16 开本　22.5 印张　380 千字<br>2016 年 9 月第 1 版　2016 年 9 月第 1 次印刷 |
| 定　　　价 | 65.00 元 |

未经许可,不得以任何方式复制或抄袭本书之部分或全部内容。
**版权所有,侵权必究**
举报电话:010-62752024　电子信箱: fd@pup.pku.edu.cn
图书如有印装质量问题,请与出版部联系,电话:010-62756370

# 总　序

　　上海政法学院是以法学学科为主干,社会学、政治学、经济学、管理学、语言文学等多学科协调发展的政法类院校。其中,刑事法学既是学校创立之初的主导学科,也是学校的优势学科,在依托刑事司法学院的基础上,开设了法学(刑事司法方向)、监狱学、监狱学(社区矫正方向)等本科专业,以及承担刑法学专业硕士研究生、法律硕士的培养。发展至今,学校已为上海乃至全国培养了大批应用型、实践型的政法人才,为社会输出了大批优秀的毕业生。

　　我校刑事法学在茁壮成长的历程中既经历了风雨又取得了许多骄人的成绩。2005年,刑事司法方向被上海市教委批准为上海高校本科教育高地建设项目。2007年,刑法学获得上海政法学院校级重点学科建设项目。2009年,刑法学被批准为上海市教委第五期重点学科建设项目,同年,监狱学专业又同时获得教育部特色专业和上海市第三批教育高地立项。之后,监狱学又于2010年获得中央财政的支持,2012年获得上海市高校一流学科(B类)建设的立项。2012年,刑法学获得上海政法学院"十二五"内涵重点学科和硕士点建设项目,2015年又获得上海市教委高原学科建设项目,其中监狱学为重点建设方向之一。学科队伍形成了老中青的学术梯队,聚集了一批既有相关实践经历又有一定学术造诣的教研人员,其中不乏多人获得地方乃至国家级荣誉称号,以及远渡至德国、法国、日本等国进行访学。至今,学科人员中已获得省部级以上课题十余项,出版著作近百部,发表学术论文几百篇。

　　我校刑事法学立足于刑事一体化视野研究,经过多年的打造,已经形成了独特的学科优势和特色,关于犯罪学、刑事政策学、监狱学、社区矫正、青少年犯罪学的研究处于全国领先地位。在犯罪学领域,有中国犯罪学学会副会长一人、常务理事四人、理事若干人。中国犯罪学研究会预防犯罪专业委员会设在我校,《犯罪论坛》已经成为国内有影响的专刊,在犯罪学基础理论研究、预防犯罪研究等方面颇有建树。依托犯罪学科成立的"社会治安综合治理研究中心"与上海市社会治安综合治理研究所通力协作,为上海市社会治安综合治理献言献策提供了理论支撑。在刑事政策学领域,从广义刑事政策学视角出发,出版了《中国刑事政策原理》《中国刑事政策的建构理性》等著作,承担了国家社会科学基金、司法部、上海市哲社、上海市教委的科研项目,《刑事政策论坛》作为国内唯一研究刑事政策的专刊已经出版了四辑,从事刑事政策研究的学术梯队已经形成,并在国内学术研究中具有一定的影响力。在监狱学研究领域,监狱学专业和学科是上海高校唯一、全国高校为数不多的本科特色专业和重点学科。学校拥有 30 多年的监狱学专业和学科的发展历史,积累了比较丰富的教学科研经验。特别是近几年来,在监狱学专业和学科建设上取得了令人瞩目的成绩;先后出版 20 多本监狱学专业和学科的教材、专著,发表专业论文 200 多篇,获得多项省部级以上科研项目。在社区矫正研究领域,2002 年 8 月,上海社区矫正试点工作在市委政法委的直接领导下开展,我校参与了上海社区矫正的研究和运作方案的设计。从 2003 年开始,我校先后承担了上海市委政法委、上海市司法局委托的有关社区矫正的课题,起草上海市"社区矫正地方性法规"的草案,参与社区矫正服刑人员风险评估、服刑人员个案选编、社区矫正评价体系的构建等专题研究,所形成的研究成果成为上海等地区开展社区矫正的指导和工具书。我校最早开设社区矫正系列课程和成立社区矫正研究中心,据国家书目查询系统,我校最早出版有关社区矫正的书籍(《美国矫正制度概述》1997 年)。2010 年崔会茹教授出版的《社区矫正实现研究》(P86-87)中显示,有关社区矫正的研究最多的在上海,并且大部分在我校。2008、2009、2010、2014 年,我校先后承担 4 项社区矫正的国家社科基金项目,2 项教委重点项目、2 项司法部项目和 1 项中国法学会项目,我校社区矫正教学和学术研究在全国具有一定的影响。在青少年犯罪学研究领域,我校也在国内居于领先地位。在刑法学硕士点下设了专门的青少年犯罪与司法方向,依托中国预防青少年犯罪研究会、上海市法学会未成年人法研究会、上海市预防青少年犯罪研究会等设置了"全国青少年犯罪与司法研究及服务中心",形成了具有较强竞争力的学科梯队,出版了《青少年犯罪与司法论要》《少年法院的学理论证与方案设计》《法学的童真》等数十部著作,发表论文 200 余篇。

为了适应学科发展的需要,给学科建设人员提供更广阔的平台,使我校刑事法学再上一个新台阶,"刑事法学文库"的出版无疑具有强大的推动作用,也是我校刑事法学发展历程上的新起点。同时,也以此为契机,为我国刑事法学的发展尽些绵薄之力。

  刑事法学与其他部门法学最大之不同在于其对象主要是犯罪,然而犯罪是使人厌恶的,会给人带来不愉快的感觉,故而研究犯罪的刑事法学与社会的阴暗面总是如影相随。这就要求我们每个刑事法学的研究者始终保有一颗价值无涉的公正之心,"刑事法学文库"将予以明证。

严 励<br>
2015 年 10 月

## 写在前面的话

近几年来,由于工作关系,陆陆续续写了些有关监狱的文章,闲暇翻了翻,也不算少了,就有了编一个集子的想法。用"守望与超越——变革时代下监狱理论与实践探析"作为我这本文集的书名,是经过反复推敲和认真考虑的。从守望的角度看,本人直接从事监狱理论研究与教学工作三十多年了,当初从事这项工作也是随遇而安,有一个栖身之处能谋生就不错了。但随着时间的推移,逐渐感觉到监狱理论与实践还是有那么些有价值的东西可挖掘、可思考、可展示的。特别是现代的监狱行刑,已经不是传统意义上的单纯行刑、惩罚罪犯,而是提升到了改造、矫正的高度,成为一项具有特殊意义的康复事业。将一个昏睡的灵魂唤醒,让一个僵死的灵魂复活;把恶魔变为天使,把浪子变为金不换的新人,这是千百年来政治家、思想家、教育家、宗教大师孜孜以求的理想和追求,却在这里得以实现!尽管道路曲折,非常辛苦,但度人之魂的工作如此高尚,再苦再累又算得了什么。因此,这些年来,虽然自知愚鲁,却一直坚守在这个阵地上,坚守着自己的精神追求,即使不少人对监狱学研究和教学产生绝望,纷纷改行,我依然抱着"有一份热,发一份光"的热忱,去尽自己的绵薄之力。从超越的角度看,要把改造人的工作做好,切切实实提高改造质量,就要求监狱工作体现改造人的宗旨,所追求的内涵要不断延展深化,不断与时俱进,有所改变,有所超越。正因为如此,我国的监狱理论与实践自改革开放以来,随着时代的变革与发展,不断地发生着改变和超越。作为一个监狱学教学与研究人员,也要使自己的思维紧贴时代,紧贴监狱前沿,紧贴日益发展的监狱工作实际,在不断超越上下功夫。归结起来,在守望中超越,在超越中坚守自我原本的追求,努力探析变革时代下的监狱理论与实践,哪怕是反映一鳞半爪,也算是一个监狱学教学和科研的工作者对时代的一个回应。

本文集主要精选了2010年以来我写的有关监狱的文章,这些文章大部分在一些专业杂志和文集发表过。本文集从体例上分编为四篇,第一篇为"监狱基本理论",共汇集了八篇论文,分别从不同角度对监狱基本理论问题进行研究,主要涉及新形势下监狱改革、创新、发展的基本问题。具体包括以下内容:有关监狱治理现代化的问题;监狱治理现代化与价值引领问题是对监狱治理现代化的进一步思考;有关狱务公开问题,这在党的十八届四中全会《决定》中专门提出,也是当下监狱系统高度关注的问题,我在此作了自己的一些思考;打造监狱警察反腐制度的笼子;关于罪犯人性的复归问题,此问题多年来很少有人专门研讨,即使涉及也多从罪犯的人性需要如生活条件改善等方面着眼,没有从更深层次挖掘。此外从符号学的角度谈了对文明治监的认识,从监狱行刑与青少年罪犯尊严或人权保障关系,以及社会管理创新的视角对出狱人保护问题提出了自己的观点。这些问题都是监狱基本理论需要探讨的问题甚至是前沿问题。

第二篇为"监狱教育改造",教育改造作为监狱工作的中心任务,近年来在监狱系统被提到前所未有的高度。本篇收录了七篇论文,分别从不同角度对监狱教育改造进行了深入研究。其中,罪犯教育的灵魂感应、论罪犯的底线教育、培育青少年罪犯的公民意识问题分别涉及罪犯教育的成效、立足点和方向问题;积极心理学与罪犯教育改造、利用兵法教育改造罪犯、利用传统节日教育改造罪犯等文章,都是本人试图通过借助相关学科和相关资源来拓宽罪犯教育改造新路,提高罪犯教育改造质量的思考。至于监狱民警的阅读问题,也是有感于当下监狱民警的读书现状,希望监狱民警通过读书改变自己,进而改造或改变罪犯。

第三篇为"监狱与美"。我曾于2013年出版过一部《改造罪犯化丑为美新论——改造罪犯化丑为美的美学思考》的专著,试图从监狱学与美学结合的角度探寻新形势下改造罪犯的新路径。本篇收录的十二篇文章是对这一问题的继续思考,我之所以把这些文章收到一起作为一篇,在于它们在某种程度上是我这几年思考的一个方向,同时也是另外一种文体的写作。我想尽可能够用比较轻松的随笔的风格给人展示监狱里面所发生的与美有关的事情。能给人些许启示和感动,在某种程度上它的影响力和分量或许不亚于一篇论文,至少我是这样认为的。

第四篇为"监狱学专业与学科建设",集中收录了这几年我在监狱学专业(主要是本科专业)和监狱学学科建设方面发表的九篇文章。近年来,地方高校转型问题引起从上到下的高度关注,其核心是向应用型人才的培养方向转变。我写的一组关于监狱学专业建设方面的文章也侧重于这个方面,也是我对此类问题的体悟。另外监狱学学科建设这些年来一直止步不前,我也想就学科建设方面谈些看法。

集子编完了,想起书名;书名有了,又想把文集里的主要内容告诉别人。这样一来,便有了上述文字。由于才疏学浅,本书难免会有许多纰漏,祈请读者批评指正。

愿本书能够为我们架起一座相互交流的桥梁,使相识的你我加深了解,使不相识的你我能够成为新的朋友。

最后衷心期望,本书的出版能够进一步唤起广大监狱理论与实际工作者乃至全社会对中国监狱事业的更多关注,共同为繁荣中国监狱理论、推动中国监狱实践开拓创新尽心、尽力。

贾洛川

2015 年 11 月

## 【目录】 CONTENTS

### 第一篇　监狱基本理论

对国家治理体系现代化语境下监狱治理现代化的思考 / 003
监狱治理现代化与价值引领 / 014
全面推进依法治国视野中的依法治监
　　——以推进狱务公开为视角 / 022
对打造监狱警察反腐制度笼子的思考 / 036
关于罪犯人性异化及复归的思考 / 046
监狱服刑人员的符号演进与文明治监 / 056
监狱行刑与青少年罪犯尊严保障 / 067
试论社会管理创新视域下出狱人社会保护的创新 / 077

### 第二篇　监狱教育改造

追求罪犯教育的灵魂感应 / 093
论罪犯底线教育 / 101
试论培育青少年罪犯的公民意识 / 110
积极心理学与罪犯教育改造 / 118
运用中国古代兵法有益成分促进罪犯改造 / 128
论利用中国传统节日教育改造罪犯 / 143
监狱民警如何在读书中改变自己、改造罪犯 / 152

## 第三篇 监狱与美

罪犯改造是一门化丑为美的艺术
　　——罪犯改造的美学思考 / 165

监狱教育是一种诗性事业 / 179

做一个点燃罪犯心灯的光明使者 / 185

监狱磨难的审美意蕴 / 190

监狱困厄与壮美人生 / 195

从垃圾里淘出金蔷薇说开去
　　——关于变废为宝、化丑为美的另一种思考 / 199

由"窗"所想到的 / 205

关于打通罪犯心墙的断想 / 210

漫话宽容美德 / 214

围城·狱城·城堡 / 219

由欧·亨利小说的现实版所想到的 / 222

门的断想 / 225

## 第四篇 监狱学专业与学科建设

关于监狱学专业应用型高级专门人才培养的几个问题的
　　思考 / 233

对监狱学专业人才素质培养的几个问题的思考 / 247

关于监狱学专业课程建设"整合化"的几点思考 / 259

对构建监狱现代警务机制下监狱学人才培养的几点思考 / 270

对新形势下监狱学学科建设的几点思考 / 282

试论监狱学基础理论的创新 / 295

监狱理论研究方法的新转换
　　——对监狱叙事研究的思考 / 312

借鉴心理效应理论,助推监狱学实务研究转型发展
　　——基于监狱罪犯改造的视角 / 321

试论监狱学研究思维方式的转型与更新 / 333

第一篇

监狱基本理论

# 对国家治理体系现代化语境下监狱治理现代化的思考

随着我国改革向纵深发展,国家治理体系和治理能力现代化的重要性更为凸显。党的十八届三中全会通过的《中共中央关于全面深化改革若干重大问题的决定》(以下简称《决定》)明确指出,全面深化改革的总目标是完善中国特色社会主义制度,推进国家治理体系和治理能力的现代化。这不仅是我们全面建设小康社会、实现社会主义现代化建设的必然要求,也是治国理念的重大发展,反映了党对执政规律、社会主义建设规律和人类社会发展规律认识的深化。

所谓国家治理体系主要是指党领导人民管理国家的制度体系,包括经济、政治、文化、社会、生态文明和党的建设等领域体制机制及法律法规的安排。[①]而推进国家治理体系的现代化,就是要适应时代变化,既改革不适应实践发展要求的体制机制、法律法规,又不断构建新的体制机制、法律法规,使中国特色社会主义制度更加科学、更加完善,实现党、国家、社会各项事务治理的制度化、规范化、程序化。[②] 其中社会治理特别是公共安全体系中的犯罪防控体系现代化也构成了国家治理体系现代化的一个不可或缺的要素。从健全犯罪防控体系的角度看,国家治理体系的现代化,必然要求犯罪防控体系现代化,监狱作为国家治理的重要工具,是犯罪防控体系的一个重要方面和一种特殊类型,承担着惩罚与改造罪犯、预防和减少犯罪,维护社会和谐稳定和国家长治久安的艰巨使命,理应站在国家治理体系现代化的高度,围绕推进犯罪防控体系现代化做文章,在监狱治理现代化上下功夫。

---

① 参见夏春涛:《把握国家治理现代化的正确方向》,载《求是》2014年第8期。
② 同上。

> 守望与超越
> 变革时代下监狱理论与实践探析

# 一、国家治理体系现代化语境下监狱治理现代化的意义

监狱作为国家的刑罚执行机关,属于犯罪防控体系中的主体之一,在国家犯罪防控活动中因其特有的职能而具有独特的作用,既是推进犯罪防控体系现代化的主体之一,又是推进犯罪防控体系现代化的一支重要力量,也是推进国家、社会治理体系现代化的一个重要环节,在国家治理体系现代化语境下重视监狱治理现代化具有重要的意义。

## (一)维护社会稳定和国家长治久安的客观要求

监狱作为国家治理体系的一个要素,作为犯罪防控体系的一个组成部分,在国家治理体系和犯罪防控体系现代化的语境中,必须加快现代化建设,提升监狱行刑效能,更好地维护社会和谐稳定和国家长治久安,为社会主义现代化建设保驾护航。当前,我国正处于社会转型期,各类矛盾凸显加剧,仍处于刑事犯罪高发期,特别是涉黑、涉暴恐、涉毒等恶性犯罪对社会公众的负面刺激越来越强烈,因此,国家和社会对监狱预防和消除犯罪特别是防止重新犯罪职能的要求也日益强烈。在国家治理体系现代化的语境下,亟须监狱治理加快现代化步伐,以更好地发挥监狱的行刑效能,维护社会稳定和国家长治久安这个大局。就监狱治理现代化而言,就是要通过现代化建设,更好地发挥监狱的行刑效能,提高罪犯改造质量,预防和减少刑释人员重新犯罪。罪犯来自社会,最终要回到社会,监狱服刑也只是罪犯漫长人生的一个阶段,如果把监狱行刑仅仅看作一种人身保管场式的管理,不在提高改造质量上下功夫,那么他们回归社会后还有可能重新犯罪,这实际上就造成社会的不和谐、不稳定,也从根本上否定了监狱的职能作用以及监狱工作的成效。按 20 世纪 90 年代我国对外的公布口径,刑释人员重新犯罪率多年来一直保持在 6% 至 8% 的水平①,而近几年来,刑释人员重新犯罪率居高不下。以上海为例,根据上海市公安局对 12 个区 1595 名刑释解教人员的跟踪调查资料,有 175 名在年内重新犯罪,重犯率

---

① 参见董云虎主编:《中国人权白皮书总览》,新华出版社 1998 年版,第 176 页。

达11%。① 刑释人员重新犯罪不仅呈总量逐渐上升的发展趋势，而且在主体、类型等方面出现一些新情况和新特点，一部分重新犯罪人员出现恶性循环趋势。重新犯罪人员的构成和特点主要表现为：中年人明显增多；文化程度低的占大多数；未婚离婚的增多；重新犯罪者中犯盗窃罪的高居首位，毒品犯罪明显增多；有前科的刑释人员重新犯罪率有较大幅度上升，短刑犯重新犯罪比例高；释放一年内是重新犯罪的"高危期"。② 在严峻的形势面前，监狱工作必须从大局出发，围绕提高罪犯改造质量，降低重新犯罪率做文章，在推进监狱治理现代化上下功夫，不断提高维护社会稳定、促进社会公平正义、保障人民安居乐业的能力，切实发挥好改造人的本职职能，从而满足国家和社会对监狱工作的本质诉求，以更好地适应国家治理体系现代化的需要，维护社会和谐稳定和国家长治久安的客观要求，为社会主义现代化建设更好、更快的发展提供强有力的支持。

### （二）确保监狱安全的需要

"安全是监狱存在的基础。没有安全，监狱监禁和矫正罪犯的任务就无从开展。"③ 监狱既是一个小社会，又是全社会的一个窗口，监狱的安全与否不仅关乎监狱工作自身，是各项工作开展的基础，而且牵扯到整个社会的神经。当前，影响监狱安全的问题大量存在。根据有关资料，目前全国押犯已达160万余人，部分地区监狱押犯爆满。④ 押犯构成日益复杂，长刑期犯、判刑两次以上罪犯、暴力犯、涉黑涉毒犯等呈持续上升趋势，罪犯暴狱、袭警、脱逃、行凶等重大恶性案件发生的风险逐渐加大。如2009年10月17日，呼和浩特第二监狱4名罪犯杀警越狱脱逃，全国上下为之震惊，从中也反映出维护监狱安全的任务异常艰巨。监狱安全的出路就是注重监狱治理的现代化建设，把监狱治理的现代化主动置于犯罪防控体系现代化以及国家治理体系现代化的时代背景中，大胆创新，推动和实现监狱安全的常态化，把狱内不安全因素降低到最低限度。

---

① 参见吴志明主编：《社会管理创新：预防和减少犯罪的上海实践》，上海人民出版社2011年版，第6页。
② 参见江伟人：《社会管理创新与预防刑释人员重新犯罪》（中），载《上海警苑》2014年第5期。
③ 张庆斌：《论安防一体化建设》，载《江苏警视》2010年第6期。
④ 参见闫佳等：《监狱机关推进社会管理创新的思考》，载《中国司法》2011年第7期。

### （三）充分调动社会多方力量的需要

党的十八届三中全会通过的《决定》指出，创新社会治理，必须提高综合治理水平，全面推进平安建设，维护国家安全，确保人民安居乐业，社会安定有序。强调要"坚持系统治理、依法治理、综合治理、源头治理"。监狱治理作为社会治理的重要组成部分和重要环节，在社会治理的大局中应该有所作为，在推进社会治理工作中应发挥应有的作用。以监狱工作的社会化为例，《决定》进一步强调要激发社会组织活力，将适合由社会组织提供的公关服务和解决的事项交给社会组织承担。这对于如何搞好监狱工作的社会化建设是很好的启示。以往的监狱工作，早期基本上处于封闭状态，极少与外界有所接触，改革开放以来情况有所好转，但还是多依靠政府，政府一方往往承担的任务过重，而其他社会力量特别是社会组织作用发挥不够。在国家治理体系现代化的语境下，更强调社会组织和广大公民的参与，《决定》就表示支持和发展志愿服务组织。在这种形势下，就需要在监狱治理现代化的布局中，积极探索社会组织与公民参与监狱罪犯改造的空间，大墙内外齐联手，共同关心罪犯改造工作，汇聚起强大的正能量，从而进一步提高罪犯改造质量。

### （四）我国监狱自身发展的需要

新中国成立特别是改革开放以来，我国监狱建设有了长足的进步，但面对新的形势，特别是推进国家治理体系现代化的新形势，还有很多不适应的地方，如在监狱治理思维方式、体系、手段方式、队伍治理能力等方面还存在诸多的不适应。在新形势下，监狱建设要实现新的跨越和发展，就需要走监狱治理现代化之路。监狱治理的现代化在硬件和软件建设方面都有它自身的高标准和严要求，这些标准和要求，必然促使我国监狱治理不断向着现代化方向发展，进一步展现中国特色社会主义监狱制度的新风采，为提高罪犯改造质量，预防和减少犯罪作出新的更大的贡献。

### （五）进一步适应国际监狱行刑趋势的需要

从当今世界范围看，监狱行刑发展的总趋势是，行刑科学化、行刑个别化、行刑社会化和行刑人道化，鲜明地打上了监狱治理现代化的烙印。改革开放以来，我国监狱管理在适应国际行刑趋势方面做了大量工作，我国签署了联合国

《囚犯待遇最低限度规则》《禁止酷刑和其他残忍、不人道或有辱人格的待遇或处罚公约》。我国的《监狱法》也与此相一致，如在《监狱法》中确认了罪犯的权利与义务，并在总则中对罪犯的主要权利与义务作出规定。在新形势下，提出监狱治理现代化，也是为了进一步适应国际监狱行刑趋势。应该看到，我国监狱治理在现代化方面取得了不小的成绩，但与发达国家的监狱相比，现代化程度还不够高，特别是对于如何利用高科技的成果装备监狱的管理、监控设施，以及在监狱分级、社会化等方面还存在不小的差距。因此，我国监狱治理必须顺应国际社会的行刑趋势，站在监狱治理现代化的高度，借鉴和吸收人类监狱行刑的先进、文明成果，为我所用，从而进一步丰富和完善中国特色的社会主义现代监狱制度，并为国际社会的监狱建设和发展作出积极的贡献。

## 二、国家治理体系现代化语境下监狱治理现代化的内涵、主要内容和衡量标准

在国家治理体系现代化语境下思考监狱治理现代化问题，首先必须准确把握国家治理体系现代化语境下的犯罪防控体系现代化的丰富内涵。犯罪防控体系，作为国家治理体系特别是社会治理公共安全体系的一个组成部分，也必须进行现代化建设，与国家治理体系现代化建设同步发展。要在推进犯罪防控体系现代化上下功夫，坚持打防结合、预防为主、专群结合、依靠群众的方针，以社会化、网络化、信息化为重点，健全点线面结合、网上网下结合、人防物防技防结合、打防管控结合的立体化犯罪防控体系。① 就我国犯罪防控体系而言，经过多年的努力，已经初步建成一个相对完整系统的犯罪防控体系，从防控格局上看，形成"党委领导、政府负责、社会协同、公众参与、法治保障"的防控管理格局；从防控的范围看，包括预防犯罪、挽救失足者、打击和制裁犯罪、惩罚与改造罪犯等诸多方面。当然，在实现犯罪防控体系现代化的目标上，我国还任重道远。

在整个犯罪防控体系中，监狱治理占据十分重要的地位，犯罪防控包括监狱治理，监狱治理承担着惩罚与改造罪犯的重任，是犯罪防控体系的重要组成部分，对犯罪防控起着重要的推动作用。因此，犯罪防控体系的现代化，势必

---

① 参见李立国：《创新社会治理体制》，载《求是》2013年第24期。

要求监狱治理现代化。

那么,什么是监狱治理的现代化呢?要探析这一问题,首先要看为什么要提出监狱治理这一概念。笔者以为,在国家治理体系以及犯罪治理体系现代化的语境下,用监狱治理这个概念更能体现出适应形势发展的需要。监狱治理与监狱管理有很大的区别,当我们讲到监狱管理的时候,往往把它解释为包括管理者和被管理者,强调作为管理者一方的监狱干警对作为被管理一方的罪犯施加的强制力量。而监狱治理的概念更强调"双向互动"的过程,从"管理"变为"治理"其实是从单向指令变成"双向互动"的过程①,即从干警一味的单向指令变成"警囚互动"的过程。同时如果说治理的概念更加突出"参与"的要素②,那么监狱治理就是更加突出"罪犯参与"的要素,确立了罪犯在改造中的主体性地位,即监狱治理要树立为罪犯改造服务的理念,创造条件促使罪犯实现自我的新生。此外治理概念在全球视野中是一个现代化的概念,是一个现代理念,尤其突出的是"法治"的思想,治理本意是强调有立法的、依法的,通过法治解决问题的过程③,因此对于监狱治理也是题中之意。

其次来看现代化乃至监狱治理现代化。对于现代化,有着诸多的理解和解释。根据《辞海》,现代化是指不发达社会成为发达社会的过程和目标,或者说是指一种事物处于"现代"的性质或状态之中,即代表先进水平的性质或状态。现代化不仅具有本土性,还具有世界性,一个国家是否达到了现代化,并不是由这个国家自己确认的,而必须参照世界水平。同时,现代化又是一个内涵十分丰富的概念,一个国家的工业、农业、第三产业、国防、法治、教育、科技,以及国民素质、生活方式等都存在现代化的问题。

根据以上的梳理,我们可以对"监狱治理现代化"作如下界定:第一,监狱治理现代化是代表先进水平的监狱治理;第二,监狱治理现代化是世界性的概念,它应当在世界范围内得到认可;第三,监狱治理的现代化是全方位的,不是仅指某一方面达到现代化水平,它既包括监狱治理的硬件(如监狱设施、设备),还包括软件(如治理制度、监狱干警的素质等)都应当体现现代化。

---

① 参见王拓涵:《关于创新社会治理体制的几个问题——专访清华大学社会科学院院长李强教授》,载《领导文萃》2014年第4期(上)。
② 同上。
③ 同上。

监狱治理的现代化，在当前和今后一个时期，主要应包括以下内容：

其一，硬件建设方面。一是监狱设施现代化。即监狱的围墙、大门、岗楼、学习区、劳动区、生活区等监管改造罪犯的必要设施要布局合理，完善配套。二是监狱技术装备现代化。即现代化的通信工具、交通工具、报警和监控装置，完善的电力供应系统，应对突发事件的警用防暴器械等。三是罪犯管理和教育设施的现代化。即运用电脑和电教系统进行管理、统计分析和实施电化教育。四是生活卫生设施现代化。即与狱内押犯规模相适应的食堂、浴室和医院，以及相应的炊事机械、卫生设备和医疗器械。五是劳动习艺设施和设备现代化。即配备比较先进的技术工种、工艺、设备，劳动环境符合环保标准。

其二，软件建设方面。一是刑罚执行法制化。即监狱从罪犯收押到释放的全过程都要完全依法办事，切实规范监狱执法，健全完善监狱法配套规章制度，完善执法程序，细化工作流程。明确执法责任，加强执法监督，确保监狱执法各个环节都有法可依、有章可循，特别要坚持秉公执法，有效防止减刑、假释、暂予监外执行工作中的问题。二是监管制度严细化。即监狱的各项监管制度严格、严密、精细、科学。三是教育改造正规化。即对罪犯的法制、道德和文化、技术教育全部实现课堂化，个别教育、心理矫治、监区文化建设、社会帮教等实现制度化、科学化。四是劳动习艺人道化。对罪犯劳动给予合理报酬，在劳动时间、劳动保护等方面，享受与同类企业职工相同的待遇。五是生活卫生人性化。即切实保障罪犯的合法权益，切实关心罪犯正常生活和身体健康。六是干警队伍专业化。即干警队伍具有现代化观念，政治素质好、文化水平高、执法能力强、改造效果明显。

推进监狱治理现代化，从国家治理体系以及国家犯罪治理体系现代化的视角出发，其衡量标准应着重把握好三个方面：一是要以强化监狱治理的功能属性为标准。在政治属性上，监狱是维护国家政权和社会秩序的国家机器，要体现政治工具的本质；在法律属性上，监狱是国家的刑罚执行机关，要正确执行刑罚，提升监狱行刑效能；在社会属性上，监狱是社会治理的重要组成部分，要确保监狱本身的安全，不断提高罪犯改造质量，最大限度地增加社会和谐因素，减少社会不和谐因素。二是要以树立监狱治理的价值追求为标准。把维护公平正义作为监狱治理的生命线，把推进平安中国建设作为监狱的首要任务，把依法治监作为监狱工作的基本方略和工作方式，把监狱作为社会文明、时代进步的主要窗口，增强治理效能，提升全社会和广大人民群众的满意度。三是要以凸显监狱治理的科学化为标准。积极运用现代科学理论、现代科学方式方法、现代信息技术提高监狱治理的现代化水平。

## 三、国家治理体系现代化语境下推进监狱治理现代化的路径选择

在新的形势、新的起点上实现监狱治理现代化目标,涉及的问题很多,这里主要介绍以下几条可供选择的路径。

### (一)进一步解放思想,转变思维方式

要破除与监狱治理现代化不相适应的思维方式,牢固树立与监狱治理现代化相适应的诸如以人为本的思维方式、法治的思维方式、科学的思维方式、教育主导的思维方式、借助社会力量促进罪犯改造的思维方式、创新发展的思维方式等等。这里特别需要强调的是要树立以人为本的思维方式和法治思维方式。以人为本是基本方略式思维,它是监狱治理现代化的出发点和归宿点。以人为本也包括罪犯,"监狱囚犯也是人","有权受到人权保护"[1],要尊重维护和保障罪犯的权利,并切实体现在罪犯服刑的全过程和管理、教育、劳动以及生活卫生各个方面。法治思维是根本路径式思维,它决定着监狱及干警为实现监狱法治目标而采取的手段和方式,也就是监狱治理要按照法治的要求,树牢法律至上的理念,不断提高运用法治方式推动监狱发展、化解和解决问题的能力,提高执法的规范化和公信力,从而更好地适应监狱治理现代化的需要。

### (二)科学设置监狱治理体系

科学治理出效益已越来越形成共识,而这又有赖于科学设置监狱治理体系。要特别注重完善罪犯分类监管体系,如加快探索高度警戒监狱(监区)、中度警戒监狱(监区)、低度警戒(开放型)监狱(监区)的监管改造模式,从制度安排、警力配备、设施配置等方面进行系统研究,并拿出方案,逐步实施。加强对入监监狱(监区)、出监监狱(监区)、老病残犯等功能性监狱(监区)的建设。建立健全限制减刑罪犯、短刑犯、境外犯、职务犯、涉黑犯、涉暴恐犯等

---

[1] 于爱荣等:《矫正技术原论》,法律出版社2007年版,第99页。

罪犯的针对性的监管制度,确保监狱持续安全稳定。严格规范罪犯减刑、假释、暂予监外执行的条件和程序,同时要推进罪犯分级处遇,完善等级标准,丰富处遇内容,激发罪犯的改造积极性。另外,随着一系列新修订刑事法律法规的实施,尤其是劳教制度的废止,全国监狱的押犯数量将迎来快速增长,罪犯数量不断增长与监狱关押容量不足的矛盾,要求不断调整完善监狱布局。而要搞好监狱布局,在监狱建筑风格和监狱设备上要体现出现代化监狱的特点和要求。

### (三) 提升教育改造的现代化水准

监狱改造要把教育改造作为中心任务,在罪犯改造的全过程贯彻教育人、改造人的宗旨,把罪犯的教育改造融入罪犯行刑与改造的各个方面,充分发挥教育改造的主导性作用。教育改造在突出罪犯犯罪意识改造的同时,要使其具有现代人的素质,要使之具备现代公民应有的主体意识、权利意识、参与意识、平等意识、宽容态度、法治观念、义务观念和理性精神等。[①] 要改变传统的由监狱及干警单向的推动型模式,形成监狱及干警与罪犯共同参与的互动型教育模式。罪犯既是教育改造的客体,又是教育改造的主体。特别是罪犯的改造最终要通过自己的主观世界来完成。因此,在罪犯教育改造的计划、方案和各种措施的实施中,要从发挥罪犯自身的主观能动性、激发罪犯自我改造的积极性出发,使教育的内容为罪犯所需要,教育的方式方法为罪犯所能接受,能够使罪犯自我觉悟产生重新做人的动力,实现"要我改"到"我要改"的转化。另外,对罪犯的教育改造,要以罪犯的回归为导向,以罪犯的发展为引领,重点关切罪犯刑释后的社会适应性发展,以此量体裁衣,拾遗补阙,这样才有助于从根本上提高罪犯教育改造质量。

### (四) 加强监狱信息化建设

要善于运用现代科技手段特别是信息技术,提高罪犯监管改造的科学化水平。要探索建立信息主导工作的现代警务模式,加快指挥中心建设,特别要探索建立省(区、市)监狱管理局和监狱两级指挥体系结构,实现监狱的人防、

---

[①] 参见张文显主编:《法理学》,高等教育出版社、北京大学出版社2007年版,第16页。

技防、物防一体化和各种监管改造活动信息资源数字化、传输网络化、管理智能化,推动指挥中心的实体化设置、实战化运行;依托信息带动规范管理,促进监狱各项工作的规范化、标准化建设。尤其要主动适应信息化时代群众特别是罪犯亲属对狱务公开的要求,畅通公开渠道,拓宽公开范围,积极回应他们关心的一切特别是涉及罪犯减刑、假释、暂予监外执行等执法问题,让暗箱操作没有空间,让司法腐败无法藏身。

### (五)增强监狱工作的协同力

要从系统的观念出发,有机整合监狱工作内部的各项要素,实现刑罚执行、教育改造、狱政管理、劳动组织、队伍建设等工作的有效联动,提升工作的整体性和一体化。积极融入国家犯罪治理和社会治理大局,深化与公安、检察、法院、武警等部门的互联互动,加强与地方司法行政机关互帮互建,努力实现监狱改造与社区矫正的良性互动,积极运用和拓展社会资源,建立健全社会力量参与的长效机制,调动一切可以调动的社会积极力量,加快构建刑罚执行的对接机制,刑释安置帮教的衔接机制,罪犯帮教的互动机制,确保监狱工作的外部环境优化和资源支撑有力。

### (六)提高监狱干警的现代化治理能力

监狱治理的现代化,最根本的一条是要大力提高监狱干警的现代化治理能力。监狱治理的现代化,首先要求监狱干警具有现代化的治理能力。正如法国政治家让·莫内所说,现代化应"先化人后化物"。为了提高监狱干警的现代化治理能力,要加强对监狱干警准确辨析犯情、依法治监、科学管教罪犯、熟练运用信息工具等综合能力的培养;完善干警培训制度,丰富培训内容,改进培训方式,拓宽培训渠道;要完善监狱干警分类管理制度,遵循监狱职业规律和人员管理规律,逐步建立分类科学、结构合理、职责明确、管理规范的管理体系;建立并完善符合监狱治理现代化规律的业绩考评机制,形成合理的职级、薪酬待遇与奖惩制度,激发监狱干警努力提升自身的职业荣誉感和现代化治理能力。

总之,在国家治理体系现代化以及犯罪防控现代化语境下推进监狱治理体系的现代化,既是当前和今后一个时期监狱机关的重要任务,也是一项需要不断探索研究并实践的时代课题,必须以全新的思维,改革的精神,创造性地开展工作，努力开创出监狱治理现代化的新局面，并成为推进国家治理体系现代化以及犯罪防控体系现代化的强劲动力。

（本文是提交给中国犯罪学学会第二十三届学术研讨会的论文。原载张凌等主编：《国家治理现代化与犯罪防控——中国犯罪学学会年会论文集》（2014年），中国检察出版社 2014 年版）

# 监狱治理现代化与价值引领

党的十八届四中全会通过的《中共中央关于全面推进依法治国若干重大问题的决定》(以下简称《决定》)作出了全面推进依法治国的新部署,把促进国家治理体系和治理能力现代化作为依法治国的根本归宿。国家治理现代化是一个具有重大战略意义、重大理论实践价值的崭新命题。国家治理现代化必然要求犯罪治理现代化,犯罪治理现代化必然要求监狱治理现代化。推进监狱治理现代化是贯彻落实党的十八届三中、四中全会精神的应有之义,是推进国家治理现代化特别是犯罪治理现代化的重要组成部分。要推进监狱治理现代化,意味着监狱治理需要在"价值理性"和"工具理性"两个层面发展,而前者作为监狱治理现代化的重要内涵显得尤为关键。监狱治理现代化的路径推进,是一个监狱治理价值导向调整优于监狱治理技术改进的过程,只有深刻把握这一点,监狱治理现代化才能够坚持正确的方向,达到理想的效果。本文着重就监狱治理现代化与价值引领,特别是需要价值引领的问题,分别从监狱治理现代化的价值目标、价值尺度、价值取向几个方面谈些认识。

## 一、监狱治理现代化的价值目标

"公平正义是人类追求的社会理想",是中国特色社会主义的核心价值,是实现中华民族伟大复兴中国梦的要求,[①] 也是社会主义法治的价值追求。"公正是法治的生命线。司法公正对社会公正具有重要引领作用,司法不公对社会公

---

① 参见国防大学中国特色社会主义理论体系研究中心:《为了更好实现公平正义》,载《求是》2014年第11期。

正具有致命破坏作用"①,也理应是监狱治理现代化的价值追求。在监狱领域实现执法公正,是监狱治理现代化的价值目标。

公平正义从推进监狱治理现代化的实际出发,其基本内容主要包括平等对待罪犯、监狱行刑实体公正、监狱行刑程序公正三个方面。所谓平等对待罪犯,就是坚持法律面前人人平等,对所有罪犯一视同仁,不能因其先前的身份和地位不同而有所区别,绝不允许存在所谓的"特殊罪犯"。不能因为罪犯受到刑罚惩罚被投入监狱就给以歧视,使之受到不同程度地压抑和伤害,特别是对于那些处于弱势或不利地位的罪犯(如家中遇到大的实际困难的罪犯,老、病、残等罪犯),要提供必要的法律援助、司法救助、生活救助,以保证他们不会因为自身的弱势或不利地位而受到歧视。所谓监狱行刑实体公正,就是执法结果的公正,它包括事实清楚、合乎法律、合乎情理三个方面。事实清楚,就是认定事实,必须以证据为根据。合乎法律,即行刑活动的结果必须符合法律规定、体现法律精神。合乎情理,就是让服刑人员及亲属感受到监狱及干警处事公道、态度公允、是非分明,从而增强罪犯认罪服法的观念和亲属对监狱工作的认同和支持。所谓监狱行刑程序公正,就是在监狱行刑、执法活动的过程中严格遵守法定程序,确保监狱行刑的准确性和有效性,公正考核、评价罪犯的改造表现,公正奖惩罪犯,公正处理罪犯之间发生的各种问题和冲突,公正对待罪犯的申诉、控告、检举、揭发;坚持按照法定条件、法定程序和有关规定办理收押、释放、减刑、假释、暂予监外执行、离监探亲等,杜绝通过上述执法活动牟取不正当利益。

应该肯定,这些年来多数监狱和干警是能够做到公正行刑和执法的,但是也要看到,一些监狱和干警在执法公正方面还是有欠缺的。特别是涉及与罪犯利益密切相关的减刑、假释、暂予监外执行等方面,存在一些问题。例如,一些罪犯实际服刑过短,特别是职务犯罪罪犯、破坏金融管理秩序和金融诈骗犯罪罪犯、组织(领导、参加、包庇、纵容)黑社会性质组织犯罪罪犯减刑时间间隔短、幅度大,减刑和暂予监外执行比例过高等,引起了社会舆论的关注和对监狱执法公正的质疑,进一步完善减刑、假释、暂予监外执行制度势在必行。鉴于此,2014年初,中央政法委特别发布指导意见,强调要规范职务犯罪、破

---

① 《中共中央关于全面推进依法治国若干重大问题的决定》,载《求是》2014年第21期。

坏金融管理秩序和金融诈骗犯罪、组织（领导、参加、包庇、纵容）黑社会性质组织犯罪三类罪犯的"减、假、暂"。"提请减、假、暂"的，一律提前予以公示。相关裁定书和决定书一律网上公示。并特别强调，对于监狱干警捏造事实、伪造材料、收受财物或者接受吃请的，一律清除出干警队伍；对于徇私舞弊、权钱交易、失职渎职构成犯罪的，一律依法从重追究刑事责任；[1] 从而确保监狱及干警切实履职，把好减刑、假释和暂予监外执行特别是保外就医的条件关。根据《刑法》《刑诉法》《监狱法》以及中央政法委的指导意见的精神，司法部于2014年10月10日将修订后的《监狱提请减刑假释工作程序的规定》予以发布，并于2014年12月1日起施行。[2] 根据上述精神，在当前和今后一个时期，要特别强调从申请到裁定、决定各个环节都要严格规范减刑、假释、暂予监外执行程序，强化对裁定、决定程序的监督制约，实行执行机关、人民法院、人民检察院对减刑、假释、暂予监外执行的网上协同办案。以防止刑罚变更、执行环节不公正和腐败现象的发生，更好地体现监狱行刑和执法的公平正义价值追求。

监狱治理现代化从某种意义上讲，就是不断追求公平正义的过程。推进监狱治理现代化，必须回应监狱领域中的执法不公问题，并通过执法实践解决这些问题，不断推动监狱治理现代化的建设步伐。

## 二、监狱治理现代化的价值尺度

基于公平正义的价值追求，监狱治理现代化的价值尺度应该包括监狱治理的民主化、法治化、科学化和文明化。监狱治理是否实现了现代化，就看它是否符合这四个价值标准。

监狱治理民主化是监狱治理现代化的第一个价值标准。监狱治理民主化是近代以来国际监狱发展的一般趋势。在联合国有关文件中，就把"监狱行刑民主化"作为监狱改革的重要目标。与资本主义不同，社会主义社会的产生，为真正实现"人民当家做主"奠定了坚实的社会制度基础，从而能够把民主政治

---

[1] 参见《严格规范减刑假释暂予监外执行提高执法司法公信力》，载《法制日报》2014年2月25日，第1版。

[2] 参见《监狱提请减刑假释工作程序的规定》。

推向一个新的历史发展阶段，社会主义民主政治是一种"实质性民主"。监狱治理民主是从属于政治民主并体现政治民主的，所以，我国监狱治理现代化，必须要实现"实质性的监狱行刑民主"。这种"实质性的监狱行刑民主"，首先要求公民在行刑活动中起决定性作用：公民决定罪犯的权利和义务；公民决定行刑的各项程序；公民参与对罪犯的教育改造，并且发挥主导性的力量；公民对行刑活动进行有力的监督。其次，要把罪犯当人看，包括尊重每个罪犯个体的生命及其在服刑期间所应有的权益。最后，罪犯也是公民，应肯定罪犯的主体地位，不能仅把罪犯作为行刑法律关系中的客体来看待。① 否则，就不存在监狱治理民主化这个概念，也不存在监狱治理民主的生活和实践。

监狱治理法治化是监狱治理现代化的第二个价值标准。"法律是治国之重器"②。法治是现代治理体系的本质特征，法治原则是构建国家治理体系的正当性基础，其在监狱治理中的体现就是监狱治理法治化。监狱治理现代化的过程本身就是法治化的过程，一个远离法治的监狱绝对不是一个治理现代化的监狱。要实现我国监狱治理现代化，必须做到监狱治理法治化。其中的关键是要善于运用法治思维和法治方式做好监狱治理。所谓法治思维既是实现社会公平正义、保护权利、自由的思维，又是一种规则思维、权利义务思维和建设性思维。法律方式是指运用法治思维处理和解决问题的行为方式、措施、方法，它由法治思维产生并由其支配，两者统一于法治实践。法治思维以法律规则为基础，追求公平正义，法治方式就是以法律作为处理和解决问题的途径，通过法律程序实现公平正义。③ 监狱治理是司法行政的重要组成部分，运用法治思维和法治方式是搞好监狱治理的重要保证。作为监狱及干警特别是领导干部，要注重法治思维的养成，带头学法、知法、懂法、守法，尊重法律权威，增强法治意识，要善于运用法治思维解决监狱工作中遇到的矛盾和问题，养成办事依法、遇事找法、解决问题用法、化解矛盾靠法的良好习惯，使我国监狱发展渗透着法治化的力量。

监狱治理科学化是监狱治理现代化的第三个价值标准。监狱治理是有目的、

---

① 参见曲伶俐等：《现代监狱行刑研究》，山东大学出版社2007年版，第77页。
② 《中共中央关于全面推进依法治国若干重大问题的决定》，载《求是》2014年第21期。
③ 参见吴春莲：《用法治思维、法治方式深化"品质检察"》，载《法制日报》2014年11月20日，第7版。

有计划的行刑活动，必须遵循监狱治理的科学规律。当下我国押犯的数量一直走高，而每个罪犯都有着不小的差异，正如有人所说，幸福的家庭都是相似的，而不幸福的家庭总是不尽相同。每个罪犯都有其特殊性，因此更需要把监狱治理科学化作为基本保障。形势的发展迫切需要监狱从"管理"走向"治理"。如何采用科学手段保障监狱治理进一步提高罪犯改造质量，达到把罪犯改造成为守法公民的目的，需要在科学精神指引下积极探索。只有不断推进监狱治理科学化，建立一套完整的监狱治理制度，建立起协调有效的监狱组织体系，形成协调发展、专业高效的监狱治理能力，实现监狱治理资源的最大效益的整合，超越经验管理的弊端，监狱治理现代化才能成为现实。

监狱治理文明化是监狱治理现代化的第四个价值标准。提到文明，就不能不提到文化。从广义上讲，文化是人类在社会历史发展过程中所创造的物质财富和精神财富的总和。文明是文化发展的成果，是社会的进步状态。[①] 因此，监狱治理文明化能够体现当代监狱文化成果。清末沈家本说过："觇其监狱之实况，可测其国度之文野。"可见监狱文明程度如何是观察一个国家文明程度如何的一个窗口，必须高度重视。监狱治理文明化当然离不开监狱装备、设施的更新与完善，但核心还是监管改造方式是否先进，是否体现以人为本的理念。

将以上四个方面的内容统一起来，就是监狱治理现代化的价值尺度的四大特征，以此来衡量监狱治理是否达到了现代化水准，也是作为鞭策监狱系统上下努力奋斗的标杆。

## 三、监狱治理现代化的价值取向

推进监狱治理现代化，就是要通过监狱治理体系建设和监狱治理能力的提高，深化监狱领域综合改革，实现监狱事业科学发展，为国家长治久安及社会和谐稳定提供强有力的保障。要实现这一目标，监狱治理现代化中两个根本问题必须要解决，即"改造什么人？怎样改造人？"要解决这两个问题，必须具备正确的价值导向，必须通过国家法律法规，党和国家的监狱工作方针、政策指导监狱治理现代化的推进。

---

① 参见潘国和主编：《当代中外行刑制度比较研究》，上海大学出版社 1998 年版，第 292—293 页。

监狱应该改造什么人？这是把握正确的治监方向，推进监狱治理现代化的关键问题。《监狱法》明确规定，监狱坚持惩罚与改造相结合、教育与劳动相结合的原则，把罪犯改造成为守法公民，也就是通过改造使罪犯在刑满释放后能够立足社会，不再犯罪，进一步"成为社会主义法治的忠实崇尚者、自觉遵守者、坚定捍卫者。""自觉守法、遇事找法、解决问题靠法。"① 这是监狱治理现代化的价值取向。而要使罪犯真正达到守法公民的标准，把重新犯罪率降到最低限度，关键是要通过改造使罪犯具有法律信仰。法律信仰是法治的灵魂，是法治的必要条件。"法律必须被信仰，否则它就形同虚设。"美国著名法学家伯尔曼的这句名言指出了法律信仰的重要性，这一点对于罪犯同样是适用的。罪犯之所以走上犯罪道路，与不信仰法律有很大关系。因此，在罪犯改造过程中，要采取一系列有力的举措帮助罪犯树立法律信仰，包括倡导法治理念、普及规则意识，促成底线观念。② 法律只有被信仰，才能落实到行动，从而更好地预防和减少重新犯罪，确保社会和谐稳定，国家长治久安，这样也才能确保监狱治理现代化始终走在正确的轨道上。

监狱应该怎样改造人？长期以来，监狱在改造罪犯的过程中，由于监狱是国家的专政机关和刑罚执行机关，监狱及代表刑罚执行职能的干警与罪犯的关系，就是一种惩罚与被惩罚、改造与被改造的关系。因此，传统的改造模式强调，在改造过程中，监狱及干警处于一种天然的中心地位。监狱及干警决定着罪犯改造的标准、内容、手段，支配着整个罪犯改造过程。罪犯一进入监狱就是需要被强制改造。因此，监狱及干警必须借助惩罚、命令、禁止等监管手段树立起权威，这是进行罪犯改造的前提；同时，罪犯必须规规矩矩，不许乱说乱动，必须顺从监狱及干警的管教，才能洗心革面，改恶从善，达到成为新人或守法公民的目的。应该看到，这一模式有它合理性的一面，因为它在一定程度上体现了"罪犯由强制改造到自觉改造"的规律。但这种模式的最大弊端是忽视罪犯的内心感受和接受程度，忽视罪犯作为一个人所具有的主观能动性，没有看到罪犯的改造最终要靠自我觉悟，单靠监狱及干警的一厢情愿是不行的。为了纠正在罪犯改造中一味强调监狱及干警的主体作用的偏向，一些同志主张

---

① 《中共中央关于全面推进依法治国若干重大问题的决定》，载《求是》2014年第21期。

② 参见林汐编著：《依法治国新征程》，国家行政学院出版社2014年版，第73—74页。

监狱及干警要围绕激发罪犯主体性上做文章,设身处地为罪犯发展着想。① 这种观点的核心是尊重罪犯人格与尊严,改造活动要有利于罪犯主体性与潜能的发挥与发展。但又有人提出质疑,认为这种主张和模式过于强调罪犯主体性的一面,容易削弱监狱及干警在罪犯改造活动中的主导作用。笔者认为当下比较好的改造模式应是"双主体论",即在改造罪犯过程中,监狱及干警作为组织者、管理者、教育者是主体,罪犯作为被改造者是客体,监狱及干警不能放弃职责;而要使正确的东西进入罪犯头脑,内化于心,外化于行,离不开罪犯自我认同与转化,从这个意义上看,罪犯又是改造的主体。作为干警要把握好这两个关系,既要充分发挥自身的主导或主体作用,又要善于激发罪犯改造的主体作用,从而达到把罪犯改造成为守法公民的目的。笔者认为"双主体论"比较全面,为我们怎样改造罪犯提供了新的路径。它要求监狱及干警在罪犯改造过程中,特别是在前期,要强化自身的主体作用,充分发挥自身的主导作用,特别是要加大教育改造力度,加强法治教育、道德教育、文化技术教育和行为矫正,牢牢把握好罪犯改造航向;另外,要在激发罪犯主体性上下功夫,特别是随着时间的推移,罪犯有所觉悟的时候,应给罪犯更多的思考和选择机会,最终使之成为既具有社会适应能力,又具有鲜明个性的全新的守法公民。

面对全球监狱制度现代化的滚滚浪潮,面对国家治理现代化以及全面推进依法治国的新形势,在"应该怎样改造人"的问题上,还要求我们在推进监狱治理现代化的过程中,一方面要展示开放性,既要对外积极借鉴人类狱制文明成果,汲取当代各国特别是发达国家监狱治理的先进经验,推动监狱治理现代化的步伐,又要对内加大狱务公开的力度,坚持以公开促公正,以透明保廉洁,增强主动公开、主动接受监督的意识。虽然进入新世纪以来我国在狱务公开上作了一定工作,但尚处于起步阶段,与《中共中央关于全面推进依法治国若干重大问题的决定》的要求相比还有较大距离。今后应当进一步明晰狱务公开的法理基础,界定狱务信息的属性、狱务公开的原则、狱务公开的范围,采取多样化狱务公开形式,让阳光照进监狱,让监狱治理在阳光下运行,让暗箱操作没有空间,让司法腐败无法藏身,让全社会包括罪犯及其亲属更多地了解、支

---

① 参见孙丽娟:《论改造活动中服刑人员主体性人格的培育》,李海荣:《论服刑人员改造主体意识的激发和培育》,载乔野生主编:《论上海监狱工作》(第四集),学林出版社 2005 年版。

持和监督监狱工作,这是实现监狱治理现代化的一把钥匙。另一方面要坚持自主性,走中国特色社会主义的监狱治理之路,正如习近平总书记所言:"只有扎根本国土壤,汲取充分养分的制度,才最可靠,也最管用"[1]。这要求在推进监狱治理现代化的进程中,坚持从中国实际出发,充分汲取传统法律特别是监狱文化精华,大力弘扬新中国监狱工作的优良传统,深入总结推广新时期以来监狱工作实践的成功经验,并不断开拓创新,以展示监狱治理现代化的中国基因和社会主义制度的优越性,突出社会主义特色和社会主义法治理念。绝不能简单照搬国外特别是西方国家的治监模式,把监狱治理现代化搞成监狱管理的西方化。

总之,监狱治理现代化是国家治理现代化特别是犯罪治理现代化的一个组成部分,我们要努力达到这一目标,为实现国家治理现代化和犯罪治理现代化添砖加瓦。我们相信,只要把握好公平正义的价值追求,秉持民主化、法治化、科学化和文明化的价值尺度,始终把握好"应该改造什么人?怎样改造人?"的价值取向,就一定能够实现监狱治理现代化的理想,为预防和减少犯罪,实现国家长治久安、社会和谐发展、人民生活幸福做出应有的贡献。

(本文是提交给中国犯罪学学会第二十四届学术研讨会的论文。原载张凌等主编:《犯罪防控与法治中国建设——中国犯罪学学会年会论文集》(2015年),中国检察出版社2015年版)

---

[1] 转引自肖晋:《法治中国建设的三个关键词——十八届四中全会精神解读之一》,载《上海支部生活》,2014年11月下半月刊。

# 全面推进依法治国视野中的依法治监

## ——以推进狱务公开为视角

党的十八届四中全会通过的《中共中央关于全面推进依法治国若干重大问题的决定》（以下简称《决定》），是我们党历史上第一次关于加强法治建设的专门规定，是建设社会主义法治国家征程上一座新的里程碑。《决定》作出了全面推进依法治国的新部署，提出了关于依法治国的一系列新观点、新举措，涉及国家治理领域的方方面面。监狱作为国家的刑罚执行机关，无疑是国家治理体系中一个不可或缺的组成部分，全面推进依法治国必然要求全面推行依法治监。

在全面推进依法治监的过程中，面临的工作千头万绪，而其中重要的切入口之一则是要推进狱务公开这一重要工作。在《决定》中，特别强调保证司法公正，提高司法公信力，要构建开放、动态、透明、便民的阳光司法体制，包括推进狱务公开，依法及时公开司法依据、程序、流程、结果和生效的法律文书，杜绝暗箱操作。[1] 本文围绕全面推进依法治国视野中的依法治监这一背景，着重以推进狱务公开为视角谈几点认识。

## 一、推进狱务公开是新形势的要求和呼唤

在监狱领域，狱务公开不是现在才提出来的，在 20 世纪末 21 世纪初，全国监狱系统就对狱务公开进行了探索和实践，司法部并下发相关文件要求

---

[1] 参见《中共中央关于全面推进依法治国若干重大问题的决定》，载《求是》2014 年第 21 期。

予以贯彻。① 但在新形势下,《决定》提出推进狱务公开,又有其新的深远意义。

### (一) 推进狱务公开是全面推进依法治国的重要举措

《决定》明确把保证司法公正、提高司法公信力作为全面推进依法治国的六项重大任务之一。监狱作为国家的刑罚执行机关,作为司法领域的一个重要组成部分,理应加强监狱法治建设,通过保证司法公正、提高司法公信力为全面推进依法治国服务,而狱务公开则是保证司法公正、提高司法公信力,全面推进依法治国的重要举措。鉴于此,《决定》特别强调构建开放、动态、透明、便民的司法机制,其中包括推进狱务公开。过去,由于过多强调监狱环境的特殊性,过多强调监狱安全,对于狱务公开往往采取回避的态度。尤其是涉及刑罚变更执行方面被披上一层神秘的面纱,不为社会所了解,不为群众所知晓。而一般说来,越是神秘的东西,公众对其猜疑就越多,误会也就越多。② 为了回应人民群众的期盼和社会的重大关注,狱务公开势在必行。它是体现全面推进依法治国,人民当家做主,保证人民依法享有广泛权利,管理国家乃至监狱事务的重要抓手。因此,要把推进狱务公开作为全面推进依法治国的重要举措来谋划,通过推进狱务公开,带动其他工作迈上新的台阶,为保证司法公正、提高司法公信力,进而全面推进依法治国发挥应有的作用。

### (二) 推进狱务公开具有坚实的法理基础

狱务公开的法理基础首先在于保护公民包括罪犯的知情权的正当诉求。"知情权作为一种权利要求,由美国记者肯特·库珀提出,其基本含义是,公民有权知道他应该知道的事情,国家应当最大限度确认和保障公民知悉政务信息的权利。"③ 二战后,联合国通过的《世界人权宣言》等一系列宣言和决议都确立了知情权在国际人权法中的地位。2008年5月1日起施行的《中华人民共和国政府信息公开条例》以行政法的形式对我国政府信息公开工作进行规范,使公

---

① 参见司法部 1999 年 7 月《监狱系统在执行刑罚过程中实行"两公开、一监督"的规定(试行)》以及 2001 年 10 月《关于在监狱系统推行狱务公开的实施意见》。
② 参见王梦南、胡炎荣:《从神秘走向释然:狱务公开的一种新选择——建立刑罚变更执行评审旁听制度的探研》,载《上海警苑》2014 年第 3 期。
③ 同上。

民对政府信息的知情权得到了法律的保护。我国《宪法》第 27 条第 2 款规定："一切国家机关和国家工作人员必须依靠人民的支持，经常保持同人民的密切联系，倾听人民的意见和建议，接受人民的监督"。这些国际公约以及宪法、法规的规定，构成了公民知情权等权利的法律保护，是狱务公开的重要法理基础。公民包括罪犯都享有对监狱事务的知情权，与"知情权"相对应的是监狱通过"狱务公开"满足这种"知情权"的义务性。推行狱务公开并非对公民特别是服刑罪犯的一种恩赐，而是监狱法治所不容推卸的义务。其次，狱务公开也是保障和救济罪犯基本人权的重要程序性条件。罪犯虽然被判刑入狱剥夺了人身自由，但他们依然具有受宪法认可的"公民"这一法律身份，依法享有未被剥夺和限制的权利。对于罪犯来说，了解和掌握与其自身权利密切相关的狱务信息，有利于保障和救济罪犯自身权利。罪犯与其他群体的最大区别在于，在监狱这一特殊的环境中，他们的权利往往受制于监狱及干警，罪犯合法权利的实现往往需要借助监狱及干警来完成。面对监狱及干警的强势地位，狱务公开是罪犯获得自身合法权利的现实路径和程序性保证。通过狱务公开可以防止罪犯合法权益受到侵害，保证罪犯基本人权在服刑期间不受非法侵犯。[①]

### （三）推进狱务公开是监狱治理现代化发展的必然要求

党的十八届四中全会通过的《决定》作出了全面推进依法治国的新部署，把促进国家治理体系和治理能力现代化作为依法治国的根本归宿。国家治理现代化是一个具有重大战略实践意义、重大理论实践价值的崭新命题。国家治理体系和治理能力现代化必然要求监狱治理现代化。推进监狱治理现代化是贯彻落实党的十八届三中、四中全会精神的应有之义，是推进国家治理现代化特别是犯罪治理现代化的重要组成部分。而监狱治理的现代化与国家治理现代化是一脉相承的，它与国家治理现代化所包含的内容是一致的，即民主化、法治化、科学化、文明化。这四化既是监狱治理现代化的内容要素，同时也是衡量监狱治理现代化的价值标准。而这"四化"与狱务公开都有着密不可分的关系。民主化要求更多的人有知晓权、参与权；法治化要求用法律规则保证狱务公开；科学化则要求监狱运用好现代科技提升狱务公开的效果；文明化则要求狱务公

---

① 参见刘武俊：《让监狱与阳光亲密接触》，载宫本欣主编：《法学家茶座》（第 1 辑），山东人民出版社 2002 年版，第 102—103 页。

开要处理好惩罚与改造的关系，始终坚持"以改造人为宗旨"，在人文关怀、复归良知上下功夫。因此，监狱治理现代化的发展，势必要求狱务公开的跟进，以更好地推动监狱治理现代化不断迈上新台阶。

### （四）推进狱务公开是适应信息化时代的必然趋势

当今，已进入信息化时代，信息网络和信息科技的发展日新月异。一方面，海量的信息给人提供了大量的信息源，可以不断对自己的素质进行刷新，以适应社会的需要。另一方面，特别是以微博、微信为代表的新媒体的兴起，致使"人人都有麦克风，人人都是通讯员，人人都是传播者，人人都是评论员"。尽管监狱相对封闭一些，但也会被外界所高度关注。当监狱一旦出现热点问题、难点问题，尤其是突发事件时，就会被媒体或自媒体盯上，甚至会被放大炒作，弄得一件事扑朔迷离，真假难辨。作为监狱系统，面对信息化时代，只有顺势而为，搭上"信息时代"这班快车，突破口之一就是要在积极推进狱务公开上下一番功夫，化被动为主动，这样才能够紧紧掌握话语权，使外界对有关人物与事件有一个真实、客观的了解，从而使监狱工作不至于遭受大的冲击，确保自身安全稳定和社会稳定。

### （五）推进狱务公开是确保监狱干警清正廉洁的防腐剂

通过狱务公开提高监狱执法的透明度，可以使监狱执法受到强有力的监督，以确保监狱干警清正廉洁。英国丹宁勋爵曾在《法律的正当程序》中有这样一句法律名言："正义不仅要实现，而且要以看得见的方式实现。"狱务公开就是使公民包括罪犯能以看得见的方式了解监狱执法，实现阳光执法，是确保监狱公正执法，防止执法腐败的现实需要。完全可以这样说，监狱执法监督的力度和监狱执法公开的情况成正比，监狱执法越公开，监督力量越强有力，监督时间越充分，监狱执法违法现象就会无所遁形。近些年来，公职人员贪腐问题已成为严重的社会问题。党和政府为此花大力气采取了多种整治措施。就监狱而言，虽然带有一定的封闭性，但也并非远离社会的一片净土。近年来，媒体公开披露监狱干警玩忽职守、收受贿赂、滥施酷刑、虐待在押罪犯，甚至公然利用职权强暴女犯的现象颇为触目惊心，一些干警乃至监狱长锒铛入狱沦为阶下因的事例也不鲜见。① 这类现象如果任其蔓延，势必会导致罪犯及其亲属乃至社会对监狱监管的信任危机。产生这些现象的原因虽然非常复杂，但其中极为重要的原因是权力的行使缺少透明度，容易搞暗箱操作或权钱交易。因此，要从源头上解决这一问题，就是要改变执法权力行使的方式，使其过程处于社会的监督之下，而其中推进狱务公开是实行社会监督的最好办法之一，也是确保监狱干警清正廉洁的防腐剂。通过狱务公开提高监狱执法的透明度，可以使监狱执法活动得到来自罪犯及其亲属以及全社会的监督，以有效减少和防止监狱腐败现象的发生和蔓延。

**（六）推进狱务公开是顺应国际行刑发展常态的必然选择**

现代社会的刑罚，已远远不能与简单报复、恐吓、严刑峻法相提并论，而是体现出谦抑、人道、文明和宽和的精神。在国际社会，监狱行刑的社会化、人道化和文明化已成为监狱行刑发展的常态。而其中变封闭为开放，加强监狱与社会的联系是一个重要方面。我国也不例外，特别是在改革开放迈出了较大的步伐，司法部就明确提出了监狱工作社会化的要求。而要实现监狱工作社会化，必须推进狱务公开。这要求我们顺应国际行刑发展常态，汲取国外先进行刑理念和有益做法，通过狱务公开这一窗口提高监狱执法的透明度；加强监狱与社会的沟通，淡化监狱的封闭色彩，进而消除社会乃至国外一些团体和个人因对监狱执法不了解而产生的误解或偏见，树立监狱文明执法和公开执法的良好形象。

## 二、当下在推进狱务公开中存在的问题

狱务公开早在 21 世纪初就在全国一些监狱系统开始推行。十多年来，司法部就狱务多次下文予以强调。特别是 2014 年以来，中政委 5 号文件和十八届四中全会通过的《决定》，都对狱务公开给予了极高关注。司法部为深入贯彻落实《决定》精神，于 2015 年 4 月 15 日又出台了《司法部关于进一步深化狱务公开的意见》，特别提出了将 22 项监狱执法重点内容（如监狱执法、管理过程中的

---

① 参见刘武俊：《让监狱与阳光亲密接触》，载宫本欣主编：《法学家茶座》（第 1 辑），山东人民出版社 2002 年版，第 101 页。

条件和程序，以及监狱罪犯减刑、假释、暂予监外执行结果等）向社会公开。各地监狱系统也在纷纷贯彻落实，并取得了明显的成效。但在这一过程中，也发现了一些值得注意的问题，主要集中在以下几个方面：

### （一）思想认识上存在偏差

一是一些监狱干警觉得狱务公开后，不仅没有给工作带来便利，反而多了一道"紧箍咒"，认为公开行刑程序与期限，告知了罪犯权利与义务，等于交给了罪犯及其亲属维权方法，捆住了自己手脚；公开了纪律与禁令，等于给别人"树靶子"，没事找事，寻着挨打。这种思想认识还是一种唯我独尊的职业病在作怪，还没有脱离人治的管理方式。二是有些监狱干警对于推进狱务公开缺少自信，求稳怕乱。他们觉得监狱本身是一个复杂的小社会，罪犯作为一个高危的特殊群体，当中各种情况千变万化。近年来，也不乏罪犯诬告监狱干警体罚虐待，借机索要巨额赔偿金的事件，还有一些罪犯亲属抓住监狱执法的枝节问题企图故意把事情搞大，达到个人目的。因此，公开什么，怎样公开，监狱干警们心里没底，怕弄得不好，惹出一些新的事端，使自己陷入尴尬和被动。因此监狱干警在态度上显得不够积极，觉得"公开越多，做事会越麻烦"，于是抱着多一事不如少一事的态度，上级领导推一推，就动一动，缺少做好这一工作的底气、自信和积极性、主动性、创造性。三是"一阵风"思想。一些监狱干警认为狱务公开搞了多年，也是时紧时松，既然现在中央的《决定》都强调狱务公开，上级主管部门一再布置并且要求拿出做法取得实效，也就随大流，跟着走。至于狱务公开到底有什么重要意义与作用，到底做到什么程度也不想去细究。只要把上面糊弄过去就行了，缺少常态考虑和举措。

### （二）内容过于保留，未能公开到位

应该指出，狱务公开根据监狱工作的性质和具体内容，应该与其他行业有所侧重和区别，但是从这些年推行的经验来看总的感觉是有些保守，内容过于保留。特别是一些监狱干警以保密为由，随意扩大监狱执法的保密范围，把一些不应当确定为保密的事项也确定为保密事项。另外，狱务公开的内容主要是本监狱活动内容、奖惩公布的一般信息，罪犯及其亲属关注的涉及切身利益的热点难点问题的解决的关键性信息少。再有，把狱务公开的内容作为"虚功""噱头"，表面热闹，缺乏实质性内容，因此有人调侃，现在的狱务公开栏是法

律政策的发布栏、监狱业绩的宣传栏、领导形象的展示栏、对外作秀的广告栏。

### （三）方式较为单调，公开路径较为狭窄

目前，从全国监狱系统来看，特别是欠发达地区，狱务公开的方式较为单调，公开路径较为狭窄。公开的方式还较多停留在传统的手段，大多依靠纸质的法律法规、政策、规章等装订本，公开栏，公告手册，报刊专栏，民警口头告知，罪犯写信，现场咨询等；有的监狱虽然也在网站公布，但比重较小，更新也不够及时。特别是在信息化时代，不少罪犯亲属提出不一定非要每次到监狱接见时才能了解相关情况，监狱应该通过现代信息技术手段与他们进行便捷、及时的沟通，而这方面的建设还并不完善。

### （四）对狱务公开的成效缺少科学的评估

就全国而言，目前狱务公开在新一轮的试点的基础上，开始大面积深入推进。前面已经提到，狱务公开已经进行了十多年。但是，到底成效如何，有哪些成功的地方，有哪些不如人意之处，有哪些需要努力的方向，都可以通过科学的评估来解决。对于这一点不少监狱关注不够，更多的只是根据一些基本要求来评估狱务公开的成效。总是好话多说，问题轻描淡写，缺少细化和量化，更缺少对狱务公开中存在的问题及其原因的深入分析，缺少下一步的纠偏、整改措施。如果还是停留在这个水平上，推行狱务公开只会流入自说自话、自卖自夸的自娱自乐中，不仅不会产生好的效果，而且老问题还会在以后重复出现。

## 三、深入推进狱务公开的原则思考

在前一段"狱务公开"试点工作的基础上，狱务公开已开始在更大范围深入推开，为使这项工作顺利、健康地往前推进，达到预期的效果，可以把握以下几个原则：

### （一）深入推进狱务公开要有正确的导向性

要深入推进狱务公开，关键是要有一个正确的导向性，真正起到推动工作、促进事业蓬勃向上发展的目的。为此，狱务公开在理念引领上，要坚持依法公开、以人为本、保障人权的理念、执法公正的理念、反腐倡廉的理念、服务大

局的理念等,通过这些正确的理念来引领狱务公开具有正确的导向,而不是为了狱务公开而公开,为了搞点噱头迎合上级领导的公开,更不是为了制造所谓轰动效应来哗众取宠的公开。必须坚持正确的导向,使狱务公开更好地为惩罚与改造罪犯服务,为推动平安中国、法治中国建设服务,为实现国家治理现代化服务。

### (二)深入推进狱务公开要有强烈的针对性

进入21世纪以来,"公开"已成为中国走向法治和走向程序时代的"关键词",党的十八届四中全会通过的《决定》,既强调政务公开,又强调"构建开放、动态、透明、便民的阳光司法机制,推进审判公开、检务公开、警务公开、狱务公开"[①]。相对于一般政府部门的"政务公开"和公检法机关的审判、检务、警务公开,监狱系统的"狱务公开"更具有其特有的强烈针对性。首先,其公开的对象主要是罪犯、罪犯亲属以及社会公众(含社会组织),特别是社会上对狱务感兴趣的媒体及相关人员。其次,要适应对象的需求。如罪犯最关心行政、刑事奖罚的公正性、生活卫生方面的诉求;罪犯亲属最关心罪犯的身心健康状况、司法奖惩情况、狱内真实表现情况;而社会特别是执法监督员最关注监狱干警执法公正情况和罪犯权利保障情况。掌握了需求,就可以为面向不同对象的范围和内容的侧重打下良好的基础。最后,随着监狱布局的调整逐步展开,监狱功能发生了很大变化,监狱分类已是大势所趋。因此,不同种类的监狱就要从关押对象的实际出发,推进狱务公开。如未成年犯、女犯、老病残犯、长刑犯、短刑犯在如何公开上就不能千篇一律,而是要体现出自身的特点:女监狱务公开要突出对女犯人权保护的特点;未成年犯管教所狱务公开要突出对未成年犯合法权益的保护;老病残犯监狱狱务公开要突出对老病残犯的人道关怀以及康复性的矫治措施。总之,只有突出针对性,才能使狱务公开更加精细,也更有说服力。

### (三)深入推进狱务公开要有客观的真实性

狱务公开的信息应该是客观的、真实的、准确的、权威的。客观的真实性

---

① 《中共中央关于全面推进依法治国若干重大问题的决定》,载《求是》2014年第21期。

是对狱务公开性质的最本质的要求，一切狱务信息，都要以客观的真实性为核心要素，否则，对狱务公开的其他要求都将毫无意义。因此，在深入推进狱务公开的过程中，作为监狱及干警必须高度重实狱务公开的客观真实性，在内容上要把握三点：一是监狱本身要公开真实的信息，杜绝失真信息，因此要进行认真筛选，去伪存真，使所公开的信息真实无误，使自己的主观认识和客观实际相符合。二是对媒体或社会上流传的虚假信息主动出面予以澄清。三是对社会或某些人（包括罪犯亲属）的疑问进行解答，除疑解惑。在方式上，特别需要强调的是，一定要学会用执法证据说话。在执法中，监狱干警要树立真实与合法的关键证据录音录像、保存有效的意识。围绕执法行为事实和规定情形收集证据、固定证据，提高在狱务公开中用证据说话的能力。只有这样，狱务公开才能达到预期的目的。

### （四）深入推进狱务公开要有可控的尺度性

狱务公开是必要的，但是也不是所有的狱务信息都可以公开的。监狱毕竟是国家的刑罚执行和专政机关，其中所开展的活动和积累的信息有的属于国家秘密，有的涉及政法、监狱系统内部规定的保密范围，有的涉及个人隐私，一旦不加筛选贸然公开这些信息，就可能危及国家安全、监狱安全和影响罪犯正常的改造。因此，狱务公开也要注意到要有可控的尺度性。那么，如何区分哪些该公开？哪些不该公开或换一种方式公开？政府政务公开中所提出的"可分割原则"值得我们借鉴。所谓可分割原则，是指政府信息中含有一部分不应当公布的内容，依照法律法规运用删除或遮盖的手段对该类信息进行区分处理，维护保密的信息内容，公开可以公开的信息内容。它体现政府信息公开以公开为常态、不公开为例外的原则，在保护国家秘密、商业秘密和个人隐私的前提下，最低限度地保障公民的知情权和信息获取权，同时规范行政机关履行信息公开的义务和职责，限制自由裁量权。可分割原则强调，保护信息知情的价值高于信息保密的价值，其实质是政务公开和公民监督。[①] 可分割原则也适用于狱务公开，根据监狱实际情况，一般来说，公开的内容主要涉及三个层次，一是需要绝对公开的内容，特别是事关罪犯服刑的有关内容，如罪犯服刑期间的权利义务、考核奖惩以及相关的假释、暂予监外执行等。二是限制公开的内容，

---

① 参见黄伟群：《政府信息公开保密审查制度研究》，人民出版社2014年版，第1页。

如涉及罪犯个人隐私的事项一般不对社会公开，罪犯亲属如想公开，要通过申请并经同意后方能进行公开。三是禁止公开的内容。如涉及国家秘密、商业秘密、未成年案件的活动和事项以及可能妨害监狱正常执法活动或影响社会和谐稳定的执法信息等，但需要说明理由。当然，随着形势的发展，只要在法律法规允许的范围内，应不断扩大狱务公开内容，监狱不能动辄以维护安全的名义、以强化监管的名义随意限制和禁止狱务公开的内容。

### （五）深入推进狱务公开要有先进的科技性

当今时代，第三次科技革命方兴未艾，信息化、大数据又扑面而来。深入推进狱务公开，有赖于依托现代先进的科技手段特别是信息技术确保各项公开措施得到落实。以往人们常把监狱称为"文化孤岛""信息孤岛"①，是源于监狱不为人知的"偏僻"，还是基于监狱信息技术的"封闭与落后"？恐怕二者兼而有之。这些年来，经过布局调整，不少监狱已从偏僻的地区迁往较为发达的城镇近郊。与此同时，信息技术手段也在逐渐铺开，其中在狱务公开领域也开始广泛使用先进科技手段，成为监狱执法的一道亮丽的风景线。因此，狱务公开要在保留传统公开的形式，如公告、明示、设置举报箱、举办罪犯与亲属会见日、建立监狱长接待日、聘请特邀监狱执法监督员等的基础上，向使用更多的现代化、信息化手段推进。这里也要看到，在运用现代化、信息化手段推进狱务公开的做法上，不同监狱的表现也参差不齐。例如，有的监狱，有些信息技术设备甚至出现未使用便已遭淘汰的问题，还有些存在不会用、不善用的问题。因此，在利用信息技术推进狱务公开的问题上，要切实把先进科技特别是信息科技用于狱务公开，且在用好上下功夫。在这一方面，中央政法委在2014年年初出台的《关于严格规范减刑、假释、暂予监外执行切实防止司法腐败的意见》中明确规定，提请"减、假、暂"的，一律提前予以公示，相关裁定书和决定书一律网上公开。该意见还指出，推进刑罚执行机关、审判机关、检察机关减刑、假释网上协同办案平台建设，做到信息网上录入、信息共享、"全程

---

① 信息孤岛，是指在社会信息化过程中，由于信息系统、软件系统、数据库之间关联性差，难于互联互通和互相操作，造成数据共享差、系统效率低、业务协作难，因而无法真正实现信息化。转引自郑善和、桂晓民主编：《继承、转型、奋进——上海监狱现代警务机制建设探索与实践》（内部资料），2012年印，第131页。

留痕"。① 这一要求实际上对于监狱狱务公开运用信息科技提出了不容置疑的要求，并上升到公正执法的高度，必须把信息科技作为狱务公开的重要载体，不能打任何折扣。另外，根据上海监狱系统的经验，要保证狱务公开具有先进的信息科技性，一是要确保"实用、管用、够用"，确保不符合要求的不上马，不符合资质的主体不采用。二是确保"真用、会用、管用"，以更好地发挥先进的科技性在推进狱务公开中的作用。②

### （六）深入推进狱务公开要有灵活的应变性

监狱作为国家的刑罚执行机关，在较为封闭的环境，面对特殊的对象开展工作，充满着高风险性。押犯的高度集中，容易使罪犯产生恶性感染，甚至出现狱内重新犯罪的恶性案件。另外，近年来罪犯及其亲属的维权意识明显增强，但也随之带来新的矛盾。特别是表现在罪犯及其亲属权利意识的崛起与维权理性不足的矛盾，对监狱的诉求日益增长与对监狱的服从、配合、支持、信任日益淡化的矛盾。一些社会媒体为了吸引眼球，往往在炒作监狱事件上不遗余力，特别是某件社会焦点事件通过微博便可在瞬间扩散蔓延并达到高潮，前几年发生的"济南女狱警打人事件"就是例证。这使监狱常常处于舆论压力的被动状态。在这种情况下，就需要在深入推进狱务公开的过程中表现出灵活的应变性。在立足本职，进一步优化执法环境，增强干警法治意识、执法能力以及提高化解风险能力的前提下，要通过狱务公开积极灵活地加以应对，最大限度地降低涉狱舆情给监狱及干警带来的负面影响，努力维护监狱良好的形象。为此，作为监狱及干警，一是在思想认识层面，顺势而为，正确驾驭涉狱舆情与监狱工作间的互动关系，主动掌握涉狱舆情，分析利弊，积极面对。二是在制度层面，适时建立狱务发布工作制度。可以设立监狱新闻发言人，对于特定事件及时召开新闻发布会。三是在实践操作层面，要快速反应，特别是面对突发事件，信息公开的时间稍有迟缓，就很可能变成"马后炮"，发挥不了应有的作用，或者被淹没在各种传言中，甚至引起误会。另外，还要加强阵地建设，加大涉狱舆情正面宣传引导力度。以微博为例，可以开设网上网下两个战场，即监狱狱务

---

① 参见徐霄桐:《减刑、假释、保外就医被要求一律上网公开》，载《中国青年报》2014年2月25日，第3版。

② 参见郑善和、桂晓民主编:《继承、转型、奋进——上海监狱现代警务机制建设探索与实践》（内部资料），2012年印，第127—128页。

微博和监狱微博。监狱狱务微博的消息内容代表着监狱作为国家刑罚执行机关的价值立场和政策要求,而监狱微博的诚信折射出政府的诚信。① 这意味着,监狱狱务微博所承载的内容,不仅只是在互联网上公示,还必须有线下的实际行动为支撑。这样可以更好地突出监狱执法公信力。

## (七)深入推进狱务公开要有理想的实效性

讲求实效乃至讲求理想的实效性,顾名思义,就是要注意狱务公开的有效性乃至最佳的有效性,注意狱务公开实践的实际效果乃至最佳实际效果。它既是推进狱务公开的落脚点,也是推进狱务公开的出发点。狱务公开不是为公开而公开,做表面文章,而是要注重两个效果,即法律效果和社会效果。所谓法律效果就是为了更好地促使监狱及干警公正执法,防止腐败,更好地履行惩罚与改造罪犯的职责,提高改造质量。所谓社会效果就是能够提高监狱执法的公信力,有助于社会和谐稳定,形成全社会积极关心、支持、参与对罪犯的帮教的良好氛围。要做到这一点,监狱及干警要从实际出发,对狱务公开的计划、内容、程度、形式等进行可行性研究,事先顾及并预测它的实践效果,力求做到主观与客观的统一。只有这样,狱务公开才能取得理想的实效。这里需要强调一下法律效果与社会效果的关系问题。一般地说,法律效果与社会效果并非相互对立,而是有机联系、互为依存的。虽然法律效果是检验执法活动是否依法实施和符合法治原则的尺度,社会效果则是检验执法活动是否符合社会发展和建立和谐社会的尺度。但从本质上讲,二者是一致的,当然也不排除二者之间有时也不一致。② 例如,有些公开的信息从社会效果考虑是较好的,但法律效果不太好,甚至违背法律或于法无据;有的信息披露从法律上看是可行的,但社会效果不太好,社会公众评价较低。例如,罪犯权利的保障、生活卫生条件的改善这类信息的披露,如把握不好界限,就会给公众造成错觉,觉得罪犯待遇好于社会特别是边远地区。而要实现二者之间的有机统一,从监狱自身来看,实现"两个效果统一"是执法工作的永恒主题。作为监狱及干警,在执法活动以及狱务公开中要始终贯彻"以事实为依据,以法律为准绳"的原则,严

---

① 参见吴学军、赵阿建:《微博时代涉狱舆情引导应对初探》,载《上海警苑》2014年第3期。

② 参见中共中央政法委员会:《法治热点问题解读(2008)》,中国长安出版社2008年版,第102—106页。

格依法办事，维护法治权威；要胸怀大局，做到统筹兼顾，特别是通过深入推进狱务公开，全面推行"阳光执法"，架起罪犯、亲属及社会公正与监狱沟通联系的桥梁，使之了解、理解和支持监狱的执法工作。另外，当出现一些罪犯及其亲属过度维权或维权不当，甚至出现利用网络和微博恶意诋毁监狱形象的问题，监狱要做到"自证清白"，就要及时提供执法证据并合理、妥当予以运用，这样才有助于消除质疑和偏见，及时化解涉狱舆情危机①，并且增强监狱的执法公信力，产生好的社会效果。

### （八）深入推进狱务公开要有科学的反馈性

信息论认为，任何系统的管理实际就是信息的输入、转换、输出、经过反馈进入下一次新的输入过程，管理只有通过信息反馈才能实现控制。② 狱务公开的管理也不例外。在深入推进狱务公开的过程中，注重狱务公开信息的反馈是十分必要的。只有及时、顺畅的反馈，才有可能将狱务公开过程中发现的问题消灭于萌芽之中，狱务公开质量才能得到不断提高。一般地说，由于监狱与生俱来的封闭性，以及某些干警对法律、政策理解的偏差，对涉狱舆情"吃得不透"，难免会造成与外界信息的不对称，从而影响到对情况的正确研判，给狱务公开工作带来不利影响。这就需要在狱务公开中要有科学的反馈性，以防止和减少因监狱及干警自身的问题造成信息反馈短路对狱务公开带来的负面效应。而要发挥好反馈在狱务公开中的作用，其基本的要求是：一要及时。只有及时，才能迅速发现和解决问题，把问题消灭于萌芽之中，避免造成较大的损失。及时反馈还可用较小的代价解决问题，收到事半功倍之效。二是要准确。只有准确，才能对问题有真实的了解和正确的解决。

狱务公开要有科学的反馈性，关键要在反馈调节上下功夫。狱务公开的反馈调节，是指纠正狱务公开的实际效果与应有效果之间的偏差，使应有效果得以实现的相关活动。根据当下狱务公开的状况，要搞好反馈调节，主要应解决以下几个问题：一是根据反馈信息，确定是否修订狱务公开方案，调整部署。通过反馈信息可以发现，有些计划、部署实现了转化，有些则没有实现转化。

---

① 参见江峰、韦浩：《监狱执法证据工作之研究》，载《中国监狱学刑》2012年第4期。
② 参见王新清：《构建高校质量保障体系》，载《中国教育报》2014年11月17日第9版。

对于没有或很难实现转化的计划和部署，就属于反馈调节的对象，必须尽快地予以调整。二是根据反馈信息，确定是否对狱务公开内容和方法进行调整。通过反馈信息，凡是行之有效的狱务公开的内容和方法，必须坚持；反之，必须加以调整。三是根据反馈信息，总结经验教训。监狱干警是狱务公开与反馈的组织者，反馈信息是干警进一步推进狱务公开的客观依据，因此要根据已掌握的反馈信息，认真总结经验，以利再战，深入反思教训，以防出现类似的失误。总之，通过科学的反馈，以达到持续改进和提高狱务公开水平，不断提高狱务公开质量的目的。

（原载《安徽监狱》2015年第7期）

# 对打造监狱警察反腐制度笼子的思考

习近平同志在十八届中央纪委第二次全会强调,要加强对权力运行的制约和监督,把权力关进制度的笼子里,形成不敢腐的惩戒机制、不能腐的防范机制、不易腐的惩戒机制。这一重要论述,深刻揭示了新形势下制约和监督权力的基本路径,凸显了制度建设在规范权力运用,防止腐败中的根本作用,对于监狱系统打造监狱警察反腐制度笼子,深入推进反腐倡廉建设具有重要的指导意义。

监狱警察代表国家行使刑罚执行权,直接从事对罪犯的惩罚与改造等具体执法工作,处在监狱刑罚执法的第一线。监狱警察对权力的运用如何直接关系到监狱机关的形象。虽然近年来监狱系统在反腐倡廉建设上取得了一定成效,然而相比之下仍是司法行政系统中腐败案件的易发多发领域。根据司法部纪检组2010年11月组织的大规模相关调查[①],近年来,司法行政系统违法违纪和职务犯罪案件集中在监狱系统,监狱警察违法违纪和职务犯罪的比例占绝大多数[②],这在一定范围内造成了非常恶劣的影响,破坏了监狱形象。因此,需要引起高度的关注和认真对待。其中,重视研究监狱警察反腐制度建设,打造监狱警察反腐制度笼子,是扎实推进监狱系统反腐倡廉建设的当务之急。

---

① 2010年11月,驻司法部纪检组监察局组成调研组,对司法行政系统职务犯罪问题开展了一次专题调研。在实地调研、召开座谈会、收集书面意见的基础上,根据12个省(区、市)司法厅(局)纪检监察机构提供的材料,结合十七大以来司法行政系统违法违纪案件查处的情况,调研组对20个有代表性的职务犯罪典型案件进行剖析,从中发现,司法行政系统违法违纪和职务犯罪案件集中发生在监狱系统,监狱警察违法违纪和职务犯罪比例占绝大多数。以上资料参见张祥等:《对当前监狱警察职务犯罪问题的调研分析》,载《中国司法》2011年第1期。

② 参见张祥等:《对当前监狱警察职务犯罪问题的调研分析》,载《中国司法》2011年第1期。

## 一、打造监狱警察反腐制度笼子的迫切性和必要性

首先,打造监狱警察反腐制度笼子是对于监狱警察权力最好的制约和监督。这些年出现腐败并屡禁不止的原因,从根源上说,是权力缺少制约和监督。腐败总是与权力联系在一起,集中而又不受制约和监督的权力,必然导致腐败的滋生和蔓延。而把权力关进制度的笼子里,就是把权力的运行纳入制度轨道,用制度监督、规范、制约权力,保证权力正确行使而不被滥用。[①] 而打造监狱警察反腐制度笼子之所以需要特别强调,是因为在监狱行刑过程中,监狱警察拥有行刑权包括惩罚与改造罪犯的各种权力,特别是在办理罪犯减刑、假释、保外就医、安排工种等方面。如果没有良好的制度制约和监督,很难保证监狱警察依法执行公务,容易出现利用权力进行权钱交易的问题,甚至会成为某些别有用心的罪犯的"保护伞"。而要制约和监督权力,更为重要的是从制度建设上入手,在着力打造监狱警察反腐制度笼子上下功夫。

其次,打造监狱警察反腐制度笼子是维护和实现执法公正的有力举措。执法公正是监狱工作的生命线,监狱警察既是法律的执行者,又是公正的维护者、实现者。监狱处于刑事司法链条的最末端,对罪犯来说,是体现公正的再生之地;对公众来说,是实现公正的净化之所。作为执法者的监狱警察的腐败,在很大程度上代表着司法正义的功亏一篑,不仅对于罪犯,而且对于世道人心都会产生负面影响。如近期因"冰毒交易"一事备受关注的铁岭监狱又现丑闻。根据人民网的报道,这座监狱还有更多不为人知的内情,监狱警察不仅为罪犯私带物品,还帮忙打包饭菜;狱警、罪犯成为"倒爷",将白酒装入矿泉水瓶贩入监狱;监狱自开超市,家属感叹供罪犯比供学生还贵……[②]这些情况的发生,严重损害了监狱警察在服刑罪犯心目中的形象,挫伤了公众对社会公正的渴望和信心。而这些问题的产生,除了一些监狱警察个人素质问题外,一个重要方面是反腐制度建设没有到位。因此,必须着力打造监狱警察反腐制度的笼子,制约和监督监狱警察的执法权力,通过这一举措促使其担当起维护和实现执法公正的重任。

---

① 参见李法泉:《把权力关进制度的笼子里》,载《求是》2013年第9期。
② 转引自《遏制"监狱腐败"应引入外部监督》,载《新京报》2013年4月16日。

再次,打造监狱警察反腐制度笼子是监狱警察道德性约束的重要保障。制度作为一种外在约束,对于促使监狱警察去恶从善、弃莠从良具有一定的强制性,是一种"硬约束";而道德要求作为一种内在约束,是一种软强制力量。制度约束主要是通过外在的压力来达到规范监狱警察行为的目的;道德约束则主要是依靠社会舆论、教育、个人的内心信念等来规范监狱警察个人的行为。对于监狱警察的职业行为走向,一方面离不开道德性约束,但更为重要的是,作为现实生活中的人,个体的精神世界的构成是复杂的,既有向善的一面,又有利己的一面,必须使其职业行为在道德性约束下朝着善的方向发展,而反腐制度笼子的打造是不可或缺的重要保障。诚如有的学者所言,如果一个自觉以道德准则约束自己的人,由于制度的不健全,在现实生活中四处碰壁、处处吃亏,就很难保证他今后还会是原先那样有道德的人,也难以保证其周围的人不会"以此为戒",把遵守道德准则当作傻瓜行为。在这种情况下,要使道德约束收到很好的成效,无疑是非常困难的。[①] 因此,制度性尤其是反腐制度约束对于道德性约束来说十分重要,道德性约束必须要有反腐制度作坚实的支撑,要通过着力打造监狱警察反腐制度的笼子,为道德性约束提供有力的保障。

## 二、当下监狱警察腐败犯罪的形式及特点

当前监狱警察队伍腐败犯罪的类型涉及较广,包括利用刑罚执行权、生产经营权、事务管理权等职权贪污受贿的案件,滥用职权徇私舞弊的案件等,下面分别对其形式和特点作一分析。

### (一)当下监狱警察腐败犯罪的形式

根据张祥等人收集的调研资料[②],当下监狱警察腐败犯罪的形式主要表现在以下几个方面:

1. 利用职权贪污受贿。在调研中发现,监狱系统个别权力集中的部门和岗位,无论职位高低,都存在利用职权收受贿赂的现象。该类犯罪占到典型案件

---

[①] 参见何显明:《制度建设与社会主义精神文明》,载《哲学研究》1997年第9期。
[②] 参见张祥等:《对当前监狱警察职务犯罪问题的调研分析》,载《中国司法》2011年第1期。

的40%。例如，H省监狱原党委书记、监狱长在任职期间，利用职务之便，非法收受他人财物，侵吞、骗取公共财物，涉案金额近百万元。法院以贪污罪、受贿罪，判处该监狱长有期徒刑18年。J区监狱某领导利用主管改造工作的职务便利，在为罪犯办理记功、减刑、假释、调监和调换工种等事项中，收受罪犯及罪犯亲属贿赂十余万元，被判处有期徒刑10年，没收财产5万元。

2. 滥用司法权徇私舞弊。这是监狱警察腐败犯罪的主要形式。该类犯罪占到典型案件的35%。例如，K省监狱主管改造工作的原监狱长收受罪犯家属所送财物，利用职务便利，在罪犯相关材料不属实，不具备减刑条件的情况下，徇私舞弊，以有重大立功表现为由，突破减刑期间限制，为罪犯报请减刑。事发后法院以徇私舞弊罪，判处其有期徒刑2年6个月。①

3. 虐待罪犯。根据最高人民检察院提供的数据，2007年以来，全国因职务犯罪被立案侦查的监狱警察中，9.7%属于殴打体罚致残致伤被监管人员。② 少数监狱警察法律意识淡薄，执法方式野蛮粗暴，时常以打骂、体罚等方式管理罪犯，对罪犯的合法权益造成严重伤害。例如，某警察工作态度粗暴，方式野蛮，在管理罪犯过程中，虐待罪犯达6人8次之多。2009年12月21日晚，该警察以罪犯江某某不服管教为由，对其实施殴打致其死亡，而案发当日，距江某某刑满释放仅剩20多天。案发后，监狱向死者家属支付了75万元的赔偿金。法院以故意伤害罪、虐待被监管人员罪，判处该警察有期徒刑14年，剥夺政治权利3年。

### （二）当下监狱警察腐败犯罪的主要特点

根据张祥等人收集的调研资料，当下监狱警察腐败犯罪的主要特点表现在以下几个方面：③

1. 主要领导涉案突出。他们利用手中的人事任免权、行政审批权、财务管理权、刑罚执行权等权力，进行权钱交易、贪污受贿；利用职务影响力，以权谋私。例如，A省监狱管理局某主要领导在任期间，非法收受31人所送现金、银行卡、超市卡等，为他人在工程款结算、任职升职、工作调动、罪犯刑期变

---

① 参见张祥等：《对当前监狱警察职务犯罪问题的调研分析》，载《中国司法》2011年第1期。

② 同上。

③ 同上。

更等方面谋取利益，最终被判有期徒刑 7 年。E 省监狱管理局某主要领导擅自决定将本单位上千万元的资金借给其关系人的民营企业用于经营活动并谋取个人利益，还先后收受他人贿赂 50 余万元，法院以挪用公款罪、受贿罪，判处其有期徒刑 17 年，剥夺政治权利 1 年。

2. 窝案、串案增多，带有群体性。近年来，在监狱系统，一些警察形成"腐败利益共同体"，共同犯罪的趋势越来越明显，犯罪呈团伙化、群体化趋势。例如，F 省某监狱腐败窝案中，以原党委书记、监狱长为首，包括原副监狱长、副政委、设备供应科科长、运销科科长、财务科科长、监区长等在内的 14 名涉案人员，利用职务之便，上下勾结，相互串通，在监狱对外采购物资、生产经营等活动中，为供货商、经销商在清结货款、供货等方面提供便利，分别或共同收受他人贿赂，数额巨大。全案共查处正处级干部 1 名、副处级干部 3 名、正科级干部 8 名、副科级干部 2 名。2010 年 6 月，原上海北新泾监狱警察唐德因涉嫌受贿，被刑事拘留，随着案件的深入调查，其他一些监狱也涉及其中，后 7 人受到刑事处罚，3 人被党纪政纪处分。①

3. 犯罪时间长，具有隐蔽性。由于监狱系统具有相对隔离、封闭的特点，监狱警察腐败犯罪难以被及时揭露。当有的案件被发现时已经持续了相当长的时间。例如，A 省监狱管理局某主要领导在 1997 年至 2009 年期间，B 省监狱管理局某主要领导在 2001 年至 2008 年期间，C 省监狱管理局某主要领导在 2001 年至 2005 年期间，D 市监狱某主要领导在 2000 年至 2009 年期间，均利用所在岗位职务之便，大肆收受他人贿赂，犯罪时间长，持续时间久。同时，犯罪行为越来越隐蔽。例如，某监狱原党委书记、监狱长在任职期间先后 4 次收受某监区长的贿赂共计 200 余万元。在行贿过程中，行贿人为掩人耳目，第一次采取以监狱长岳母名义在银行开户的方式，存入贿款并将存折送上；第二次采取借用监狱长的车钥匙，将现金放在车内的方式，随后告知；第三次又以监狱长岳母的名义在银行开户，存钱送上；第四次则趁新年之际到监狱长家中送去贿款。

4. 警囚勾结，沆瀣一气。例如，原上海北新泾监狱警察唐德受贿案中，唐德与罪犯王耀中由于长期接触产生了认同感，与之兄弟相称，并将其发展成为自己的代理人，为监区其他罪犯行贿狱警牵线搭桥。王耀中不仅向监区其他罪

---

① 参见王东晟、刘洪博：《试论人情关系对监狱公正执法的消极影响及对策——从"唐德案"引发的思考》，载《上海警苑》2013 年第 4 期。

犯传授诸如更换轻松劳役岗位、得到减刑假释等行贿"经验",而且提供个人掌控的银行卡账号让罪犯家属汇款,利用"地下航线"收到现金后再陪同该犯向狱警行贿。①

5. 犯罪影响恶劣,对国家司法公信力的损害十分明显。近年来,监狱警察腐败犯罪案件被媒体屡屡披露,而且是高级别的领导干部。例如,2006年某省监狱管理局原局长,因受贿63万余元被判刑12年;2010年某省监狱管理局原局长,因受贿被判刑7年。2011年某省司法厅原副厅长犯受贿罪、巨额财产来源不明罪、徇私舞弊暂予监外执行罪,数罪并罚被判处无期徒刑,其受贿所得及其他违法所得财物折合人民币高达1700余万元。② 正因为腐败犯罪的是监狱系统位高权重的人,所以会对社会造成严重的负面影响。

## 三、监狱警察腐败犯罪的制度性原因

监狱警察队伍中的腐败现象既有监狱警察的主观原因如价值观的扭曲等,又有客观原因如制度方面的原因,这里我们着重从反腐制度方面分析。

首先,反腐制度体系建设不够完善。近些年来,我国监狱系统从上到下已经出台了数项的规范性文件,用于规范监狱警察的行为。但这些文件相互之间缺乏体系性、逻辑性和一致性,有的仅属于号召性的规定,不具有操作性和强制性,如《监狱法》颁布实施多年来,至今没有出台实施细则,造成反腐制度原则性要求多,硬性规定少,可供操作的依据少等问题;也有的环节出现制度空白区域,致使一些人钻空子,如2011年《南方都市报》报道,由于法院的审批仅审查报上来的书面材料,致使有的监狱管理人员造假,以蒙混过关。而保外就医由监狱系统自己审批,问题更为严重。报谁不报谁,都由监狱管理人员说了算。

其次,反腐制度的执行力有待提高。尽管反腐制度建设方面规范性文件大量存在,但存在制度执行不佳的问题。特别存在重制定、轻执行的现象,一些人搞实用主义,选择性执行制度;或搞"灵活变通",上有政策,下有对策。例

---

① 参见王东晟、刘洪博:《论人情关系对监狱公正执法的消极影响及对策》,载《上海警苑》2013年第4期。

② 转引自于海涛:《当前监狱管理人员司法腐败与古代监狱狱吏贪赃舞弊问题对比剖析》,载《上海警苑》2012年12期。

如,已经出台的"四个不直接分管"等制约监狱"一把手"权力行使的制度,对人事、财物、大宗物资采购、重大项目招标等重大事项的权力分配进行了规范,但是由于个别领导利欲熏心,有制度不执行、执行搞变通,使制度得不到有效落实。

最后,监督制度难以得到保障。有关调研显示①,监狱系统有三"难",一是外部监督难,如监狱不同于一般社会单位,性质特殊,管理相对封闭,客观上给外界的监督带来不便,使得监狱警察行使职权透明度低,给个别人腐败犯罪活动留出了空间。二是执法监督难,根据《人民警察法》第42条规定,人民警察执行职务依法接受人民检察院和行政监察机关监督。目前从最高人民检察院到地方检察院,都向监狱派驻检察室,实行直接管理,实施法律监督。但监察机关没有向监狱派驻监察机构。根据中纪委监察部的有关答复精神,监狱内设监察机构,不能行使行政监察职能。这就造成目前对监狱警察执法活动的监督,既缺乏力度,又不符合相关法律规定。三是协调配合难。如监狱纪委书记的配备在主要领导心目中往往是闲差,在班子中排名靠后,给组织协调工作带来诸多不便,配合效果不够明显。

## 四、关于打造监狱警察反腐制度笼子的几条思路

要加强监狱警察反腐制度建设,切实把权力关进制度的笼子里,必须针对当下监狱警察腐败犯罪的形式、特点及制度性原因,对症下药,加快打造合法合理、严密细致、公开透明、惩治有力的"制度铁笼",以此规范监狱警察权力的运行,防范权力滥用。

### (一)打牢反腐制度笼子的根基

要打造监狱警察反腐制度笼子,首先制度设计上要合法合理,做到合法性与合理性的统一。就合法性而言,制度的创制必须要有明确的法律规定或相关的法规为依据,最起码不能与国家的法律法规和上级的规定相矛盾。监狱作为国家的刑罚执行机关,在制度创制过程中更应坚持合法性。就合理性而言,监

---

① 参见张祥等:《对当前监狱警察职务犯罪问题的调研分析》,载《中国司法》2011年第1期。

狱作为一个具有强制力量的国家机器，在行刑权的分配和占有上，一要合理配置权力，建立健全决策权、执行权、监督权既相互制约又相互协调的权力结构和运行机制，遵循精简、统一、高效的原则，对决策权、执行权、监督权适度分解和平衡；二要在厘清权力事项的基础上，合理配置监狱各级警察特别是监狱、监区、职能部门"一把手"的权力，从制度上防止权力过分集中和扩张甚至滥用，为打造监狱警察反腐制度笼子奠定坚实的基础。

### （二）编织好反腐制度笼子的"笼条"

反腐制度的笼子越严密结实，权力出笼的概率就越小，产生腐败的机会就越少。因此，要在编织好严密结实的笼子上动脑子。要织密制度的"笼条"，围绕限定权力范围、厘定权力界限、减少自由裁量、规范权力运行建立健全制度，使权力授予、行使、监督全过程和各环节都有制度规范，形成用制度管权、按制度办事、靠制度管人的有效机制。[①] 特别是要围绕问题易发多发的重点领域和关键环节，诸如办理减刑、假释、暂予监外执行、调换工种、考评、用人、生产经营等方面，及时对现有制度笼子修缮巩固，把行使权力的漏洞堵死。要确保"笼条"牢固，彼此衔接配套，环环相扣。单项制度各环节或相关制度之间要相互关联配套，构成相互支撑的制度链条和稳固架构。要增强制度笼子的刚性，每项制度规定都要明确具体，把大力提倡变为硬性规定，将自由裁量化为具体标准，不仅有要求还要有罚则。压缩弹性空间、增强刚性制约，注重运用科技手段固化权力流程，把一些制度科学设计为计算机程序，实现制度执行程序化，不能随意变通、跳过或逃避，防止人为因素导致权力的滥用。对于罪犯监管，要整合监控全覆盖、录音笔、亲情电话系统、会见系统等现代技术手段，以对监狱警察执法和管理过程进行有效监控。

### （三）扩大反腐制度笼子的公开透明

公权力必须在阳光下运行，阳光是最好的反腐剂，因此，监狱警察反腐制度的笼子要扩大公开透明，要在监管场所依法公开执法的内容、程序和结果。除法律规定不能公开的事项外，监狱警察的执法依据、程序、流程、结果都要及时公布，特别要公开罪犯的权利与义务，罪犯考核、分级处遇的条件和程序、

---

① 参见李法泉：《把权力关进制度的笼子里》，载《求是》2013年第9期。

罪犯减刑、假释或又犯罪处理的法定条件、程序和结果等，以防止"暗箱操作"，让腐败行为"无处藏身"。近年来，各地探索了一系列行之有效的公开方式，如借助新闻媒体、运用狱内宣传手段、开展狱务咨询、印发狱务公开手册等这些方式需要进一步总结、规范、推广，并在实践中不断探索、完善。另外，要加强对狱务公开的监督，如公布举报电话，设立监狱长信箱、监狱长接待日，接受罪犯及其亲属的举报和建议，及时处理有关投诉和问题，聘请有关部门、社会团体人员及知名人士等为执法监督员，接受他们的检查和监督，让权力在阳光下更加规范地运行。

### （四）严惩腐败"出笼"的行为

行为科学的研究表明，人的动机大致分为两种，一种是追求某种行为后果的正向动机，另一种是规避某种行为后果的负向动机。对监狱警察行使权力的行为实行反腐制度的约束，严惩腐败"出笼"的行为，目的就是要使监狱警察产生规避某种行为后果的负向动机，激发其正向的行为动机。任何制度性约束的"力度"，在很大程度上源于对应的、明晰的、合理的惩处。只有加大制度的惩治力度，才能有效防止权力滥用。因此，绝不能放松严惩腐败"出笼"的行为。要让反腐制度的笼子通上"高压电"，使企图突破笼子的行为受到严厉的"电击"，从而遏制权力腐败"出笼"。要坚持制度面前人人平等，坚持制度面前没有特权，不管什么人，"出笼"必严惩，"老虎""苍蝇"一起打，不搞"网开一面"和"下不为例"。坚持对"出笼"的腐败行为露头就打，果断处理，严厉惩处。坚持依法从严治警，特别是对严重的滥用权力的行为，要予以重罚，让"出笼者"得不偿失。

### （五）加强看守反腐制度笼子的队伍建设

纪检监察干部队伍是反腐制度建设的组织保障，是看守反腐制度笼子的"神兵"，因此，要进一步加强纪检监察干部队伍建设。如前所述，监狱系统纪检监察干部队伍无论是在体制、机制、人员上都存在不少问题。因此，一是要进一步理顺纪检监察工作体制，解决监督主体地位问题。建议按照人民警察法的规定，参照人民检察院的做法，将监狱监察机构由内设改为派驻，实现统一管理，独立行使监督权。二是进一步健全内部监督的长效机制。对监狱机关内部监督部门包括纪检、监察、审计、信访等，要充分赋予它们各自履行监督职责所应有的权力,并全面提供实施监督的条件和途径,让它们充分发挥职能作用。三是进一步规范监狱纪检监察机构设置,提高纪检监察主要领导的地位,优化人员结构,提升纪检监察干部队伍的综合素质。

总之,追根溯源,在监狱系统实施反腐倡廉,关键是要通过制度建设从根子上对监狱警察的权力严加限制,把权力关在制度的笼子里。监狱系统当下存在的腐败现象,与反腐制度笼子打造不得力关系甚大。因此,我们要着力打造监狱警察反腐制度笼子,让监狱警察的权力更好地在反腐制度轨道上行使,最大限度地减少腐败现象滋生蔓延的条件,更好地为依法治监、惩罚与改造罪犯、预防和减少犯罪作出贡献。

(本文是提交给中国犯罪学学会第二十二届学术研讨会的论文。原载张凌等主编:《犯罪防控与平安中国建设——中国犯罪学学会年会论文集》(2013年),中国检察出版社2013年版)

# 关于罪犯人性异化及复归的思考

在监狱改造中，罪犯的人性问题应该是始终被关注的问题。我们常常说一些人特别是罪犯人性缺失、禽兽不如，说明这些人所干之事已经超越了做人的底线，为正常人所不齿。监狱要改造罪犯，关键就要使他们从缺失人性变为富有人性，即由人性异化转向合乎人的本性的存在复归。

## 一、人性及罪犯所需要复归的人性

人性问题是哲学研究的一个根本问题，涉及社会学、宗教学、心理学、伦理学、教育学、法学以及监狱学等多个学科。从学理层面看，对"人性"问题的不同回答，规范了对涉及人的学说其他问题的不同解读，是其他有关人的问题的逻辑展开和现实分析的基础。各种关于人的理论学说无不是以一定的人性理论作为根据和支撑点的。人性问题对哲学人学以及监狱学理论均具有本体论的意义。这也许是古今中外的思想家们所不断孜孜关注的深层原因。从行为实践层面看，人的任何活动都是自觉的有目的性的行为。那么，人自身从自然生命开始，其生存发展的方向和目的是什么？社会环境对人的塑造与人的自我塑造的根据是什么？这些对于人自身来说具有最切近意义、关乎人的生存状态的问题，都有赖于对人性问题的求解。① 同理，对罪犯的改造即再塑，也不能回避这一问题。对人性问题的探讨，对于罪犯改造，对于促使罪犯异化的人性向合乎人的本性的存在复归，具有极为重要的现实意义。

人性问题是一个异常复杂，而又常讲常新的问题。对于什么是人性这一问题的回答，可以说是争论了几千年。就我国而言，在古代有关人性的争论发端

---

① 参见张澍军：《德育哲学引论》，人民出版社2002年版，第125—126页。

于先秦,延续至今。早在先秦,就有著名的人性善恶之争。孟子终身信奉"性善论",他认为人性本善,即使人犯有过失,也是后天的不良环境使然,只要顺乎人性的本然加强教化,加之自身的努力,那么"人皆可以为尧舜"①。而荀子并不赞同孟子所言"性善论",他提出"人性本恶",但是,通过教育可以"化性起伪",人可以成圣。秦后,具有代表性的人性论是董仲舒的"性三品论",他把人性分为三等,即圣人之性、中民之性和斗筲之性。② 他认为,"圣人之性"是上品之性,不教而善;"中民之性"是中品之性,有善有恶,教则善,不教则恶;"斗筲之性"是下品之性,教而难善,甚至教而不善。到了宋代,出现了理学人性论,朱熹作为集大成者,他的人性论最具有代表性,朱熹认为,"人之所以生,理与气合而已"。因此,理解人性的依据就是理与气以及两者的关系。就人而言,"理"造就了人的"天命之性","气"造就了人的"气质之性",在天命之性与气质之性的交融之下,人都含有至善至美的天理道德。但是,由于具体的个体所受的"气"有清浊偏正之分,导致了人之所禀有昏明清浊之分,人性也就有了善恶之别。③ 人欲是浊、偏之气,它阻碍了人认识天理道德,从而导致人为恶,"天理"与"人欲"是不能共存的,要使人为善,就应该把"人欲"革除掉,使人复归于纯正的天理道德,也就是朱熹所说的"存天理,灭人欲"。

就西方而言,不少学者的理论也涉及人性问题的诸多方面。西方对人性的认识和思考最早起源于古希腊。柏拉图认为,人是两条腿而无毛的动物,同时他认为人是政治动物。亚里士多德的人性观主要是:"人是理性动物","人是天生的政治动物、社会动物",是为类生的。这可以说是古希腊对人性认识的最高峰。文艺复兴时期,人的问题成为当时一个重心。这时的人性论主要是自然主义的理性人。卢梭曾经说道:"我觉得人类的各种知识中最有用而又最不完备的,就是关于'人'的知识。"④ 他从自然主义出发,主张人生来是平等的,人的自然本质是好的,理性是人的本性,人之所以变坏是由社会环境造成的。所以卢梭一直推崇人性自然,提出了自然教育理论,甚至反对成年人强力或暴力

---

① 《孟子·告子下》。
② 《春秋繁露·实性》。
③ 转引自黄开国:《中国古代人性论发展略论》,载《甘肃社会科学》1992年第4期。
④ 〔法〕卢梭:《论人类不平等的起源和基础》,李常山译,商务印书馆1962年版,第62页。

地介入和控制未成年人的早期发展。到了 19 世纪，俄国的陀思妥耶夫斯基主张人的本性是善恶共同体，它具有一种内在的二元性。人身上具有黑暗的一面，如破坏欲、利己主义、恶魔式的自然力量；又有善的本质。① 德国的尼采是西方少有的明确提出人性恶的人，他认为"人是最残酷的动物"②，并提出了"超人"统治、"权力意志"等观点。到了 20 世纪，美国的杜威则主张本能论的人性理论，本能有好的，也有不好的。"教育的意义本身就是改变人性以形成那些异于朴质的人性的思维、情感、欲望和信仰的新方式。"③ 弗洛伊德作为西方著名的精神分析大师，他的人性论在西方影响甚广。弗洛伊德认为，人有三重人格，即本我、自我和超我。本我是原始的，与生俱来的潜意识部分，由各种本能和欲望组成，它奉行快乐原则；自我是本我的一部分，即在外部世界影响下被改变的那一部分，奉行现实原则，通过外部世界的影响对本我的原始欲望进行压抑；超我与前二者不同，它是一种理想化、道德化的我。自我正是在超我的监督指导下行使对非理性本我进行管制的职能。超我能调节个体的行为，最终把本我和道德理想结合起来。④ 人格就是本我、自我和超我不断相互作用的结果。

以上这些人性论的观点都在一定程度上对人性的本质问题进行了有价值的探讨，能给人以多种启示，但又未能对人性的本质作出全面、科学的解答。马克思主义的出现，以其科学的世界观和方法论，在实践和历史的结合上探讨了人性问题，特别主张在人的自然性和社会性的关系上，社会性对整个人性起统摄作用，在人性中，最本质的属性是人的社会性。"人在其现实性上是一切社会关系的总和"，马克思这段至理名言是对人性本质的科学概括，它表明了社会性对整个人性起统摄作用，为进一步探索人性指明了方向。在马克思看来，人性并不是与生俱来的，而是在后天社会化过程中逐步获得的。人在生存发展的过程中，总是别无选择地被投入到社会生活中，必然要归属于一定的社会群体，依存于一定的社会关系，接受某种社会规范。生物的人、自然的人只有通过社

---

① 参见邱运华、林精华主编：《俄罗斯文化评论》（第三辑），首都师范大学出版社 2012 年版，第 130—131 页。
② 〔德〕尼采：《查拉图斯特拉如是说》，交通书局 1949 年版，第 270 页。
③ 〔美〕杜威：《人的问题》，傅统先译，上海人民出版社 2006 年版，第 162 页。
④ 参见〔奥〕弗洛伊德：《弗洛伊德文集》（第 6 卷），长春出版社 2004 年版，第 5—47 页；第 117—155 页。

会整个阶梯才能上升成为人，社会是人的生命生动的、集体的、自觉的存在形式。随着人类实践不断发展，人的本质既是固定的，同时又是变化的。在社会劳动和实践中，人不仅自觉地、创造性地认识和改造外部世界，而且同时改变自身，如此循环往复，推动着人的本质的不断变化和发展。

由于人性是社会过程的产物，人的生存发展过程，总是要以一定的社会历史条件作为发展基础和出发点，然后自我生成社会人。这实质也就是人性的发育发展过程，它也表明了人是有待完成的，人性也是有待完成的。这就为人性的生成提供了多种可能性：或善或恶，或真或假，或美或丑。根据有些学者的研究，人性中包括合乎人的本性的存在和人的本性异化了的存在这两个方面。① 所谓合乎人性的存在，就是自由全面地发展自身生命的能力。正如马克思所说，"每个人的自由发展是一切人的自由发展的条件"②。而人的本性异化了的存在，主要是指使人的生命能力不能自由全面发展的能动方面，主要表现为一个人为了自己生命能力的自由全面的发展，而不惜压抑、妨害、摧残他人的生命能力的自由全面的发展。这种情况完全违背马克思所说的"每个人的自由发展是一切人的自由发展的条件"，而是变一个人的自由发展是一切自由发展的障碍。例如在今天的社会中，还存在着一些人为了自身生命能力的发展、欲望的满足，而压抑、妨害、残害他人生命能力发展的现象，其中就包括犯罪。由此，我们这里界定人性，是把人性看作是人的本质规定。按照辩证法的观点，本质永远是事物的一部分，但它更能够全面而深刻地表征事物的整体。在这个意义上，人性即人的整体规定，这里所说的"人性"，实际是指人性中"合乎人的本性的存在"，也是人性的主导方面，是一种理想化的人性，是一种需要负"人"的责任的人性，也是我们监狱改造罪犯所要复归的人性。而"人的本性异化了的存在"不是我们通常意义上讲的人性，而是一种"泯灭人性"的特殊存在，是需要不断努力加以矫正和消除的，其中就包括罪犯异化的人性。

## 二、罪犯人性异化：人的本性异化了的特殊存在

在谈论罪犯人性异化之前，有必要了解一下什么是异化。异化（alienation）

---

① 参见李兴武：《丑陋论——美学问题的逆向思考》，辽宁人民出版社1994年版，第99页。

② 《马克思恩格斯选集》第1卷，人民出版社1972年版，第273页。

一词源于拉丁语（alienatio），意为疏远、脱离、转让、他者化，主要是指某者成为他者，某者将自己推诿于他者，某者把自己的东西移让给他者。从此出发，该词逐渐作为科学术语被分解为二：一是作为普通的、一般的科学用语，即一物向他物的变化，就是事物自己向异己物的变化，也就是事物自身向异于自身的他物的变化。二是作为特殊的、量体的科学术语，即作为人道主义的基本概念。马克思在《巴黎手稿》中把异化作为人道主义的基本概念，并赋予它以新的内涵，指出了资本主义社会产生异化的根源就在于资本主义生产力和生产关系。他主要讲资本主义生产劳动的异化，包括劳动产品的异化、劳动过程的异化、劳动者本身的异化、劳动中人与人关系的异化四个方面。异化主要是"指人的命运不由自身主宰，而受外界力量、他人命运、他人运气或一定制度等的支配时所产生的感受。"① 可见，异化主要是指人的不自由、受奴役、被强制、被统治的行为。随着时代的发展，"异化"概念发展到今天，其内涵较以前更为丰富了。简单地说，异化就是异己化和畸形化。一是指主体在自己的活动中产生了客体，而被创造的客体本身就是属于主体自己的东西，逐渐被主体疏远，脱离了主体，变成一种外在的、敌对的异己力量，反过来支配、奴役、统治、压迫主体，使主体丧失类本质，向否定或畸形的方向发展。这样的主体就是异化的主体。二是指在实践活动中，为使客体迎合自己的某种需要或目的而对其施以外力影响，使其丧失类本质，向着否定或畸形的方向发展，这样的客体就是异化的客体。②

如前所述，人性中包括合乎人的本性的存在和人的本性异化了的存在这两个方面，而监狱服刑罪犯则集中体现了人的本性异化了的特殊存在的一面。罪犯异化的人性，致使他们过去在社会上为了满足一己之私欲，采用犯罪手段，危害他人、危害社会。这种异化了的人性是以妨害他人生命能力为基础来发展自己生命力的，因此理应受到法律的制裁。

从辩证的观点看，人生活在社会中，其本身就是一个矛盾的存在和规定。因为人的任何一种肯定的规定，都有其否定方面的参照，或者说，任何人都有其人的本性存在的一面，即人性美德的一面，又有他的非人性存在的一面，即

---

① 《简明不列颠百科全书》，中国大百科全书出版社1986年版，第87—88页。
② 参见岳友熙：《追寻诗意的栖居——现代性与审美教育》，人民出版社2009年版，第85—86页。

人性异化的一面，否则就不需要强化法制道德建设、匡正社会风气了。只不过罪犯人性的异化程度更深，更加凸显了"人的本性异化了的特殊存在"。其"特殊存在"的表现如果列举起来，可谓多种多样，但也不外乎是暴力型、财产型和淫欲型等方面。暴力型主要表现为野蛮粗暴，凶恶斗狠，残害无辜，打人致伤致死、杀人等类型；财产型主要表现在低级的物质需求十分强烈，无利不贪、不择手段，有的属于贪污、诈骗的"智能型"犯罪，有的属于偷盗、扒窃的"技能型"犯罪；淫欲型主要表现为放逐情欲，近乎疯狂的性冲动占据主导地位，包括强奸、轮奸以及其他性变态行为。

从其主体原因来看，罪犯的故意犯罪行为都与其畸形的欲望和需求有关。应该看到，其一，人的欲望和需求不一定都是恶劣的。因为人的欲望和需求有一个社会化的过程，即经过长期的人类实践，人已经把与动物接近的欲望和需求驯化为人的欲望和需求。所以，人才能做到"富贵不能淫，贫贱不能移，威武不能屈"。并且可以说，就欲望与需求已成为人的欲望与需求来说，其主导方面应该是社会化了的善，即人的本性存在的一面。所以他才是人而不是动物。但人又毕竟是从动物发展而来的，因此其欲望和需求中又必然保留着原始的动物性。只不过具体到某一个人身上，其社会性的一面或动物性的一面占的比例多少而已。罪犯的身上则明显体现出了动物性一面的比例，在某种程度上占据了主导地位。其二，正因为人的欲望和需求的两面性，才形成了两种不同的人，即真善美在一个人身上占主导地位的人和假恶丑在一个人身上占主导地位的人。通常人们把前者称为"好人"，把后者称为"坏人"，而罪犯则明显是属于后一种人；前者是属于有人性的人，后者则是属于人性异化的人，罪犯则属于人性异化的人。

从导致罪犯人性异化外在的客观因素来看，在我们生活的社会现实中，无疑真善美的一面是占主导地位的，但又不排除有假恶丑现象的存在，特别是我国当下正处于社会转型时期，这个时期各种矛盾凸显，如当下最突出的问题是几大失衡：一是权力失衡，即官员腐败现象严重；二是分配失衡，即贫富差距过大；三是社会心理失衡，面对社会发生的急剧变化，许多社会规则的不确定性，不少人精神世界陷入荒漠化。有学者总结了社会转型期四种消极的国民心态倾向，无一不是社会心理失衡的表现，其一是国民心态的"物欲化"倾向；其二是国民心态的"粗俗化"倾向；其三是国民心态的"冷漠化"倾向；其四是国民心态的"躁动化"倾向。① 整个社会缺少道德底线，各种缺德的事都出来了。至于更严重而且相当普遍的行贿、贪污、盗窃、抢劫、图财害命等社会犯罪，所表露出的社会心理失衡，人文精神的失落，更加触目惊心。在这种环境的影响和渗透下，很容易使人产生焦虑和绝望情绪，特别是加剧了一些抱有非分欲望的人的人性的异化。罪犯正是在有倾向性和选择性的反映活动中，逐步形成和强化自己的犯罪心理，最终导致犯罪。罪犯的犯罪是客观因素和主观因素、内因与外因相互作用的结果，其异化的人性的根源在于社会，但也不能忽视其主观中原有的误区的一面。正视这些原因，寻求相应对策，才能克服罪犯的人性异化，并实现真正意义上的人性回归。

## 三、罪犯人的本性的复归的举措

如前所述，人性中包括合乎人的本性的存在和人的本性异化了的存在这两个方面。或者说，从人性价值的角度看，凡是有利于人的生存与发展的东西，谓之有价值，反之则无价值。而罪犯则属于人的本性异化了的特殊存在和缺乏人性价值的一种特殊类型。监狱机关改造罪犯从根本上说就是要改造他们异化的人性，提升他们的人性价值，实现罪犯人的本性的复归。也就是通过改造，使他们由"以妨害他人生命能力为基础来发展自己生命力"的罪人变为"自由全面地发展自身生命的能力"的新人或守法公民。

要实现这一目标，需要从罪犯个体的人性异化改造教育与外部的环境改善两个方面入手。

第一，从罪犯个体的人性异化改造教育的角度看，尽管假恶丑在其身上占主导地位，但也要看到，他们身上人的本性没有完全泯灭，还具有某种积极因素，具有可改造教育性，因此需要对他们施之以正确的改造教育。《圣经》中这样说："我实实在在地告诉你们：'一粒麦子不落在地里死了，仍旧是一粒；若是死了，就结出许多籽粒来。'"② 这里意在说明某种教义的籽粒进入人们心里，会经过一番蜕变，尽管死了，却结出许多籽粒，使人们的心灵得到净化。监狱

---

① 参见邵道生：《转型社会国民心态现状及其调适》，载《中国教育报》1994年11月23日。

② 《圣经·约翰福音》，第十二章，第二十四节。

在执行刑罚过程中面对形形色色的罪犯，如何使其异化的人性得以改变，人的本性得以复归？这就需要向他们播撒精神的种子。经过一番蜕变，最终结出许多籽粒来，使其获得新生。那么，我们究竟能够提供什么样的种子呢？并不是所有的种子都是良性的种子，有的只能腐烂，没有新生的价值。因此，选择良种至为重要。所谓良种，就是能够聚真、善、美、爱、法于一体的种子。真、善、美、爱、法是人类文明的进步标尺，是现代价值体系的基本准则，也是做人之道的精髓。要改造罪犯异化的人性，使之由"人的本性异化了的存在"转变为"合乎人的本性的存在"，关键要在加强真、善、美、爱、法的教育上下功夫。

1. 真的教育。核心是"真"。我国著名教育家陶行知说过："千教万教，教人求真。""真"的基本含义就是真实、真诚，如真人真事、真心诚意，同"伪"与"假"相对立。这一教育的目的是培养"真人"。对于罪犯来说，做一个真人关键是拥有一颗真诚的心，以诚待人，以诚待物，以诚立身，以诚处事，特别要讲求诚信。由于人性存在不完美，特别是当面对利益诱惑时会见利忘义，故诚信应当成为人类社会所有活动中都遵循的根本原则。[①] 对于罪犯更是如此，要把讲求诚信作为真的教育的重要内容。

2. 善的教育。核心是"善"。"善"的基本含义是善良，同"恶"相对立。这一教育的目的是培养"善人"，对于罪犯来说，做一个善人关键是要具备善心，坚持善行，养成善德。

3. 美的教育。核心是"美"。"美"的基本含义是美丽、和谐，同丑陋、混乱相对立。这一教育的目的是培养"美人"，对于罪犯来说，就是要使其学会发现美、辨别美、欣赏美、创造美，发自内心对美的事物追求和珍惜，对丑的事物摒弃和厌弃，成为具有和谐之美的人。

4. 爱的教育。核心是"爱"。"爱"的基本含义是博爱，同仇恨相对立。这一教育就是要用爱化恨，培养具有爱心的人。对于罪犯来说，就是要使他们有一颗爱心，用爱化解心中对他人、对社会的仇恨，做到爱他人、爱社会。

5. 法的教育。核心是"法"。法的基本含义从守法的角度看，是约束人的行为的规范，由国家强制力保证实施，表现为国家对违法行为的否定和制裁，

---

① 参见周一平：《"瘦肉精事件"引发的法律问题及其解读》，载《河北法学》2011年第10期。

同时也表现为国家对合法行为的肯定和保护。① 邓小平指出："要讲法制，真正使人人懂得法律，使越来越多的人不仅不犯法，而且能积极维护法律。"② 要实现罪犯人的本性的复归，法的教育是一项重要内容。罪犯之所以犯罪，原因固然是多方面的，但是法制观念或法律意识的淡薄是一个重要方面。他们中有的纯粹是法盲，有的明知有法则心存侥幸，有的则是目无法纪、以身试法。要使罪犯异化的人性得以改变，将来刑满释放后不重新犯罪，就需要加强法的教育，以填补他们法律意识的空白，纠正其对法律认识的谬误，树立正确的法律意识和法律观念，以促使他们认罪服法，洗心革面，接受改造，努力成为一个守法的公民。

第二，从外部的社会、文化环境的改善来看，罪犯人的本性的复归，离不开良好的外部环境。一般地说，有什么样的社会和文化就会造就什么样的人性。因此，我们要改造罪犯异化的人性，实现他们人的本性的复归，就要注重营造良好的社会环境，要致力于建设体现充分真、善、美、爱、法元素的文化和社会，并时刻提防异化的力量。这需要从外部社会大环境和监狱小环境两个方面的改善入手。

一是要重视外部社会大环境的改善。要做到这一点，需要全党、全社会动手，齐抓共管，至少要做到以下几个方面：深化政治体制改革、加强政治民主建设、深入推进党风和廉政建设，从而形成新的政治伦理，扭转官德官风；积极改善民生，努力缩小贫富差距，创造让每个人能充分发挥其创造性的公平的条件；持久、深入地对全体公民进行社会主义核心价值观和公民道德教育，着力营造崇尚真、善、美、爱、法的良好环境，弘扬崇尚真、善、美、爱、法的社会风尚；继续推进法治国家建设，在法律、法规上堵塞住各种违法犯罪的渠道，这对于净化社会风气，营造健康的社会大环境，促使罪犯人的本性的复归具有重大意义。

二是要重视监狱小环境的改善。监狱本身就是个小社会。尽管外部的社会大环境的影响不容忽略，但监狱本身的环境在某种意义上显得更为重要。一方面，监狱环境是社会大环境的缩影，另一方面，监狱在罪犯人的本性的复归过

---

① 参见张文显主编：《法理学》，高等教育出版社、北京大学出版社 2007 年版，第 78 页。

② 《邓小平文选》第 2 卷，人民出版社 1994 年第 2 版，第 254 页。

程中发挥着主导作用。因此，作为监狱及干警，要立足自身，在积极改善监狱自身小环境上下功夫。要让监狱从硬环境和软环境上都焕发着文明之光，真正成为罪犯的再生之地。在改善监狱小环境的过程中，最为关键的是要着力于监狱干警真、善、美、爱、法素质的打造，因为教育者要先受教育，监狱干警作为"改造罪犯灵魂的工程师"，要想通过自己的灵魂唤醒另一个灵魂，使罪犯人的本性得以复归，就必须有崇高的真、善、美、爱、法的素质，做真的追寻者、善的传播者、美的创造者、爱的践行者和法的履行者，不断完善自我，以更好地促使罪犯从异化的人性中解放出来，实现其人的本性的复归。

应该看到，多年来监狱在对罪犯的改造中，对于罪犯人性化的理解，更多的是从关心罪犯生活需要出发，对物质、娱乐条件改善等方面强调有加，但对人性的真谛似乎把握不够，特别是对于通过改造罪犯异化的人性，使罪犯恢复合乎人的本性这一方面更是缺乏应有的关注。当然物质、娱乐条件的改善是需要的，但从改造异化人性，复归人的本性的角度看是远远不够的。因此，对于"人性"问题进行正本清源，抓住改造罪犯异化人性，复归人的本性的这个根本，才能有助于罪犯洗心革面，获得真正意义上的新生。

（原载贾洛川、王志亮主编：《监狱学论坛》（第四期），中国法制出版社2015年版）

# 监狱服刑人员的符号演进与文明治监

监狱服刑人员的符号与文明治监有十分密切的联系,通过对监狱服刑人员的符号演进的研究,可以从一个侧面展现文明治监的意蕴,从而促使我们在新的历史起点上把文明治监的养料更加自觉地注入于监狱服刑人员符号的进一步演进中,更加彰显文明治监的理念和推进文明治监的进程。

## 一、监狱服刑人员的符号性

符号研究兴起于20世纪60年代的法国、美国、意大利、苏联等国,经过长期的发展,现已成为人文社会科学领域中的一门新兴边缘学科。当今符号学理论的影响已遍及各人文社会科学学科,如哲学、教育学、美学、法学等。而当代西方符号学的一个重要发展趋势在于符号学理论不断向其他领域渗透,因此,诸如"服装符号学""装饰符号学""建筑符号学"等名词也应运而生,甚至法官、警察等也有了自己的符号学。可以说,符号学已逐渐渗透到社会生活的方方面面。

"符号学"一词最早由瑞士语言学家索绪尔提出,他指出符号学是一门研究社会生活中的符号生命的科学,认为"符号是概念和音响的结合","符号是语言的主要对象",这就对符号的概念及研究范围进行了确定。索绪尔还认为符号由"能指"和"所指",即形式和意义构成。"能指"指的是语言符号的"音像形象",而"所指"指的是符号所表示的概念。① 索绪尔的"符号二重性"论在语言学研究领域是一个重大的突破,为研究语言以外的其他符号开辟了新的视野。美国哲学家皮尔士将符号划分为图像符号、标志符号和象征符号三种,该

---

① 参见郭鸿:《索绪尔语言符号学与皮尔士符号学两大理论系统的要点——兼论对语言符号任意性的置疑》,载《外语研究》2004年第4期。

划分被广泛地运用于人际交往领域的研究之中。① 而在德国哲学家卡西尔看来，"符号化的思维"和"符号化的行为"是人类生活中最富于代表性的特征。因此，他把人定义为"符号的动物"②。

鉴于此，我们也可以把监狱服刑人员看作"符号的动物"，监狱服刑人员作为在监狱受刑的对象，他们身上往往会被运用大量的符号，而标志符号体现在罪犯身上又颇为常见。这里我们所使用的监狱服刑人员的符号概念主要是从标志性符号上着眼，即指监狱服刑人员区别于其他人员所具有的显著特征。监狱的历史和现实实践表明，称谓、服装以及发型等都是监狱服刑人员符号的组成部分，能够鲜明表达出监狱服刑人员的特征，下面就试从这几个方面对监狱服刑人员的符号演进进行探析，从而管窥文明治监的发展轨迹和文明治监所体现的进步性。

## 二、监狱服刑人员称谓的演进与文明治监

关于监狱服刑人员的称谓演进源远流长，这里主要以新中国成立以来为背景，大体从以下几个称谓演变中理出线索：

（1）犯人。顾名思义是指"犯罪的人"。《现代汉语词典》中也是这样解释的，并特指在押的。我国在1954年9月由政务院公布施行的《劳动改造条例》就以标准的法规用语使用了"犯人"这一称谓，1982年2月18日公安部通知各地试行的《监狱、劳改队管教工作细则》仍然沿用"犯人"的称谓。1994年12月29日《监狱法》颁布实施后，这一称谓在官方文件、领导人讲话及出版物中便很少使用。但由于这一称谓过去在国家和部门法规中长期使用，加之在语境上具有口语化的特点，所以不仅在监狱干警的日常表述中频率较高，不少监狱服刑人员也常常自称"犯人"，另外，社会上不少民众也习惯这样的称谓。但"犯人"这种称谓，既包括了被判决有罪的人，也包括了未决犯以及未纳入法律追究程序的犯罪人，难以概括监狱在押人员的特征。而且这种口语化的表述体现于法规之中，让人感到立法上用语不够规范，另外这一称谓有一种对监狱在押人员的侮慢和鄙视之意。

---

① 参见郭鸿：《索绪尔语言符号学与皮尔士符号学两大理论系统的要点——兼论对语言符号任意性的置疑》，载《外语研究》2004年第4期。

② 〔德〕卡西尔：《人论》，甘阳译，上海译文出版社1985年版，第35页。

(2)劳改犯。即"在劳动改造机关接受劳动改造的犯人"。从新中国成立到1994年12月《监狱法》颁布之前，我国将关押、执行被判处死刑缓期执行、无期、有期徒刑等的犯人的机关统称为劳动改造机关，并下设监狱、劳动改造管教队和少年犯管教所等。在劳改机关服刑的人自然就被称为劳改犯。这个提法在《监狱法》颁布之前使用频率较高，时至今日，官方文件已不再使用这一提法，但在一些老监狱干警和长期服刑的监狱服刑人员还很难改口；在社会上，不少民众也还是习惯用某某人被劳改、某某人是劳改犯的说法；即使一些报纸杂志，也不时使用"劳改犯"的字眼，或者是把刑满释放人员称为"劳改释放犯"。"劳改犯"这一提法，不仅对监狱服刑人员有一定的轻侮意味，而且让人觉得监狱在押人员在监狱的改造就是强制劳动，没有反映出其他改造手段特别是教育改造手段的地位，既显得不够全面，也显得不够文明、人道。

(3)囚犯。这也是一个带有身份意义的称谓，反映一个人的监禁状态。在西方监狱发展早期，在监狱服刑的人通常被称为"囚犯"，之后，"囚犯"成为在不少国家极为常用的词语，①但现在有所改变。② 在我国，"囚犯"一词在古代就被使用。"囚"通常指被拘禁的人，一般指囚犯、囚徒或者拘禁。"囚犯"一词沿用到新中国成立前。新中国成立后，一般不再把监狱在押人员称为"囚犯"。但近十几年来，有些研究者包括一些省监狱管理机构及警校，又重新使用"囚犯"这一说法。③ 笔者认为，作为学术探讨使不使用"囚犯"这一称谓倒无关宏旨，但是如果把它上升为法律或官方语言以及通用语言，还是值得商榷的。首先，"囚犯"一词，在新中国的监狱语境中消失多年，现在一下子"捡回来"让人不习惯。其次，"囚"作为一个象形字，意思是"一个被关在笼子里的人"，与"犯"字连在一起，给人的心理感受体现出明显的报复性心理，应该受到关押乃至非人道的处罚。最后，"囚"就是拘禁的意思，与自由相对立，而现代监狱的主旋律是改造或矫正，最终目的是为了使监狱服刑人员重获自由，而"囚犯"这一语境给监狱在押人员以一种终身监禁的标签，不利于自新，何况现代监狱也不是完全拘禁，社会化是努力方向。因此，"囚犯"一词不宜广泛使用。

---

① 参见于爱荣等：《监狱囚犯论》，凤凰出版传媒公司、江苏人民出版社2011年版，第23页。

② 如日本监狱，就有服刑人、受刑人等称谓；苏联和阿根廷，就有被判刑人的称谓。

③ 最为突出的是于爱荣等著的《监狱囚犯论》以及马金虎主编的《科学认知囚犯》中就使用了"囚犯"这一提法。

(4) 罪犯。这是相对规范的法律用语。改革开放以来,随着我国法律制度的逐步健全,1979 年 7 月 1 日第五届全国人大第二次会议通过,同年 7 月 6 日公布,自 1980 年 1 月 1 日起施行的《刑法》《刑事诉讼法》中明确使用了"罪犯"这一称谓。特别是 1994 年 12 月 29 日《监狱法》的公布与实施,进一步将监狱在押人员统一称为"罪犯",至此,"罪犯"一词被规范化应用。

(5) 监狱服刑人员。司法部于 2004 年 4 月 12 日颁布实施《监狱服刑人员行为规范》以后,越来越多的人开始使用"监狱服刑人员"的称谓。但是在《监狱服刑人员行为规范》颁布实施不久,2004 年 9 月 14 日司法部又对服刑人员改造行为规范补充规定了 14 条,而这 14 条都是禁止性规定,所使用的称谓一律是"罪犯"。因此,近些年在官方出现"监狱服刑人员"与"罪犯"称谓交替使用的情况。像《法制日报》等重要报纸,就一直使用"监狱服刑人员"这一称谓;各级监狱机关在某些场合,也使用这一称谓,特别是对外宣传,表达对监狱服刑人员的关心时,使用频率更高。当然,在比较严肃的场合,包括司法部以及各地方监狱系统的重要会议上,使用"罪犯"称谓的频率更高些,更能体现执法的严肃性。

以上从"犯人""劳改犯""囚犯""罪犯"到"监狱服刑人员"的称谓变化,也可以折射出我国监狱治监理念朝着文明演进的轨迹。"监狱服刑人员"是一个比较文明的称谓。"监狱"是执行刑罚的场所,"服刑"代表着被关押于监狱接受法律惩罚的事实,"人员"是一个中性词,和社会上从业人员一样,不带有歧视性色彩。①"监狱服刑人员"符合法律语言准确、清晰、抽象和情感中立的要求,这一称谓改变了以往将监狱在押人员视为另类的看法,使其在人格上得到尊重,它体现了随着整个社会的发展对监狱押犯观念的转变,体现了监狱治理现代化背景下监狱及干警对押犯的态度和看法的转变,是一种文明治监的标志,也体现了国家尊重和保障人权在监狱押犯中的要求。而其他几个称谓,无论是"犯人"还是"劳改犯""囚犯""罪犯"都有"犯"字,都带有"反犬"旁,有种不把监狱押犯当人看或不当人看的感觉,同时突出其戴罪之身。用语也不大符合法律语言的要求。需要指出的是,尽管"监狱服刑人员"的称谓在《监狱服刑人员行为规范》中出现,应该是一种进步,但是还不够,毕竟只是一

---

① 参见于爱荣等:《监狱囚犯论》,凤凰出版传媒公司、江苏人民出版社 2011 年版,第 25 页。

种国家部门规章,而且随后的补充规定又以"罪犯"称谓代之,且这些年来这两个称谓一直混用。为了使"监狱服刑人员"这一称谓更加规范、固定,建议以后在《监狱法》以及相关法律的修订或修改时,统一使用"监狱服刑人员"这一称谓,并规范于有关政策和文件发布的提法和行文中,以使这一称谓深入人心,使更多的人知晓,从而推进文明治监的进程。

## 三、监狱服刑人员服装的演进与文明治监

要谈监狱服刑人员的服装,不能不提一提制服。制服的历史由来已久,"制服"的"制"字其特定含义无非与"制度化"有关,也就是说,它至少是一种制度的表征。随着人类社会文明程度的加深,制服与我们的社会日常生活间有着越来越密切的不解之缘。社会分工越来越细,制服的品种也愈加丰富多样。离开了它,我们的生活会变得杂乱无章。没有制服,会导致认知上的困惑。如病人及家属,看不到"白大褂",心情就始终难以放松;在混乱的公共场合,没有"警服"或"军服"就总难免有一种不安全感。既然制服如此不可或缺,我们就不难想象,在监狱纳入组织化和制度化的轨道后,监狱服刑人员服装就有它必要性和非同寻常的意义。监狱服刑人员的服装通常又叫做"囚服"。但"囚服"一词似乎有歧视罪犯之意。世界上所有国家的监狱都有监狱服刑人员统一着装的规定。当然,不同的国家在要求上有所不同。那么,监狱服刑人员的服装应当具有什么象征意谓、具有什么样的功能,这的确是一个既有趣并值得研究的细节现象。

根据马金虎主编的《科学认知囚犯》一书,监狱服刑人员服装的功能至少体现在以下几个方面[①]:一是实用性。即能够保证遮阳挡雨防风防寒,这是其最基本的功能。二是符号性。这里的符号性可以做这样的理解,即不仅在监狱内部体现出监狱服刑人员的特征,而且社会上的人也能够通过服装识别出监狱服刑人员的特征。这不仅是监狱行刑的需要,也是保护监狱安全和社会安全的需要。三是区别性,即在监狱环境里,能够将监狱干警与监狱服刑人员区分开来,既是出于保护监狱干警的需要,也可以有效处理监狱服刑人员中发生的意外事件。

---

① 参见马金虎主编:《科学认知囚犯》,江苏人民出版社2014年版,第7页。

监狱服刑人员服装具有久远的历史,而且反映了治监从野蛮到文明的发展轨迹。据于爱荣《监狱囚犯论》介绍,在我国古代监狱中,监狱服刑人员一般都是穿着黑红色的衣服,故称为"赭衣",成语中说"赭衣塞路",就是指穿赭衣的囚犯很多。在《说文》中,"赭,赤土也"。以赤土染衣,故曰赭衣。江苏省有个县叫丹徒县,"丹"亦指赤色,"徒"是指"流徒",意思是指赤衣流徒之地。相传,公元前201年秦始皇东巡时来到镇江的谷阳,随巡有善望气之士密奏皇上,谷阳形胜,满盈天子之气。秦始皇闻奏大惊,为保其江山万古千秋,就急派3000名赭衣囚徒(穿着红衣服的犯人)劈山毁林,断其龙脉,并将谷阳更名为"丹徒"。丹徒县地名由此而生并沿用至今,而且囚犯穿赤红色囚衣也一直延续下来。据《奉天监狱档案》第63卷记载,光绪三十一年(1905年),囚犯仍着赭衣;以后新监的狱衣依《监狱规则》(1913年12月民国司法部公布)的规定改为灰色,这样既便于管理,也有利于减少其对抗心理,同时也体现了监狱管理的温和发展之路。①

在美国,20世纪70年代之前的美国的囚服是黑白两种颜色。重监狱服刑人员的服装都是黑色,普通监狱服刑人员都是白色。经济大萧条之后为体现民主和法律的公正,修改的《联邦监狱法》规定所有的囚犯都穿黑白道囚服,这种囚服设计重点是将重刑犯和和轻刑犯的囚服特色中和,黑色代表监狱,白色代表自由。这样的设计有其特有的用意,即每个服刑人员在监狱服刑期间都是在监狱与自由之间徘徊,同时,也可以防止监狱服刑人员逃跑,因为黑白相间的衣服不利于在树木等隐蔽处躲藏。现在美国的囚服已经改为米黄色、橘红色或天蓝色等。这也可以反映出行刑理念的进步。

据有关资料记载,新中国成立之初,百废待兴,许多监狱都是在"一穷二白"的基础上建立起来的,由于经济条件很差,无法保证监狱服刑人员服装统一,各地监狱因陋就简,囚服形式多样。不少监狱在服装上还打上"犯人"的字样。进入20世纪80年代,监狱服刑人员服装多以土色、白色(夏季)为主。电影《少年犯》中,少年犯的服装就是当时的基本样式。1994年12月《监狱法》颁布,第51条规定,监狱服刑人员的被服由监狱统一配发。监狱系统开始统一监狱服刑人员服装的样式和颜色,特别是从2000年起,全国监狱系统对囚

---

① 参见王素芬:《明暗之间:近代中国狱制转型研究——理念更新与制度重构》,中国方正出版社2009年版,第100页。

服进行了规范和统一,即所有的衣裤均为蓝色服装,衣兜、肩背、裤缝三处为白色条纹(喻为铁门、铁窗、铁锁链)。后来,为了区别于监狱干警的夏季蓝色警服,又将监狱服刑人员的夏服底色改为土泥巴色。

当前一般情况下,我国监狱服刑人员在公开场合,都被要求穿"囚服",除了统一服装外,监狱服刑人员还要在上衣的左胸前佩戴番号牌,番号牌上有监狱服刑人员的相片、姓名、编号、处遇级别等信息。不同处遇级别的监狱服刑人员享有不同的待遇。监狱一般将监狱服刑人员的处遇分为五个等级,即一级宽管、二级宽管、普管级、一级严管、二级严管。不同的处遇级别分别用不同的颜色表示。另外,监狱服刑人员在相对休闲的时段,也可以穿自备服装,但前提是必须打上蓝白交错的标志条,缝于自备上衣肩部,与大臂根部平齐,或者缝于自备裤外裤线上。

为了抵制监狱服刑人员服装的制式化(制度化),一些监狱服刑人员将服装"山寨化""娱乐化"。据研究[①],所谓"山寨囚服"是监狱服刑人员利用车间劳务加工的便利,按照制式囚服基本样式,但刻意修改布料质地、板型尺寸、制作工艺、配件商标,提升整体品质而仿制的囚服。能够拥有"山寨囚服"起码要具备三个条件:一是所在监狱车间有生产条件;二是在大组长、仓库管理员等岗位,能搞到布料;三是在监狱干警那里有"面子",有把握不被干警制止与处罚。"山寨囚服"用直观上的合法表象遮蔽了他们偷换囚服内涵的真实企图。而所谓"娱乐化囚服"是囚服的变体,以囚犯的时尚欲望的实现隐喻监狱权威的消解。典型的例证是女犯对囚服的时尚化、娱乐化改造。她们将囚服的下摆、裤腿等不显眼的部位悄悄变形,呈现装饰性的流苏、穗子等时尚元素,使"丑陋""可恶"的囚服似乎变美了,在这种娱乐中享受对承载监狱制度的囚服的攻击的快感。监狱作为自由刑的执行场所,需要良好的监管秩序对罪犯进行矫正,以实现自己的功能。[②] 因此,对这些现象作为监狱当局显然不能听之任之,否则,群起而效仿之,麻烦就大了。遇到这样的问题,处罚是免不了的。但你关掉了这扇窗,还应该给他打开另外一扇窗。要避免这一现象的蔓延,一味处罚也绝非上策。

如前所说,监狱服刑人员服装与其他制服一样,具有特殊的表征意义和功

---

① 参见于爱荣等:《监狱囚犯论》,凤凰出版传媒公司、江苏人民出版社2011年版,第154页。

② 参见崔会如:《社区矫正的安全价值及其实现》,载《河北法学》2011年第10期。

能性特点，透过监狱服刑人员服装的演进，我们可以从中察觉到监狱行刑权由野蛮到文明的运作轨迹，特别是当下我国监狱对监狱服刑人员服装的规定及设计理念，能够反映出对监狱服刑人员改造的价值、人格尊严乃至文明治监的理解。就此意义而言，我们期盼着具有表征意义的"囚服"现象改观。因此，在服装问题上，首先，不宜使用"囚服"的提法，而应改为"监狱服刑人员服装"。其次，在坚持统一性的前提下，根据"法不禁止即自由"的精神，允许监狱服刑人员在着装上特别是在业余时间有一定的选择自由，并从情趣、风格上予以引导，以化解其消极情绪，使他们主动配合监狱干警改造自我。监狱服刑人员服装既然是一种特殊的制服，就难免要有统一性，但这种统一性应该体现在刑罚执行的前提下的人格的平等，表征执法的公正以及文明。另外，统一性是相对的，统一之中应该允许差异，在维护安全的前提下，也可以赋予监狱服刑人员选择的权利（如在炎热夏季的监舍，穿与不穿的自由）。当然这样做，并非意在追求一种形式化的面相，而是期待着形式化背后所表征的监狱生活：监狱服刑人员改造主体性的激发、积极向上和多姿多彩，以及对"监狱人格"的消除。通过"囚服"现象的改观，不仅使服装作为监狱服刑人员区别于普通公民最为显著的标志，而且能够体现出整个社会的文明进步以及文明治监的理念，形塑监狱服刑人员的主体意识，使监狱服刑人员能够更好地以一个新的面貌回归社会。

## 四、监狱服刑人员发型的演进与文明治监

头发是人体自然生长之物，原本就是私人的，对头发如何处置是个体对私人生活方式选择的自由，这是再简单不过的"天理"，可是这种"天理"从考古的角度来看，似乎并不那么顺乎自然。头发虽然是人自身生长出来的，但是用什么模式并如何去"打理"并不见得由自己做主。也就是说，发型也是有"模式"和"规范"的，也正是这种模式和规范，才赋予了它更微妙的社会乃至政治和法律功能。据考证，在先秦时期，秦人的发型还是风格多变的，反映各人所好。据《秦简·法律答问》记载，斩人发髻和拔人须眉都要判四年徒刑。秦统一后，个人对发型选择的范围越来越小，多样性也日益丧失，但尽管如此，汉人视头发如生命的传统一直延续下来。及至清兵入关，统治者鉴于统治无数倍于自己的汉族的需要，便设法从发型——即一种满人的风俗和习惯来统一天

下,这就是所谓"辫子文化"。辫子在形式上只不过是一种发型而已,但它在深层次上却是一种文化强制和意识形态控制的表征,抵制者要么被强制剃发,要么被投入大牢甚至被斩首示众。当时就有"留发不留头,留头不留发"之说。许多人为了表明对清朝统治者的反抗,宁可死也要留住自己的头发。而到民国初期,剪辫子与留辫子则又成为拥戴皇统和革命的不同标识。发型的社会与政治、法律的喻义可见一斑。如今,男人剃发留辫子的时代已一去不复返了。随着社会的发展,发型的样式更为丰富多样,但是"辫子文化"却未被斩草除根,这在监狱的表现尤为明显。

监狱对服刑人员的发型,一直带有强烈的监规和规训色彩,并带有惩戒和侮慢之意。对服刑人员在狱内应该保持何种发型?不管是从事监狱工作的还是社会上的一般民众会不加思索地脱口而出:"光头。"这种说法是符合实际的。在中国,"光头"从过去到现在都是监狱服刑人员的重要符号之一。在中国古代,如前所述,头发对于一个人来说是很珍贵的,身体发肤,受之于父母,虽一毫而不能损。而一个人一旦犯罪受惩,为了体现惩罚,往往会拿头发开刀。对有罪者剃光头,在中国古代,就是"髡"刑,这种刑在隋唐后虽被废止,但并未绝迹。而国外在《苏美尔亲属法》《汉谟拉比法典》中,都能看到剃发这种刑罚。如今,许多国家在对监狱服刑人员发型要求上显得比较宽松。例如美国,联邦法律就没有对监狱服刑人员的头发作统一要求,具体情况由各州自行决定。而根据各州狱政局的规定,仅有纽约、弗吉尼亚、伊利诺伊等12个州,出于对卫生、安全等考虑,对男性服刑人员的头发有长度的要求。最严格的纽约州要求必须短于1英寸,其他州大多要求不长于衣领。如果因为宗教信仰等原因拒绝剃发,部分监狱还可以作相应调整。

新中国成立后,监狱系统长期要求监狱服刑人员剃光头。到了1990年,司法部颁发的《罪犯改造行为规范》第21条规定:"除一个月内出监的罪犯外,一律留寸发或光头,不准留胡须、长指甲;除有特殊生活习惯的少数民族罪犯外,女犯一律留齐耳短发,不得过颈,不准烫发、染发、涂指甲、抹口红、戴首饰等。"而2004年5月实施的《监狱服刑人员行为规范》中,就没有了对监狱服刑人员头发的限制性规定。但我国多数监狱仍然保留和执行以往的规定,即男犯一律剃光头,女犯留齐耳短发,不得过颈。据称这是为了确保监管安全和维护监管秩序,当然,也要看到,有些省市如上海、海口等地已取消了剃光头这一强制规定，监狱服刑人员可以留板寸头。① 这在一定意义上体现了监狱治理的文明化、人性化倾向。

综上所述，关于监狱服刑人员的发型，特别是男犯剃光头，概括起来，大致有如下理由：其一，规范监狱服刑人员仪表。其二，有利于维护监管秩序。关于第一点，总给人以一种歧视、有损人格的感觉。显然，第二点才是真实的目的。它反映了行刑权力对监狱服刑人员从心灵到肉体压制的一种运作常态。但这里我们是否想到，监狱有权强行给服刑人员剃光头吗？既然2004年5月实施的《监狱服刑人员行为规范》中取消了对监狱服刑人员头发的限制性规定，根据现代法治社会公权部门"法无授权即禁止"的精神，监狱强行对服刑人员剃光头，没有法律依据，往轻处说是不妥，往重里说是否有侵犯罪犯权利特别是有悖于"罪犯人格不受侮辱"之嫌？

如此的身体压制和心灵震慑会给服刑人员带来什么后果？一般会出现以下几方面情况：一是真正的顺从，也即所谓的一种顺从习惯的形成。而这种习惯带来的最大的不幸是监狱服刑人员个性的丧失，从而缺乏对社会的适应和竞争能力，为重新犯罪埋下了种子。二是假意的服从。假意的服从背后隐藏的是抵抗意识，是对权力意志的一种迂回的应对策略。一种手段是逢迎讨好干警，在博得干警的好感之后，采取投机甚至行贿手段达到自己通过正当渠道达不到的目的。另一种手段是对监管制度采用"头发抵抗"的策略。根据调查②，制度要求男犯一律剃光头，而有的男犯总想把光头留成寸头，尤其在刑期届满前，男犯更是希望早几个月蓄发；制度要求女犯一律留齐耳短发，而有的女犯就把已经齐耳的头发进一步修短，意图外表更男性化一些，以吸引其他女犯的注意。三是导致直接公开的对抗。过度的身体压制和心灵震慑往往包含这样一对矛盾：它在制止"攻击性"的同时表现了另一种"攻击性"，这种"攻击性"会招致监狱服刑人员强烈的反抗。一般男犯都厌恶"光头"，更有出现新收犯拒绝剃光头甚至以自杀相威胁的情况，这就是对于监狱一方强制剃光头的公然反抗。

也许对监狱服刑人员发型的要求本身可能是在一些人看来见怪不怪的琐碎话题。但它作为服刑人员在监狱日常生活的一个表征、符号，却不能不让我们去思考一些问题。在福柯看来，现代监狱作为一个规训机构，没有人能够摆脱

---

① 参见马金虎主编：《科学认知囚犯》，江苏人民出版社2014年版，第9页。
② 参见于爱荣等：《监狱囚犯论》，凤凰出版传媒公司、江苏人民出版社2011年版，第153页。

## 守望与超越
变革时代下监狱理论与实践探析

监狱日常生活中无所不在、无孔不入的权力的微妙制约。现代社会中，权力日益扩张，在种种不平等的社会关系中，权力促使社会成为一个"监狱孤岛"。这是现代性的困境。我们的监狱或许走不出这种现代性的困境，但我们可以在对行刑权力的运作反思过程中，最大限度地为监狱服刑人员人格的重塑、个性的发展开拓一个空间。我们不排斥相对统一性，因为它是监狱基本秩序形成的基础，然而，相对统一性中也需要一定的灵活性或个性。就监狱服刑人员的发型而言，在相对统一的规定之内，是否可以允许监狱服刑人员有一定的自由选择性？对于我们的监狱管理者特别是领导而言，这个问题可大可小。说"小"不过是发型规定本身，说"大"则是一种监狱行刑的基本理念问题。如果说对私生活权利的保护是个人获得尊严、自由与健康成长的基础，① 那么发型作为罪犯私生活的一种，尽管不能与社会上一般公民私生活等量齐观，但一定程度的保护也是必要的。它也涉及监狱服刑人员尊严的保障、人格的尊重、人权的保障、主体性的激发，以及文明治监的推行等等。

笔者以为，既然司法部没有对监狱服刑人员的发型作明确规定，就不一定非要以男性服刑人员剃光头作为多数监狱不成文的统一要求。对男性服刑人员可以在发型上划出一个范围，确定几种发型（只要这些发型不影响罪犯改造、不影响监管安全）供其选择，如光头、寸发、平头、中分等。这一点对于监狱管理者来说不是一件困难的事情，如果做好了，也许会带来意想不到的效果，至少监狱服刑人员的形象有一个新的改观，其改造自信心能够有所提升，文明治监的精神能够得到切实的彰显，监狱在社会和公众中的形象也会有新的改变。

综上所述，监狱服刑人员的符号演进与文明治监有着密切的关系，透过监狱服刑人员的符号演进，既反映出了监狱治理由野蛮、落后到文明的发展轨迹，反映了随着社会发展、监狱发展对监狱在押人员的观念转变，同时也暴露出当今监狱治理的一些问题和今后的努力方向。我们应该从监狱服刑人员的符号或者说这些监狱日常生活细节入手，进一步作些改变，进一步助推其演进，为文明治监的发展添砖加瓦。

（原载《河北法学》2015 年第 5 期）

---

① 参见袁楚风：《私生活权利保护——基于国际人权法的分析》，载《河北法学》2013年第 10 期。

# 监狱行刑与青少年罪犯尊严保障

人的尊严已成为当今构建和谐社会,实现人的全面发展的根本出发点,也是"现代国家"的基石。"一切都为了人的尊严,让每一个中国人的尊严得到充分的尊重",已成为时代的最强音,并成为现代社会文明的重要标志和时代进步的基本要求。而一提到青少年罪犯,不少人则很难将其与尊严保障联系在一起,往往在"青少年罪犯有尊严吗","还值得保障吗"等问题上持排斥或否定态度。当今社会,在"让每一个中国人的尊严得到充分的尊重"的语境下,探讨青少年罪犯尊严或者监狱行刑与青少年罪犯尊严保障问题,有一定积极意义。

## 一、人的尊严与青少年罪犯尊严保障的内涵

要探析青少年罪犯尊严保障的内涵,有必要从对人的尊严内涵探析入手。人的尊严,其字面意思是指人的"可尊敬的身份或地位"[①],即作为人应该获得的尊敬或尊重,其核心是人之所以作为一个人所应当获得的社会地位并应当受到社会和他人的尊敬或尊重。从国外的表述来看,罗马人认为,人的尊严乃是个人在公众中的声誉,是由于个人为社会作出的贡献所获得。基督教将人的尊严理解为神的恩赐,因为人是神造,因此,万民皆有同等尊严。德国哲学家康德则对人的尊严进行了较为深刻系统的表述,为尊重和保障人的尊严奠定了思想基础。康德认为,人的尊严来自人的理性,理性是人的尊严的基础。人是具有心灵和精神的理性生命,人是通过理性来规定自己的目的,"每个有理性的东西都必须服从这样的规律,不论是谁,在任何时候都不应该把自己和他人仅仅

---

① 中国社会科学院语言研究所编:《现代汉语词典》,商务印书馆2012年版,第1742页。

当作工具，而应该永远看作自身就是目的"①。个人是目的，是有尊严的存在，所以人的尊严是不可侵犯的，必须加以尊重和保障。当今我国也有不少学者对人的尊严作出多种解读，有的人认为，人的尊严是个人获得他人和社会尊重的理由②；也有的人认为，人的尊严是人的价值、独立性、本性、本质。③

从总体上看，对人的尊严的解释大都较为抽象，至今尚没有一个公认的、规范性表述，但无论如何界定，有些方面还是能够取得共识的，那就是人的尊严与生俱来，人人皆有。人的尊严具有不可替代、不可亵渎、不可剥夺和不受侵犯的特征。虽然人所处的社会环境和自身条件各不相同，人的需要、能力、社会关系、个性等的发展水平也各异，但人人都享有其作为人而高于其他生命形式的价值、地位和尊严。每一个人既有实现自己的生命价值、人格尊严的权利，也有尊重他人的生命价值、人格尊严的义务。特别需要指出的是，人的尊严不是仅由某些群体或者个人所获致，而是为全社会每一个社会成员所拥有。人的尊严理论的提出，体现了人对自身主体性价值的关注和尊重，为人类的价值追求奠定了坚实的理论基础。它是确定一切国家生活的标准，确立了国家为人类而存在的基本逻辑，也是一切法律价值的出发点。④ 当今，保障人的尊严已成为各国宪法发展的趋势，是法治建设的一个核心命题。许多国家将人的尊严作为公民的基本权利以宪法的形式加以确认。我国宪法明确规定，中华人民共和国公民的人格尊严不受侵犯。并明确把"国家尊重和保障人权"载入条文。而人的尊严的提法则于2010年首次在我国《政府工作报告》中出现，温家宝在《政府工作报告》中郑重承诺，"要让人民生活得更加幸福、更有尊严"，把保护和实现人的尊严提到了政府责任的高度，凸显了政府维护人的尊严的极大决心。据此，全国政协委员朱征夫把人的尊严进一步析解为四个层次：第一个层次，把人当人看；第二个层次，权益受到保护，不受侵犯；第三个层次，人与人是平等的；第四个层次，人是个性解放和独立自由的。⑤ 这是很有见地的，也

---

① 〔德〕康德：《道德形而上学原理》，苗力田译，上海人民出版社2002年版，第52页。
② 参见金生鈜：《保卫教育的公共性》，福建教育出版社2008年版，第100页。
③ 参见蔡维音：《德国基本法第一条"人性尊严"规定之探讨》，载《宪政时代》1992年第18期。
④ 参见金川：《罪犯权利缺损与救济研究》，清华大学出版社2008年版，第23—24页。
⑤ 转引自王晓河：《人民的尊严哪里来》，载《云南社会主义论坛》2010年第4期。

是比较全面、准确的概括。

那么,什么是青少年罪犯尊严保障?从监狱行刑的角度来看,是指监狱机关通过执法等一系列活动,保证青少年罪犯依法应获得的尊重,人权不受侵犯和践踏或得以实现的一系列制度和措施。一提起青少年罪犯尊严保障,在一般人的脑海里就会马上产生疑问:青少年罪犯还有什么尊严保障可言?对这些人可以用"敌人""坏人""坏蛋""流氓""害人虫""社会渣滓""人渣"等词来形容。这也在很大程度上影响了监狱干警对待青少年罪犯的观念,许多人一提到正在监狱服刑的青少年罪犯,马上就在脑海里跳出诸如"罪有应得""自作孽""活该"等字眼,对于这些人还有什么尊严保障好讲。

其实这里只是看到了问题的表面,并没有进行深入思考。不错,青少年罪犯是侵犯了他人,危害了社会,触犯了法律,应该受到刑罚惩罚。但惩罚决不意味着对青少年罪犯的尊严可以随意侵犯。据2010年12月26日人民网报道,温家宝总理再次强调人的尊严问题时指出,人的尊严"就是要尊重每一个人的人格,包括犯错误的人,以至犯罪的人都要尊重他们的人格,通过教育并帮助,使他们获得新生"[①]。从人的尊严的这一理念出发,具体到监狱行刑领域,在现代社会,同样应将尊重和保障服刑青少年罪犯的尊严视为重要的价值追求。青少年罪犯作为一个人,对于监狱而言,理应秉持这样一种基本的人文主义精神,即每一个人都应该受到尊重和关怀,无论他是谁,无论他做过些什么,不分种族、肤色、性别、地位、才智、经济收入、职业等。每个人都具有至高无上的内在价值与尊严,这是被社会普遍接受的命题。[②] 因此,青少年罪犯也具有他的尊严。青少年罪犯虽然犯有某种罪行,但他同其他人一样,也是一个有血有肉有情有欲的生命体,同样也有作为人的基本尊严,仍然要受到应有的尊重和法律的保护。特别是青少年罪犯作为一个弱势群体,面对的是监狱这样强大的国家机器,失去了自由,被社会所唾弃,为家人所不齿,在高墙电网的特殊天地里劳动、学习和生活,已不再属于普通人的生存模式,因此,青少年罪犯的尊严问题更应引起人们的重视。青少年罪犯作为法律地位受到某种限制的公民,到了监狱,仍然享有基本的人权,如生存权、发展权等,仍应享有公民所应有

---

[①] 《温家宝谈如何让人民生活更有尊严 要使社会更加公平》,http://politics.people.com.cn/GB/13582022.html,访问日期:2012年11月26日。

[②] 参见金生鈜:《保卫教育的公共性》,福建教育出版社2008年版,第100页。

的尊严，如生命尊严、人性尊严和人格尊严等，对这些尊严应该受到最起码的尊重和保障。特别是在将维护人的尊严推向人权保障高度的现代法治社会，监狱行刑更应该尊重及保障青少年罪犯的尊严。

改革开放以来，我国监狱在保障青少年罪犯尊严方面作了大量的工作，取得了显著的成效。在立法层面，我国先后制定了一系列保障青少年罪犯尊严的法律、法规，特别是在《监狱法》中明确规定"青少年罪犯的人格不受侮辱，其人身安全、合法财产和辩护、申诉、控告、检举以及其他未被剥夺的权利不受侵犯"。在执法层面，正如《中国改造青少年罪犯的状况》白皮书所言，中国在改造青少年罪犯的实践中注意贯彻人道主义原则，对青少年罪犯不仅保障应有的生活条件，更尊重人格。但也要看到，对于监狱行刑与青少年罪犯尊严保障这一问题在理论上还很少探讨，社会上特别是某些监狱及干警还存在对青少年罪犯尊严认识不到位，保障不到位、不平衡等现象。这就决定了监狱行刑与青少年罪犯尊严保障是一个值得关注的理论和实践问题。

## 二、监狱行刑在青少年罪犯尊严保障中的价值

如果说法治的最高价值追求就是保障人的尊严，那么，监狱作为维护国家法治的一个重要机关，在刑罚执行过程中也理应把青少年罪犯尊严的保障作为重要的价值追求。

犯罪作为一种社会现象，从一开始就引发了人们的关注。而随着人们对犯罪问题认识的不断深化，刑罚观也在不断地发生变化并推动着刑罚制度以及监狱行刑制度的重大变革。从生命刑、身体刑到自由刑的变革是刑罚演变的基本规律和轨迹。特别是到了自由刑时期，不仅注重对青少年罪犯的惩罚，同时注重对青少年罪犯的矫正，使之能顺利回归社会，不再犯罪。反映在对青少年罪犯的认识和对待上，就是要把青少年罪犯的尊严放在重要的位置予以保障。当今社会，青少年罪犯尊严保障理应成为监狱行刑的指导思想。监狱行刑在青少年罪犯尊严保障中的价值主要体现在以下几个方面：

第一，青少年罪犯尊严保障是监狱行刑执法价值的出发点。首先，我国《监狱法》第7条明确规定了"青少年罪犯的人格不受侮辱"，因此在监狱行刑执法中要认真加以遵从，并把青少年罪犯尊严保障作为重要的价值追求。其次，对于每个青少年罪犯个体而言，享有尊严是使其弃恶从善，重新做人，成为守

法公民的最高标志。古语云："三军可夺帅也，匹夫不可夺志也"，表明了人的尊严的神圣不可侵犯，这一点对于青少年罪犯同样是适用的。对于青少年罪犯来说，只有享有尊严，才能谈得上以高度的改造热情和主观能动性去投入到各项改造活动中，使其内在的潜能充分发挥出来，重新书写人生。这也决定了在监狱行刑中，要把青少年罪犯尊严保障作为监狱行刑执法价值的出发点。最后，青少年罪犯尊严的保障寄寓着监狱存在的基本目的，监狱负有保障青少年罪犯尊严的基本任务。监狱存在的正当性，是以其能否促成青少年罪犯尊严的保障和实现为重要标准。由于监狱关押的青少年罪犯是触犯了刑法的人，其人身自由被限制或者剥夺，权利表现出不完整性，其人格尊严更容易受到侵害，因此对他们的尊严要格外加以关注和保障。如果监狱做不到这一点，就谈不上是真正意义上的现代社会的法治监狱，并失去了道义上的任何正当性。正是认识到了这一点，联合国关于刑罚规则中包含的行刑方面的规范和专门的监狱行刑规范等国际法文件，以及大多数国家的相关刑事法律文本，都不约而同地将青少年罪犯尊严保障作为根本原则来加以对待。由此也可以看出青少年罪犯尊严保障是监狱行刑执法价值的出发点。

第二，青少年罪犯尊严保障是监狱行刑体现人的全面发展精神的前提条件。人的全面发展是社会发展的核心和人类发展的最高目标。马克思主义十分关注人的解放和人的全面发展。马克思主义关于人的全面发展的基本含义，是指每个人即社会全体成员的全面发展，是人的全面发展和社会全面发展的统一，包括人的劳动能力的充分发挥、人的社会关系丰富发展、人的个性的自由发展、人的才能的自主发展，人的整体的全面发展等，任何人的职责、使命、任务就是全面发展自己的一切能力，其中包括思维能力。从人的尊严与人的全面发展的关系来看，一方面，人的尊严是人的全面发展的动力源泉；另一方面，相互尊重人的尊严是人的全面发展的重要基础。从马克思主义的观点出发，监狱行刑中，人的发展必然要落实到个人，要不是每个人都得到解放，社会就不能得到解放。① 因此，人的发展也势必包括正在监狱服刑的青少年罪犯。从保障青少年罪犯尊严的角度看，它是监狱行刑体现人的全面发展精神的前提条件，一方面，尊严是青少年罪犯全面发展的动力。青少年罪犯只有具有尊严，才能够

---

① 高娜：《时间与人的存在和发展》，载《郑州大学学报（哲学社会科学版）》2011年第4期。

通过独立和理性的反思形成自己的改造目标,并按照自己的信念、理想、能力,自觉、自愿、自主地朝着追求新生的目标前进,摆脱各种束缚改造和全面发展的不利因素,更好地促进自我改造和自我发展。另一方面,相互尊重人的尊严是青少年罪犯全面发展的重要基础。每个人的全面发展都是相互依赖、互为条件的,因此,人们在现实的社会交往和实践活动中,应遵循相互尊重和公平对待的原则,既保有自己的尊严,又尊重他人的尊严,树立任何人的尊严神圣而不可侵犯的社会责任感,这样才能为人的全面发展奠定基础。这就要求在监狱行刑过程中,作为监狱及干警要遵循人的全面发展的精神,主动维护和保障青少年罪犯尊严,使其具有做人的自尊感,并在行为上尊重和维护他人尊严。只有实现基于义务的自尊与基于权利的他尊的辩证统一,"个人才能获得全面发展其才能的手段"[①],也才能促使青少年罪犯在改造过程中得到全面发展。

第三,监狱行刑对青少年罪犯尊严的保障程度在很大程度上反映了一个社会、国家的文明水平。沈家本就曾指出:"觇其监狱之实况,可测国度之文野。"[②] 监狱行刑对青少年罪犯尊严的保障程度在很大程度上反映了一个社会、国家的文明水平,也是一个社会、国家是否达到文明状态的重要衡量标尺。因此,有关监狱行刑的国际公约、协定以及联合国的行刑规则,无不以青少年罪犯的尊严保障为视角。如联合国《囚犯待遇基本原则》第1条就指出:"对于所有囚犯,均应尊重其作为人而固有的尊严和价值。"能否注重青少年罪犯尊严的保障,已成为衡量一个国家文明、民主程度和法制是否健全的重要标志。正如我国最高人民法院前院长、首席大法官肖扬认为,对罪犯(包括青少年罪犯)的待遇也是衡量一个国家法治水平和文明程度的标志之一。"可以毫不夸张地说,监狱是一个国家人权状况最敏感的部分之一"[③],青少年罪犯尊严保障是一个事关社会、国家文明的大问题。对青少年罪犯的尊严的保障和实现能体现出一个社会、国家文明的基本状况。在一个社会、国家中,如果连处于社会弱势群体地位的青少年罪犯的尊严都能加以有效的保障,那么这个社会和国家的文

---

① 《马克思恩格斯全集》第1卷,人民出版社1995年版,第119页。
② 沈家本:《奏请实行改良教育折》,载薛梅卿等编:《清末民初监狱改良专辑》,中国监狱学会1997年印,第26页。
③ 转引自黄明健:《论我国罪犯人权及其保障》,载《福建政法管理干部学院学报》2002年第2期。

明水平之高是毋庸置疑的，我们可以毫不犹豫地称其为一个文明的社会和国家①。而一个社会、国家对青少年罪犯尊严的保障程度主要是通过监狱行刑来体现的，要具体落实到监狱行刑的各个环节和方方面面。所以，监狱行刑对青少年罪犯尊严的保障程度在很大程度上反映了一个社会、国家的文明水平。

## 三、监狱行刑对青少年罪犯尊严保障的路径选择

由上可见，监狱作为国家的重要刑罚执行机关，对青少年罪犯尊严予以保障是监狱行刑的天职，因此，在新形势下，监狱行刑须以青少年罪犯尊严保障为抓手，切实在保障青少年罪犯尊严上下功夫，其保障的路径选择可以从以下几个方面考虑：

(1) 把青少年罪犯当人看。有人曾说，人有无尊严，是看他被当作一个人还是被当作一个东西来看待。② 沈家本也曾指出，"监狱者，感化人而非苦人、辱人者也。"在现代社会，把青少年罪犯当人看已成为监狱价值系统中最基础的东西，是监狱存在与发展的价值起点。但时代发展到今天，社会舆论还习惯于用"没有人性、禽兽不如、发泄兽欲、冷血动物等词汇描述犯罪人，公众透析犯罪人的目光，有如打量禽兽"③。在有些监狱干警心目中，还习惯于把青少年罪犯当作"另类"，因而极易忽视对青少年罪犯尊严的尊重和保障，把惩罚的边界无限放大，如在精细化管理的名义下，过细地考核量化指标，就如同让青少年罪犯"戴着镣铐跳舞"，使得青少年罪犯时常陷入恐惧和无助状态，甚至"打骂体罚或纵容、指使青少年罪犯虐待青少年罪犯的现象屡禁不止，侵犯青少年罪犯合法权益的违纪行为时有发生"④。这样显然是有悖于监狱行刑的价值追求的。作为监狱干警，应该切实感受到每一个生命个体包括青少年罪犯都是独特的存在，这个存在也许卑微，也许有罪恶的过去，但我们都无法忽略他们存在这一事实。因为他是人，他就应该有人的尊严。作为监狱行刑就要以青少年罪

---

① 参见赵运恒：《罪犯权利保障论》，法律出版社 2008 年版，第 26 页。
② 参见李辉明：《没有卑微的尊严》，载吴国平主编：《教师的人文情怀》，上海辞书出版社 2011 年版，第 78 页。
③ 冯建仓：《略论服刑人员人格尊严权》，载《中国监狱学刊》2009 年第 3 期。
④ 王明迪：《我国监狱人权保障的历史及发展》，载中国监狱学会、中国人权研究会编：《中国监狱人权保障》，法律出版社 2004 年版，第 36 页。

犯的尊严为出发点，切实把青少年罪犯当人看，使监狱行刑为青少年罪犯重返社会发挥更好的作用。当然，尊重青少年罪犯尊严，把青少年罪犯当人看的理念，在公众中的培养和树立是一个长期的过程，对于监狱干警而言也是一个长期的过程。但有关部门和领导则应积极采取相关措施，以促使公众特别是监狱干警树立尊重青少年罪犯尊严，把青少年罪犯当人看的理念。

(2) 切实保障青少年罪犯的合法权益，使其合法权益不受侵犯。鉴于"人权是实现人的尊严的手段"[1]，青少年罪犯的尊严能否得到尊重和实现，则在于处于弱势地位的青少年罪犯的人权能否得到切实承认和获得保障。因此在监狱行刑过程中要切实保障青少年罪犯的合法权益，使其合法权益不受侵犯，主要通过以下途径：其一，依法办事。监狱行刑的依法性决定了监狱行刑的各个环节必须有相应的法律依据、法定程序和实体要求，这就从根本上保障了监狱行刑的正当性，从而保障了青少年罪犯的合法权利。其二，对青少年罪犯权利的保障，也要按照"法无禁止即可为""法律未明确剥夺或限制就存在"的精神去考量。现在我国有些监狱正在尝试给予青少年罪犯更多的自由，如允许青少年罪犯不穿囚服，允许青少年罪犯保留自己喜欢的发型，允许青少年罪犯结婚、探亲、参加诉讼、与配偶同居等。[2] 这些尝试都符合上述精神。当然，青少年罪犯权利的行使也要考虑到我国的国情，考虑到监狱的安全状况，不能把青少年罪犯混同于一个社会上的普通公民。其三，监狱行刑包含着对青少年罪犯的权利救济。"有权利必有救济"是人们普遍信奉的法理，对于监狱服刑的青少年罪犯，救济显得尤为重要。因此，必须切实保障青少年罪犯的控告、申诉、检举的权利，落实行政复议工作制度，强化各种监督措施，加大监内狱务公开力度，以保障青少年罪犯合法权益不受侵犯，同时能够在权利缺损后得到救济。

(3) 平等对待每一个青少年罪犯。尊重和保障青少年罪犯尊严的前提是平等。青少年罪犯的尊严感、改造积极性，在很大程度上取决于干警对他们的平等对待和对其尊严的尊重。有差异与歧视，人的尊严必然受损，必然会使改造积极性受挫。因此，在监狱行刑过程中，对于所有青少年罪犯应平等对待，凡是罪行相同、主观恶习相同的，处遇应当相同，不受身份、地位、财富状况等的影响。不能对一部分青少年罪犯搞特殊化，对另一部分青少年罪犯加以歧视。

---

[1] 〔日〕真田芳宪：《人的尊严与人权》，鲍荣振译，载《外国法译评》1993年第2期。
[2] 参见曲伶俐等：《现代监狱行刑研究》，山东大学出版社2007年版，第75页。

尤其是在办理减刑、假释等刑罚变更案件时，必须依法而为，严禁区分亲疏贵贱、徇私徇情。这就要求监狱机关及干警在行刑执法过程中，一是标准要统一。在同一监区、同一监狱乃至省内不同监狱，应该认真把握执行统一的刚性标准，不能随意而为。二是在具体执法过程中保持一致性。对于相同性质事件的处理，不同干警之间、同一干警在不同管理的时期、阶段，对不同的青少年罪犯和同一青少年罪犯的不同阶段，应该具有一致性。如一旦出现青少年罪犯违规、干扰、破坏了监管秩序，不管哪个干警处理，基本应该是同样的处罚。三是强化狱务公开。对执法流程、执法文书和典型案例等进行合理公开。总之，要通过平等对待青少年罪犯，还青少年罪犯以尊严，激发青少年罪犯改造积极性。

（4）重视青少年罪犯的主体地位。如前面提到的政协委员朱征夫所述，人的尊严的一个重要层次是人的个性解放。而人的个性解放最为显著的标志是人所具有的自主能力，即要求人具有一种面对任何处境能够自主判断、自主选择、积极行动、自我负责的能力。这种自主能力正是我们期望青少年罪犯所要达到自我改造、自我教育的境界。而这种自主能力的形成，又是建立在承认和重视青少年罪犯在行刑中所具有的主体地位的基础上的。应该看到，在监狱行刑实际工作中，忽视或否定青少年罪犯的主体地位，把青少年罪犯看作是执法客体的现象仍然是普遍存在的，而青少年罪犯缺少了主体的位置，个人的尊严也就无从谈起。如果作为强势者一方的监狱及干警越是强横，越不重视青少年罪犯的主体地位，作为弱势者的青少年罪犯也会越是以更没有尊严的途径与之博弈。当他们的尊严受到极度伤害时，也就不把别人的尊严放在眼里，压抑的心灵总有一天会反抗、发泄出来，冷漠、自卑、逃避、自杀、抗拒劳动、寻衅滋事、杀人、袭警、逃跑……这些都是尊严受到伤害的必然反映。因此，作为监狱及干警要重视青少年罪犯的主体地位，应该既把青少年罪犯看作是一个曾经犯过罪的人，又要把他看作是一个有尊严的人，尊重其主体地位，使其感受到做人的尊严，社会、监狱期待其自新的诚意，进而激发起重新做人的信心和决心。重视青少年罪犯的主体地位，就要在创造条件提升青少年罪犯自我教育、自我改造的主体性上做文章。例如，有的学者提出，可以尝试在一定范围内让青少年罪犯参与对狱内事务的管理，在法律规定的框架和范围内，由青少年罪犯制定各项劳动、学习管理制度或行为规范，由青少年罪犯选举管理人员，并对不合格的管理人员进行撤换等。① 应该说这些做法是可以在监狱行刑实践中探索并推进的,对提升青少年罪犯自我教育、自我改造的主体性不无裨益。监狱行刑要提升青少年罪犯尊严保障的层次,就要不断朝着这个方向努力。而青少年罪犯这种主体性一旦形成并稳固,不但能够早日恢复人身自由,而且能够成为从心灵监禁中解放出来在精神上自主的人,成为既对他人发自内心的尊敬和包容,又得到他人尊重和包容的有尊严的人。

(原载《青少年犯罪问题》2013 年第 1 期)

---

① 参见曲伶俐等:《现代监狱行刑研究》,山东大学出版社 2007 年版,第 79 页。

# 试论社会管理创新视域下出狱人社会保护的创新

社会管理是中国特色社会主义事业总体布局中社会建设的重要组成部分,加强社会建设,创新社会管理,是党中央在新形势下从党和国家事业全局出发制定的一项重大战略决策。做好出狱人社会保护工作,是加强和完善特殊人群管理与服务的重要方面,是加强和创新社会管理的重要内容。在社会管理创新的视域下,出狱人社会保护工作要主动、自觉地着眼于创新与发展,努力为进一步推进社会管理创新打下良好基础,为维护社会和谐稳定,促进经济社会发展营造良好的社会环境。

## 一、社会管理创新的时代背景呼唤着出狱人社会保护的创新

在新形势下,党中央作出了加强和创新社会管理的重大战略决策,有着现实的重要性和紧迫性。尽管经过多年来的努力,我国社会管理与我国国情和社会主义制度总体上是适应的。但也应当看到,当前我国既处于发展的重要战略机遇期,又处于社会矛盾的凸显期,社会管理领域还存在不少问题,只有加强社会建设,创新社会管理,正确处理人民内部矛盾和其他社会矛盾,妥善协调各方面的利益关系,才能最大限度激发社会创造活力、增加和谐因素、减少不和谐因素,保持社会和谐稳定。

社会管理创新与出狱人社会保护创新有着密不可分的辩证关系,主要反映在二者的任务是一致的。胡锦涛同志在2011年2月中央举办的省部级主要领导干部社会管理及其创新专题研讨班的讲话中指出,社会管理的基本任务包括协调社会关系、规范社会行为、解决社会问题、化解社会矛盾、促进社会公正、

应对社会风险、保持社会稳定等方面,为社会管理创新指明了方向。同时,明确指出,要进一步加强和完善特殊人群的管理和服务,完善特殊人群管理和服务政策。出狱人作为特殊人群的重要组成部分,如何对他们进行管理和服务,是社会管理创新的一个重要课题。出狱人社会保护是指国家和社会为了帮助出狱人成功回归社会,避免重新犯罪对其采取的帮助、保护、教育等活动。① 主要任务是帮助出狱人树立自尊、自强的观念,消除自卑心理,建立康复教育制度,解决就业、入学、生活困难,使之顺利回归社会,预防重新犯罪,以维护社会和谐稳定,促进经济社会发展。出狱人社会保护工作在社会管理创新中具有重要的地位和作用,出狱人社会保护工作本身就是社会管理的重要方面,出狱人因其以往经历和身份的特殊,而形成了一个特别的相对弱势和困难的群体,如果不加以有效解决或处置不当,就会使社会矛盾激化,使出狱人成为一种社会风险和不和谐的因素,这就要从根本上呼唤和要求在社会管理创新的时代背景下,加强和创新出狱人社会保护工作,自觉地把出狱人社会保护工作纳入社会管理创新的视域下来谋划和布局。立足职能,发挥优势,着眼于创新与发展,努力为维护社会和谐稳定,促进经济社会发展营造良好的社会环境。

　　社会管理创新的时代背景既为出狱人社会保护事业的创新提供了广阔的舞台和难得的机遇,同时也对出狱人社会保护工作提出了重大挑战和考验。改革开放之前,我国在当时的历史条件下,对出狱人实行了以"留场就业"安置为主,其他安置为辅的制度,甚至在有些时期由行政计划性安置演变为法外之刑。② 改革开放以来特别是随着改革开放的深入,"留场就业"制度在全国各地被陆续废止,1987 年后,该项制度在我国已不复存在。③ 1994 年的《监狱法》从法律上明文规定,对刑满释放人员,当地人民政府要帮助其安置生活;刑满释放人员依法享有与其他公民平等的权利。由此可见,我国对出狱人的对待,经历了一个由"留场就业"到全部放归社会的转变。在新的历史条件下,随着社会主义民主法制建设的发展,司法人权保障事业的不断进步,出狱人社会保护已成为促进人权保障的重要内容。而如何使出狱人能够顺利回归社会,用什

---

　　① 参见阎文清:《论出狱人社会保护制度的完善》,载《犯罪研究》2007 年第 4 期。
　　② 参见陈尚明主编:《安置帮教工作理论与实务》,河海大学出版社 2002 年版,第 22—23 页。
　　③ 参见鲁兰:《新时期我国安置帮教工作面临的挑战——监狱工作与安置帮教工作衔接的视角》,载《中国监狱学刊》2010 年第 5 期。

么样的措施或手段能够优于以往的"留场就业"制度，如何切实维护出狱人的合法权益，如何降低出狱人的重新犯罪率，巩固、提升刑罚执行的效果等等，都有待深入探讨。近年来，我国在出狱人社会保护方面取得了显著成绩，但也要清醒地看到，出狱人社会保护工作仍然面临着严峻的挑战，出狱人的重新犯罪率居高不下，而且呈逐年上升趋势。根据上海市的一项对所有刑满释放人员重新犯罪的调查，刑满释放后两年内重新犯罪者最多，占重新犯罪人的39.1％。① 根据司法部监狱管理局统计的数字，2008年全国在押犯接近160万人，其中属于因刑释之后重新犯罪被二次判刑的就达24万多人，比起2003年增长了近12％。② 而且由于是重新犯罪，他们恶性程度高，主要集中在抢劫、杀人和盗窃等暴力犯罪上，因而对社会的危害极大。而究其原因，出狱人刑释后缺少必要的社会保护导致生存条件差，无业可就，且没有稳定收入是一个重要方面。根据北京市监狱管理局的调查，有63.42％的累犯刑释后找不到工作，63.56％的人没有稳定收入。③ 由此可以看出，出狱人社会保护工作与中央对社会管理的新要求和人民群众的新期待相比，还存在不小差距。这就需要在出狱人社会保护工作的创新上下功夫，推动出狱人社会保护工作实现新发展，再上新台阶，以适应社会管理创新大背景的需要，进一步发挥好在社会管理中的积极作用，更好地预防和减少出狱人重新犯罪。

## 二、社会管理创新视域下出狱人社会保护创新的理论基础

社会管理创新视域下出狱人社会保护创新既是社会实践的要求，又是思维的辩证逻辑活动，这一问题的提出也有其深刻的理论基础。

### (一) 以人为本理念的指导

以人为本的理念是出狱人社会保护创新最为深刻的理论基础。"以人为本"

---

① 参见张竟兴、江伟人：《上海监狱管理局关于刑释人员生存和思想状况的调查报告》，载《上海警苑》2008年第10期。
② 参见原司法部副部长陈训秋在"全国监狱劳教场所安全稳定工作座谈会议"上的讲话。
③ 参见潘开元、李仲林：《北京市监狱管理局在押累犯犯罪原因及矫正对策》，载《中国司法》2006年第4期。

的"本"有两层含义：一是本体论意义上的本位，即客观世界本位。二是价值观意义上的本位，即作为衡量标准的本位。同时，有一个参照系，即相对于什么而言的问题。如就自然观而言应该是以物为本，而在出狱人社会保护创新活动中"以人为本"是与"以物为本"相区别的。以人为本的基本内涵就是以满足人的生存和发展需要为目的。这是因为，人是世界上最高的存在；人是自然、社会、自身的主体；人是价值形态中的最高主体。①

以人为本必然要求尊重和保障人权，而"人权的主体是普遍的，不管是'敌人'，还是'人民'，只要他是人，他就享有人权"。这表明人权的主体即人权的享有者具有最大的广泛性和普遍性，所有的人或言人类都是人权的当然主体，任何以身份、职业、种族、肤色等标准排斥某一类群体的主张和行为都是强权暴力，违背人权的本质属性。②因此，我们不能因为出狱人以往的过错而去排斥其以后的生活权利，他们也应当是国家各种体现人权思想的制度的被庇护者，也是人权事业中的题中之意。特别是出狱人虽然恢复了自由，但往往为社会所歧视，邻里所不齿，家人所不容，就业无门，复学不能，生活缺少保障，作为一个人的基本生存权利都难以享有。这些都是文明社会所不应该有的现象，因此更应注重对出狱人的必要的社会保护。正如日本著名刑法学家小野清一郎在谈到出狱人更生保护（也可称为社会保护）的精神时所说，在因果报应之外，还有超过因果报应的道理——扶危救困、保护弱者的人类爱、慈悲心，这是更高一层的伦理精神。"更生保护制度，是刑罚的否定，它含有超过刑罚而保护个人的慈悲精神。"③

## （二）和谐社会理念的引领

自党的十六大以来，"和谐社会"越来越成为人们关注的焦点，也成为我国战略机遇期社会的主调。社会主义和谐社会是民主法治、公平正义、诚信友爱、充满活力、安定有序、人与自然和谐相处的社会。当下的社会，既处于重要战略机遇期，又处于社会矛盾凸显期，尤其是在社会剧烈转型的这个时期，社会

---

① 参见余亚平主编：《思想政治教育学新探》，上海人民出版社2004年版，第8页。
② 参见李志鹏：《我国出狱人社会保护的新境域探析》，载《法制与社会》2009年第5期（下）。
③ 〔日〕小野清一郎：《刑罚本质及其他》，转引自林纪东：《刑事政策学》，国立编译馆1963年版，第376页。

矛盾触点多、燃点低，处理难的特点也愈发突出，其中极少数出狱人重新犯罪也成为影响社会和谐稳定的重要因素之一。而之所以出现这样的问题，与对出狱人的社会保护工作跟不上不无关系。这就需要以和谐社会的理念为引领，调动一切积极因素和各种社会力量，做好对出狱人的社会保护工作，并且要有创新与发展，使出狱人更好地融入社会，成为和谐社会的建设者，从而最大限度地化消极因素为积极因素，预防和减少重新犯罪。由此可见，出狱人保护的创新也是构建和谐社会的应有之义。和谐社会理念为出狱人社会保护创新提供了丰富的思想资源。

### （三）教育刑主义的延伸

适用刑罚的目的是什么？中外历史上先是出现了报应主义，认为刑罚是对犯罪的报应。在报应主义的支配下，国家对犯罪人单纯实施刑罚惩罚，这不但未能弥补犯罪人已经造成的危害，而且也难以防患未然之犯罪。因而随着社会的进步，报应主义的刑罚观念日渐式微，教育刑主义盛行于世。教育刑主义认为，适用刑罚是为了预防犯罪，刑罚是预防犯罪的一种手段。刑罚预防有一般预防和特殊预防之分。一般预防是通过惩罚犯罪，警戒社会上的不稳定分子，防止他们走上犯罪道路；特殊预防是运用刑罚，预防犯罪分子本人重新犯罪。由于刑罚的目的从报应转向预防，因此，刑罚作为一种预防犯罪的手段，更多着眼于教育，旨在使受刑人改过迁善重新适应社会生活。越来越多的监狱把执行刑罚看成教育措施，以求矫正罪犯达到预防再犯的效果。一方面，监狱行刑趋向社会化，在监狱行刑过程中，使罪犯与社会保持更多的接触，并积极利用各种社会力量参与对罪犯的矫正活动，为其营造类似正常的社会环境；[①] 另一方面，对出狱人国家或社会仍本着教育刑主义继续教育辅导，并结合他们面临的实际情况提供必要的帮助，这实际也是监狱执行刑罚的必要延伸。在刑罚目的上坚持教育刑主义，必然推动着出狱人社会保护事业的兴起，世界上许多国家采取了一系列相关制度的运作和实践，出狱人社会保护制度应运而生。当今，出狱人社会保护制度已成为各国普遍推行的制度，我国也不例外。尽管我国真正意义上的出狱人社会保护时间不长，但改革开放尤其是进入20世纪90年代

---

① 参见过琳、常宁：《监禁刑执行社会化的趋向及启示》，载《中国人民公安大学学报（社会科学版）》2010年第5期。

以来，随着社会政治经济形势的发展，出狱人社会保护被纳入社会治安综合治理系统，在立法、制度保障等层面有了明显的推进。但在新形势下要促使出狱人社会保护工作有新的发展，适应社会管理创新的需要，就要在创新上下功夫，而教育刑主义无疑会为出狱人社会保护创新提供厚实的刑法理论基础，助推出狱人社会保护工作的创新与发展。

### （四）社会保障理论的支撑

"社会保障"一词最早见于 1935 年美国国会通过的《美国联邦社会保障法》，它反映了国家支持目标的一个发展概况，即从有条件的保险——局限于参保人——到"为所有贫困和需要帮助的社会成员提供庇护的保护制度"。社会保障发展到今天，除了消除贫困和经济保障相关的特殊目标外，还可以作为社会控制的工具，发挥"鼓励或加强特定行为模式"的作用。对于出狱人施加保障一方面是为这些人群解决现实问题并提供庇护，另一方面也是国家社会控制的隐蔽手段，激励出狱人顺应社会，遏制再次犯罪。在我国加强社会管理，推进社会管理创新的新形势下，社会保障这一理论在我国已得到广泛认同并在实践中有了新的发展，社会保障已成为国家对社会成员在年老、疾病、伤残、失业、遭受灾害、生活困难等情况时，给予物质帮助的制度，尤其是近年来党和国家把对出狱人的社会保障工作放在十分突出的位置。社会保障理论对于出狱人社会保护创新具有重要的支持作用。对于出狱人是奉行保障或保护，还是"管控"理念，决定着出狱人社会保护事业的创新与发展的成败。应该看到，当下无论是政府机构还是社会公众，从观念上接受到现实中认可"保障"或保护出狱人，其间的跨越还是很大的。如奉行管控理念所建立的制度，推行的举措无疑便是加强监控、跟踪职能，更多地把出狱人看作是潜在的再犯罪人而管控，甚至侵犯其应该享有的合法权利。而奉行"保障"或保护的理念，则需提升社会保障程度、减少社会歧视、增强就业技能培训，解决其就业（学）、谋生中的困难，需要大量政府和民间资金、人力的大量投入。①无疑在社会管理创新的视域下，变一味"管控"为提供必要的保障和保护条件，是出狱人社会管理创新的必由之路。而社会保障理论则为出狱人社会保护的创新提供了坚实的理论基础。

---

① 参见鲁兰：《新时期我国安置帮教工作面临的挑战——监狱工作与安置帮教工作衔接的视角》，载《中国监狱学刊》2010 年第 5 期。

## (五) 社会连带理论的运用

社会连带理论认为，人既然共同生活在社会中，必然具有社会连带关系。这是一切社会规范的基础，也是法律规范的基础。犯罪是对社会连带关系的破坏，但由于人在社会中生活，社会环境、先天素质、心理意识、外界刺激等各种因素都与犯罪的形成有关，因此，就不能把责任完全归咎于个人，而应当从社会上一切诱发因素入手，通过教育、改善、治疗等方法和措施，恢复正常的社会生活，保障社会连带关系的稳定。[1] 因而，扶助出狱人适应社会生活，防止再犯，才能符合社会的最高利益，也是促进、维护社会文明和进步的必要工作。这一理论告诉我们，既然人无处不生活在社会连带关系之中，那么任何社会群体，不论强弱都负有遵守社会连带关系的义务，同样，社会对于每一个成员也负有不可推卸的责任和义务。社会及成员对于处于弱势地位的社会成员都有责任予以帮助，帮助其恢复进行社会合作的能力，从而维护社会团结。社会合作体主要体现为国家，社会连带理论认为国家必须为增强相互合作的社会连带关系而努力，国家强力的目的是依法为弱者提供更多的服务。政府是一个国家的主要的社会公共权力机构，更是社会公共福利机构，政府对于社会成员担负着责任和义务，其中一个重要方面是直接为社会弱势群体提供必要的帮助。[2] 政府有责任高度关注弱势群体，其中包括对出狱人的社会保护，以推进社会的整体化发展。应该看到，社会连带理论对于当下我国的社会管理建设具有重要的现实意义，同时，对于促进我国出狱人社会保护事业的创新也具有开辟意义，台湾学者林纪东就把为民胞物兴、休戚与共、痛痒相关的社会连带精神作为出狱人保护事业的一种基本精神。在我国内地出狱人社会保护事业创新的进程中，也要对社会连带理论加以合理运用。

以上诸种理论，回答的都是为什么要对出狱人予以社会保护的问题，这无疑对于在社会管理创新视域下的出狱人社会保护的创新奠定了扎实的理论基础和提供了丰富的思想养料。

---

[1] 转引自黄京平、席小平主编：《帮教安置工作的理论与实务》，中国法制出版社2008年版，第66—67页。

[2] 同上书，第69—70页。

## 三、出狱人社会保护在我国的现状分析

我国现代意义上的出狱人保护工作产生于 20 世纪 80 年代,随着我国社会政治经济形势的发展,出狱人保护纳入社会治安综合治理系统,取得了有目共睹的成绩。在法律保障层面,特别是随着《监狱法》的出台,有关部委配合《监狱法》中的相关规定先后以"意见""决定""通知"等形式下发了一系列法规及文件,对这项工作的性质、目标、措施等事项作出了具体规定,使出狱人保护的发展逐步走上了依法实施的轨道;从政策保障层面,党中央及中央综治委先后多次以"意见"等形式下发了一系列政策性文件,尤其是宽严相济刑事政策的出台,有效地发挥了政策的保障力量;在制度保障层面,逐步建立健全了出狱人保护工作机构和由省到村(居)五级工作网络,同时建立了以安置就业和社会帮教为主要形式的出狱人保护制度,使出狱人社会保护工作逐步走上规范化的轨道。

但不容忽视的是,面对新的形势的发展,特别是社会管理创新的要求,我国的出狱人社会保护工作还有不少值得改进之处。在以下几个方面尤为突出:

一是出狱人社会保护立法滞后。我国至今还没有一部专门、系统的规范出狱人社会保护的法律,尽管监狱法等法律规定了涉及出狱人社会保护的个别条款,但也仅仅停留在原则性的规定。另外,关于出狱人安置帮教工作的有关内容只规定在部门规章中,法律层次较低,这使得出狱人的某些权利缺乏法律性保障,有关的保护措施难以落实。二是出狱人社会保护的社会化程度不够高。目前,我国出狱人社会保护还是以国家为主导,并大范围动员国家机构参与。自 20 世纪 80 年代以来,各地成立了由政府发动的动员其他国家机构充分参与的"安置帮教组织"(各地名称不一,有的叫"刑释人员帮助安置协调领导小组",有的叫"刑释解教人员安置帮教领导协调小组"等等)。从目前出狱人社会保护的工作机构看,工作机构归属不畅。以往出狱人社会保护工作多放在司法局基层工作处,现在一般放在社区矫正机构,多是代管,即使成立一个下属机构,往往人员配备专职不多。出狱人社会保护需要全社会齐抓共管,尤其是相关部门的配合,但现实工作中,却成了司法行政部门的事,相关成员单位也就是每年几次联席会议上见面谈谈,至于如何相互配合缺少落实。民间参与程度不高,真正中立的民间团体发挥的作用还不大。这种由国家来承担出狱人社

会保护的主要工作,使政府自身承受着巨大的社会压力。三是出狱人社会保护的内容不够全面。在当下,对出狱人社会保护的主要内容是安置帮教。所谓安置,出于"花钱买平安"的考虑,主要精力放在以政府为主导,调动社会各方面的力量,为出狱人提供帮助,解决其落户、就业、就学等问题,这一工作思路还是建立在计划经济体制的基础上。安置一词本身就体现了强烈的行政色彩,随着我国市场经济体制的逐步成熟,经济结构日益多元化,由政府出面的各种安置就业的途径大大减少。① 再就帮教而言,更多的是沿用"管控"的思路,强化监控、跟踪的职能,甚至将出狱人与社区服刑人员同等对待,有意无意地侵害了出狱人的合法权利特别是出狱人不受歧视的权利。在法律制度上的一项重要体现就是前科消灭制度,而这一点在我国出狱人社会保护工作中没有很好体现出来,即使在法律中也没有关于前科消灭的规定。四是出狱人社会保护的渠道还不够宽。如对于特困出狱人过渡性生活救助的渠道极为狭窄,出狱人家庭的作用发挥不够,推动公益宣传消除社会歧视的办法不多,给出狱人融入社会带来较大障碍。五是出狱人社会保护理论研究欠缺。西方国家对出狱人社会保护的研究已有二百多年历史,有深厚的理论基础,而我国在这个方面的理论研究却显得单薄。特别是在新形势下,从社会管理创新视角研究出狱人社会保护创新问题更少,更谈不上见到相对独立的、体现新形势下出狱人社会保护创新与发展特色的、较为完整的研究体系,对不少与实践密切相关的问题缺少有说服力的回答,这样势必会影响到出狱人的社会保护理论研究的深化和创新。同时,没有相应的理论指导,必然会不利于出狱人社会保护工作的健康发展。

## 四、新形势下出狱人社会保护的创新路径选择

从我国社会管理创新的视域出发,依据出狱人社会保护的创新理论基础,针对目前出狱人社会保护工作的现状特别是值得改进之处,笔者认为需要从以下几个方面来进行出狱人社会保护的创新路径选择。

---

① 参见阎文青:《论出狱人社会保护制度的完善》,载《犯罪研究》2007年第4期。

### （一）加快制定专门的出狱人社会保护法

从世界范围来看，英国于1862年就颁行了《出狱人保护法》，明确了对出狱人的督导和费用补贴，此举为多国采纳吸收并影响深远。随着对出狱人重新犯罪预防的关注，人权保护意念的日益高涨，激发了更加完备的立法在许多国家和地区的出现并壮大，如《重返社会法》（德国）、《犯罪者预防更生法》（日本）、《在监人重返社会法》（美国），我国台湾地区也有"更生保护法"。这都大大地推动了出狱人社会保护立法的发展。在我国，虽然监狱法等法律中含有关于出狱人保护的个别条款，但仅限于原则性规定，至今尚没有一部专门的、系统的规范出狱人社会保护的法律，所以有必要加快制定一部出狱人社会保护法，在法律中明确规定保护对象、保护机构、保护内容以及违反保护法应追究的责任，把出狱人社会保护工作全面纳入法制轨道，以立法形式推进出狱人社会保护事业的创新与发展。在出台出狱人保护立法方面，我国已有个别省制定了专门的地方性法规或规章。如广东省制定了《安置刑满释放人员和解除劳动教养人员的规定》，于1994年3月施行。浙江省制定了《归正人员安置帮教工作办法》，于2002年10月施行。在2006年3月全国召开两会期间，山西人大代表韩雅琴已提出制定出狱人保护法的议案。笔者建议由中央社会管理治安综合治理委员会或司法部牵头，由立法工作者、实务工作者以及专家组成"三结合"起草班子，在深入调研、广泛听取意见，进行比较研究的基础上，站在国家立法的高度，开展起草工作，力争使该法早日出台。

### （二）着力提升出狱人社会保护的社会化程度

出狱人社会保护的创新与发展无疑需要一个健全的组织体系。从领导层面，由综治委牵头，多部门参与的领导格局应进一步强化，并在实效上下功夫。日常工作的管理和协调还是放在各级司法行政机关为宜。笔者不主张放在社区矫正部门，因为社区矫正的对象毕竟还是社区服刑人员，而出狱人已经不是服刑人员，是恢复自由的公民，因此继续对他们实施矫正是不妥的。应该在司法行政机关设置专门工作机构，指导、协调出狱人社会保护工作。当然，出狱人社会保护作为一项社会性很强的工作，要遵循社会化管理的理念，既要发挥政府的主导作用，也要充分调动社会力量和整合社会资源参与出狱人社会保护工作。要改变传统的政府大包大揽的做法，善于运用社会资源，调动社会力量，发展社会组织，形成做好出狱人社会保护工作的合力。政府应更多地通过授权于民间社会保护力量或通过政府购买服务的形式让更多的社会力量参与出狱人社会保护事业，如可以发起建立"出狱人社会保护协会"一类社会组织或民间组织，广泛鼓励、吸收民间力量组织、参与这一工作，业务上接受司法行政机关的指导。民间组织由于没有权力色彩和强制因素，完全以仁爱互助之心参与出狱人保护，对于促进出狱人真正融入社会发挥着特殊的作用，同时也有助于弘扬宽厚、博爱的社会风气，推动社会管理创新，促进社会建设。在这一点上，可以借鉴国外的一些做法。如西方在出狱人保护方面，"为了避免刺激出狱者，不宜以国家名义从事保护，最合适的莫过于由社会团体来担当这一职责"。于是，各种保护大多是由社会机构实施的。① 从我国的发展来看，国家也已确定了转变政府职能的战略，"小政府、大服务"是时代的趋势，因此，依托社会组织，加大民间的参与力度也是大势所趋，因此要在着力提升出狱人社会保护的社会化程度上下功夫。

### （三）进一步更新出狱人社会保护的内容

目前，由于我国出狱人社会保护工作侧重于"安置"中的物质帮助和"帮教"中的行为管控，当然这些对于出狱人保护而言也是必要的。但是，今后还应进一步更新出狱人社会保护的内容，特别是要为出狱人顺利回归社会扫清资格障碍，使得每一个诚心悔过、重新做人的出狱人都有可能通过自身的努力，恢复一个正常公民应有的社会地位，与其他人一样被公平对待，不受到社会歧视；使得每一个诚心悔过、重新做人的出狱人都享有在遵守前科消灭制度的前提下，其已经接受完刑罚惩罚的同一犯罪行为不受两次处罚和再次提起的权利。这样的保护才是更为持久和更深层次的社会保护。在具体的制度构建上，建议在刑法中增设前科消灭制度。前科消灭制度是指当曾受过有罪或者被判刑罚的人具备法定条件时，注销其有罪宣告或者罪及刑记录的制度。前科消灭制度的发源地是法国，它产生于17世纪后半叶，是在君主赦免权的基础上发展起来的，通过国王的赦免行为，被处罚者在服刑和赔偿之后，可以从不名誉的污点中解脱出来。后来不少国家也作了相似的规定。如俄罗斯、英国、加拿大、瑞士、日本、韩国等国刑法典中，都对前科消灭有明确规定。就我国而言，刑法

---

① 参见耿光明：《罪犯处遇论》，中国市场出版社2009年版，第109页。

也应增设前科消灭制度，为消除社会对有前科者的歧视提供法律保障。① 根据出狱人在一定期间内遵纪守法的情况及其真诚悔过的态度，并以此为基础推定对出狱人前罪的刑法裁定在量上是足够的，是与其的人身危险性程度相适合的，由此推定出狱人已无社会危害性，无须用前科"标示"的方法警示其他公民对之加以防范，从而抹消其犯罪记录，恢复其正常公民应有的法律地位，使其以新的面貌融入社会，实现自我价值。此外，在出狱人社会保护方面，要加强对出狱人的生活指导、心理疏导，使其以良好的心态面对在新的生活中可能遇到的种种问题和挫折；创造条件为出狱人提供更多的职业培训机会和就业信息，使其能够尽快找到一份合适的工作以自食其力；积极支持出狱人再创业。目前，出狱人创业的很少，主要原因是难于获取贷款，政府部门或相关部门可认真审核出狱人的创业方案，确有可行性的可作出担保，协调银行向其发放小额创业贷款。在帮教上要尽可能柔性化，要与社区服刑人员区别对待，除了对于有暴力前科、极易重新犯罪的出狱人由公安机关列为重点人口抓好帮教管控之外，对于一般人员要以正面教育引导为主，特别是要搞好示范帮教，如可通过举办刑释人员"回报社会贡献星"事迹报告会等活动，用刑释人员回归社会，创业致富的典型人物和事迹，引导出狱人向好的榜样看齐，重新书写好今后的人生之路。

### （四）进一步拓展出狱人社会保护的渠道

如就拓展特困出狱人②过渡性生活救助③渠道而言，除政府救助外，还应注意拓展民间救助、社会救助和自我救助等渠道。尤其要在自我救助上动脑子、想办法。自我救助是指国家通过制定政策和加强服务，由出狱人通过自身努力实现的救助，而且可以避免产生依赖心理和不劳而获的思想。对于这一渠道的

---

① 参见冯卫国：《对完善我国出狱人保护制度的思考》，载《政法论丛》2003年第3期。
② 这里所说的特困出狱人，大致可以分为三类：一是无依无靠没有生活来源的，包括刑释后无家可回、无亲可投、无业可就的"三无人员"；二是因老弱病残等生理原因造成无劳动能力或劳动能力不强的；三是本人或家庭成员遭受意外灾害，生活一时困难，如不及时救助可能濒临生存绝境的。
③ 过渡性生活救助作为应对贫困的一种应急性举措，目的是帮助出狱人渡过难关，避免陷入生存困境，以致重新犯罪。

开拓①，一是可以通过实现罪犯的劳动报酬制度，在工资或绩效奖金结余中按一定比例提取建立"回归保障金制度"，在释放时一次性或分批发放。二是充分发挥过渡性安置基地的作用，使安置基地成为过渡期的临时安身之所，在其中学习和劳动，创造条件使其尽快融入社会。三是可以借鉴救灾工作中"以工代赈"和"生产自救"的做法，由有关组织和部门通过社区、乡镇安排有劳动能力的特困出狱人参加一些临时性的公共社会服务，实现自我救助。对其职能定位主要是为重点对象提供法制教育、就业指导、技能培训、心理辅导、临时救助等一整套服务。再如，就充分发挥家庭作用而言，亲情对出狱人顺利适应社会具有无可替代的重要作用，因此要在发挥家庭的保护作用上下功夫。对于有家可回的出狱人，要引导其家庭成员在为其提供帮扶、解决实际困难的同时，更要加强沟通，给予其尊重和信任，通过亲情的力量，使出狱人感受到家庭的温暖和亲人的期待，不愿再次走上犯罪的道路。另如，就推动公益宣传而言，需要采取多种办法大力推动公益宣传，使社会能包容、关怀出狱人。有关职能部门要发挥主导作用，一是可以通过公益广告等形式增进社会各界对出狱人社会保护工作的了解；二是加强与新闻媒体的联系，积极报道创业有成或做出贡献受表彰的出狱人，为出狱人群体在社会上树立正面形象；三是与政府相关部门商谈设立热线，供出狱人咨询相关法律政策和反映问题；四是通过新闻媒体及时报道确有重大困难的出狱人，设置社会热心人士慈善募捐通道，帮助出狱人解决无钱看病、子女入学困难等问题，使其感受到社会的关怀。

## （五）重视出狱人社会保护理论的创新

由前面谈到的出狱人社会保护现状中存在的问题可以看出，我国出狱人社会保护理论的研究与形势发展还很不足。因此，要加强出狱人社会保护理论研究，特别是要在出狱人社会保护理论的创新上做文章。出狱人社会保护作为一个系统工程，必须从法学、社会学、政治学、犯罪学、社会保障学等多个角度加以研究并融会贯通。出狱人社会保护理论的创新，即在出狱人社会保护实践活动中，对不断出现的新情况、新问题作出理性的分析和理论解答，对出狱人社会保护实践活动过程的本质、规律和发展变化的趋势作出新的揭示和预见，

---

① 关于这一渠道开拓的主要思路主要参见谢金虎等：《建立特困刑释解教人员过渡性生活救助制度相关问题研究》，载《监狱理论研究》2010年第2期。

对以往出狱人社会保护实践经验和现实实践经验作出新的理性升华。特别是在当下,要重视以下一些问题的研究,如出狱人社会保护创新与社会管理创新的关系;出狱人社会保护创新与发展对于维护社会和谐稳定的价值;获得社会保护是出狱人应有的权利还是政府的恩赐;国家为什么要立法保护出狱人;出狱人社会保护的工作体制、机制、内容、方法创新等问题,都需要从理论上给予回答。与此同时,要在汲取以往研究成果的基础上,立足于现实,以创新为导向,建构一个社会管理创新视域下出狱人社会保护创新与发展的研究体系,以丰富和完善出狱人的社会保护理论,同时有助于社会管理理论研究领域的进一步拓展。

(原载《河北法学》2012 年第 12 期)

第二篇

监狱教育改造

## 追求罪犯教育的灵魂感应

从罪犯教育的视角看,人们常说监狱干警是教育改造罪犯灵魂的工程师。既然罪犯教育是对于罪犯灵魂的教育改造,那它本身就意味着一个灵魂感应另一个灵魂,一个灵魂改变另一个灵魂。罪犯教育如果未能触及、感应到罪犯的灵魂,未能引起罪犯的灵魂深处的感应和改变,它就不能称为真正意义上的罪犯教育,监狱干警也就不能称为真正意义上的教育改造罪犯灵魂的工程师。

什么是人的灵魂?人的品质从某种意义上说就是人的灵魂。说一个人是高尚的,就是指他在灵魂即品质上具有别具一格的崇高认知、情感、意志、行为等。周国平在《灵魂的在场》一书中这样表述,日常生活是包罗万象的,生活的实质都取决于灵魂是否在场。① 感应,作为一个哲学范畴,是说明不同的物质的相辅相成、交互作用、辩证运动的过程,是宇宙物质运动的普遍规律。罪犯教育的"灵魂感应"就是在监狱干警的主导下以及在服刑罪犯的主动配合下,双方认知上产生的共振、情感上达到的共鸣,从而使罪犯获得高峰体验,促使其行为的改变,达到最佳的教育境界。因此,做有灵魂的罪犯教育,也必须要灵魂即品质在场,罪犯教育的本质就是有灵魂。监狱干警作为罪犯教育的主导者,就要将自己的灵魂融入罪犯的灵魂中去,以灵魂感应灵魂,以更好地促使罪犯灵魂的改造与转化。

罪犯教育的灵魂感应,有以下几个特征:一是传导性。监狱干警给罪犯传输有益信息,而且得到了对方的积极的反馈信息,达到相互交汇。二是贴近性。监狱干警与罪犯之间的心灵、情感、认识贴近,内心世界的关注点、兴奋点能够紧紧地贴在一起。三是共鸣性。当监狱干警与罪犯在灵魂感应的互动中,通过监狱干警对罪犯心弦的拨动,引发罪犯情感上的共鸣,进而达到与监狱干警

---

① 转引自王开东:《教育:谈何容易》,北京师范大学出版社2011年版,第210页。

心灵间的契合。四是升华性。在和谐共振的最佳感受中，罪犯认识、情感、意志、行为产生升华，从而促其灵魂的改变，形成新的人格。

很多时候，我们的不少监狱干警只是声色俱厉地告诉罪犯，必须要这样做，不能那样做，但罪犯灵魂并不在场，这些道理和他们没有什么关系，教育并没有在其灵魂中留下什么痕迹，因此就很难谈得上灵魂感应，也更谈不上教育改造质量的提升。所以，罪犯教育必须追求灵魂感应，介入罪犯的改造生活，让他们灵魂颤动，让他们产生灵魂冲突，让他们的灵魂真正产生涅槃和蜕变，成为对社会有益的守法公民。

有人或许认为，罪犯毕竟不同于一般的公民，他们的灵魂受到污染，是有不良品质的人。罪犯教育要使得罪犯灵魂得到感应，是不是监狱干警的一厢情愿？应该看到，罪犯确实有这样或那样的问题，对他们的教育有相当大的难度。但他们以往所受的正面教育不可能不在身上留下一点痕迹，他们也有一定的自尊心及希望得到帮助和改造好的愿望，并有一定的正当兴趣、爱好和能力。监狱干警只要善于发现这些闪光点，就可以引发他们的回应，从而产生灵魂感应，逐步将其朝好的方面转化。

如何追求罪犯教育的灵魂感应，笔者以为，应主要凸显爱的感应、激发信仰感应、发挥美的感应。

## 一、凸显爱的感应

追求罪犯教育的灵魂感应，最关键的莫过于凸显爱的感应。通常我们认为爱是一种世俗之爱，是一种最原始本能的爱，是本能的自我之爱。它的基础是利害关系，即对我有利者爱，对我不利者不爱，对我有害者恨；另一种爱是文明程度很高的爱，它的根据是社会正义和道德善恶，即对义者爱，对不义者不爱，对大不义者恨；对善者爱，对小恶者不爱，对大恶者恨。但让我们看到的还有一种爱，它爱人如己，不仅爱义人也爱不义人，不仅爱善人也爱恶人。特别是后者，爱不义人、爱恶人包括爱罪犯。这在一般人是很难理解的。而已故的余虹教授在《有一种爱我们还陌生》一文中对其有很好的解释。这种爱作为"一种化恨为爱的爱不是一种与社会正义冲突的爱，不是一种不要社会正义的爱，而是一种在正义的要求与实施中将爱贯彻到底的爱。一个有圣爱情怀的人也会主张惩罚凶手，因为一个人必须为自己的罪行承担责任。这是社会正义的基本要求。但他不会怀着对罪犯的仇恨来实施这种惩罚，而是在惩罚中有一种巨大的悲伤和怜悯，他会因一个生命被罪行所毁而痛惜，他会为罪人的不幸堕落而伤心。这种爱对己是一种悲剧性的告诫，因为自己也可能犯罪；对罪犯是一种同情式的惋惜，它会撼动罪犯内心那顽固的恨。与之相反，如果我们把惩罚罪犯的正义要求变成对他的深仇大恨，把对罪犯的惩罚变成一种泄恨的方式，恨就不仅会中断我们对自己可能犯罪的警醒，还会强化我们由正义要求而滋生的恨。至于对罪犯，这种恨会让他更为凄凉地走上不归路，并与自己的恨纠缠不清。"① 余虹教授所揭示的这种爱是一种建立在基督教文化基础上的爱，是一种与恨分离的爱。耶稣说："爱你们的敌人并为那些迫害你们的人祷告。——天父的光既照好人也照坏人；天父的雨既给义人也给不义的人。"②"我告诉你们，一个罪人悔改，在天上也要这样为他欢喜，较比为九十九个不用悔改的义人，欢喜更大。"③ 耶稣一生的讲道和践行都在向人们启示这种无条件、无分别、化恨为爱的爱。这种爱经过两千多年的基督信仰传播，已成为西方文明中最有价值的一部分。就宗教而言，有它引导人们摆脱现世生活的消极一面，但它作为一种文化，也有不少宝贵的精神资源。"我们应当深入到宗教概念中去寻找似乎已经消失和隐匿在其中的道德实体"④，揭示出人们至今仍以宗教形式再现的道德力量。从而使罪犯教育特别是"心灵救赎""灵魂感应"从宗教的神秘色彩中走出，真正成为我们推崇和实践的实体和过程。

与人类形形色色的爱相比，监狱干警的爱应是一种更高层次的无私、高尚、圣洁的爱，它在对罪犯的灵魂感应中有着巨大的作用。它直接影响到监狱各项改造活动的开展，关系到罪犯的改过自新。监狱干警对罪犯的爱主要包括：其一，真心实意地关心每个罪犯的进步，特别是关心罪犯心灵世界的改变情况。其二，要把对罪犯的关爱倾注在罪犯改造的各个方面，不仅注意帮助他们学知识、掌握技能，还要关心他们的劳动、生活以及家庭中遇到的问题等。其三，积极地影响和塑造他们回归社会后适应社会的能力，使他们以一种良好的精神状态和重新获得的技能迎接新的生活，重新走向社会。监狱干警的爱的感应，

---

① 转引自〔新加坡〕慧汝：《为了生命的尊严——有一种爱，让我们不再陌生》，中央编译出版社2011年版，第94页。
② 《圣经·马太福音》。
③ 《圣经·新约·路加福音》。
④ 涂尔干：《道德教育论》（导言），载张人杰主编：《国外教育社会学基本文选》，华东师范大学出版社1989年版，第393—394页。

# 守望与超越
## 变革时代下监狱理论与实践探析

作为一种刺激同时作为一个强化场，通过示范的形式，在与罪犯的接触和交往中，会对罪犯产生重要影响并逐渐被其所模仿和认同，也会使其从仇恨中解放出来，用爱的心态对待他人与社会。

监狱干警对罪犯的爱固然很重要，但仅此还是不够的。罪犯从社会中来，最终还要回到社会中去。因此，公众的舆论导向和全社会爱的氛围的营造也十分重要。在这一方面，国外的有些事例或许对我们能有所启发。1991年，一名刚刚获得美国爱荷华大学物理博士学位的中国留学生卢刚，开枪射杀了三位教授、一位副校长和一位同样来自北京的中国留学生林华。惨案发生后，当地的许多人对中国留学生产生了排斥心理。然而，就在副校长安·柯莱瑞女士遇难之后的第三天，她的家人发表了一封给卢刚家人的信。在这封信中，没有悲愤的指责，有的是对亲人的爱以及由此而扩及的对凶手家人的爱。他们向凶手的家属伸出了温暖的双手。此后，一项以"安·柯莱瑞"命名的奖学金在爱荷华大学建立了起来，前后三名获奖者都是来自中国的留学生。[①] 无独有偶，1997年，一个韩国留学生赵承熙在美国弗吉尼亚理工大学开枪打死32人，凶手本人也饮弹自尽。但美国人在悼念活动中连凶手一起悼念，安放在校园中心广场草坪上半圆的石灰岩悼念碑有33块。赵承熙的悼念碑旁边也放着鲜花和蜡烛。[②] 这两个事件给人以重要的启示是，一个充满爱的社会环境有多么重要。爱的环境所孕育出的爱的力量，是何等的宽广和美丽，不仅化解了仇恨，而且将人间惨剧转化为爱的故事并升华为令人刻骨铭心的回忆。它也昭示：所有人，都是我们这个社会的一分子，哪怕是罪犯，也不是社会的另类。在一个文明社会，我们每一个人都有责任和义务给予别人起码的尊重，甚至对那些走向危险边缘的人和已经在监狱服刑的人给予必要的援手。如果让"失意、失败的群体"包括罪犯面对一个充满冷漠和敌意的世界，以敌意对待敌意，以仇恨对待仇恨，只会进一步导致他们做出漠视他人和社会的毁灭性的行为，可见创造一个充满关爱的社会何等重要。监狱及干警作为教育改造罪犯的主导者，可以用自己的正能量去呼唤、激发全社会对罪犯伸出关爱的手，"大墙内外齐联手"，用爱的暖流给予罪犯以灵魂感应，促使其走上新的彼岸。

---

① 参见余杰：《爱的教育》，载《南方周末》2004年1月15日。
② 转引自〔新加坡〕慧汝：《为了生命的尊严——有一种爱，让我们不再陌生》，中央编译出版社2011年版，第89—90页。

## 二、激发信仰感应

追求罪犯教育的灵魂感应,另一个关键点就是激发信仰感应。就是要点亮罪犯心中的信仰之光。人之所以为人,之所以把自己与其他动物区别开来,就是因为人有意识、有思想、有信仰。信仰是指人们对某种事物或思想、主义极度推崇和信服并把它奉为自己的精神寄托和行为准则,即不完美者对于完美境界的永远憧憬和追求,是人类特有的一种精神活动。如果深究什么是信仰,从伦理学的角度看,信仰从本质上说是个体将伦理客观精神转化为个体的内在情感和需求,作为自己真实的本质而深信不疑的追求。它包括对客观精神神圣性的崇敬感和敬畏感,以及坚持向其无限趋近的道德意志。① 正是在这种情感和意志的激励下,个体不断地提升自己,以最终获得自由和解放。这种回归的最高境界是复归于"一",即中国儒家文化的"天人合一""参天地之化育"的圣人、道家的"真人"、佛教的"佛"、基督教的"上帝"等理想境界与理想人格。只有执着的道德情感,才能够始终如一地进行道德修炼和自我完善。② 信仰最早是宗教文化的因素,源自于宗教文化对意义世界的彼岸化设定。对此康德有所揭示,他将人类所欲达到的最高境界即至善移植到彼岸,设定上帝为绝对完满的存在者,人类只是一种有限的理性存在者,个体无法通过自身的道德反省来实现无限的超越和自由,唯一获得拯救和解放的途径是对超验的上帝或其他超越性的绝对精神的绝对信任。也犹如唐君毅所言:"西方人之祈祷忏悔以接神恩,必先自认力不能脱罪。乃以放弃自己,为入德之门。"③ 之后,信仰的范围开始扩大,至今至少包括三种类型:人生信仰、政治信仰、宗教信仰。④ 信仰是个体的精神家园,人有了信仰,就有了人生明亮而充实的终极关怀,就有了抵御外界侵扰的防线,就有了始终不渝、自我完善的灵魂追求,否则就是行尸走肉。在罪犯教育中,激发信仰感十分重要,许多罪犯之所以走入歧途,是因为没有正确的信仰,而他们中不少人的转变,也是得益于信仰感应之功。信仰感应使其罪恶的灵魂得到拯救。最近看了台湾地区作者吕代豪写的《收刀入鞘》

---

① 参见许敏:《道德教育的人文本性》,中国社会科学出版社2008年版,第255页。
② 同上书,第255—256页。
③ 转引自黄克剑编:《唐君毅集》,群言出版社1993年版,第359页。
④ 参见傅佩荣:《哲学与人生》,东方出版中心2006年版,第240页。

一书，深有感触。这本书讲述了他自己从沉沦到救赎的真实经历。在这本由马英九倾情作序的自传里，描述了吕代豪传奇的人生。吕代豪的人生是从负面起步的，从19岁到26岁，先后多次入狱，累计达7年之久。而一位大学生用500多封信，以信仰、包容、温暖及不放弃的关爱，使他脱胎换骨，从一个流氓凶犯，曾经亡命江湖的黑社会杀手，蜕变为一个正在激励并祝福无数人的爱心天使。[1] 走向新生的吕代豪，致力于社会服务及公益事业，传播仁爱，助人向善，足迹遍及60多个国家和地区，荣获台湾地区"杰出青年奖"。吕代豪转变更生的事迹引起了巨大反响，凤凰卫视中文台、CCTV-4"缘分"、《南方人物周刊》等知名媒体也纷纷对他的事迹作了专题报道。吕代豪的转变最为关键的力量一个是爱，另一个就是信仰，正是由于这两个正量让他脱胎换骨成为对社会有益的人。由于各国和地区社会、文化环境不同，人们追求信仰的方式也大相径庭。促使吕代豪转变的力量是源自于宗教信仰，是《圣经》给他带来了心灵的变革。而从大陆的实际情况出发，我们并不主张让罪犯去信仰宗教。但对宗教信仰促使他的改变这一点来说对在罪犯教育中激发信仰感应还是有启示的。毋庸讳言，过去我们倡导的多是政治信仰，是指某种政治的理想，如追求共产主义理想等。应该说，这种信仰对于社会上的先进分子共产党人来说是需要强调并要求做到的，但在社会主义初级阶段，对于一般公民就没有必要强求，对罪犯更是如此。如果让所有人都必须去服膺这种理想就显得过于脱离实际，往往会事与愿违。对于罪犯，对他们的信仰应主要定位于人生信仰。例如，对法律的信仰，若无法律信仰，守法便不可能深入罪犯灵魂。正如美国法学家伯尔曼所言，"法律必须被信仰，否则形同虚设"。再如，人生的追求要统一于自爱与爱他人，即对己追求自我更新，对他人要热心相帮。一个好的信仰，可以助推罪犯鼓足勇气度过眼前的刑期，并且将来会伴随他书写出新的绚丽的人生篇章。

## 三、发挥美的感应

追求罪犯教育的灵魂感应，还有一个关键点就是要发挥美的感应，引发罪犯艺术地对待生活。罪犯由一个自由人成为阶下囚，对他们来讲是进入到了一

---

[1] 参见吕代豪：《收刀入鞘——一个沉沦与救赎的真实故事》，远方出版社2007年版，内容简介。

幕幕人间的悲惨的戏剧中担任主角。在悲剧面前,尼采的态度是,要用生命本身的力量来战胜生命的痛苦,在与命运抗争时,会在痛苦中感到生命的欢乐,抗争痛苦产生的快乐是生命本体的快乐。尼采要求人们将人生的痛苦当作一种审美现象进行关照,也就是说要正视它、迎战它。迎战的方法是艺术地对待生活,艺术可以使苦难在人们心中化解为多姿多彩的幸福。

罪犯入狱服刑,会陷入一种无望、悲观的心境中,这就需要监狱干警挽救这样的心灵,给这样的心灵点起一盏灯,撷来一缕阳光,鼓起他们生活的勇气,激励他们从沉沦中奋起,努力改变眼前的不利处境。要引导他们认识到,判刑入狱这种不幸是谁也不愿意看到的,但已经发生了,关键是引发罪犯具有对待不幸或悲剧的态度,要学会坚强,磨炼意志,砥砺人生,走向新生。经过努力,度过困难和危机,就会使罪犯感到生活格外美好和特别有意义。从某种意义上讲,不幸也往往是与罪犯人生的新起点紧紧联系在一起的,不幸和危机就像"乌云","乌云"过后天空一片晴朗。对罪犯当下的服刑处境,监狱干警所要做的就是启发和引导罪犯认识入狱服刑这一不幸的另一种意义,培养他们面对这一处境的勇气和克服困难的顽强的意志品质,从而帮助他们战胜不幸和危机,从无望、悲观的心境中解放出来,走向新生。

罪犯入狱服刑,如何度过看似悲惨的漫长刑期?从积极的视角看,就是要引导他们把服刑作为一种特有的审美现象进行观照,这其实也就是要赋予罪犯艺术地对待生活的眼光。法国艺术大师罗丹说过:"美是到处都有的。对于我们的眼睛不是缺少美,而是缺少发现。"[1] 如果有了艺术地对待生活的眼光,那么就可以像丰子恺说的那样,"我们所见的世界,就处处美丽,我们的生活就处处滋润了。一茶一饭,我们都能尝到其真味;一草一木,我们都能领略其真趣;一举一动,我们都能感到温暖的人生的情味"[2]。一位学者曾对两种人的生活态度决定下的劳动方式作了形象的比喻,他描绘了两幅图画:一幅是唉声叹气而又满脸愁容的挤奶妇,在她身上除了劳作的艰苦和单调外似乎还会闻到馊臭味;另一幅是用手在舞蹈的挤奶女人,透过她看到的是蓝天、绿草,闻得到花香,听得见鸟语,感受得到盎然生机。还有这样一个故事:两个罪犯因为同样的罪名被关进了同一所监狱。其中一个人整天郁郁寡欢,愁眉苦脸,感觉自己像是

---

[1] 转引自乔燕冰编著:《走进美学》,中国社会科学出版社 2010 年版,第 174—175 页。
[2] 俞玉姿、张援编:《中国近现代美育论文选》,上海教育出版社 2011 年版,第 172 页。

进了地狱,一辈子都毁了,没有前途了。所以,他对监狱管理人员的劝说和鼓励一点也听不进去,也不配合工作,最后连监狱管理人员也不愿搭理他,致使他的情绪越来越差。另一个人性格开朗,感觉到这里也是对自己的一个锻炼,于是,他在监狱里积极表现,努力配合监狱管理人员的工作,刑期也因为他积极的表现而几度缩短。两个人同时望向铁窗,一个人看到了铁窗上的泥土、监狱里狭小的空间以及自己渺茫的前途;另一个人却看到了铁窗外的灿烂星空,遵循着监狱中朋友们的教诲和告诫,并且憧憬着即将回归自由的美好未来。最后的结果是,看到泥土者则因为思路被高墙阻断,看不到未来的希望,由于心理压力过大而得了抑郁症,被送往医院接受治疗;看到灿烂星空者终因表现积极、态度良好而提前释放,这就是对待生活的态度造成的。因此,监狱及干警要追求罪犯教育的灵魂感应,就要培育罪犯的艺术地对待生活的眼光,特别是学会艺术地对待当下的监狱改造生活。使罪犯能够透过高墙电网的表象,把监狱看作是心灵救赎的殿堂,是弃恶从善的圣地,是重新铸魂的熔炉,这样他们对于监狱及干警为他们所做的一切就不再是一种抵触、仇视或恐惧、无奈的心态,而是以积极的、主动的心态去回应。他们所感触到的教育,是把其从黑暗引向光明的灯烛;他们所感触到的监管,是消除其不良行为习惯的利器;他们所感触到的劳动,是洗刷心灵污垢的消毒剂。监狱干警的教诲、亲人的嘱托、社会的期待,都会在心中产生浓浓暖意。这种优良的德性与诗意情怀驻扎心间,不但不会因回归社会后而变质,反而会越发丰富和美好,以充盈的精神、辛勤的劳动去开辟新的人生道路。犹如德国哲学诗人荷尔德林所言,"人充满劳绩,但仍诗意地栖居在这片大地上"①。

(原载《安徽监狱》2015 年第 4 期)

---

① 转引自冯建军:《生命与教育》,教育科学出版社 2004 年版,第 369 页。

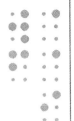

# 论罪犯底线教育

近年来，一方面我国在经济上迅速崛起，有许多令世人称羡的增长，另一方面文化建设的"软实力"则存在不少问题。其中，"底线"二字频频出现在公众视野，有论者指出"中华民族到了最缺德的时候"①，还有论者指出"中国社会已经到了必须深刻反思的'底线时分'"②。这些说法可能有些偏激，但也反映了全社会较大范围的失范以至底线失守的现象。而当下放眼望去，触目所见，在社会上冲破底线的人和事屡屡发生，一些为官者不是为民尽责，而是进行权钱交易；一些经商者不能恪守商家正道，而是不择手段获取钱财，甚至罔顾、戕害百姓身体乃至生命；一些财务人员不能坚守财务规则，而是欺上瞒下，制作假账；一些医务工作者缺少对生命的敬畏，收拿红包、推销商品不遗余力，医疗事故频频发生……引起社会广泛关注，其中人们议论较多的就是上述这些人底线的缺失。而监狱服刑罪犯，正是冲破道德、规则乃至法律底线而走上犯罪道路的集中体现者。因此，如何在新的社会历史条件下加强对罪犯的底线教育，成为罪犯教育面临的一个新课题和一项艰巨任务。

## 一、底线、底线教育及罪犯底线教育的内涵

人们在日常的工作、学习和生活中，常常会接触到底线这个词。例如，居民生活不能低于贫困线，绿灯不亮不能过斑马线，道德所不能突破的底线，法律所不能践踏的底线，等等。上述底线，虽然具体形态和标准不尽相同，但它们有一个共性，即都是主体依据自身利益、情感、道义、法律所设定的不可跨

---

① 黄行福：《克尽责任》，福建教育出版社 2013 年版，出版说明。
② 晓德：《中国社会的"底线时分"》，载《党支部工作》2011 年第 6 期。

越的临界线、临界点或临界域；一旦跨越了，主体的态度、立场和决策就会发生质的变化：从可以接受变成不可以接受。① 换句话说，底线是不可逾越的红线、高压线、限制范围、约束框架。底线一旦突破，就会出现行为主体无法接受的坏结果，甚至导致彻底失败。②

人是社会中的人，一个人生活在社会中，一方面可以自由、快乐成长，享受幸福；另一方面要受各种责任所牵制。人的自由到了一定阶段就与责任发生联系，在责任里找到它的限制③，并对应设定的底线。这也可以说是做人做事的最低标准。而底线教育是公民教育的一部分，不同的人所面对的困境千差万别，底线教育的使命就是让人作出适应自己实际情况又符合社会基本要求的底线选择。④ 在日常生活中，人们在有意无意中都为自己设定了做人的底线。例如，有人爱财，却不贪不义之财，这不贪不义之财就是他的底线；有人爱占小便宜，但不明抢暗偷，这不明抢暗偷就是他的底线。作为一个自然人，每个人都有权为自己设置做人底线，谁都不应干涉；但是作为一个有社会身份的人，谁也回避不了社会身份设定的道德、规则和法律要求。⑤ 一个人可以有欲望，但不能置社会与他人利益于不顾，一味追求物欲、情欲、攻击欲等本能欲望的放纵，去冲击人生的底线。而人生的底线也是高压线，一触便成千古恨。⑥ 底线教育就是要使得人们在面对困境时具有底线意识，能够坚守住做人做事的起码准则。

不可否认，人在社会生活中面临许多需要抉择的事情，有自己的自由选择权。问题是，怎样真正理解"自由"的意义？毫无疑问，自由是选择的自由，而不是不选择的自由，但无论如何，不可能实现绝对自由。人是不能飞翔的，如果一个人要获得绝对自由，选择从摩天大楼上跳下来，也就绝对没有了自由。要真正实现飞翔的目的，必定要借助于机械，利用空气的浮力，才能达到。而这恰恰证明了这样的真理：自由的实现，必须要遵循客观规律，需要一定的条件。自由不仅需要条件，也存在边界，一个人越过边界的绝对自由，就意味着

---

① 参见张国祚：《谈谈"底线思维"》，载《求是》2013年第19期。
② 同上。
③ 参见黄闽、于爱荣主编：《静思箴言》，法律出版社2010年版，第178页。
④ 据《中国青年报》王旭明文，《生活文摘报》2011年4月5日第9版转载。
⑤ 参见黄闽、于爱荣主编：《静思箴言》，法律出版社2010年版，第46页。
⑥ 同上书，第171页。

对无数人的"绝对伤害";所有人的"绝对自由",则意味着"所有人对所有人的战争"。这绝非人类所崇尚的自由价值的本义。[①] 任何自由都有边界,这个边界就是道德、规则、法律等。自由的边界也可以说是自由的底线,没有边界的自由,最终会引导人们走向困顿与悬崖,那种信马由缰、率性而为的所谓自由,本身就是自私价值的放大,是对秩序与集体生活的践踏。在一个国家、社会中,每一个人的自由,都必须在边界内行使,才能最终享受自由。反之,越过边界,冲破底线,就意味着对社会和他人的伤害,在现实中根本行不通,只会走入误区,跌入深渊。服刑罪犯也正是这样一些冲出自由边界、冲破人生的底线特别是法律底线的高压线而受到法律制裁的罪有应得之人。

就罪犯的教育改造而言,其思想行为底线就是法律、道德规范和监规纪律所要求的底线。如司法部颁布的《监狱服刑人员行为规范》中的基本规范、生活规范、学习规范、劳动规范、文明礼貌规范就是罪犯在服刑期间必须接受的行为准则,也是罪犯在监狱服刑期间应守住的起码底线。底线意识与侥幸意识格格不入。底线没有侥幸,心存侥幸最容易攻破底线。人可能有一次、两次侥幸,但不可能次次侥幸,但不少罪犯正是把侥幸"常态化",在一次次的"诱惑"中一次次地"下不为例",最终在心存侥幸中"事发",将自己送入监狱。而有些人在监狱服刑期间仍然缺少底线意识,在行为上能混则混,能滑则滑,试图通过走所谓"捷径"来达到自己的目的,甚至公开抗拒改造,如打架斗殴、欺压同犯、腐蚀干警、试图脱逃等等。因此,对于罪犯要警钟长鸣,经常性地教育其视法律、道德规范和监规纪律为底线,不断强化对罪犯的底线教育。对罪犯的底线教育,说到底就是要通过有关法律、道德规范和监规纪律的要求进行灌注、引导,使之具有底线意识和产生应有的行为,认真接受改造,向守法公民的目标努力。底线价值虽然不是较高价值,但对于多数罪犯来说能够守住底线就不错了,因此底线教育是罪犯教育改造的必由之路和不可或缺的教育内容。

## 二、罪犯底线教育提出的社会历史背景和现实必要性

### (一) 罪犯底线教育提出的社会历史背景

当下,我国正处在社会的全面转型时期,其基本内容是,传统的高度集中

---

[①] 参见钟新文:《打击违法无碍言论自由》,载《人民日报》2013年9月4日。

的计划经济向社会主义市场经济的转变,这是社会转型的中心内容,随之而来的还有传统农业社会向现代工业社会的转变、封闭社会向开放社会的转变、伦理社会向法治社会的转变等等。而社会的全面转型势必给人们思想行为带来巨大变化。如在计划经济向市场经济转变过程中,市场经济本身的"双刃剑",既能激发人们的主体意识、竞争观念和效率意识,同时又会引发一些人的拜金主义、享乐主义和投机心理的泛滥;在由传统农业社会向现代工业社会的转变过程中,传统社会形成的小农意识和工业社会的现代意识产生矛盾冲撞,由经济结构变化形成的不同利益关系日益复杂,人们的"相对剥夺感"、焦虑心理、社会误解等消极心态集中产生并以各种形式表现出来;在由封闭社会向开放社会转变的过程中,旧有的观念和生活方式受到冲击,眼花缭乱的外部世界使人心浮气躁,在效率意识猛增的同时,诚实守信、恪尽职责的优良传统有所削弱,在享受外来先进科技的同时,西方腐朽的思想观念和生活方式也侵蚀着不少人;在由伦理社会向法治社会的转变过程中,伦理社会中由宗法思想支配的人情网、关系网,与法治社会要求的"法律面前人人平等"产生剧烈碰撞,以人治代替法治,以人情支配法律,用世俗关系取代法律的现象在有些范围内还较为普遍。[①] 而这一切,又使得被违法犯罪者利用的制度漏洞增多,无视规则、藐视规则的情况增多,社会诚信低下,敬畏意识缺乏,为了一己私利冲破底线的增多。犯罪人往往是社会转型时期各种社会消极因素的集中体现者,从大量的犯罪案例中不难看到,罪犯之所以走上犯罪道路,在很大程度上是在社会转型期,在纷繁复杂的社会环境面前,在物欲、情欲、攻击欲等畸形欲望的煎熬中陷入困境,抵制不住形形色色的诱惑,以至于触犯道德、规则、法律等社会基本要求的底线进而受到法律制裁,锒铛入狱。如果说在这种社会历史背景下全社会不同阶层成员都需要进行不同层次、内容的底线教育补课,罪犯作为全体公民的特殊群体尤其不能忽略,亟须补上底线教育这一课。

## (二) 罪犯底线教育提出的罪犯狱中现实思想行为表现依据

罪犯尽管因犯罪受到刑罚制裁从社会进入监狱,但不少人入狱进入服刑阶段,社会转型时期产生的各种消极思想行为仍然会在他们身上以不同的程度、

---

[①] 参见孟晓燕、陈好彬:《我国社会转型时期罪犯的思想行为特点》,载《中国监狱学刊》1998 年第 5 期。

不同的形式表现出来，而这也正是监狱在实施教育改造工作中需要重点关注的问题。

由于受先前所处环境、自身经历和犯罪思想基础的影响，罪犯在服刑期间仍然表现出诸多冲破监狱底线要求的思想行为。据有些同志的调查显示，一是罪犯在思想上，认罪思想客观归罪者多，把犯罪原因推向他人与社会。在改造意识上，淡漠者多，主要表现为对改造认识的表面化和罪犯角色意识的淡化；在政治观点上，有偏见者多，表现在政治立场上，带有明显的反社会意识；在价值观念上，倾斜者多，把人与人之间的一切关系都看成金钱关系，只强调个人需要与利益的满足，置社会与他人的利益于不顾；在前途观念上，认识偏颇者多，或者悲观绝望，或者幻想早点出去走捷径发大财，放开地吃喝玩乐。二是罪犯在行为上，在劳动、学习、消费、人际关系等方面都不同程度地表现出消极特征，如劳动行为的虚伪性、选择性、交易性；学习行为短视性；消费行为的享乐性；人际关系的功利性；反改造行为的严重性。特别是一些改造难度大的顽危犯，在其消极思想转化为反改造行为时，往往带有隐蔽性、突发性和残忍性，造成严重的后果。① 从罪犯在监狱的现实思想和行为表现来看，为了改造他们，为了使之将来出狱后不再重蹈覆辙，底线教育对于他们来说更有其现实针对性。对罪犯来说，尤其是改造初期，所要解决的不是要他们有多高的觉悟，做到先人后己、乐于奉献，而是要守住底线，不要再做害人害己的违规或犯罪勾当。在这种情况下，决定了监狱教育罪犯的内容和方法不能脱离罪犯的实际，其中，在教育内容上就不宜一下子对罪犯进行高于其思想实际的教育，而底线教育则是其必须夯实的基础性教育。如果一个罪犯连底线都守不住，其他教育也都如同建立在沙滩上的建筑，一推就倒。

## （三）罪犯底线教育的提出是对以往罪犯教育改造弊端的反思和改进

罪犯教育改造特别是思想教育是我国监狱教育改造的传统，在我国的罪犯教育改造中占据主导地位。而在过去较长一段时间，在当时的历史背景下，我

---

① 参见孟晓燕、陈好彬：《我国社会转型时期罪犯的思想行为特点》，载《中国监狱学刊》1998年第5期。

国的罪犯教育形成了"高目标、一元化和泛政治化的观点和特点"①，也许在当时有其一定的合理性，但在新的历史条件下则必须适应新时期罪犯的特点。进入新时期后，我国的犯罪率呈上升趋势，从犯罪性质看，财产型犯罪占极大的比例，进入大城市的外省籍农民犯罪占极大的比重；罪犯的文化程度普遍低下。从犯罪个体原因分析，追求物质享受、见财忘义、法律观念淡薄，以及道德品质低下的犯罪者占绝大多数。因此，沿用以往的套路显然是缺乏针对性和有效性的。而在监狱学理论研究领域，"高目标、一元化和泛政治化的观点和特点"在很大程度上依然占主导地位。如时任司法部领导主编的被视为中国监狱学会权威版本的《监狱学总论》，依然把建设有中国特色社会主义理论的教育、党的基本路线教育、社会主义市场经济常识教育、社会发展简史教育、中国近代史教育、辩证唯物主义常识教育作为对罪犯进行政治常识教育的主要内容。② 这样的要求给人的感觉还是太高，是否能达到预期的效果值得怀疑。而从社会主义初级阶段的实际出发，面对监狱服刑罪犯的实际情况，应着重对大多数罪犯进行"底线"的道德、法律、监规等教育，目标应当低于对社会上广大群众的教育目标，在监狱服刑期间，起码能够做到遵守《监狱服刑人员行为规范》，将来刑满释放回归社会后，成为遵纪守法、自食其力的公民。

反观当下监狱教育改造的实际，有太多的拔高现象，如罪犯的改造不光是要做到在监狱服刑期间遵纪守法、学习认真、积极劳动，争当改造积极分子，争取立功受奖，而且刑满释放后不仅不再犯罪，而且成为有地位、有很多财富的人。这是不切合实际的。就多数人而言，在狱内当不了改造积极分子，也立不了功，得不到奖怎么办？对于他们来说，只要遵守监规，按监狱规定做好该做的事就不错了。罪犯刑释后不可能都有地位，有很多财富，但只要是一个守法特别是遵守刑法的公民，在一个适合自己生存的环境中，自食其力地生活，就是罪犯教育改造的成功，也是他本人的成功。人可以不崇高，但不能无耻；

---

① 陈士涵在《论新时期罪犯的世界观改造》一文中，将新中国成立以来长期的罪犯教育中形成的重要观念和基本特点概括为"高目标"，即把罪犯改造纳入无产阶级改造世界、走向共产主义时代的进程中；"一元化"，以无产阶级的世界观（即马克思主义）来改造罪犯，使罪犯形成马克思主义的世界观；"泛政治化"，在罪犯世界观的改造中，把一切问题都归为思想政治教育，习惯于从政治高度来认识道德问题、行为问题等。该文收入乔野生主编：《论上海监狱工作》第三集，学林出版社2004年版，第242—243页。

② 参见金鉴主编：《监狱学总论》，法律出版社1997年版，第509页。

人可以不当先进，但不可以违法犯罪。不崇高可以慢慢转化，逐步追求，不当先进可以慢慢争取，即使没有也无所谓。但无耻、违法犯罪则是越过底线，是十分可怕的。作为在监狱关押的服刑人员，绝大多数就是在内心善恶美丑的搏斗过程中，在畸形欲望与法纪、规则和道德的两难选择中，越过了最后的底线。如果这些人过去在社会上多接受一些底线教育，也许就避免了犯罪的发生。尽管是亡羊补牢，但监狱里底线教育亦是不可或缺的。监狱干警可以引导、鼓励罪犯积极表现，争取减刑假释，但最重要的是告诉他们不能违反监规，甚至翻墙越狱，再入歧途。如果连这一基本原则都守不住，一切都无从谈起。

### （四）罪犯底线教育是监管改造工作开展的重要前提和增强罪犯教育实效性的重要基础

在监狱教育改造过程中，罪犯底线教育是监管改造工作开展的重要前提和增强罪犯教育实效性的重要基础。首先，罪犯底线教育是监管改造工作开展的重要前提。在管理学中有一种"木桶原理"，说的是由多个木块构成的木桶，决定其盛水量多少的关键因素不是最长的木块，而是最短的木块。一件事能不能干成，往往不是取决于它有利的一面，而是取决于它不利的一面。只有高效地化消极因素为积极因素，化负面为正面，才能把事干成。而罪犯底线教育是监管改造工作开展的重要前提，它通过底线教育用监规、监纪规范每一个罪犯的思想和行为，这样才能强化罪犯的遵纪守法意识，养成良好的行为习惯，建立良好的监管改造秩序。其次，通过底线教育为罪犯教育取得成效打下扎实的基础。底线教育的一个鲜明特点，在于其着眼于防范，积极把握风险，最终实现预期的目标，取得满意的效果。如果罪犯连最起码的服刑人员行为规范都不能遵循，何谈从旧我到新我的转化？因此，罪犯底线教育在罪犯教育改造中是不可缺少的重要内容，是增强罪犯教育实效性的重要基础。

## 三、通过提高罪犯底线教育实效性增强罪犯教育改造实效性的思考

罪犯教育改造的实效性需要建立在罪犯底线教育实效性的基础上，只有夯实罪犯底线教育的基础，才能更好地增强整个罪犯教育改造的实效性，更好地凸显"改造人"这个宗旨。那么，如何提高罪犯底线教育实效，并不是轻而易

举的事情,需要多管齐下。笔者以为,至少要做到"四个结合"。

一是远近结合,把握教育改造罪犯的目标。监狱法明确规定,监狱要把罪犯改造成为守法公民。罪犯教育改造不仅要有长远目标,而且要有近期目标。如果说长远目标是将罪犯改造成为守法公民,近期目标则应从罪犯的实际出发,将底线教育作为一个重要的起步和组成部分,并通过近期目标的持续滚动来实现长远目标,使二者有机地结合起来。这就要求对罪犯进行教育改造时,要注意防止两种倾向:一种是急功近利倾向。制定罪犯教育目标,不顾罪犯改造实际,人为拔高,忽视教育改造的起点和层次。另一种是在底线教育上踏步不前,仅满足于底线。应该看到,当有些罪犯达到底线时还可以引导他们向中线、上线努力。否则,底线教育将缺乏动力,也不会持久。如仅停留在"利己不损人、逐利不违法"的底线层面,不加以升华,在不良诱惑面前,还可能出现损人利己、为逐利而铤而走险的行为。

二是破立结合,找准罪犯底线教育的基点。对罪犯的底线教育,也是一个由旧到新的转化过程。这一转化过程,实质上就是打破原有的冲破底线的犯罪意识结构,重塑新的底线意识的过程,也就是破与立的过程。所谓"破",就是要通过批评、惩戒,通过说案论法、被害人控诉等形式,使罪犯由衷地感到罪孽深重、罪责难容、罪债难偿,从而心灵受到震撼,良心受到谴责,进而摧毁其原有的无视底线的动力定型;所谓"立",就是要通过启发、引导,通过自我忏悔、换位思考等形式使罪犯接受新的法律、道德、纪律的底线要求,使其思想行为符合底线要求。在立的过程中,特别突出以法律己,违法必究的教育,使罪犯明白"头上三尺有法规","法网恢恢,疏而不漏",要时时事事遵守法律规范,自觉抵制各种犯罪诱因,守住守法底线。而一旦放任自己甚至冲破法律底线,即使一时得逞,也终究难逃法律的追究,以致再次入狱受惩。在立的过程中,关键是要把底线转化为罪犯心中的敬畏。所谓敬畏,简单地说,就是既敬重又畏惧。这是人类对待事物的一种态度,它囊括了"敬"与"畏"的双重情感内涵:"敬"是恭敬、敬重、彬彬有礼;"畏"是指惧怕、畏怯、战战兢兢。中国语境中的"敬畏"常和"道德典范"联系在一起。翻开中国古籍,从"君子以恐惧修省"到"凡善怕者,必身有所正,言有所规,行有所至,偶有逾矩,亦不出大格",不难发现,"敬畏"是中华伦理道德的精髓,是做人之基,成事之道。在这里,"敬"体现的是一种人生态度、一种价值追求,是对事物人格化的一种尊重;"畏"是一种行为的警示界限,是一种对自身言行的自律,是一种对萌生不轨行为的自我约束。总之,"敬畏"是内在精神境界的价值追求和自然外化。① 一个人心存敬畏,就会有所顾忌,就不会越过底线。而之所以有不少人走上犯罪道路,在某种程度上是缺乏敬畏,显得"肆无忌惮"。罪犯底线教育,最后要落脚到敬畏心的生成,能够敬畏生命,敬畏律令规则,从而从内心守住自己的底线,并在此基础上朝着中线、上线的标准努力。

三是奖罚结合,强化罪犯底线教育的运行机制。对罪犯的底线教育的开展,有其内在的运行机制,为了强化其运行机制,就要在奖罚结合上做文章。各种道德、规则、法律的制定是重要的,而要落到实处,更重要的是让那些遵守道德、规则和法律的罪犯得到好处,让那些不遵守的罪犯受到惩罚,要让底线"带电",对于敢于挑战底线的罪犯露头就打,迎头痛击,这样才有助于增强罪犯的底线意识。当然,无论是奖还是罚,都要依法办理,公平公正,渗透教育,奖要奖到点子上、罚要罚在要害处,以促使底线意识在罪犯思想中扎根,在行为上有好的体现。

四是服从和选择结合,着力于教会罪犯自我选择。罪犯在监狱服刑,要促使其改过自新、弃恶从善,无疑需要强有力的制度作为保障。当代英国著名经济学家和哲学家哈耶克曾说:"一切道德体系都在教诲人们行善,……但问题在于如何做到这一点。光有良好的愿望是不够的。"② 遵规守德以及守法并不是人的固有天性,光靠个体的自我约束是难以落实到位的,还需要制度的保障,对于监狱服刑罪犯更是如此,要能够守住底线,必须建立健全一套严格的监管制度体系包括有各项监规纪律作后盾,并强制使之服从。与此同时,还要注重在变他律为自律上下功夫,注重教会罪犯自我选择。因为,将来罪犯刑满释放回归社会后,面临纷繁复杂的社会环境,面对新的诱惑,如何作出选择,别人代替不了,关键还要靠自己。因此,对罪犯进行底线教育就是要教会罪犯能够正确选择。其中,最为关键的是要使他们树立选择意识,强化自主意识,学会正视所遇到的矛盾和冲突,善于鉴别是非善恶,明白犯罪与惩罚之间的因果关系,从而作出正确的选择。另外,要培养正确的选择行为。如选择不能用情感代替理性,不能无视自由的边界,不能把法律当儿戏等等。

---

① 参见袁卫星:《心存敬畏》,福建教育出版社2013年版,第4—5页。
② 转引自张世保、唐大华:《呼唤公德》,福建教育出版社2013年版,第106页。

# 试论培育青少年罪犯的公民意识

近年来,"怎样做好公民"已成为社会的热门话题,自监狱法颁布以来,把罪犯改造成为守法公民成为监狱工作的根本目标,社会和监狱工作实践都提出了培育罪犯特别是青少年罪犯公民意识的课题,但从学理的角度很少有人提出和讨论,本文试就此作一初步探讨,以起抛砖引玉之效。

## 一、培育青少年罪犯公民意识的必要性

在探讨培育青少年罪犯公民意识的必要性之前有必要先了解什么是公民意识。而要了解公民意识必须先了解什么是公民。所谓公民,是一个政治、法律概念,只有在现代民主政治和法律制度下,现代意义的公民才可能产生。从历史上看,公民(citizen)这一概念最早源于古希腊城邦国家,其原意就是"市民"。随着人类社会的发展,这一概念在法律、政治、伦理等学科中被赋予了不同的特定内涵。目前,人们对"公民"的概念已经基本认同这样一个基本规定,即通常指具有一国国籍的自然人,根据《辞海》的解释:"公民通常指具有一个国家的国籍,并根据宪法和法律的规定,享有权利和义务的人。"从以上定义可知,公民主要是法律意义和政治意义上的概念。而所谓公民意识是社会意识形态的形式之一,它是一定国度的公民,关于自身权利、义务和自我意识和自我认同的总称。[①] 青少年罪犯的公民意识,也可以说是在监狱、未成年犯管教所(以下统称"监狱")[②] 服刑的青少年罪犯关于自身权利、义务以及自我意识和自我认同的总称。青少年罪犯既是公民,又不同于一般公民,是监狱服刑人员。

---

① 参见姜涌:《中国的"公民意识"问题思考》,载《山东大学学报(哲学社会版)》2001年第4期。
② 根据我国《监狱法》的规定,未成年犯管教所属于监狱的一个特殊种类。

青少年罪犯作为公民，就意味着青少年罪犯是国家公民的一个不可分割的组成部分，因此也应具有一般的公民意识。但是，青少年罪犯毕竟又是犯了罪的公民，是特殊公民，受到国家刑事法律的制裁，因而依法与国家形成了新的刑事法律关系。因此，构成青少年罪犯法律地位与一般公民法律地位的差异，是法律地位受到某种限制的公民，如人身自由权被依法剥夺，与外界的通信、邮汇、接见等活动实行监督、检查，服刑改造义务的履行具有更大的强制性等。① 因此，要求青少年罪犯又应具有其特有的公民意识，即适应服刑改造的特有的公民意识。青少年罪犯的公民意识是一般与特殊的有机结合，从服刑的角度看，应注重培育在服刑期间应具有的公民意识，从青少年罪犯将来回归社会的角度看，又要注重培育青少年罪犯将来回归社会后达到社会上一般公民应具有的公民意识。就当下看，培育青少年罪犯的公民意识更有其必要性，可以从以下三个方面探析：

（1）培育青少年罪犯的公民意识是维护正常监管改造秩序的重要一环。监管改造秩序是监狱开展各项工作的基本前提和保证，而良好的监管改造秩序又有赖于青少年罪犯的良好的公民意识作保障。青少年罪犯之所以犯罪，原因固然是多方面的，但公民意识淡薄是重要因素之一。犯罪行为是反社会、触犯了刑律的行为，而犯罪行为的实施者大多公民意识淡薄，缺乏起码的社会责任感，漠视公民义务，无视社会秩序，为人自私狭隘，行事多从一己私利出发，很少顾及他人，进而引发犯罪行为。青少年罪犯被判刑入狱后，因其公民意识的淡薄，特别是义务意识淡薄，致使有些人过度维权而很少考虑应尽的义务，甚至进一步挑战监狱执法权威，对监管改造秩序带来消极乃至破坏性的影响。因此，必须在培育青少年罪犯的公民意识上下功夫，使青少年罪犯形成正确的公民意识，学会正确认识自己，学会尊重他人，依法正确行使权利和忠实履行义务，遵守社会生活所必须遵守的秩序。在当下，更要促使青少年罪犯忠实履行在服刑期间应尽的义务，并演化为自觉维护监管改造秩序的义务感和责任感，这样就十分有助于正常监管改造秩序的形成和维护。

（2）培育青少年罪犯的公民意识是青少年罪犯成为守法公民的关键和根本。如前所述，公民意识淡薄是导致犯罪的重要原因，因此，要在监狱改造过程中使青少年罪犯成为守法公民，必须从培养正确的公民意识入手。公民意识是青

---

① 参见鲁加伦主编：《中国罪犯人权研究》，法律出版社1998年版，第73—74页。

少年罪犯意识结构中的关键因素，它制约、调节着青少年罪犯在服刑改造期间的发展方向，在青少年罪犯意识活动中起到总开关、总闸门的控制作用，正确的公民意识，是青少年罪犯成为守法公民的关键和根本。这样，他们在刑满释放回归社会后，才能赶上一般正常公民所具有的公民意识水平，不再重蹈覆辙，并适应不断发展的社会需要。另外，从监狱改造的过程来看，是一种双向的互动过程，仅有监狱及干警一方的努力，没有青少年罪犯积极的参与，没有青少年罪犯的积极反馈，也就无所谓改造。在改造过程中，青少年罪犯总是在对监狱及干警的各项改造措施作出能动的反映，或者积极响应，或者徘徊观望，或者消极对抗。监狱要使青少年罪犯成为守法公民，就要在培育青少年罪犯的公民意识上做文章，使青少年罪犯意识到自己的公民身份，特别是现有的公民身份和将来要达到的公民身份，并以公民身份要求自己，不断提升自己，这样才有助于与监狱及干警产生良性的互动，收到良好的改造效果。

（3）培育青少年罪犯的公民意识是提升全社会公民意识的一个组成部分。公民是公共生活中人的身份，是社会人角色的展开。① 一个秩序良好的现代公民社会，不仅需要一个结构正义、合理的制度安排，而且需要公民意识。其中，作为现代公民社会发育与生成的基本条件，公民意识是解读公民社会合法性与价值合理性的深层判据，它植根于公民社会的制度存在，孕生于精神价值。国内外学者研究表明，发展中国家的现代化首先是人的现代化②。而所谓"人的现代化"，不仅体现为较高的受教育程度和掌握现代科学文化知识，更重要的是现代观念、现代精神、现代公民意识的培育与生成。公民意识在其本质上集中反映了公民社会的基本要求。现代社会政治、经济、文化生活呼唤公民意识。现代社会应该是一个政治民主、经济发达、文化繁荣的社会，当然也是高度有序、和谐稳定的文明社会。而社会能否达到这种标准，在很大程度上取决于全社会公民的素质特别是公民意识的提升或培育程度，人的行为是受其意识支配的，每个人的公民行为是受其公民意识指导的。因此，更需要以全社会公民意识为人文背景。而青少年罪犯作为全社会公民的一个组成部分，对他们更有加强其公民意识教育、培养、提高的必要，如果忽略了这一特殊群体的公民意识

---

① 参见姚俭建：《慈善理念与现代公民人格的塑造》，载上海慈善基金会、上海慈善事业发展研究中心编：《慈善理念与社会责任》，上海社会科学院出版社 2008 年版，第 183 页。

② 同上。

的培育，就很难说是提升了全社会公民意识。

## 二、培育青少年罪犯公民意识的主要内容

青少年罪犯公民意识培育的主要内容应当以权利和义务为基础，以合法性为底线，以提升人的主体性为方向，具体地说，可以归纳为以下几个方面：

### (一) 培育青少年罪犯的权利和义务意识

青少年罪犯虽然在监狱服刑，接受惩罚与改造，但他们仍有一定的权利与义务。青少年罪犯公民意识的培育就是要注重青少年罪犯权利和义务意识的培育。就权利与义务而言，是相互依存的，没有无权利的义务，也没有无义务的权利。正如有论者指出："在我们国家，不允许有只享受权利、不尽义务的人，也不应有只尽义务、没有权利的人。"[①] 而公民意识则是公民权利意识与公民义务意识的统一。青少年罪犯在监狱服刑期间，虽然在权利享受上受到限制和不完整，但仍享有许多法定权利。我国《监狱法》第7条第1款明确规定："罪犯的人格不受侮辱，其人身安全、合法财产和辩护、申诉、控告、检举以及其他未被依法剥夺或者限制的权利不受侵犯。"由此可见，青少年罪犯作为罪犯的特殊群体既享有一定的基本权利，如生命权、身体健康权、人格不受侮辱权等，也享有特殊的法律权利，如由于被追究刑事责任而处于刑事法律关系之中所产生的申诉权、辩护权、控告权等，还享有一些受到一定限制和调节的权利，如有权与亲友通信，但其通信内容要受监管工作人员的检查，通信的范围、内容要受到一定的限制等。与青少年罪犯权利相对应，青少年罪犯义务是与特定的青少年罪犯相联系的特定义务，这种特定义务是由于青少年罪犯实施了犯罪行为，必须承担相应的法律责任，接受国家刑罚制裁而必然产生的后果。我国《监狱法》对罪犯义务也作了明确规定。《监狱法》第7条第2款规定："罪犯必须严格遵守法律、法规和监规纪律，服从管理，接受教育，参加劳动。"这一规定对于青少年罪犯同样适用。

不少青少年罪犯既无权利意识也无义务观念，特别是有些青少年罪犯只要

---

① 胡康生：《学习宪法，忠于宪法，维护宪法权威》，载《人民日报》2009年3月3日第3版。

权利不尽义务。有些青少年罪犯是有意为之,而有相当一部分是出于无知。只要权利不尽义务成为不少青少年罪犯的主导思想倾向,甚至有的人过度维权,影响到正常的监管改造秩序。因此,在当前强调青少年罪犯义务意识更是当务之急。与此同时也要看到,在当下,应由青少年罪犯享有的写进监狱法的权利兑现情况不容乐观,如超时劳动问题还大量存在,青少年罪犯往往只有服从的义务,如据理力争很可能被盖上"不服从管教"的大帽子。这种行刑状况显然不利于培育青少年罪犯正确权利义务意识。因此,作为监狱及干警,一方面要改善青少年罪犯权利保障缺位的现象,另一方面要引导青少年罪犯正确争取实现自己法定的权利,当法定权利受到非法侵犯时,有权请求国家保护和救济。

总之,公民的权利和义务意识是社会生活常态运作的基轴,青少年罪犯的犯罪往往是正确权利与义务意识缺失的伴生现象。如果青少年罪犯经过服刑改造后的权利义务意识没有回到正确的轨道,那么,监狱改造即难言成功,青少年罪犯回归社会后的重新犯罪风险不会减少,反而会增大。① 因此,监狱应正视青少年罪犯权利义务意识的培育。

## (二) 培育青少年罪犯的守法意识

在公民社会中,法权高于一切,政治的权威、经济的权威、人格的权威等都置于法权之下。公民守法,是现代法治社会的普遍要求,也是我国建立法治国家的基本要求。② 就监狱行刑而言,法治突出的是要求青少年罪犯以特殊公民主体的身份去理解、感悟、内化国家的法律、法规,从而形成守法意识。守法包括了对国家法律、法规的正确评价与态度,它不仅使青少年罪犯懂得法律的概念,而且要懂得怎样在自己的日常活动中增加法律意识,增强法制观念,遵守各种法规,养成守法习惯。不仅不能重犯曾经犯过的罪行,也不能再犯其他方面的罪行。③ 守法意识对于一般公民来说是底线,对于青少年罪犯来说则是基本要求。

---

① 参见黄薇、陈庆:《监狱行刑之文化解构》,载《上海警苑》2011 年第 11 期。
② 参见张文显主编:《法理学》,高等教育出版社、北京大学出版社 2007 年 (第三版),第 240 页。
③ 参见步先永:《提高改造质量必须理顺思想》,载《劳改劳教理论研究》1986 年第 6 期。

### (三) 培育青少年罪犯的主体意识

主体意识是个人对自我主观能动性的认识。青少年罪犯公民意识培育的一个重要目标是要培养青少年罪犯的主体意识。要在改造活动中突出青少年罪犯的主体地位，积极创造条件引导青少年罪犯积极参加改造实践，实现青少年罪犯由"要我改造"向"我要改造"的转变。从青少年罪犯所应有的公民意识所包括的守法意识和主体意识二者的关系来看，就青少年罪犯的强制性而言，守法意识最强，主体意识最弱。法律对公民包括青少年罪犯的行为方式具有严格的规范和制裁作用，它所形成的守法意识对青少年罪犯的主体意识的形成也具有一定导向作用。而主体意识正因为强制性弱，具有自知、自择、自律等特点，更能够使青少年罪犯从心理、行为价值等方面自觉守法，成为一个合格的公民，以更好地重新选择自己的理想生活方式。

## 三、培育青少年罪犯公民意识的路径

由上可见，培育青少年罪犯公民意识既有其必要性，又有其丰富的内容，那么如何培育，依笔者之见，着重提出以下几条路径：

（1）通过加强教育培育青少年罪犯的公民意识。可以从以下几个方面着手：一是可以专门开设"公民"课程。即为公民意识教育设置专门的课程，它可以使学习内容更加系统集中，实施起来难度不大，且能让青少年罪犯有一定的课时保证接受公民意识教育。这在目前的"5+1+1"的教育改造模式下是有条件做到的。二是将公民意识教育整合渗透到监狱教育改造青少年罪犯的整体课程之中，公民意识教育涉及的知识范围较为广泛，非一门课程所能容纳，因此可将公民意识教育渗透到相关课程的教学之中去（如法制教育、政治教育、道德教育等），从不同的方面引导青少年罪犯去探讨和培养公民的权利、责任和义务意识。三是在教育过程中，注重联系青少年罪犯的思想实际，引导其用"好公民"的标准对照自己，深挖犯罪原因，深剖犯罪危害，积极认罪服法，朝守法公民的标准看齐。

（2）立足当前，着眼未来。如前所述，青少年罪犯公民意识是一般与特殊的有机结合，因此，在青少年罪犯的公民意识的培育过程中，要兼顾立足当前与着眼未来两个方面,不仅要适应当下青少年罪犯监管改造的需要,而且要考虑青少年罪犯回归社会后的发展。因此,就立足当前而言,要强调青少年罪犯公民意识培育特殊性的一面,如强调青少年罪犯对《监狱服刑人员行为规范》的遵守,使青少年罪犯在服刑期间能够正确处理好行使权利和履行义务的关系,积极改造。就着眼未来而言,要强调青少年罪犯公民意识培育一般性的一面,使青少年罪犯形成一般公民所应具有的公民意识,其中包括一般公民所应遵循的道德和法律的基本规范,如《公民道德建设实施纲要》倡导的"爱国守法、明礼诚信、团结友爱、勤俭自强、敬业奉献"二十个字的公民道德基本规范,以回归社会后顺利适应公民社会的发展需要。这样才能体现青少年罪犯公民意识培育的完整性和系统性。

(3)培育青少年罪犯的公民意识要常抓不懈。人的意识的形成,有赖于长时间的稳定、有序的刺激影响,而人的意识特别是青少年罪犯公民意识的培育,更需要做十分耐心、细致、长期的工作,常抓不懈。青少年罪犯公民意识的培育要注重积累性,要善于通过量的积累达到质的飞跃,要肯付出水滴石穿的功夫;要注重循序性,不能操之过急,不能急功近利,应从大处着眼,小处着手,既要有总目标,又要有阶段性,通过一步一个脚印,最终达到预期目的。

(4)重视培育监狱干警自身的公民意识。这是培育青少年罪犯公民意识的一个重要思想条件。如前所述,改造青少年罪犯的过程是一种双向的互动过程。而在这一过程中,监狱干警是代表国家对青少年罪犯执行刑罚,实施教育改造的专门人员,这决定了监狱干警必须起到主导作用。而要使这种主导作用真正得以充分发挥,从培育青少年罪犯公民意识的角度来看,只有监狱干警具有良好的公民意识才能带动青少年罪犯形成良好的公民意识。因此,必须花大力气强化监狱干警自身的公民意识培育,着力提高监狱干警自身的公民意识水平。要使监狱干警深刻认识到,作为公民,就要充分认识到自己是国家的主人,有依法行刑的权利和守法的义务。自己法定的权利要积极争取实现,要理直气壮地去维护。自己应尽的义务,必须自觉地、切实全面地履行,不得借故逃避和推诿。如果由于自己不履行义务而使国家、社会和他人的权益受到损害,就要承担法律责任。① 监狱干警只有树立了正确的公民意识,并不断强化它,才能为培育青少年罪犯公民意识创造一个重要的思想条件,也才能担当起培育青少年罪犯公民意识的神圣职责,不断提高青少年罪犯公民意识的培育质量。

(原载《当代青年研究》2012 年第 6 期)

---

① 参见贾远法:《略论强化劳改工作干警的法律意识》,载《劳改劳教理论研究》1987 年第 6 期。

# 积极心理学与罪犯教育改造

近年来，监狱系统从上到下都提出要强化改造人这一"宗旨意识"，特别是强调把教育改造罪犯作为监狱工作的中心任务。但是，笔者在与干警交谈过程中，总是听到他们诉说罪犯教育改造难度大，有些罪犯甚至无法改造，监狱能够执行好刑罚，保证不出事就谢天谢地了。说到底，这是缺少一种对罪犯教育改造的积极信念，如果这个问题不解决，不管什么形式都无济于事，无法在罪犯教育改造上取得好的成效。为了解决罪犯教育改造中的积极信念问题以及方式方法的改进，有必要运用积极心理学的研究成果在提高罪犯教育改造质量上有一个新的突破。

## 一、积极心理学的主要观点和对罪犯教育改造所提供的依据

积极心理学是20世纪末在美国心理学界兴起的一个心理学运动。什么是积极心理学？谢尔顿和劳拉·金把它定义为"是致力于研究人的发展潜力和美德的一门科学"①。这个定义突出了积极心理学的本质特点。积极心理学的产生和发展与马丁·塞里格曼是分不开的。他通过组织会议、发表论文，确定了积极心理学研究的三大主要内容，即一是积极的主观体验（幸福、愉快、感激等）；二是积极的个人特质（个性力量、兴趣、价值等）；三是积极的机构（家庭、社区、社会等）。②

第二次世界大战以来，心理学主要致力于人类问题的解决与补救，其潜在

---

① 任俊：《积极心理学》，上海教育出版社2006年版，第3页。
② 参见〔美〕克里斯托弗·彼得森：《积极心理学》，徐红译，群众出版社2010年版，第13页。

的观念将人类的本质嵌套进了疾病的模式。积极心理学的提出是向深入人心的心理疾病模式展开挑战。它呼吁心理学不仅要关心疾病,也要关注人的力量;不仅要修复损坏的地方,也要努力构筑生命中美好的东西;不仅要致力于治疗抑郁痛苦的创伤,也要致力于帮助健康的人实现人生的价值。① 积极心理学注重研究人类积极的品质,倡导用积极的心态对人的心理现象作出正面的、积极的解读,从而挖掘人本身具有的潜在能力,并利用这些积极品质来帮助人主动寻找良好的生活状态。积极心理学采用更加科学的方法帮助人们树立自信、坚定信念、激发个体潜能,使人们学会感知幸福,因此更易于为人们所接受。

积极心理学顺应了历史发展的潮流,在短短几年时间里,就从美国迅速扩展到了欧洲诸国和日本、加拿大、澳大利亚等国,成为世界性的心理学运动。它的一些主要观点已经渗透到教育学、管理学、社会学等其他学科领域,产生了重要的影响。

就罪犯教育改造而言,长期以来,不少干警习惯于高压、训斥,但效果不好甚至适得其反。在新形势下,要突破罪犯教育改造特别是顽危犯转化的瓶颈,提升针对性和有效性,监狱干警必须开阔视野,更新观念,改变方法,其中对积极心理学原理与方法的借鉴就是一个重要方面。鉴于积极心理学着眼于开发人性优点,强调生命价值,积极看待人性,不仅改变了心理学研究的范式,也广泛地影响了相关领域包括监狱教育改造罪犯的理论与实践,因此,我们觉得,它也对罪犯教育改造提供了重要依据。

(1) 变换问题视角,发挥建设功能。二战以前,心理学同时肩负三个重要使命:治愈心理疾病、鉴别和培养天才、使所有的人生活幸福美好。然而,经过二战的严重创伤,心理学的整体功能偏狭至仅关心治愈心理疾病,损伤的心灵、病态的人格、消极的人性成为心理学的研究主题。而积极心理学的兴起,不仅改变了心理学的研究主题,而且促进了心理学整体功能的恢复。特别是强调人类生活目标的"美好幸福",注重心理"建设",对于监狱的罪犯教育改造工作很有启示。以往监狱改造工作着眼于"破"得多,"立"得少,消极防范多,积极干预少,使监狱教育改造总是处于一种守势,效果也不令人满意。积极心理学对我们的最大启示就在于,在监狱教育改造中,我们要发挥强大的建

---

① 参见〔美〕克里斯托弗·彼得森:《积极心理学》,徐红译,群众出版社2010年版,第2—3页。

设功能，这样才能够从根本上使罪犯心理康复，走稳、走好今后的人生之路。

（2）人性假设积极，坚信人的潜能。以往精神分析、行为主义等20世纪心理学的主流学派，对于人性大都持悲观消极的假设，即否认人的主体性、主动性和积极性，将人喻为动物或机器。认为人的心理和行为的基本属性是消极被动的，要么受本能驱使，要么由环境决定。而积极心理学对这种悲观的人性假设提出了质疑，并通过研究指出人类本身具有与生俱来的禀赋与特质，它们是人类延续、社会进步、自我完善的积极力量。积极心理学特别强调，"不管处于什么状态，只要是一个人，就必然存在着积极力量，我们只要开启他的心扉来唤醒他积极的力量和品质，就可以制止他的疯狂和错乱，就可以让他学会理智和善良……。"[①] 这一点，对监狱教育改造尤其有启发借鉴意义。一提到监狱罪犯，一般人脑海里就会不由自主地浮现出或目露凶光，或愁眉苦脸，或不苟言笑，或抑郁寡欢。其实，也不尽如此。美国著名成功学之父卡内基有一次参观一所监狱，对狱中囚犯看起来和世人一般快乐的样子感到惊讶。监狱长罗兹告诉他，囚犯入监后经过一段时间适应都能认命地服刑，尽可能快乐地生活。有一位干花匠活的囚犯在狱内一边种着蔬菜、花草，还一边哼着歌。他哼的歌词的大意是："事实已经注定，事实已沿着一定的路线前进，痛苦、悲伤并不能改变既定的情势，不能删减其中任何一段情节，当然，泪水也无济于事，它无法让你创造奇迹。那么，让我们停止流无用的泪吧。既然谁也无力使时光倒流，不如抬头往前看。"[②] 这种乐观的心态就充满了积极的元素。在我国监狱，同样无论在学习、劳动和娱乐场所，罪犯脸上大都洋溢着乐观的精神状态。其实不光是在外表，不少罪犯在人格特质上也展示出了利他、感恩、自尊、诚实的一面，而这些宝贵的积极能源也是罪犯之所以能够形成积极心理的宝贵种子，也是运用积极心理学教育改造罪犯的重要依据。正因为罪犯身上蕴含着积极向上的能源，监狱及干警就可以发现、唤醒这些积极能源，并加以扩展、壮大，最终使其成为一个具有积极心理的具备良好品质的新人。

（3）倡导积极关注，防止消极关注。在西方，一方面心理学界以及相关机构对心理问题高度关注，心理治疗条件也在不断改善，但另一方面令人费解的是，心理疾病、心理障碍的发生率却越来越高，行为失范的人越来越多，这除

---

① 任俊：《积极心理学》，上海教育出版社2006年版，第35页。
② 转引自英子：《放下——陪你一生的幸福锦囊》，摘自网络。

了有其他社会原因外,也说明传统心理学模式难以取得预期的社会效应。积极心理学从积极认识人性入手,修正了传统心理学"关注问题"的研究视角,重新确立了积极有效的操作策略。积极心理学认为每个人包括罪犯都是多种品质构成的复杂体,这些品质有的积极、有的消极,可以划分为两大类:积极品质如勤奋、善良、聪慧等;消极品质如懒惰、邪恶、愚笨等。如果积极品质被关注,传达的是接纳欣赏的信息,让人愉快兴奋,如果消极品质被关注,传达的是排斥否定的信息,让人紧张焦虑,长此以往,前者会逐渐开朗自信,后者会逐渐变得退缩自卑。人的成长是内在积极品质与消极品质不断斗争,你进我退,此消彼长的艰辛过程,只有积极关注才能成为人超越自我的巨大动力。这一点对于罪犯教育改造同样是适用的。监狱干警以一种积极的心态去看罪犯或用一种消极的心态去看罪犯,所产生的效果是不一样的。假如一个干警认为顽危犯根本就是抗拒改造,藐视干警,不堪改造,那么,这个强烈的观念本身就会变成一个决定因素,并且导致该观点在脑子里固化。一旦认为顽危犯是不可改造的,并且顽固地坚持这一观点,那么,自然就无须在他们身上花气力,出了问题往往一罚了之。顽危犯由于得不到监狱干警积极的关注和热情的相帮,自然会表现出对抗。这种对抗反过来又被当作顽危犯不堪改造的证据,陷入恶性循环。而如果以一种积极的心态去看待顽危犯,就会产生积极的效果,随着时间的推移,就可以使顽石点头,铁树开花。

## 二、积极心理学对罪犯教育改造的作用

### (一) 有助于牢固树立罪犯是可以改造的信念

长期以来,社会上一般人常见的思维定式就是一提到罪犯,就和"坏人""恶人""人渣"相提并论,就连从事专职监狱教育改造工作的干警也免不了把罪犯作为"另类",对罪犯的情况掌握和分析,大都围绕问题、风险、抗改度展开。应该说对罪犯要提高警惕是完全必要的,因为由于被判刑、剥夺人身自由,自然会有一定的抵触、抗拒情绪甚至演化为一定的行为。而从教育人、改造人的视角出发,应该在严格管理、确保监狱安全稳定的前提下,挖掘他们人性中善的一面,致力于积极因素的培养。而我们不少干警恰恰是从对人性持消极定向的视角来看待罪犯,更多地把精力放到了严防死守。有了这种视角,看到的

总是罪犯的问题和不足,偏见就是这样产生的。而这种偏见是会传染的,你看他不顺眼,他就会在你眼前越来越不顺眼。并可能进一步导致罪犯丧失自信、自暴自弃、破罐破摔。而通过运用积极心理学的原理教育改造罪犯,它能给无望的心灵带来希望,给卑微的灵魂带来自信,把罪犯真正引领出罪恶泥沼,踏上光明的彼岸。这样的实效就可以给我们的工作带来成就感,有助于牢固树立罪犯特别是顽危犯是可以改造的信念。

### (二)有助于点燃罪犯心中的希望之火

美国电影《肖申克的救赎》中一段精彩的对白生动地道出了希望的力量。"希望是关不住、锁不牢的,是有翅膀的鸟,是流动的空气,是息息尚存的呼吸,是永远无法遏制的,是任何黑暗无法染指的,有了希望就有了一切。有了希望一切皆有可能。"它说明了希望的神奇。每个人包括罪犯都不能没有希望,那么,希望是什么?积极心理学的希望理论认为,希望是"个人对自己有能力达到目标的有效途径的认知和信念(路径思维)和个人对自己能激发沿着既定目标前进的必要动机的认知和信念(动力思维)"[①],是目标、动力思维和路径思维的有机结合。其中,对个体有价值的目标是希望的出发点,在目标追寻的过程中,动力思维和路径思维是相互加强的,动力思维提供目标追寻的心理能量,路径思维寻找实现目标的合适方法。对于希望的获得,三者缺一不可。从一定意义上说,罪犯教育改造的过程就是不断点燃罪犯希望之火的过程。而通过积极心理学原理和方法在教育改造中的运用,可以更好地给罪犯灌注希望,树立目标,加强动力思维和路径思维来提高其走向彼岸的希望水平,从而促其更好地发生转变。

### (三)有助于改变单纯关注问题的缺憾,着力于罪犯积极心理的养成

以往的监狱教育改造,过多地关注罪犯自私、暴力、冷漠、焦虑、愤怒、抑郁等缺陷或问题的矫正或治疗,也就是着力在消除罪犯身上的消极因素上下功夫,着力于单纯的防范。而忽视了罪犯内在积极力量诸如爱、心理耐挫力、

---

① 转引自柳礼泉、肖冬梅:《积极·希望·快乐·幸福——积极心理学对大学生思想政治教育的启示》,载《学术论坛》2009年第7期。

自信心、社会适应力等方面的挖掘及培育。积极心理学的研究表明，在每一个人的内心深处都存在着两股抗争的力量，一股力量是消极的，它代表压抑、侵犯、恐惧、生气、悲伤、自卑、贪婪、恨、妄自尊大、自私等；另一股力量是积极的，它代表喜悦、希望、责任、快乐、爱、宽容、宁静、友谊、同情心等。这两种力量都可以相互战胜，关键是看个体自身到底是给哪一股力量不断注入新的能量，在给哪一股力量创造适宜的生存环境。① 就罪犯而言，在内心深处也同样存在积极和消极抗争的力量。罪犯内心深处蕴含着向善的潜能。这一方面，早在 20 世纪 80 年代罗大华等人编著的《犯罪心理学》等教材中就有所反映。监狱教育改造就是要保护好、开发好这些向善的潜能，并使之发扬光大，形成内在的主导力量。

也许有人会认为，监狱教育改造的主业就是着眼于罪犯所犯的罪行和问题，只要做到认罪服法、在狱中遵守监规，将来不再犯罪。这样说也没有错。但是，这样做并不能保证罪犯就能从内心认罪服法、遵守监规，将来不再重新犯罪。破是一个方面，立也是一个方面甚至在某种程度上比立还重要。如果我们不能给罪犯内心深处注入积极的成分，他就不可能以一个合格的守法公民的身份回归社会。在现实中我们不难看到，为什么在我们看来有些在监狱表现不错的罪犯，刑满释放没过多久又重新犯罪，究其原因，恐怕更多的是与在监狱教育改造中关注其问题和罪行而忽视积极心理的培育有关。因为只有身上充满了积极的力量，才会拥有强大的免疫力，抵御各种不良外在诱因，换一句话说，如果罪犯个体正气不足，也就自然容易被邪气所伤害。② 因此，在监狱教育改造过程中，我们不仅要让罪犯认罪悔罪，遵守监规，更要在他们内心深处种上"爱、善良、希望、宽容、耐挫"等积极心理的种子，并创造条件使之茁壮成长。

**（四）有助于改善警囚关系，形成良好的教育改造关系**

以往的监狱教育改造，从思想转化的角度，更多地采取高压、强制灌输的做法，很少考虑到作为教育改造对象的罪犯的自身感受。人际交往是需要互动的，不能想象监狱教育改造如果缺少罪犯呼应会是一个什么效果。其实，罪犯

---

① 转引自周东明：《论积极心理学与德育》，载《中国德育》2008 年第 1 期。
② 参见孙丽娟：《论科学认识罪犯的积极心理》，载《第八届"长三角"高峰论坛论文集》（内部资料），上海市监狱学会 2014 年 6 月编印，第 97 页。

在监狱服刑期间,由于被剥夺自由、远离亲人,会更加在意与监狱干警的关系。一般地说,只要监狱干警主动接近罪犯,进行心理沟通,就容易得到罪犯一方的积极回应,逐步建立起良好的警囚关系。在良好的警囚关系的条件下,罪犯更能够体会到来自社会、监狱、干警关怀的力量,体验到人际交往的安全感和归属感,从而减少孤独、绝望、无助等消极情绪,增强主动改造的勇气和信心。而积极心理学运用于监狱教育改造恰恰是有助于改善警囚关系,形成良好的教育改造关系,它致力于警囚良好关系的建立,真诚地尊重罪犯人格,珍视、需求与罪犯思想、情感的共鸣,体谅罪犯面对改造产生的各种问题,理解罪犯遇到难题产生的情绪低落及每走一步的不易,这样就会使罪犯对干警由疏远变得亲近、由提防变得主动交心、由抗拒变得配合,促成罪犯完成"要我改"为"我要改"的转变,在警囚关系的良性互动中更好地促进罪犯改造。

## 三、运用积极心理学原理教育改造罪犯的路径

### (一)树立运用积极心理学原理教育改造罪犯的理念

积极心理学向世人传达了这样一个理念:人生来就有积极的心理元素,真正积极的、美好的人性品质就在每个人心灵深处。该学科的研究表明,人的积极的心理因素是人赖以生存与发展的内驱力,在进化的过程中,人类积累了大量的"积极基因",在个人社会化的过程中,人固有的,由积极基因所决定的心理元素可以被激活,成为决定人行为的心理因素,进而可以发展成为积极的心理特征、心理品质。积极心理学这种理念给罪犯教育改造提供了新的视角,它告诉我们,对罪犯教育改造要抱有积极的人性观,对他们要有足够的关爱、耐心和毅力。特别是对那些顽危犯,仍然要以发展的眼光、积极的态度对待他们,相信他们有改过自新的积极愿望和潜在能量,促其转化。要扬弃消极取向的教育改造中通常采用的比较简单的、直接的,以反复训诫、批评惩戒为主的工作方式,注重积极挖掘罪犯个体内部存在的乐观、勇气、信心等方面亮点,并加以充分肯定和积极扶持。要做到树立运用积极心理学原理教育改造罪犯的理念,具体地说,首先,在罪犯教育改造目标的设置上把培养罪犯的积极品质作为教育改造的根本目标之一,而不是仅仅作为克服其问题和缺陷的工具。其次,在罪犯的对待上,不仅要关注改造表现好的罪犯,还要关注处于表现一般的罪犯,

尤其要关注看似顽固、危险的罪犯，这一部分人最容易为干警所放弃，并作为严防死守的对象整治，因此必须在认识上加以扭转，更要注意发掘、培养他们身上的积极品质。最后，在罪犯教育改造过程中，要将教育改造、监管改造、劳动改造等手段有机结合起来，共同为培养罪犯积极的心理品质服务。

### （二）要在增强罪犯的积极情绪体验上做文章

根据心理学的研究，人的情绪体验分为积极情绪体验和消极情绪体验两个方面，积极情绪体验是指个体能接纳自己的过去，幸福地感受现在，并对未来充满希望的一种状态。积极情绪体验可以使人感到幸福和快乐，并增进人们对环境的认同；积极的情绪体验不但可以帮助人们化解压力，而且能增进身心健康。积极心理学在此基础上将积极情绪体验分为感官愉悦和心理享受两种方式。感官愉悦是能够被个体直接感知的，带给个体短暂的快乐体验；心理享受却可以促进个体的积极品质的形成和人格的健康成长。

在监狱这个特殊的场所里，罪犯作为被剥夺人身自由、依法服刑的受刑人，要想产生积极的心理品质是有相当难度的。但有些事情就是这样。明知不可为也要硬着头皮为之，这就是监狱干警职业的本色所在。尽管监狱作为刑罚执行机关的性质不能改变，尽管监狱惩罚与改造罪犯的根本职能不能改变。但是，我们完全可以从改造人的宗旨出发，去把监狱变为罪犯改过自新的再生之地。监狱的使命是通过惩罚与改造罪犯，使其通过出色的表现早日拥抱自由，这一点与对方希冀早日获得自由的想法是一致的。有了这个一致点，增强罪犯积极的情绪体验，培养罪犯积极的心理品质就有了基础，只要工作做到家，就能增强罪犯积极的情绪体验，形成罪犯积极的心理品质。

要增强罪犯的积极情绪体验，作为监狱干警就要善于开展多种教育改造活动，从而提高罪犯情绪自我调节的能力，能够积极归因，激发他们的内在动机。具体地说，监狱干警要善于看到罪犯在改造中的点滴进步，发现他们的闪光点，尤其是针对罪犯在某些方面表现欠佳如劳动指标上不去的罪犯，要善于发现他们的特长，创造条件让他们肯定自己，并逐步迎头赶上。监狱要开展多种形式的监狱文化活动和外出接触社会活动，帮助罪犯缓解监禁压力，增强其积极情绪体验。

积极心理学认为，个体一旦从感官愉悦的基础上逐渐体验到心理享受，这种积极的情绪体验以及对自我的积极认同，能培养个体积极的人格品质，从教育改造的角度看，积极人格品质是改变犯罪心理以及预防罪犯问题心理和行为的最好方式之一。积极人格品质为个体的行为活动提供了稳定的内在动力。每个罪犯都可能在日常的改造过程中特别是刑满释放后遇到不少困难和挫折,甚至一些突发的事件,例如妻子提出离婚、小孩无人照看、自己找工作到处碰壁等等。但是,如果他们拥有良好的心态和积极的人格品质,就能利用自身的资源优势努力克服困难,主动寻找可以利用和可以提供帮助的资源去应对挫折,积极面对问题,而不会轻易产生自卑感、破罐破摔等行为。

### (三)要在创设积极的监狱教育改造环境上下功夫

积极心理学认为,社会环境和他人的行为在一定程度上会影响人的心理和行为,人格是在人与社会环境的交互作用下逐步形成的。罪犯是由于消极、不良的社会环境和人的相互影响下形成了消极、不良的人格而滑入犯罪泥坑的。而积极的环境对个体积极心理品质的形成具有重大意义。监狱是一个小社会,是一种特有的社会环境,罪犯来到监狱接受惩罚与改造,监狱本身就给其提供了一个剥夺其犯罪能力、防止不良环境污染的环境。不仅如此,更为重要的是要为其提供积极的监狱教育改造环境,这种积极的监狱教育改造环境可以对罪犯积极的心理品质产生潜移默化的正面影响,是一种重要的教育改造因素。

而这种积极的监狱改造教育环境,不是自发产生的,需要加以创设。如何创设,可以通过以下途径:首先,注重营造健康向上的监狱教育改造环境。而这一环境不是通过贴上几幅激发罪犯改造的标语口号就能营造出来的,更需要注重细微处的环境建设,包括接见室、监舍、走廊、文化活动室、习艺场所,哪怕是一块耸立的石头等等,努力做到不显刻意且具有教育改造意义,让人耳目一新,印象深刻。其次,注意狱内环境的整洁和美感。以往对监狱的历史记载,以及文学作品对监狱的描写,监狱给人的印象无非是折磨人的场所,恐怖、阴森、暗无天日,如果说以往这种情况是存在的,但随着社会的进步,行刑人道化的深入人心,监狱的环境越来越朝着文明、人道的方向发展,其中越来越关注监狱环境的整洁和美感。而整洁和美感的环境恰恰对促进罪犯的积极情绪体验,形成积极的心理品质具有重要作用。因此,监狱特别是决策者要注意监狱整体布局的合理性,要突出绿化和美感。最后,要着力打造安全稳定的监狱环境。安全稳定的监狱环境是监狱各项工作正常开展的前提。监狱不仅要加强安全保卫工作,同时要注意建立健全监狱突发事件预防机制和应对方案,一方面要使监狱干警高度树立起监狱安全意识特别是危机预防和应对观念,落实各种确保监狱安全稳定的责任制;另一方面,也要在罪犯中培养积极应对突发事件的心理品质,学会保护自己,防止其他罪犯对自己的人身伤害。

## (四)要在形成狱内外无缝对接的安置帮教衔接机制上动脑筋

在监狱教育改造中总是面临着一个比较尴尬的情况,即罪犯通过监狱教育改造,确实有了悔过自新的愿望,也确实想告别昨天,重新开始,可是来自社会上包括家人的歧视、不接纳会对他们的积极性浇上一盆凉水,使他们陷入无望之中。我们当然一方面要培养罪犯特别是刑满释放后积极应对各种挫折的心态,但光做到这一点还是远远不够的,如果一个人内心再火热,外界却很寒冷,其内心的火热也不会长久。因此,监狱与社会要树立教育改造罪犯人人有责、人人关心的意识,监狱要发挥积极性、主动性,加强与社会相关部门的联系,使之在罪犯教育改造方面与监狱齐心协力。作为社会特别是负责安置帮教工作的部门,与监狱共同建立无缝对接的安置帮教衔接机制,使罪犯一旦出狱,有人接、有人管、有人帮、有人教。同时,要向公众宣传,要善待刑满释放人员,要收起歧视、展现宽容、营造包容氛围。这样会使得刑满释放人员的积极心理品质得到切实的巩固和提升,抱怨、仇恨社会的心态会减弱到最低限度,从而最大限度地减少重新犯罪的概率。

积极心理学与罪犯教育改造有着天然的适合性。将积极心理学运用于罪犯教育改造是提高教育改造质量的重要途径。当然,罪犯教育改造可以采用多种途径开展,但是积极心理学的运用也不失为一个好的选择。我们要通过积极心理学研究成果在罪犯教育改造中的运用,以实现培养罪犯积极心理品质,将罪犯改造成为守法公民,适应新的社会生活、走稳新的人生之路的目标。

# 运用中国古代兵法有益成分促进罪犯改造

随着社会的发展，人们思想观念的更新，文化事业的日新月异，监狱的罪犯改造不再是封闭于大墙内，它变得越来越具有社会性、开放性和前沿性。特别是进入21世纪以来，罪犯改造的新思维、新视角不断涌现，单调的罪犯改造方法解读已越来越不为人看好。打破陈腐的思维理念，放开视野、古为今用、西为中用、推陈出新，是新形势对所有从事改造罪犯事业的监狱干警的要求。其中，如何运用中国古代兵法的有益成分促进罪犯改造是一个不容忽略的研究课题。

## 一、中国古代兵法概述及对监狱罪犯改造的适用意义

中华民族的古代兵法宝库博大精深，千百年来对各行各业的人们产生了巨大的影响。中国古代战争，较为丰富多彩，自从私有制和阶级产生以后，战争这个人类互相残杀的怪物就降临人间。就中国而言，从夏商周奴隶制时代的早期战争、春秋争霸战争、奴隶起义战争、新兴地主阶级夺取政权的战争、战国兼并战争，一直贯穿于整个封建社会的农民起义战争、割据政权之间的战争、封建王朝更替的战争、民族之间的战争、抵御外来侵略的战争等等，各类战争的次数之多、规模之大、持续时间之长、动用人数之众，都是举世罕见的。在这些互相厮杀的战场上，中国古代的军事家们不断总结战争胜负的经验，探索战争发展的规律，不仅创造了许许多多运用谋略手段夺取战争胜利的战例，而且为适应战争的需要，中国古代的军事科学也得到了迅速的发展。仅《汉书·艺文志》中所录的兵书，即包括用兵权谋、兵形势、兵阴阳、兵技巧四大类，"五十二家，七百九十篇"。西汉初年，"张良、韩信序次兵法凡百八十二家，删去要

用，定著三十五家"①，其中大部分是战国时代的作品。秦汉之后，兵法继续发展。《隋书·经籍志》著录了南北朝以前的兵书共"一百三十三部，五百一十二卷"。《明史·艺文志》中收录了封建社会中后期的兵书目录"五十八部，一千一百二十二卷"。清朝编修的《四库全书》中，兵家类共有"六十七部，五百十一卷"。

　　在中国古代的兵法著作中，以《武经七书》最为著名，此外还有《三十六计》，这里特别需要提到的是《孙子兵法》和《三十六计》。《孙子兵法》系春秋时期孙武所著，共十三篇，虽然文字不长，但内容却十分丰富，它所揭示的军事原则和基本规律，有着朴素的辩证法思想，其中有些基本原则、用兵计谋，至今仍然有着重要的军事价值。孙武不仅在中国被奉为"兵圣"，在世界上也被誉为"兵家鼻祖"，享有崇高的声誉，一些国家的军事院校还将《孙子兵法》作为军事教材研究，目前已有十几种外文版本，风行国外。它不仅用于指挥作战，而且还被用来指导经商。至于耳熟能详的古代兵法《三十六计》，最迟在南北朝时期就已经形成了系统完备的轮廓。② 当时"三十六计"的具体内容，史无明确记载。经过长期的流传和后人的不断整理，"三十六计"才以现在的面貌出现。所谓"三十六计"罗列排比和归纳整理了古代的一些用兵谋略手段，共有三十六种，虽然它没有囊括古代兵家军事谋略的全部内容，但它毕竟集"兵家军事谋略"之大成，在一定程度上反映了兵家军事谋略的概貌。③ 它的形成渊源主要有以下几个方面：一是成功战例的典型化。例如，"围魏救赵"之计，即来源于战国时代齐军围魏救赵的成功战例，类似"围魏救赵"那样由成功的战例而得名者，另有"暗度陈仓""空城计""假途灭虢"等等。二是谋略原则的

---

① 《汉书·艺文志》。
② 据《南史·王敬则传》记载，南齐将领王敬则发动兵变，齐明帝父子"急装欲走，有告敬则者，敬则曰：'檀公三十六策，走为上计，汝父子唯应争走耳。'""檀公"即南朝刘宋政权的将领檀道济。
③ "三十六计"的具体内容是：（1）瞒天过海；（2）围魏救赵；（3）借刀杀人；（4）以逸待劳；（5）趁火打劫；（6）声东击西；（7）无中生有；（8）暗度陈仓；（9）隔岸观火；（10）笑里藏刀；（11）李代桃僵；（12）顺手牵羊；（13）打草惊蛇；（14）借尸还魂；（15）调虎离山；（16）欲擒故纵；（17）抛砖引玉；（18）擒贼擒王；（19）釜底抽薪；（20）浑水摸鱼；（21）金蝉脱壳；（22）关门捉贼；（23）远交近攻；（24）假途灭虢；（25）偷梁换柱；（26）指桑骂槐；（27）假痴不癫；（28）上屋抽梯；（29）树上开花；（30）反客为主；（31）美人计；（32）空城计；（33）反间计；（34）苦肉计；（35）连环计；（36）走为上计。参见无谷译著：《绘图三十六计》，吉林文史出版社1987年版。

具体化。例如,"以逸待劳"之计,原来就是古代兵法中的一条谋略原则,这一原则的基本精神就是要掌握战争的主动权:己方依靠有利地形,养精蓄锐,同时设法调动对方,待敌疲惫不堪和士气沮丧之后,己方趁机出击取胜。显然,这既是一种指导战争的谋略原则,又是一种可以具体运用的战术手段。"三十六计"的计名,有不少就是直接从兵法中的谋略原则中推演而来。由此而得名者,另如"声东击西""欲擒故纵""远交近攻""反客为主""反间计"等等。三是实战经验的凝练化。人们在众多的相同战例之中,发现和总结这些谋略手段的共同之处,归纳凝练,加以命名。例如,"瞒天过海""调虎离山""抛砖引玉""上屋抽梯""美人计""苦肉计""连环计"之类,大都属于这种类型。四是生活智慧的形象化。人们在广泛意义的社会生活中,积累了各种各样的经验,产生了各种各样的智慧,其中如普通生活中的智慧,常常能够激发和启迪军事家的军事智慧,使他们从中领悟到可以适用于军事谋略的思维闪光。例如,现实生活中的"打草惊蛇":蛇匿草中,对人构成潜在的威胁,通过打草,使蛇惊而走,威胁便已解除。军事家们从这个常见的普通生活现象中领悟引申出军事谋略手段,或者"打草"问路,加强侦查,及时发现潜伏暗藏的敌人;或者以公开的行动,故意激动敌人,使敌人按照己方的意图行动;或者以"打草"激怒敌人,引蛇出洞,趁机进行攻击;或者旁敲侧击,通过"打草",警告震慑的敌人。类似这样的生活智慧,在兵家谋略所引申发挥之后,常常以形象化的语言出现,成为某种特定的计策的名称。诸如"笑里藏刀""李代桃僵""釜底抽薪""关门捉贼""指桑骂槐",大都缘此而来。需要指出的是,尽管系统化的"三十六计"主要是作为兵法出现的,但是,它的使用场合已不局限于军事斗争的战场,在商业斗争的战场、公安对刑事犯罪分子斗争的战场、纪检监察部门对涉嫌腐败官员的"双规"等战场,"三十六计"同样得到广泛的运用。

鉴于中国古代兵法对各行各业的人们产生了巨大的影响,因此,在监狱领域特别是在罪犯改造这一特殊战场,也需要将我国古代兵法中的军事谋略手段这一鲜灵的活水予以引进,以提高罪犯的改造质量。

也许有人会有一些疑惑,将古代的兵法谋略用之于监狱罪犯改造,是否有些牵强?毕竟监狱里在押的罪犯已经是"死老虎",已经被剥夺了自由,失去了犯罪能力。当然,乍一看来,血腥味极浓的兵法与监狱改造所要求的慈悲、关爱格格不入,毕竟,军事斗争是残酷无情的,甚至不排除使用"诈术",但监狱在对罪犯转化过程中所使用的技巧和艺术也并非找不到其他的附着点。首先,

## 运用中国古代兵法有益成分促进罪犯改造

中国古代兵法作为古代军事行动的一般原则和方式方法,其适用范围早已不限于军事战场,这一点从《孙子兵法》中即可得到例证。兵法之所以受人推崇,主要是因为它揭示了人世间许多基本规律,而这些基本规律都是用生命与血的代价换来的,不仅正确,而且弥足珍贵。坦率地说,在军事战争中是不允许犯错的,一旦犯错就会付出更多人的生命代价并且难有第二次机会,而对罪犯的改造从一定意义上讲,也是不允许出错的,特别是监狱安全防范,如果出错,其损失也难于挽回。如果说在军事战场上要取得胜利,作为一个军人特别是军事指挥员,就要懂得施计用谋,否则就必然招致败北,那么在监狱这个特殊战场上,作为一个监狱干警特别是与罪犯直接打交道的干警,也须用中国古代兵法指导监狱改造罪犯问题,提高施计用谋的能力,这也是监狱改造形势对监狱干警、特别是一线干警的客观要求。

其次,从兵法的角度看,监狱干警与罪犯事实上就是两个阵营的人。监狱干警对这一点必须有清醒的认识。监狱刑罚执行的现实告诉我们,监狱干警与罪犯是两个阵线分明的群体,监狱干警与罪犯之间存在着行刑与接受行刑的关系。在监狱领域,始终存在着惩罚与反惩罚、控制与反控制、改造与反改造的斗争。在这种情况下,监狱就是战场,作为监狱干警,就要思考和研究如何在对罪犯的刑罚执行过程中做得更高明,取得罪犯改造的主动权,最终克敌制胜,使罪犯最终成为守法公民的问题。既然警囚是分属于两个不同阵营的,监狱干警在与罪犯的"交战"之中,如果能够智胜一筹,以智取胜,罪犯会甘愿做你的"手下败将"。既然要以智取胜,就不能不依靠兵法。因为兵法中充满智慧,运用好兵法智慧,可以取得事半功倍之效。

再次,在罪犯改造过程中,从某种意义上也可以说是不见硝烟但不时充满火药味的警囚博弈,充满不少需要破解的难题。不少罪犯心性狡黠,诡计多端,处心积虑与监狱干警周旋,试图躲避和对抗惩罚与改造。要使罪犯能够服从监管,接受改造,需要学习和借鉴中国古代兵法的谋略艺术为我所用,使自己处于主动和不败之地。尽管在中国古代兵法中有不少"诈术",不能完全照搬到社会生活中的人际交往包括警囚关系中来。例如,"三十六计"中的"借刀杀人""偷梁换柱"之类的计谋,因为在有些人手里,就成了不受道德准则的约束,不择手段地去达到目的的权术,而在正派人的手里,可以挖掘出其丰富的哲理与智慧精华的一面,为我所用。如"借刀杀人",这一军事计谋乍一看血腥味很浓,但我们换一个思路来看,这一计谋的实质就是巧借外力,为我所用。监狱罪犯改造具有很强的协作性，监狱干警仅凭个人的力量与经验，是很难摆平千头万绪的狱内罪犯出现的突发情况的。聪明的干警，常会学习和借鉴别人先进的罪犯改造经验，常会借助同事、领导、罪犯家属以及社会有关方面的力量，轻松地发挥出协调改造的奇效。再如"偷梁换柱"，本意是指在军事战争中用偷换的办法，暗中变换事物的内容，以便达到蒙混对方的目的。而将此计谋用于监狱罪犯改造中，可以有助于监狱干警打破原有的思维定式，灵活翻新教育改造内容，变更教育改造的方式方法，从而更好地实现教育改造目的。

最后，就兵法中的军事谋略而言，有些有它特定的使用对象和范围，不能扩大。例如"用间"，在军事上是完全可以的，任何一个国家军事情报部门都要精心研究如何用间和反间，但在政治生活、经济生活等领域用间是不允许的，而在监狱，由于面对特殊的对象，担负特殊的任务，是允许在罪犯中采用"耳目"这一手段的，因此可以放心吸收和借鉴兵法中关于"用间"计谋中的有益成分。

## 二、中国古代兵法军事谋略中有益于罪犯改造的主要范畴

中国古代兵法的军事谋略，反映了最一般的战争指导规律，高于我们通常所说的军事经验，因此，它带有普遍的适用性和更长的生命力，并提炼出了独特的范畴。这些范畴诸如交战、庙算、用术、示形、造势、诡诈、励士、用间、应变、论将等，就其基本含义来说，战略上可以用，战术上也可以用；过去可以用，现在可以用，将来也可以用。它们正越来越多地被人们广泛地运用于政治、外交、经济、科技、体育、公安以及监狱改造等诸多领域，创造了良好的社会效益。监狱是惩罚罪犯、改造罪犯的场所，是克敌制胜的特殊战场，理应在对中国古代兵法军事谋略范畴古为今用的当代解读中独树一帜，开辟一方新的天地。下面以《孙子兵法》为主，分别择其要者作以解读。

### （一）交战

交战，泛指各种规模的武装斗争。人们通常把大到战争、小到战斗统称为交战。就战争而言，孙子曰："兵者国之大事，死生之地，存亡之道，不可不察

也。"① 他开宗明义讲了用兵打仗关系着国家的生死存亡,是不可不认真考察的,并且把"道"(即政治之道)、正义作为胜负的首要条件。那么,什么是孙子所说的政治之道呢?"道者,令民与上同意。"② 后来的军事家们都主张修明政治,争取民众拥护的策略思想,做到师出有名。如《司马法》中的"道"主要是仁义,"凡治乱之道,一曰仁,二曰信,三曰直。四曰一,五曰义,六曰变,七曰专"。中国古代兵法大都认为各种有效的治身、治军以及制敌的手段都是由"道"而生,各种导致失败的缺陷都是由于背离了"道",故此,"道"是交战的基础。从罪犯改造而言,罪犯入监服刑那天起,就等于进入了监狱干警的"交战"范围。监狱干警要做到"克敌制胜",首先要立足于"道",这个道就是要坚持目的的准确性,要坚持人民利益至上、党的利益至上、法律至上的原则,坚持以改造人为宗旨,遵循罪犯改造的客观规律,按规律办事,否则就会走入歪门邪道。

### (二) 伐谋

在古代兵法中,十分重视以谋取胜。《孙子兵法》就十分强调用兵的上策是以智谋取胜。例如,"百战百胜,非善之善也,不战而屈人之兵,善之善者也。"③ 善于以谋取胜的将领,使敌人屈服而不用交战:"上兵伐谋,其次伐交,其次伐兵,其下攻城。"④ 四种克敌制胜的方法中伐谋为上,不得已才采取最下策的"攻城"。另外,明代刘基(伯温)所著《百战奇略》中也全是用兵的奇谋,他主张"用兵之道,以计为首"的作战战略原则。上兵伐谋,体现了古代军事家的大智慧、大谋略,如诸葛亮的"七擒孟获"显示了高超的伐谋水平。中国古代兵法中的伐谋思想,对罪犯改造不无借鉴之处。对罪犯的改造,从某种意义上说,就是一场斗智,应把攻心作为上策,以促进罪犯的转化。但现实中有些监狱干警还是热衷于"攻城"——以管代教、以罚代教。表明上看起来罪犯服服帖帖,但罪犯心中并不买账,换来的只是一时的平静,却换不了长久的平安,时机一到,还会故态复萌,甚至会变本加厉。如果说善于用兵的人降

---

① 苏木禄:《孙子兵法心理掌控术》(附录二 孙子兵法全译及心理应用),中国华侨出版社2010年版,第181页。
② 同上。
③ 同上书,第181、190页。
④ 同上书,第190页。

伏敌人，不是单靠硬打强攻，而是靠足智多谋，那么对于罪犯改造来说也是如此。但有些干警却没有加以把握，甚至出现打骂体罚罪犯的问题，结果只能是警囚之间的关系越来越对立。因此，要做好罪犯改造工作，要重视在"伐谋"上下功夫，能够做到不战而屈人之兵。要做到这一点，靠的是德仁兼备，靠的是尊重规律、尊重事实，成为一个能够走近罪犯心灵深处的人。

### （三）庙算

所谓庙算，即庙堂的策划，指朝廷的重大决策，指在兴师作战前，先在庙堂（朝廷）举行会议，谋划作战大计，预见战争结局。古人早就说过，凡事预则立，不预则废。在古代兵法中，十分强调不打无把握之仗。《孙子兵法》在《计战》中，特别论述了庙算问题。"夫未战而庙算胜者，得算多也；未战而庙算不胜者，得算少也。"[①] 他把知己知彼作为预测胜负的先决条件。"知己知彼者，百战不殆"；"不知己，不知彼，每战必殆。"庙算意义之大，被历代军事家所重视，刘邦所说的"运筹于帷幄之中，决胜于千里之外"[②]，道出了庙算的极端重要性。在监狱对罪犯的改造过程中，要使得罪犯在思想上真正做到放弃抵抗，也有赖于事先做好对罪犯改造的决策以及工作。做到不打无把握之仗，以增强胜算。

### （四）用术

术，泛指方法、手段。用术泛指用各种手段、策略制胜敌人的方法。常言道：术不过"奇""正"。站在今天的观点演绎，"正"是指用兵的常法，反映战争的一般规律；"奇"是指用兵的变法，反映指导战争的特殊规律。在军事上"正""奇"的含义很广。如堂堂之阵为正，运动游击为奇；正面进攻为正，翼侧迂回为奇；明战为正，暗袭为奇；常规战法为正，特殊战法为奇，先发制人为正，后发制人为奇，等等。"凡战者，以正和，以奇胜"。这是《孙子兵法》第五篇《势篇》中的观点。大意是，凡是作战的人，都是用正面交锋，用奇兵制胜。孙子的这段话道出了以正兵合战和用奇制胜的辩证关系。奇与正看起来

---

[①] 苏木禄：《孙子兵法心理掌控术》（附录二 孙子兵法全译及心理应用），中国华侨出版社2010年版，第183页。

[②] 《史记·高祖本纪》。

是相反的两个方面,但其实正是符合事物本来规律的。两者相生相成,互相映衬,互为补充。它是作战的法宝,对监狱干警来说,它同样也是克敌制胜的利器。就罪犯改造而言,作为监狱干警一定要做到守正用奇。改造罪犯的"正",可以理解为平时做罪犯的转化、改造工作,一定要以正面的态度面对罪犯,必须以社会道义为行动之本,必须高举"改造人"的旗帜。常规工作、常规方法不可缺少。在日常工作中,大量现有的法律、法规、监规、监纪,常规固定的做法都是"以正和"。但是,要想使工作达到好的效果,不能受旧有思维的限制,要想出一些出人意料的办法,出奇制胜,用现今一句流行的话来说,就是要会创新。在罪犯改造工作中,大凡高明的监狱干警,都能够做到出奇制胜,当水落石出之时,结果虽出意料之外,但细细思之,却在情理之中,这便是"以正合,以奇胜"了。既出人意料又符合情理,要求监狱干警"正"的功夫要过硬,"奇"的功夫要精湛,奇正搭配,运用自如。在监狱这个改造人的特殊战场上,罪犯中出现的不少新情况、新问题、新变化给用术带来较大困难,但只要监狱干警加强修炼,增强观察力、判断力、决断力,奇正之术仍不失为改造罪犯的重要手段。

## (五) 示形

示形即显示事物的各种形态。在军事上,是说用各种真假虚实的欺骗行动,迷惑和调动敌人,以求取得胜利。形不过虚实,历代许多有作为的将领,都是善用虚实示形的大师,"虚则实之,实则虚之,虚则虚之,实则实之",虚虚实实,真真假假,成了大战胜利的序幕。在如何示形上,孙子说过:"能而示之不能,用而示之不用,近而示之远,远而示之近。"[①] 用现在的话说就是,用兵打仗根据具体情况,能攻而装作不能攻,能打而装作不能打,要在近处行动而装作要在远处行动,要在远处行动而装作要在近处行动。这也就是孙子所说的兵不厌诈。纵观古今中外的战史,可以说没有不用真假、虚实的战争。其成功之术,完全在于设法掩盖自己的真实意图,给对方造成虚幻的错觉,使敌手难以料定我方的本意,以达到出奇制胜之效。在监狱罪犯改造的特殊战场,对于形形色色、心怀诡异的罪犯,要能够征服他们,战胜他们,同样离不开巧妙的示形。例如,"瞒天过海"在军事上是一种示假隐真的疑兵之计,将自己的真实意

---

① 《孙子兵法·计篇》。

图和目的隐藏起来,迷惑对方,使对手放松戒备。然后突然行动,往往会产生意想不到的效果。而在罪犯改造上的运用重在一个"瞒"字,因为瞒得隐秘、瞒得巧妙,瞒里包含着干警对罪犯的关爱,往往能"不战而屈人之兵",这种"润物无声"的教育改造,正是广大监狱干警孜孜以求的。其实,在罪犯改造中有时过于张扬的方式与手段反倒容易引发罪犯的排斥和抗拒心理;而在罪犯面前先将自己的教育目的和意图隐藏起来,站在罪犯的立场上,换位思考,千方百计为他们排忧解难,人非草木,岂能无情,罪犯其实也容易转化。例如,当某罪犯的妻子提出离婚,主管干警考虑到这时候让夫妻见面谈这件事,恐怕对罪犯改造不利,就先把这一事实真相瞒起来,给罪犯妻子做工作,让她再给丈夫一个机会。后来通过干警做工作妻子表示同意不离婚,然后再安排他们见面,罪犯深受感动。这一招"瞒天过海"的示形为我们描绘了一幅美好的改造罪犯画卷。它也告诉我们,罪犯改造中运用古代兵法中的示形谋略,不是将罪犯置于监狱及干警的对立面,而用的是其中暗含的智慧,只是为了更好地改造人、造就人,是出于监狱干警的厚重的责任感。站在这一角度,监狱干警完全可以理直气壮地取法老祖宗留给我们的这一宝贵精神财富,取其精华、去其糟粕,将之成功地运用于监狱的改造罪犯的特殊战斗之中。

### (六)造势

造势,即创造有利于我的态势和冲击力。《孙子兵法》中《势篇》专门论述"势"的问题。文中用击水漂石来形容"势"的险峻。《孙膑兵法》中有《势备》,也是谈"势"的问题,它是用弓弩的射速迅猛来形容"势"的险急。《三十六计》中有"借刀杀人"等计谋,借刀杀人也是通过借势、造势来取得作战的胜利。那么,究竟什么是"势"呢?古代的军事家们把"势"看作一种军队实力的发挥。高明的统帅指挥军队打仗时,都很善于造成有力的态势,就如孙子所说好像把圆石从千尺高山往下飞滚那样,势不可挡。在战场上,态势是否有利,关系着主动和被动的问题,关系到胜败问题。造势,无非是积极创造条件,把握战机,使我主敌客、我实敌虚、我众敌寡。至于怎样造势,其一是"决胜料势",即在周密了解掌握敌情的基础上,充分发挥主观能动性,创造有力态势。其二是"因势而动",即根据不同的敌情、不同的对手等等,采取适当的部署与打法。在监狱改造罪犯的特殊战场上,作为监狱干警要想取得胜利,也要依靠自己聪明才智造成有利的态势,勇于造势取胜。例如,善于倚势。监狱干警本身就是代表国家依法对罪犯行刑,这一使命本身就具有极大的冲击力,另外监狱的高墙电网、严密的警戒设施,都可以构成一种威逼态势,因此要善于将其用好,以慑服罪犯,使其不敢轻举妄动。再如,善于因势。所谓因势,即顺势。从势的本身实际出发,因人因事因时因地制宜,加以正确的引导,以促使事物朝着有利于己方的方向发展。例如,每个罪犯身上,都有这样或那样的"闪光点"以及正当的兴趣爱好,这需要善于发现,因势利导,煽风助燃,使其逐渐上升为主导方面。另如,善于借势。如向领导借势,向同事借势,向罪犯亲属借势,向社会借势,借人之长、补己之短,借人之智、齐抓共管,从而取得理想的成效。

## (七) 用间

间,即合者使离,亲者使疏。用间就是使用间谍,掌握切实可靠的消息。在《孙子兵法》等兵法中,除论述了一些普通的获取敌方军事情报信息的手段外,高度强调了"用间"。其中《孙子兵法》专门用一章《用间篇》论述"用间"问题。孙子认为,要深刻了解敌方的实情内幕,最有效的手段莫过于用间。"此兵之要,三军之所恃而动也。"[①] 能否巧妙用间,决定着一场战争的胜败。孙子更进一步论述了使用间谍的五种主要方法,其中包括利用敌方乡里百姓做间谍的"因间",收买敌方官吏做间谍的"内间",诱使敌方间谍为己效力的"反间",派遣己方故意给敌方泄露虚假情报的"死间",派往敌方侦查并返回报告情况的"生间"。使用上述五种间谍,便可收到神妙莫测的效果。另外,《用间篇》还提出:"故三军之事,莫亲于间,赏莫厚于间,事莫密于间",意即使用间谍必须注意亲信、厚赏、保密三个方面。[②] 时代发展到今天,用间已经形成了专门科学——谍报学,发展为谍报战,用间与反间斗争,表现得异常激烈,用间无疑发挥着特有的作用。在监狱改造罪犯的特殊战斗中,虽说不上是刀光剑影的战场,但改造与反改造的斗争仍然激烈,有时甚至可能出现重大恶性案件,而要做到敌动我知,防患于未然,中国古代兵法中的用间谋略对我们还是有启发和借鉴意义的。通过用间,在罪犯阵营中安插为我所用的"耳目"等秘

---

[①] 苏木禄:《孙子兵法心理掌控术》(附录二 孙子兵法全译及心理应用),中国华侨出版社2010年版,第243页。

[②] 同上书,第242页。

密力量，不仅是监狱特殊的工作性质和相关法规所允许，而且也十分必要。它是实现监狱安全法规范工作的主动性、针对性和有效性不可缺少的重要环节。当然在罪犯改造过程中"用间"，不能完全等同于军事上的用间。首先它的目的是为了在隐蔽斗争中主动进攻犯罪分子，了解和掌握狱内又犯罪情况，破获狱内案件，促使犯罪分子交代罪行，获取罪证，战胜和制止罪犯的阴谋破坏活动所采取的一种措施。其次，慎重选定用间人选是基础。一是对狱内"耳目"选择由专人负责建立，如监区主管领导、狱侦科长及干事，主管监狱领导等。二是一般干警可以在自己管辖范围物色一些能深切把握干警的思想意图，密切配合干警的罪犯个体，向他们了解罪犯基本情况和活动动态，信息渠道畅通了，就不会步入盲区，处于被动乃至挨打的境地。三是用间所获取的信息干警要善于识别，辨别真伪，防止被一些别有用心的罪犯所蒙骗和利用，一旦发现有故意泄密、假报情况或敲诈勒索、威胁、打击报复他犯的，视其情节给予行政处罚，或依法严惩。四是要树立"花钱买信息"和"重赏之下必有勇夫"的观念，对提供重要情报的有关人员给予重奖，包括提请减刑、假释等。五是用间要用人文情怀作保障。用间说到底只不过是复杂多变的罪犯改造策略之一，并不是时时处处把罪犯作为"假想敌"。其实施的根本还是离不开监狱干警对罪犯浓浓的人文情怀，由于干警怀有一颗真挚的爱心、一份炽热的责任心，即使罪犯感觉到了罪犯的用间谋略，经过一番较量，还是会从内心深处接纳的。

### （八）励士

所谓"励"，包含有振奋、鼓舞，使其奋然向上之意，或奖惩、勉励、鼓励、激励，使将士有乐战之心，士卒有献身之志。励士，即以各种方法，激发高昂的士气。中国古代兵法十分强调"励士"的原则，"志不励则士不死节，士不死节则众不战"[①]，这就是说，不"励士"，士卒就不会效死和英勇战斗。中国古代兵法中激励士气的基本方法主要有：一是宣传己方战争的正义性和己方强大的实力，"上下同欲"，"齐勇如一"，使士卒具有必战之心和必胜之志。二是揭露敌方的残暴凶狠，激发士卒的仇敌情绪。这也就是古代兵法中所说的

---

① 《尉缭子·战威》。

"杀敌者，怒也"①。三是"明赏于前，决罚于后"，利用功名利禄为杠杆，以严明军法为惩戒，使士卒在好利心、畏惧心的驱使下效死卖命。四是利用情义打动士卒，使士卒视死如归。如孙子所言"视卒如婴儿，故可以与之赴深溪；视卒如爱子，故可与之俱死。"② 战国吴起平时"与士卒最下者同衣食"，"与士卒分劳苦"。士卒有"病疽者"，吴起亲为"吮之"，其部下"士卒乐死"，"战不旋踵"。五是将领身先士卒，以身作则。首先要具有"智、仁、勇"的德行，在《孙子兵法》《司马法》《六韬》《吴子》《尉缭子》等兵书中都非常重视为将的"知（智）、仁、勇"三大德。③ 要求士卒做到的，自己要先做到，这样士兵就没有不尽力向前的。就监狱而言，监狱干警队伍是一个团队。其中各级领导，可以理解为各级将领，还有大量的一线普通干警，可以理解为士卒。共同对应于罪犯这一特殊的敌方群体，要想使一般干警献身事业，克敌制胜，立于不败之地，作为各级领导就要学习和借鉴古代兵法中的励士原则和方法。要善于通过目标制定，统一全体干警的思想和意志，心往一处想，劲往一处使。通过建章立制，保证上下左右相互之间很好地配合。要赏罚分明、赏罚公正、赏罚有信，要尊重人、关心人、爱护人。作为各级领导"打铁先要自身硬"，品德高尚、智慧超群、临危不惧、一身正气，这样才能带出一支士气高昂、作风过硬、能打胜仗的队伍。

## （九）应变

应变，即应对事态变化或适时适事变化。它包括因敌而变，因事而变，因地而变，因时而变，因情而变等等。从历史上看，无论多么高明的军事家，都不可能把未来战场的细节描绘清楚。所以，制胜之法，庙算之策，不是包打胜仗的"天书"，置身于战场，能临机应变，才是设谋用术之本。一般的战术原则是确定的，而应变是无穷的。因此，中国古代兵法中特别强调"运用之妙，存乎一心"的问题。孙子也讲，"兵形像水……兵无常势，水无常形。"④ 自然界

---

① 苏木禄：《孙子兵法心理掌控术》（附录二 孙子兵法全译及心理应用），中国华侨出版社2010年版，第187页。

② 同上书，第226页。

③ 参见钟尉：《先秦兵家思想战略管理特质研究》，经济管理出版社2012年版，第140页。

④ 同上书，第206页。

的水方则方、圆则圆,随物赋形,灵活变通,特别能适应具体环境,从容面对一切情况。所谓"无法之法,乃为至法"。把兵法用到无形的境地,那就达到最高境界了。而历史上的"纸上谈兵"的可笑之处就在于死读兵书,不知变通,结果落得个战败被杀的下场。在监狱罪犯改造领域,犯情也是千变万化的。作为监狱干警一方面要学习和掌握能够转化、改造罪犯的各种方式方法,包括从中国古代兵法中汲取有益的营养。另一方面,也要根据情况特别是犯情的各种变化,在方式方法的选择上适应各种变化。善于应变者往往能创造出以奇制胜的"佳作",导演出一幕幕威武雄壮的罪犯改造的活剧。而要真正做到灵活应变,化计谋于无形,最重要的不是技巧、不是方法,而是监狱干警个人的修养,是监狱干警个人的魅力,当所有有效的方法、技巧与监狱干警良好的修养和个人魅力融为一体,在使用时就会很自然了,就可以随机应变达到出神入化的境界。

## 三、运用中国古代兵法提高罪犯改造质量需要注意的几个问题

如前所述,我国古代有着卷帙浩繁的兵书史籍,其中《孙子兵法》最具有代表性。尽管这些兵法谋略是为当时所属的阶级、统治集团服务的,由于历史条件的限制,某些合理的思想在旧军队中也不可能彻底实行,但是,不能否认,这些兵法中的某些克敌制胜的艺术在今天仍然有一定的借鉴意义。但同时也要看到,今天毕竟不同于过去,监狱罪犯改造毕竟不能等同于军事战场,军事谋略毕竟着眼于血与火的战争,与监狱罪犯改造有很大的不同,因此我们在运用中国古代兵法提高罪犯改造质量的过程中,还要注意几个问题:

### (一)处理好全面把握中国古代兵法的完整体系和掌握精要管用的问题

中国古代兵法博大精深,对其把握要考虑其完整的思想体系,防止对某些思想做断章取义的引用和发挥。这样实际上就把中国古代兵法背后的文化精髓给弄丢了,也无法对中国古代的兵法有一个全面的了解。因此,要注意读一些原著,理清兵法体系中存在的相互依赖的逻辑关系以及整体的辩证思维方式。与此同时,也要注意到掌握精要、管用,从监狱罪犯改造的实际出发,将中国

古代兵法的基本原理运用于罪犯改造实践中去，特别是对于将帅治身、带兵、治敌等方面的思想与罪犯改造的实际联系得更多一些，需要认真揣摩与领会，并结合监狱罪犯改造的实际案例加以对比，激发体悟，以收触类旁通之效。

### （二）学习和借鉴中国古代兵法，要正确处理好"道"和"术"的关系

"道"在中国古代兵法中代表民意、代表正义，所谓"得道多助，失道寡助"。术是手段、方法。学习和借鉴中国古代兵法，首先要立足"道"。打仗首先要讲"道"，做罪犯改造工作同样首先要讲"道"。这个"道"就是监狱改造人的宗旨，就是监狱干警承担的崇高的把罪犯改造成为守法公民的神圣使命。而在监狱中偏离"道"的问题仍时有发生。例如，劳动对于罪犯来说本来只是一种改造手段，但在有些监狱却被当作了"道"，甚至搞加班加点，超体力劳动。当"道"不正确的时候，我们努力越多，错误就越大。但有了正确的"道"是不是就能达到预期目的呢？非也。更多的时候，"道"是正确的，可是缺乏有效的手段，特别是面对一些危险、顽固罪犯，有些监狱干警苦无良策，因此要在方法上下功夫，其中就包括对中国古代兵法方法计谋的学习和借鉴。中国古代兵法，说来说去，就是教人如何赢得战争。那么，在罪犯改造领域如何始终处于主动地位，把罪犯改造好，这里也有个讲究方式方法的问题，包括学习和借鉴中国古代兵法中的方式方法问题，以更好地促进罪犯的改造、转化。

### （三）把握罪犯改造活动与军事战争的区别，认真甄别中国古代兵法中哪些可以运用于罪犯改造，哪些不能运用于罪犯改造

对于监狱罪犯改造来说，利用中国古代兵法运用于现实的工作中，需要认真甄别中国古代兵法中哪些东西可以运用于罪犯改造活动，哪些不能，需要做细致的梳理工作。对于监狱干警特别是各级领导来说，则要求经常反思其所运用的某些方法是否很好地指导了罪犯改造工作，成效如何，积极方面和消极方面有哪些。"兵不厌诈"在军事上始终被人们所广泛接受。自古以来，明智的兵法将帅都主张和实行"兵者，诡道也"[1]的原则。但是，"诡诈之道"如何运用

---

[1] 苏木禄：《孙子兵法心理掌控术》（附录二 孙子兵法全译及心理应用），中国华侨出版社2010年版，第183页。

于罪犯改造领域，哪些可用、哪些不可用，应掌握到什么"度"，都是值得思考的。

### （四）摒弃中国古代兵法中的专制残余，融入现代人本主义精神

中国古代兵法在其产生、积累与发展的过程中，与中国传统社会管理活动和军事活动是密切地联系在一起的，因而难免存在一些封建专制主义意识。中国古代兵法中的很多谋略都与专制主义有着千丝万缕的联系，某些手段离开了专制主义甚至会完全失去作用。因此，借鉴中国古代兵法运用于当今监狱罪犯改造实践，一个最重要的工作就是如何将封建专制主义的成分去除掉，同时又保持其精华成分不受损失，并且将以人为本的现代精神理念融入其中，使中国古代兵法在当今焕发出新的生机和活力。

（原载《河南社会科学》2015年第9期）

# 论利用中国传统节日教育改造罪犯

党的十八大以来,习近平同志曾在多个场合提到中国传统文化,特别是2014年9月24日出席孔子诞辰国际学术研讨会暨国际儒学研讨会并发表重要讲话。他强调,不忘历史才能开辟未来,善于继承才能善于创新,只有坚持从历史走向未来,从延续民族文化血脉中开拓前进,我们才能做好今天的事业。① 这表明了新一届中央领导集体十分重视弘扬中华民族优秀传统文化的态度。中国传统节日是中华民族传统文化的重要组成部分,与中华民族传统文化的历史一脉相承,它内涵丰富,是一份宝贵的精神文化遗产。近些年来,"找回我们的节日"② 成为一句文化复兴的口号。"我们的节日"就是指与中华民族传统文化血脉相连的传统节日。在当今全球化的时代,面对强势的西方文化,中华文化要想在世界多元文化中赢得一席之地,就不应该抛弃传统,而应该传承与弘扬优秀的民族文化传统,其中传统节日就是一个非常重要的传承民族文化的载体。在这一方面,党和国家做了不少卓有成效的工作。2005年6月17日,中宣部、中央文明办、教育部、民政部、文化部联合发布了《关于运用传统节日弘扬民族文化的优秀传统的意见》的通知,号召大家尊重传统节日。2007年,国务院经过长期的调研,确定把清明、端午、中秋、春节作为法定假日,并于2008年开始实施,它标志着中国政府对传统节日态度的积极而又重大的变化,也为监狱利用中国传统节日资源教育改造罪犯提供了重要的政策支持。在这样一种背景下,探讨利用中国传统节日教育改造罪犯问题,也许是有一定意义的。

---

① 参见钱彤:《习近平在纪念孔子诞辰2565周年国际学术研讨会暨国际儒学联合会第五届会员代表大会开幕会上强调从延续民族文化血脉中开拓前进 推进各种文化交流交融互学互鉴》,载《中国教育报》2014年9月25日第1版。

② 高丙中:《民族国家的时间管理:中国节假日制度的问题及其解决之道》,载《开放时代》2005年第1期。

# 一、中国传统节日的文化内涵

中国传统节日是在几千年中国文明的历史传承过程中逐步形成的,它既是中华民族传统意义上的文化盛宴,也是中华民族共有精神家园的重要组成部分。纵观中华民族的各种传统节日,大都蕴含着这样几个方面深刻的文化内涵:

## (一) 天人合一

中国传统文化特别强调"天人合一",不把自然和社会看成截然对立的两个世界,而是把天、地、人看成是统一的整体,倡导人与自然的和谐。这在传统的节日里表现得尤为明显,传统节日集中表现了人与自然的相互依存,集中体现了"天人合一"的思想。如万象更新的春节,万物复苏的清明,百虫蛰生的端午,月满如镜的中秋,都为人们提供了亲近自然、融入自然的机会。在节日里,人们可以通过多种活动来建立良好的天人关系,让人们有更多的机会在传统节日里表达尊重自然、敬畏生命、人与自然和谐相处的观念与情感,使先民们与自然保持和谐、协调的关系,使人们与自然和谐相处。具体到监狱对罪犯的教育改造,通过传统节日活动在监狱的开展,也有助于罪犯学会尊重自然、敬畏自然,与自然和谐相处,养成和谐心态。

## (二) 家庭团圆

家庭是每个人的最基本的落脚点。"血脉相连、血浓于水"道明了家庭及亲情在人们心目中的地位。家庭是社会的细胞,假如家庭不和谐、不稳定,就很难实现社会和谐稳定。而中国的传统节日多是内聚性的家庭节日,所谓内聚性就是家庭成员以家庭为精神情感中心[①],实现一种团圆。我们可以看到,中国的春节(含元宵节)、清明节、端午节、中秋节、重阳节等都是家人团聚、长幼同欢的团圆节,家庭团圆是最大的幸福,这是中国传统幸福观的具体体现。中国传统节日不仅有助于家人团聚、交流,还体现了尊老爱幼。例如,春节的时候,晚辈要给长辈送上礼物,祝福新年,同样,长辈在新年也要关爱晚辈,如给晚辈压岁钱,无不体现出家庭亲情。中国传统节日深刻表达着对家庭团圆的

---

① 参见檀传宝:《德育的力量:"北京市德育专家大讲堂"实录》,华东师范大学出版社 2012 版,第 28 页。

期望，有助于家庭伦理的增强。就监狱罪犯而言，尽管由于服刑被迫与家人分离，但其对亲情的渴望相较普通人而言，显得尤为强烈。罪犯与监狱干警的对立身份注定了在对罪犯的教育改造中，无论干警付出多大努力都无法代替亲人的地位。利用传统节日穿插亲情专题教育活动，往往更能触及罪犯心灵，促使其加快改造步伐。如《人民日报》曾报道过这样一个实例[①]：元宵节这一天，在南京女子监狱里，罪犯张某与同是罪犯的妻子见面了。这一天，南京女子监狱为他们准备了团圆饭，连所端上的"狮子头"也改名为"团团圆圆"，寄予着期待夫妻两人共同鼓劲，争取早日出狱实现团圆之意。夫妻俩边吃团圆饭，边谈起20岁的儿子。最令他俩高兴的是，两人都因在改造中表现良好，各获得减刑一年的奖励。当然让张某感到惭愧的是，如此夫妻见面，毕竟有些尴尬，因为属于共同犯罪，夫妻俩各被判处有期徒刑9年，在不同的监狱服刑。张某说，这是他服刑后第二次见妻子。一年前的元宵节，在管教干警的监护下，妻子从南京监狱来到自己服刑的江苏省金陵监狱，和张某在一起，过了第一个不平凡的元宵节。而这次则是张某从金陵监狱来到女子监狱，和妻子在一起过元宵节。据介绍，江苏省金陵监狱与南京女子监狱已经结成伴儿，两座监狱里，夫妻同时服刑的，只要双方积极改造，每年的元宵节都会得到一次夫妻见面的机会。由此可见，利用传统节日（元宵节）所包含的家庭团聚的意蕴促进罪犯改造，在有些监狱已经开始这样做了，并取得了好的效果。它有助于罪犯在狱中继续保持与家人的联系与交流，有助于调动罪犯改造积极性，争取早日出监与亲人相会，真正实现家庭团圆、幸福安康。

### （三）爱国情怀

中国人骨子里有一种"天下一统，四海靖宁"的历史意识，总是拥护国家统一，反对国家分裂。中国人重视统一，还体现在中国人自称"炎黄子孙"，认为大家都是同一个祖先的后代。[②] 而在中国传统节日里，又集中蕴含着丰富的爱国思想和民族精神。春节的团圆是中华民族凝聚力的具体体现；清明节纪念先人、缅怀先烈，有着浓厚的爱国主义色彩；端午节与屈原这样一个重要的历

---

① 参见顾兆农：《铁窗团圆饭——江苏两监狱用亲情感化一对夫妻》，载《人民日报》2005年4月13日。

② 参见赵金刚：《传统文化教育更应注重价值传承》，载《中国教育报》2014年9月24日。

史人物密不可分,他忠于国家的高尚品质,具有很强的历史伦理意义[①];中秋节则寄托了人们无比的乡思,圆月象征民族大团结、祖国统一的内涵。通过对这些节日的纪念表达了人们对国家强烈的皈依感。不少罪犯过去之所以走上犯罪道路,脑子里除了追求一己之私利,不仅没有爱国的认知,也缺乏爱国的情感和行动,甚至出现背离祖国的可耻行径。通过传统节日的爱国养料,对于他们走出私欲囹圄,形成爱国思想,迈向新生是有明显帮助的。

### (四)人际和谐

习近平指出,中华文化崇尚和谐,中国"和"文化源远流长。以和为贵,与人为善,己所不欲、勿施于人等理念在中国代代相传,深深植根于中国人的精神中,并且深深地体现在中国传统的节日里。中国的传统节日,虽然其表现形式大多是家庭聚会,但它不仅仅局限于家庭,而是由家庭向周围和更大范围扩展。以春节拜年为例,虽然先是家族内部互拜,但是逐渐拜邻里、拜朋友、拜同事、拜社区,甚至远在千里也要通过电话或短信表达节日祝福。人们把合家欢聚扩大为全社会同乐,营造出了一种全社会人际和谐的氛围。传统节日中重亲情、重人际和谐,对于化解人际关系的不和也是一剂很好的良药。例如,有的邻里之间关系在过去一年可能不大和睦,但在过年时见了面总要问声"过年好",这句话犹如春风拂面能把以往的心结解开,使心中的阴霾散去,这就是传统节日的功效,给人们提供了相互沟通、表达友善的机会,有助于增进人际和谐。罪犯之所以犯罪,往往在与他人的关系上出了问题,自我中心、我行我素,最终走上损人利己的犯罪道路。而传统节日中蕴含的丰富的人际和谐养分,对于罪犯走出"以自我为中心"的藩篱,学会尊重他人、与人和谐相处都是有益处的。

### (五)向往美好

中国传统节日无论是亲近自然还是渴望团圆的习俗,无不寄托了人们对美好的向往,节日期间,人们祈求风调雨顺、五谷丰登、国泰民安、合家欢乐、事业兴旺,反映了人们对家庭幸福安康、国家繁荣昌盛的期望,寄托了人们对未来的期盼,体现了人们贵和尚美的憧憬与追求。罪犯之前往往没有远大志向,

---

① 参见钟敬文:《节日与文化》,人民日报出版社1990版,第54页。

没有美好追求,往往沉溺于低级的追求之中,以至于"理想理想,有利就想,前途前途,有钱就图",最终走上犯罪道路受到法律制裁。为了把他们从低级的追求中拯救出来使之向往美好,有一个新的开始,其中利用传统节日资源教育罪犯是一个抓手,它可以使罪犯在潜移默化中净化消极的东西,形成向往、追求美好的积极向上的情感。

以上所述的中国传统节日的这些文化内涵,是中国人共同的精神家园和共同的文化心理,也是监狱教育改造罪犯的丰富文化内容和精神养料,我们应加以有效开发和利用,更好促进罪犯改过自新。

## 二、中国传统节日对罪犯教育改造的功能

中国传统节日是一个综合性的文化载体,积淀着民族的信仰、伦理、情感,留存着独特的民族文化记忆。是对罪犯进行教育改造的宝贵资源,是加强和改进罪犯教育改造工作的强有力载体,在监狱特别是日常教育改造工作中引入中国传统节日的宝贵资源,可以积极发挥以下功能:

### (一) 引领功能

中国传统节日源远流长,具有深厚的历史文化积淀。监狱结合传统节日,通过举办一系列活动,可以引领罪犯自觉遵循监规以及社会规范,践行伦理道德。通过传统节日活动的引领,可以使罪犯逐渐摒弃以往的与社会的主流价值观念相悖的消极、腐朽的价值观念,认同社会的主流价值观念,并在服刑期间乃至回归社会后都能自觉地维护这些价值观念,最终使传统节日所蕴含的积极、健康的价值观念、行为规范和传统美德在罪犯身上得到内化与升华。

### (二) 约束功能

传统节日是社会价值体系和规范体系的体现,传统节日中的各种礼仪、仪式,实质上是一种行为约束。传统节日要求所有的人都要遵循约定俗成的伦理关系和遵守其内在的行为规范,这对于罪犯的思想和行为改造会产生极大的约束作用。罪犯大都法律道德意识淡薄、行为乖张、放荡不羁,对他们当然需要采取强制的硬性约束,需要严格的管控。但与此同时,也需要一种软性的约束,传统节日"是一种无声的命令,不是法律的法律,不是纪律的纪律",不论地位

高低，不论贫富聪愚，都得遵守，否则就会受到他人的奚落和周围无形的压力。这样比单纯的说教和行为管束在某种程度上更便于被罪犯接受和认同，具有更高的实效性。

### （三）调节功能

罪犯在监狱服刑，自由被剥夺，与亲属的联系也极为不便，而人作为感情的动物，对亲情的依恋和向往总是萦绕脑际，挥之不去，甚至"每逢佳节倍思亲"，但由于条件所限，与亲人团聚更是一种奢望。在这种情况下，罪犯更容易产生心理压力，如果这种压力得不到很好的排解和释放，不仅会使罪犯产生不同程度的心理障碍和心理疾病，而且会因为一时想不开而作出极端的行为，或者企图越狱，攻击他人，或者以自杀的方式来了结自己。而通过传统节日作为罪犯在监狱日常生活的调节点，可以有效地排解和释放其内心的情感，使之从消极的情绪中解脱出来，积极投入改造，争取早日走向新生。特别是有条件的监狱利用节日创造罪犯与亲人团聚的机会往往更能调节罪犯情感，产生非同一般的效果。例如，上海市新收犯监狱于2013年首次在中秋佳节组织同在新收犯监狱服刑的新收罪犯亲情会见。新收犯监狱在对新入监罪犯排摸了解时发现，有11对罪犯存在直系血缘关系，其中父子3对、兄弟8对。按照上海市监狱系统关于罪犯"分押分管"的相关规定，原本这些人是不允许会见的，但是监狱方面从人文关怀的角度出发，又值中秋这一传统节日，经过请示上级获准同意后，决定举行一次特殊的会见。这种特殊会见，体现为会见时间特殊、会见场面特殊、会见情形特殊。平常的罪犯家属会见，只局限于罪犯和在社会上的亲属之间，但这一次大墙内的会见，不少罪犯自从庭审后第一次和家人见面。见到亲人的一瞬间，有的抱头痛哭，有的欢欣鼓舞，场面十分感人，更能在内心深处给罪犯以震撼，对于稳定罪犯情绪，促其改造有更深远的意义。该监狱表示，只要条件允许，这样的做法会形成一种长效机制，延续下去。[①]像上海市新收犯监狱这样的做法，对于调节罪犯心态，激发改造积极性无疑会产生特有的功效。

---

[①] 参见周柏伊：《月圆中秋，11对同处大墙内的亲属服刑人员实现特殊会见，父子含泪相约好好改造》，载《上海新闻晚报》2013年9月22日。

### (四) 凝聚功能

传统节日经过千百年来的代代相传，已经牢牢地扎根于中华民族精神与文化的土壤中，而且已成为增强炎黄子孙凝聚力的重要载体。传统节日以其生动活泼、寓教于乐的形式为人们所喜闻乐见。历经千百年，这些传统的节日依旧能够吸引海内外中华儿女广泛参与并共享欢乐，此时的民族认同感、民族凝聚力无疑得到了滋长并强化。积极组织罪犯参与到传统的节日的活动中，让他们在潜移默化中接受熏陶，无疑有助于增强透明度、民族认同感，为自己曾堕落为炎黄的不肖子孙而感到羞愧，为成为一个中华好儿女、中国新公民而积极改造。

## 三、利用中国传统节日教育改造罪犯的几条思路

尼采说过，一切神圣的东西都是轻轻地走的。这句名言，用在中国传统节日上也是如此。对于中国传统节日，我们每一个中国人都应该有一颗"敬畏的心"，应该用自己的方式向传统节日表达敬意。具体到监狱教育改造工作，也要把这种敬意体现在善于利用传统节日教育改造罪犯，特别是面对新的形势以及加强和改进罪犯教育改造工作新的要求，更需要监狱及干警利用中国传统节日教育改造罪犯，以增强教育改造罪犯的有效性。而如何利用中国传统节日教育改造罪犯，这里提供几条思路。

### （一）根据传统节日的时间普及节日知识

按理说，传统节日无须教化，但因为近现代百年史发生了很大变化，甚至在较长时间社会主流观点把传统节日作为旧的、落后的文化现象予以批判，认为是应该抛弃的东西，加之改革开放以来西方的传统节日的引入对新生代有更大吸引力，另外罪犯大都文化知识浅薄，对传统文化或者是无知，或者是一知半解。所以，监狱应该利用有代表性的传统节日做好传统节日的知识普及。如通过办讲座、出板报、出小报、放视频等方式告诉他们怎样去看待、过好这些节日，告诉他们不仅西方的节日吸引人，中国的传统节日也很有魅力，更具有本土性、民族性和特色性，使之对传统节日有一个正确而全面的了解。

## （二）结合罪犯改造特点突出节庆主题

传统节日作为中华民族的优秀传统的重要载体，要结合罪犯改造特点，突出节庆主题。在我国众多的传统节日里，春节、清明节、端午节、七夕、中秋节、重阳节最具有广泛性和代表性，是我国最重要的民族传统节日。结合罪犯改造特点，在春节期间，要突出辞旧迎新、告别昨天、走向新生的主题；清明节期间，要突出纪念先人，缅怀英烈的主题；端午节期间，可以播放屈原事迹的影视，突出爱国主题；七夕可以突出男女之间的情感忠贞、抨击喜新厌旧的主题；中秋节可以突出努力改造，争取早日与家人团圆的主题；重阳节可以突出感恩父母、敬老孝亲的主题等等。围绕节日主题，以增强改造针对性，从而使罪犯受到实实在在的教益。

## （三）摒弃落后的风俗习惯，将传统节日文化精华发扬光大

应该看到，传统节日毕竟都是产生于物质生活和生产力发展水平相对落后的古代，或多或少带有一些封建迷信的色彩，如在春节期间，大年初一至初三不许倒垃圾，怕倒掉财气，忌讳摔坏东西等等。另外，随着科学的发展，如果传统节日中的端午节的"粽叶"里老包着一成不变的旧核，就很难对人们包括罪犯产生吸引力。因此，传统节日要与时俱进，摒弃一些不良的落后风俗习惯，而将其文化精华发扬光大。同时，作为民族标志象征的具有文化遗产价值的重要节日文化，如民间的剪纸、年画、戏剧、皮影等等要作为文化遗产传承保护，并进行创新，只有赋予传统节日以新的时代和文化内涵，以创新的精神发展传统节日文化，才能更好地为罪犯所喜爱，产生更好的效果。

## （四）注重传统与现代相结合，给传统节日注入新的时代元素

在新的时代背景下，监狱在组织传统节日活动时，既要保持节日的传统气息，又要对传统节日进行创新，不断注入新的时代元素，赋予现代意义和时代气息，如将社会主义核心价值观对个人层面所倡导的爱国、敬业、诚信、友善予以结合，这样才能使传统节日真正"活"起来，才能在监狱落地生根、破土发芽。在信息化时代，要推进传统节日与现代网络技术结合，利用移动信息服

务、数字远程教育和数字娱乐化产品开展节日文化活动。① 另外，要善于借鉴和吸收西方节日文化中的优秀因子。现在不少青少年包括青少年罪犯喜欢洋节，在某种程度上是因为洋节比较新颖、娱乐味浓，这对于监狱在传统节日的组织宣传上是值得思考和借鉴的。通过借鉴和吸收，可以增强传统节日对罪犯的吸引力和感染力。

革命导师列宁说过，"忘记历史就意味着背叛"。中国传统文化中的不同的有代表性的节日，都承载着不同的文化内涵，蕴含着丰富的教育资源，不宜有所忽视甚至忘记。监狱及干警要注重并善于利用中国传统节日对罪犯进行教育，让罪犯在传统节日中汲取有益营养，化为改造动力，激发改造活力，以更好地成为具有适应社会能力的守法公民。

（原载《司法警官学界》2015年第1期）

---

① 参见杨文锋、许建队：《重视发挥传统节日文化的教育功能》，载《政工学刊》2009年第3期。

## 监狱民警如何在读书中改变自己、改造罪犯

一提到监狱民警,在旧时代被称为狱卒,给人们的印象很差,凶狠、野蛮、残暴、贪婪,与读书人根本搭不上边。而新中国成立以后监狱民警的名声开始好转,因为除了其自身的奉献实绩,国家先后还冠以了劳改工作干警和监狱人民警察的称号。特别是从20世纪80年代凸显监狱教育的职能以来,从中央领导到媒体以及相关部门,把监狱民警称为"改造罪犯灵魂的工程师""教育罪犯的特殊园丁",从这个意义上看,读书似乎与监狱民警的职业生涯有那么些联系了。因为道理很简单,作为监狱民警,要想改造罪犯,就得先要改变自己,也只有先改变自己,然后才能改造好罪犯,这也和教育界人们常说的"教育者总是要先受教育的""要给别人一碗水,自己就要储备一桶水"的道理大体一致。而这个"先要改变自己""先受教育""储备一桶水"显然离不开读书这个汩汩源泉。读书是监狱民警最好的修炼之一。只有使监狱民警在读书中培植自己的改造罪犯理想和情怀,在读书中构建自己的知识体系,让读书成为自身的一种生活必须和习惯,才能从根本上提高自己的职业素养和风范风采。正如有人说,一个人的精神发育史就是他的读书史。读书也许不能改变监狱民警人生的长度,但可以改变人生的宽度和厚度,能增添监狱民警的神韵、清澈监狱民警的心灵、丰盈监狱民警的智慧。而这样的监狱民警无疑是服刑罪犯学习和模仿的榜样,无疑能净化罪犯的灵魂,更好地促进罪犯改过自新,最终翻转出新的人生。

下面想就有关监狱民警如何在读书中改变自己、改造罪犯谈几点认识。

监狱民警如何在读书中改变自己、改造罪犯

## 一、现在的监狱民警为什么不喜欢读书?

前面说过,既然监狱民警是"改造罪犯灵魂的工程师""教育罪犯的特殊园丁",那么,读书对于监狱民警似乎是天经地义的事情。当然我们不排除有一些监狱民警还是很喜欢读书的,但摆在我们面前的事实是:喜欢读书的监狱民警越来越少。

笔者认为,这里有四个问题:一是从大环境来看,读书问题已成为中华民族面临的最严重的问题之一,从整体上看,我国的整体读书水平在下降。单就购书量上看,中国人平均每人每年3.5本,美国、日本和以色列分别为34、40和47本,大约是我们的十倍。[1] 另外,据中国出版研究所举行的第四次"全国国民阅读调查"结果显示:从1999年到2005年,我国国民阅读率每况愈下:1999年60.4%,2001年54.2%,2003年51.7%,2005年48.7%。[2] 这个阅读率近些年似乎没有什么根本改变,反映了人们对读书主要是文本阅读的亲近感越来越差了。在这种大环境下,也难免不少监狱民警变得不喜欢读书,也就更谈不上养成良好的读书习惯了。二是有些监狱民警的精神状态出了问题。他们觉得一天到晚在看不见的战线工作,与罪犯打交道,而且时时承担着监管安全的压力,对这种既枯燥乏味又带有高风险的工作实在是提不起兴致,久而久之,甚至变得麻木与冷漠,也不知道书为何物,甚至有些人一拿起书就瞌睡就头痛。三是有些监狱民警不喜欢读书,更多的是他们在繁重的工作、生活压力下,本能地启动生理、心理的调衡机制,以免耗能过多,免疫力下降,让身心遭到疾病的侵扰。换句话说,读书需要一个美好的生命状态。让一个身心疲惫的人体会"读书是一种享受,是一种幸福",除非有孔子的弟子颜回那么高的觉悟,"一箪食、一瓢饮,在陋巷,人不堪其忧,回也不改其乐",而对大多数人来说,则是一件可望而不可即的美事。四是与目前的干警评价机制有关。应该说,人的竞争意识与适应环境的能力是与生俱来的,不少监狱民警之所以不读书,与评价机制也息息相关。目前的岗位本身就是越往上走,就越少,竞争难度也在加大。

---

[1] 参见曹洪敏:《教而思教》,北京师范大学出版集团、北京师范大学出版社2009年版,第29页。

[2] 转引自施麒俊:《一个人的教育视界》,安徽教育出版社2008年版,第249页。

而在当下的升级提职的管理机制中，在看似公平的逐条量化之下，却指向了淡化读书的方向。干警的升级提职关乎其个人利益和荣誉感，除了极少数心灰意冷或洒脱超越的民警，绝大多数人还是很在意的。然而僧多粥少，竞争随之而来。在升级提职及与之紧密相连的各种荣誉中，最为关键的是监狱或监区的评价，换句话说，是监狱或监区领导的评价。现实情况下，大多数监狱或监区对民警的评价还是很单一的，在保证不出事故的前提下，能领会上级意图、把安全做到位、生产指标提上去的就是好民警。因此，不少民警就在一门心思揣摩领导所想、做好表面文章，在多挣钱上下功夫。难免把书本丢在一旁，或摆几本书放在办公室的书架上装装样子。久而久之，也就忘却了世界上还有一种叫做书的精神食粮。

那么，要想解决监狱民警不喜欢读书的问题，作为更高的层面以及监狱领导或民警个人，要从原因入手，对症下药。一是提高对读书的认识，从国家层面，通过各种宣传，使广大公众认识到，在一定意义上说，"一个民族的精神发育水平，在很大程度就是取决于这个民族的阅读状况"①。"一个不读书的民族，是没有希望的民族。"② 综合国力的竞争归根结底是教育的竞争。从某种意义上说，教育的竞争也正是读书的竞争。如果我国的国民整体阅读素质状况得不到改变，未来中国又怎能与他国竞争？又怎能长久保持崛起的速度？③ 这就要求在全社会营造喜欢读书的环境和氛围。令人欣喜的是，2014年、2015年连续两年李克强总理把"全民阅读"放入了《政府工作报告》中，相信在政府的推动下，全民阅读能够形成一种良好氛围，相信监狱民警在这样的大环境中会情不自禁地拿起书本，使自己的精神生活更加丰富，并逐渐养成读书的习惯。二是作为监狱民警，要树立一种正确的职业观，要把职业当事业来干，从中挖掘这一事业本身的价值，不是做工作的奴隶，而是做工作的主人，为了追求工作的卓越而投入全部身心。有了这样一种精神状态，自然就会产生求知的冲动、读书的需求。三是作为监狱领导及有关部门，要尽可能创造好的物质条件，真正

---

① 全国政协委员朱永新语，转引自施麒俊：《一个人的教育视界》，安徽教育出版社2008年版，第2256页。

② 苏联作家布罗茨基语，转引自曹洪敏：《教而思教》，北京师范大学出版集团、北京师范大学出版社2009年版，第30页。

③ 参见曹洪敏：《教而思教》，北京师范大学出版集团、北京师范大学出版社2009年版，第30页。

做到从优待警。给他们创造一个舒心工作的环境，便于他们能够有更多时间和精力读点书。与此同时，作为监狱民警，即使在工作压力大的情况下，也要学会自我调节，培养一定的兴趣爱好，其中包括要尽可能挤出时间来读书。虽然颜回那么高的境界一般人达不到，但"高山仰止，景行行止，虽不能至，然心向往之。"学一点精神还是可以做得到的。鲁迅先生说过，我把别人喝咖啡的时间都用到学习上来了。其实在今天与以往比，监狱民警可以支配的时间还是有很多的。可是有些人即使有时间，也总是沉溺在电视电影、各种聚会、各种游戏、电子娱乐上去了，不想在枯燥的读书上费脑子。因此，当有些人抱怨工作累、压力大，也需要调整一下思路，是不是压力大到、工作累到拿不动书的程度，是不是为自己不愿读书找借口。四是作为监狱领导及有关部门，要在民警队伍中营造一种读书氛围。领导干部要带头读书，要举办各种读书会、报告会、读书沙龙吸引人们参加，要定期推荐一些好书供干警参考，要评选读书标兵，要把读书与使用结合得好的同志作为提职晋级的重要人选，使全监上下飘满书香，形成以读书为荣、不读书为耻的良好氛围。

## 二、现代监狱民警为什么需要读书？

从大的时代背景来看，21世纪学习型社会的到来，使终身教育成为走向新时代的一把钥匙，监狱民警也不可能置身世外。监狱民警作为改造罪犯灵魂的工程师，必须首先接受教育，读书无疑是监狱民警终身教育最常规也是最有效的形式。而读书的最大好处是给了人们思想，并有助于形成人们自己的思想。思想或观念是监狱民警对罪犯实施改造背后的价值取向，制约着监狱民警的监狱改造行为，决定着监狱民警对监狱工作的态度及倾向，影响着监狱改造实践活动的进程与效果。树立正确的监狱思想观念，是监狱工作的灵魂，反之，监狱民警一旦在思想观念上出了问题，无论其在专业上有多高的造诣，也无法弥补因观念上的偏差而给罪犯改造带来的不可挽回的后果。

苏联教育家苏霍姆林斯基说过："每天不间断地读书，跟书籍结下终身友谊。潺潺小溪，每日不断，注入思想的大河……"[1] 只有这样，才能修炼出属

---

[1] 转引自曹洪敏：《教而思教》，北京师范大学出版集团、北京师范大学出版社2009年版，第24页。

**守望与超越**
变革时代下监狱理论与实践探析

于自己的,从自己心灵深处产生的、焕然一新的观念,而观念更多地表现出一种思想。失去了思想,就等于失去了脊梁。被青年知识分子奉为偶像的"新东方创始人"、市值50亿美元的上市公司老总、全国政协委员俞敏洪在给东南大学学子演讲时说过,"我有很好的读书习惯,每天再忙,读书不能少于50页。我什么书都拿来读,这样多种思想冲击碰撞以后,你才会通过自己的独立思考形成自己的世界观、人生观、价值观,你就能成为世界上优秀思想的集大成者。只有书中的思想才能够引导你走向未来。"[1] 这都说明了读书与思想或观念的联系之紧密。作为一个现代监狱民警,所从事的是改变罪犯思想,引领他们告别昨天、面向未来、走向新生的事业。在笔者看来,现代监狱民警的核心特质表现在,他的思想或观念是否与这个世界、与监狱里每一个亟待挽救、重返自由的鲜活的生命血脉相连,并把改造罪犯成为守法公民,不再重新犯罪放在首要位置。在新形势下,监狱民警至少要树立"以改造人为宗旨"的监狱观;树立"罪犯是可以改造的"的改造观,树立"做好大墙内的改造工作,为大墙外千家万户保平安"的价值观;树立"把刑释人员重新犯罪率降到最低限度"的改造质量观等等。要使自己树立正确的监狱思想观念,同时与监狱工作实际紧密结合,并不断更新以更好地指导实践,其中离不开广泛深入的读书及思考。如果不加强读书,被旧有的思想观念所束缚,甚至还在自己封闭的世界里自以为是,对外面的世界保持封闭和无反应的保守状态,那将是十分可怕的。

从能否胜任当今监狱改造罪犯的工作来看,一个现代监狱民警必须要有良好的专业素养,这无疑离不开读书。通过书的滋养,他可以保持内心敞亮,知道自己在专业上的追求方向,努力成为一个有专业素养的监狱民警。有专业素养的监狱民警一定是一个有专业执法素养、专业伦理素养和专业能力的人。从专业执法素养来看,他能够做到执法公正,稳稳托着执法天平,恪守法律面前人人平等的铁律,刚直不阿、不徇私情;从专业伦理看素养,现在它已为不少行业所忽视,为了利益,伦理底线一再被降低。作为监狱民警,通过书本的滋养,他可以在自己的精神天地不为外界所干扰,坚守良知、甘于奉献,在罪犯改造中,切实把罪犯当人看,寻找人性、呵护人性、壮大人性,使之最后真正成为拥有人性的新人。再从专业能力看,监狱民警的专业能力在改造人这一广

---

[1] 转引自吴俊:《俞敏洪:书本引领我走出自卑》,载《扬子晚报》2015年4月5日B2版。

阔舞台上体现在多个方面，如关爱的能力、管控的能力、沟通的能力、思辨的能力、处理突发事件的能力、写作能力等等。现在从上级要求到基层已形成了这样的共识：能够做到"收得下、管得住、不出事"不过是一个监狱民警最低限度的专业能力要求，高要求是，在读书中扩展监狱改造视野，练就改造人的"十八般武艺"，让更多罪犯通过改造重返社会。

## 三、现代监狱民警应该读什么书？

在笔者看来，作为现代监狱民警，应该有读书意识，从读书的视域来看，所读之书，当分两类，一类为"有字书"，一类为"无字书"。

先说"有字书"。所谓"有字书"，专指记载人类精神财富的书籍（现在当指纸质书籍和电子读物）。读书是现代监狱民警扩展视野、训练思维、涵养胸襟的重要途径。在新时代，监狱民警要适应新的形势发展的需要，就要既博览群书，又要有精深的专业方向。涉猎广泛，可以使自己的专业成长有更多更广的智慧支持。而精深的专业读书，使自己成为行家，从而更好地把罪犯引向新的人生之路。从读书的层面来看，现代监狱民警至少应有"为人生"和"为专业"两个层面的读书。当然，这两个层面并非互不搭界，而是彼此相关的。

"为人生"的读书，这是基于认识人生、适应人生、创造人生、提升人生品质的读书。这个层面上的读书，可从哲学、伦理学、宗教学、生理学、人类学、心理学、社会学、历史学、文学作品、自然科学普及读物以及国学选本等书籍入手。英国哲人培根说过："读史使人明智，读诗使人灵秀，数学使人周密，哲学使人精邃，伦理使人庄重，逻辑修辞使人善辩。"这是很有道理的。另外，有人对中国国学中的儒、道、佛三家十分推崇，将其提炼为"以佛修心，以道养生，以儒治世"。"以佛修心"是从名利和贪欲中解脱出来；"以道养生"是道法自然、顺应自然；"以儒治世"是用儒家经世致用之学来修身齐家、治国平天下。概括起来，就是以出世之心对待入世事业，以看淡名利的心来对待入世的事业。如果联系监狱民警的思想实际，通过读书，可以帮助监狱民警解决人生困惑，拓宽人生之路，使自己变得更加聪慧、睿智、豁达、洒脱、从容、自信。

"为专业"的读书，是基于获得监狱改造常识、学识与见识，有益于丰富思想，提升监狱改造素养的读书。一个人最佳的知识结构，应该以自己所从事的职业和专业为本。监狱工作的职能是惩罚与改造罪犯，以改造人为宗旨。因此，

> **守望与超越**
> 变革时代下监狱理论与实践探析

　　作为监狱民警，就要围绕自己的职业和专业拓宽专业知识面和进入深入专业阅读。不仅要深刻学习领会国家颁布实施的有关监狱法律法规，党的监狱工作方针政策，还要学习法学（刑法学、刑事诉讼法学）、监狱学（包括各分支学科如监狱基本原理、罪犯教育学、狱政管理学、罪犯劳动改造学、中外监狱史、监狱信息技术等）以及阅读相关的专著、杂志等书刊。作为一名现代监狱民警，要透彻地懂得自己应掌握的专业学科，不仅要掌握专业教科书以及专著、论文里包含的现有的知识，还要了解该学科最新研究成果和发展趋势，这是在实践中取得最佳改造效果的基本保证。因为，学问对于求索者是公正的，谁付出的劳动多，谁的收获就大。

　　总之，不管是"为人生"的读书还是"为专业"的读书，其目的都是为了走好人生正道，做一个德才兼备的人，把所从事的事业干得红红火火。读书要防止漫无目的，要带着问题读，同时要讲究方法，如有人曾有这样一个妙解可供参考：读书，能读其厚，以增知识；能读其薄，以阅经典；能读其透，以明道理；能读其破，以悟得失。① 这几句话还是对人有所启发的。监狱民警的读书，也应善于将书"读厚""读薄""读透""读破"，读出精髓，更好地为我所用。

　　再说"无字书"。诚如丁学良教授所言，天下即为一本值得我们咀嚼一辈子的"无字书"。对于现代监狱民警而言，我们不仅要会读"有字书"，还要在读好"有字书"的基础上，延伸到读好"无字书"，这至少应该包含以下两个方面的内容：

　　一是读懂我们的时代，汲取现代人所必需的基本营养。当今社会，处于急剧转型阶段，经历着"从传统社会向现代社会，从农业社会向工业社会，从封闭性社会向开放性社会的社会变迁和发展"②。在这一过程中，社会经济成分、组织形式、就业方式和分配方式日益多样化。与"四个多样化"的社会存在相对应，在社会意识层面，也呈现出前所未有的一些时代特征，人们长期被禁锢的思想得到前所未有的解放，绝对集体主义价值受到质疑，人们开始认同、接纳甚至崇尚西方个人主义的价值观和市场经济的价值观，自尊、自信、自立、自强的自我意识开始觉醒。同时，在社会竞争与自我压力面前，人们的商品经

---

　　① 转引自凌宗伟：《推动阅读乃教育人之本分》，载《中国教育报》2014年4月3日第9版。

　　② 陆学艺、景天魁：《转型中的中国社会》，黑龙江人民出版社1994年版，第23页。

济意识日益浓厚,竞争意识日趋激烈。伴随自我的张扬,物欲的膨胀、追求的低俗,人们对修身立德和理想主义的价值目标的追求日益衰落,更多的是关注自我、关注物质利益,利己主义、享乐主义及拜金主义逐渐滋生。这是一个转型的时代,也是一个全面建设的时代,特别是党的十八大以来,以习近平为总书记的党中央提出了全面建设小康社会,全面深化各项改革,全面推进依法治国,全面从严治党的战略布局,为我们指明了前进的方向和焕发出了人们内心的强大的正能量。在这样的背景下,作为现代监狱民警,无须消沉,一味随波逐流,而应扪心自问,在一个属于我们的新时代面前,作为罪犯灵魂改造的工程师,我们准备好了吗?如何在新时代面前展示我们新的精神风貌,为新的时代向前发展添砖加瓦。

二是读懂我们身边的人。读人是一门学问,有人曾说,读人,能读其言,方察其学;能读其行,方察其力;能读其貌,方察其性;能读其友,方察其德。[①] 对于监狱民警来说,处于所从事的工作考虑,主要打交道的也无非是单位同事、罪犯、罪犯亲属、自己家人以及亲戚朋友等。读人就是于人情练达与世事洞明处获得专业成长所必需的修养与学问。在监狱改造过程中,作为一个现代监狱民警,特别要注意读懂、读透罪犯这本书。监狱工作是以改造人为宗旨,这个人就是正在监狱服刑的罪犯,监狱的一切工作都离不开罪犯,以各种监狱现象为研究对象的监狱科学的许多分支学科,也不能不把罪犯作为最重要的研究对象。从实际上看,也只有那些与罪犯保持最密切接触的监狱理论家,他们的理论才最接地气,也才最容易受到干警们的欢迎。当年严景耀撰写监狱学专著,甚至冒充罪犯在监狱里与罪犯一起生活。既然监狱理论家们都把研究罪犯提到了重要的议事日程上,那么,直接跟罪犯打交道的监狱民警,难道可以不研究自己的对象吗?当然,监狱民警研究自己管教的罪犯,一般不可能是那种严格意义上说的那种研究,从许多优秀监狱民警的实践经验来看,这种研究或者读罪犯这本书主要是表现在对自己所管教的罪犯都能做到听其言而观其心灵,尤其要善于摸清他们所犯的刑种、刑期、刑因,以及他们的个性特征(包括爱好、长处和短处、气质与性格等),从而做到因人施教,"一把钥匙开一把锁"。而这一工作的最大特征,就是监狱民警能及时预见到某些正要发生而尚

---

[①] 转引自凌宗伟:《推动阅读乃教育人之本分》,载《中国教育报》2014年4月3日第9版。

未出现的问题,用自己的创造性工作来影响改造进程,以避免问题的发生(诸如罪犯脱逃、自杀及其他可能出现的突发事件)。而最终是要把他们改造、转化为对社会有用的新人。

## 四、现代监狱民警应该怎样读书?

现代监狱民警的读书区别于普通读者的地方,最主要的是服务于专业成长,这就决定了监狱民警读书的某些特殊性。而在实践中我们不难发现,有的民警也非常喜欢读书,甚至家中藏书数千,可是可观的藏书量和读书量却没有对他的工作产生大的影响,也看不出他在工作上比别人高出一头。这就说明监狱民警怎样读书还是有探究的必要的。

第一,读书与思考相结合。读书与思考是密切相关的。古人也说过,学而不思则罔。只读书而不动脑筋思考,就会茫然不解。这就无异把自己的大脑当成了别人的跑马场,当成别人思想的容器,这样即使读的书再多,也难以构架起属于自己的知识结构和思想体系。这样的人或许有渊博的知识,但是会显得杂乱无章,也很难在自己的学术或研究领域提出独特的见解。因此,要在读书的过程中勤于思考,要培养反思与质疑的精神,在一边鉴赏中一边建构,最后形成自己的见解。

作为一个现代监狱民警要成为一个读书人是没错的,但是在实践中我们遗憾地发现,并不是每一个喜欢读书的民警都能在监管改造上取得较为出色的成就。笔者认为至少有两个原因:一是该民警的知识结构有问题,没有通过大量的读书改善自己的知识结构,从而使知识结构畸形,制约了自己的专业发展。二是该民警虽然读了不少书,属于专业知识的各个板块的知识也有所涉及,但缺乏思考,尤其是缺乏怀疑和批判性读书的意识和能力,这样读书对自身思想的丰富以及实务工作的影响力就显得有限了。由此可见,读与思考相结合对于现代监狱民警的专业成长是十分重要的。

第二,读书与写作相结合。当下对不少基层民警来说,不会写是一个问题,有的人也不是不想写,但就是写不出。其实,要能够写出东西,特别是对于监狱理论有独到见解的东西,只有依靠思考与读书,肚子里要有货,"腹有诗书气自华",没有这两种必需的储备(主要是读书),监狱理论写作包括其他写作(散文、诗歌、小说)就无从谈起。

在读书中领略的不仅仅是写作方法与表达技巧，还有是与文本进行的精神对话与心灵启迪，这些将融化在读书者的血液里，成为一种精神滋养，让我们的精神愈加丰富，心灵愈加敞亮。这样，在写作中文字也必然是丰富和敞开的，这在很大程度上避免了思想的窄闭和文字上的枯涩。同时，读书视野的开阔可以使监狱理论写作左右逢源，不仅会使文章具有强大的说服力和感召力，而且会呈现出独特的视角，给人耳目一新之感。

对于一线干警来说，大量的、鲜活的监管改造实践是最宝贵的财富，也是进行监狱理论写作的取之不尽的源泉。如果身居宝地而不识其真面目，不作有心人而将这些宝贵资源浪费掉，也就不会有写作素材和灵感，也就写不出什么东西。

第三，读书与科研相结合。读书视野的开阔与否与能否搞好监狱科研关系极大。可以这么说，一个读书视野狭窄或者根本不读书的民警，是没有能力做真正的监狱科研的。

我们可以设想一下没有读书作支撑的监狱科研会是一个什么样子。首先，它很难找到有价值的研究选题。在长期的监管改造实践中，每一个民警都会或多或少遇到一些问题，而这些问题恰恰又是值得研究的科研选题，但是有不少干警往往不能判断哪些是值得当成科研课题来研究的，哪些在实践中凭借经验就可以处理的。因此，许多人无法找到有价值的研究选题，或者确立了研究选题之后，当查找到已有的研究现状时，才发现这个选题已经有了比较丰富的研究成果，而以自己的现有研究实力，是难以超越前人的研究的。之所以出现这样的情况，是科研眼光出了问题，判断不准。那么，眼光与判断力从何而来？在很大程度上离不开读书。

其次，没有读书的监狱科研很难梳理明晰的研究内容，也很难设计恰切的研究方法。选题是课题研究的核心点，围绕这一核心点可以辐射出许多的研究内容，这些研究内容在最初阶段往往互相交叉，在逻辑结构上尚处于相对比较零散的状态。那么，怎么才能去粗取精，把这些看似相对比较零碎的东西筛选出来，组合成彼此关联、最有价值的内容板块呢？这既需要对自己的研究选题有透彻的理解和思考，又要有相对严密的逻辑思维能力。而要做到这一点，很大程度上依赖于平时持之以恒的读书和思考。这样才可以避免少走弯路，直达前沿，一下子就站在一个制高点上。

第四，读书与现场相结合。提起读书，绝不仅仅意味着一个人在房子里苦读。他必须在现场中学习。作为一线监狱民警，不可能像大学生那样在图书馆

> **守望与超越**
> 变革时代下监狱理论与实践探析

读书,更多的时间是在监狱改造的现场。对一线民警来说,至少有四种类型的现场。一是民警自己每天工作的现场。我们能否把自己的工作现场作为读书和反思的对象,让这样的现场日日滋养我们?二是同行的工作现场。这包括其他民警的经验介绍、工作体会。我们能从中学到什么?三是监区、警务组日常工作研究现场。这是民警参加的最日常性的活动,包括例会、专题研讨、读书沙龙等多种活动形式,这样的活动对我们的监管改造工作能力有多大提升?四是各种培训、讲座现场。如何避免"听的时候激动,回去后不动"?同样置身于上述现场中,不同的人收获会大不相同,区别在于是不是有心人,是不是有一种现场学习力。而这种学习力表现为专注力和转化力,就是把现场中有益的资源印在脑海,并转变为自己的工作行为。

第五,读书与享受相结合。也就是提升读书的状态,把它作为一种享受。陶渊明曾有过"好读书,不求甚解,每有会意,便欣然忘食"之语。曾国藩讲过,君子有三乐,其中"读书声出金石,飘飘意远,一乐也"。我国现代著名女作家谢冰莹也说过:"如果是真心想做一件事,无论它再苦再难,我们都甘之如饴,且做来轻松无比。如果是发自内心地欣赏、喜欢一个人,我们便能轻而易举地与对方在心神与言语之间,产生无远弗届的交流。读书,也一样呀!"当然,这种境界也不是一下子就能达到的,需要一个日积月累的过程。而一旦达到这种状态,就会达到一种超越。这种超越会对读书始终充满了一种依赖感,如黄山谷所云:"三日不读书,便觉语言无味,面目可憎。"能让人远离职业、生活的枯燥和乏味,每天通过读书如有源头活水注入,自然会感到是一种享受,以至于达到明代于谦所言的"书卷多情似故人,晨昏忧乐每相亲,眼前直下三千字,胸次全无一点尘"的悠然、超然、淡然的享受境界。

马克思说过,任何时候我也不会满足,越是多读书,就越深刻地感到不满足,越感到自己知识贫乏。让我们以马克思为榜样,好好地读些书吧!通过不断读书,不断明道悟术,改变自己,从而改变罪犯。这种收获也正体现了监狱民警不同凡响的美好人生价值。

(原载《上海警苑》2015年第4期,收入本文集时作了进一步的修改)

第三篇

监狱与美

# 罪犯改造是一门化丑为美的艺术
## ——罪犯改造的美学思考

在监狱工作中，罪犯改造是监狱工作的宗旨。罪犯改造既具有科学性，要遵循规律和规范；又具有艺术性，是一种化丑为美的艺术活动。在罪犯改造过程中，监狱干警需要融入自己的情感，需要运用高超的技巧进行化腐朽为神奇的创造性的工作。而这后一个方面，至今很少为人们特别是从美学的角度予以关注，因此，对这一问题的研讨，也许是有一定意义的。

## 一、罪犯改造作为一门化丑为美艺术的内涵

在艺术创造中，化丑为美的艺术，其强烈的感染力受到许多艺术家、美学家的高度重视。罗丹在《论艺术》中指出："平常的人总以为凡是在现实中认为是丑的，就不是艺术的材料——他们想禁止我们表现自然中使他们感到不愉快和触犯他们的东西，这是他们的大错误。"罗丹又说："在自然中一般人所谓'丑'，在艺术家，或作家，取得这个'丑'或那个'丑'，能当时使他变形……只要用魔杖触一下，'丑'就化成了美——这就是点金术，这就是仙法。"① 尼采也说过："如果要求唯有循规蹈矩的、道德上四平八稳的灵魂才能在艺术中表现自己，就未免给艺术加上过于狭窄的限制。无论在造型艺术还是在音乐和诗歌中，除了美丽灵魂的艺术外，还有丑恶灵魂的艺术；也许正是这种艺术最能达到艺术的最强效果，令心灵破碎，顽石移动，禽兽变人。"② 在这里罗丹所说

---

① 转引自夏桂楣：《美学改变我们》，北京大学出版社 2011 年版，第 265 页。
② 〔德〕尼采：《悲剧的诞生》，周国平译，生活·读书·新知三联书店 1986 年版，第 178 页。

的"点金术"和"仙法",尼采所说的"丑恶灵魂的艺术",都是艺术家能够把生活中的丑,变为艺术中的美。在这种法则中,巴尔扎克在《欧也妮·葛朗台》中,把一个贪得无厌的吝啬鬼老葛朗台,塑造成了世界文学史上的经典人物。莫里哀在《伪君子》中,把一个伪装圣洁的教会骗子答尔丢夫,塑造成了一个沿用至今的"伪君子"的代名词。由此不难看出,生活中本来丑陋的人物,在艺术家手上升华为"艺术美"的典型,这样的情况可以说是俯拾即是。

那么,从罪犯改造的角度看,怎么来理解罪犯改造作为一门化丑为美的艺术呢?

这里先需要对美与丑的本质作一个界定,才能回到我们所讨论的问题。按照马克思主义的美学观,美和丑是实践所孕育和产生的孪生兄弟,社会实践创造了世界,人类的社会实践不仅创造了美,也创造了丑,同时也创造了能够直观、判别美丑的个人即审美主体。①  美的本质是合乎人的本性的存在,是实现或争取人的生命能力自由全面发展的存在;而丑的本质则是人的本性异化了的存在,是残害和压抑他人生命能力自由全面发展的存在。②  而罪犯之所以丑,则是因为他们为了自己生命能力的发展而牺牲他人生命能力的发展,这就不是合乎人的本性的存在。罪犯改造化丑为美的艺术就是要促使罪犯由人的本性异化的存在转变为合乎人的本性的存在。

我们提出罪犯改造是一门化丑为美的艺术。从艺术的角度看,罪犯改造和艺术具有许多一致或相似之处。首先,罪犯改造具有艺术的内涵。关于"艺术"一词,一般有两种含义:一是指用语言、动作、线条、色彩、音响等不同手段构成形象以反映社会生活,并表达艺术家思想感情的一种社会意识形态。音乐、绘画、雕塑、舞蹈、文学、戏剧、电影、电视剧等都是艺术的具体形式。二是指富有创造性的方式和方法。人们常说的管理艺术、领导艺术、教育艺术等,就是在这个意义上使用"艺术"这一概念的。艺术的上述两层含义,也适应于罪犯改造,罪犯改造是一种两者兼具的特殊的艺术。具体表现在:一方面它要运用语言、动作、图像、音响等艺术手段来表达特定的改造内容和监狱干警的思想感情;另一方面其工作方式、方法灵活多样,富有创造性。

---

①  转引自夏桂楣:《美学改变我们》,北京大学出版社 2011 年版,第 265 页。

②  参见〔德〕尼采:《悲剧的诞生》,周国平译,生活·读书·新知三联书店 1986 年版,第 178 页。

其次，罪犯改造与艺术的对象相似。艺术的对象是以人为中心的社会生活。各类艺术所关注和表现的焦点是人，是人的命运、人的内心世界或人与人之间的关系。罪犯改造的对象也是人，是正在监狱服刑接受惩罚和改造的罪犯，罪犯改造和艺术都要受对象的制约，都必须很好地观察、了解和把握对象。

最后，罪犯改造与艺术具有相似的功能。艺术主要有三个功能，即认识功能、教育功能和审美功能。认识功能是指人们通过艺术鉴赏活动，可以认识自然、社会、历史和人生；教育功能是指人们通过艺术鉴赏活动，受到真、善、美的熏陶和感染，引导人们正确地理解和认识生活，形成具有真、善、美相统一的高尚人格；审美功能是指通过艺术欣赏活动，使人们的审美需要得到满足，获得精神享受和审美愉悦。而通过罪犯改造，可以使罪犯提高思想觉悟，提高他们认识客观事物的水平，即罪犯改造活动的认识功能；通过教育可以转化罪犯思想，增长其知识，培养其技能，增强其体质，即罪犯改造活动的教育功能。同时，高水平的罪犯改造活动，不仅具有认识和教育功能，而且具有审美功能，可以使罪犯得到精神愉悦和审美水平的提高。由此可见，罪犯改造与艺术在功能上具有相似的地方。

那么，罪犯改造作为化丑为美艺术究竟是一门什么样的艺术呢？概括地说，罪犯改造化丑为美的艺术，是指监狱干警在罪犯改造过程中遵循罪犯改造和艺术的规律，创造性地运用各种改造手段所体现出来的具有改造意义和审美价值的罪犯改造活动。为了进一步说明这个定义，可以作进一步分析。首先，罪犯改造要遵循改造规律和美的规律。罪犯改造作为一门化丑为美的艺术要体现极大的创造性，是监狱干警创造性工作的产物。但是，这种创造并不是随心所欲的，而是有规律可循的，做人的心灵改造工作，不仅要遵循罪犯改造的特有规律，也必然要遵循美的规律。马克思说："人也按照美的规律来构造。"① 马克思这里所讲的虽然是物质生产，但它实际上也同样适用于人类的精神生产。罪犯改造作为人类精神生产的特殊重要领域，当然也要按照美的规律来进行，使之符合美学要求。其次，罪犯改造要借助于改造形式来完成，它要依托语言、动作、线条、图像，乃至音响、色彩等多种多样的改造形式。再次，罪犯改造具有创造的特质。如前所说，创造性是任何艺术的基本品质，罪犯改造也不例外。做人的转化工作要因人而异，要体现出极大的创造性，这样罪犯改造作为

---

① 马克思：《1844年经济学哲学手稿》，人民出版社2000年版，第58页。

一门化丑为美的艺术才能不断保持活力。最后，罪犯改造具有审美价值。不能给人以审美感受的东西，就称不上艺术。同样的道理，不能给罪犯带来审美感受的也不能说是化丑为美的艺术。而罪犯改造化丑为美艺术所体现出的形象性、情感性和愉悦性，会使罪犯在美的熏陶中实现蜕变，走向新生。

## 二、从美与丑的关系着眼看罪犯改造作为一门化丑为美艺术的必然性

罪犯改造从行刑的角度来看，它是一种刑罚执行的活动，但从美学的视角，从把罪犯改造成为新人的角度看，它又充满了艺术——它是一门化丑为美的艺术。为了说明罪犯改造作为一门化丑为美艺术的必然性，我们从美与丑的关系着眼进行探讨。

第一，从美与丑的相互依存来看。毛泽东说："真的、善的、美的东西总是同假的、恶的、丑的东西相比较而存在，相斗争而发展的。"[1] 这里所说的相比较而存在，就是指这两个方面的相互依存性。的确，美不能离开丑而存在，丑也不能离开美存在。因为两者是相对而言的。对于这一点，从古到今，不少人都有共同的认识。晋代的葛洪说："不睹琼琨之熠烁，则不觉瓦砾之可贱；不觌虎豹之或蔚，则不知犬羊之质漫。聆白雪之九成，然后悟巴人之极鄙"[2]。这句是说，美玉之美与瓦砾之丑，虎豹之美与羊犬之丑，《阳雪》之美与《巴人》之丑，都是相比较而存在的，唯有将二者参照比较，其美其丑才越是彰显。法国作家雨果说："……万物中的一切并非都是合乎人性的美，……丑就在美的旁边，畸形靠近着优美，粗俗藏在崇高的背后，恶与善并存，黑暗与光明相共。"[3] 这也同样说明美与丑是彼此依傍，难以分开的，丑由美而彰显，美由丑而昭著。很显然，推而广之，在社会上，有穷凶极恶的犯罪分子作案，就有英勇的公安干警将其擒获；在监狱，有形形色色的罪犯企图与狱方较量，就有机智的监狱干警粉碎其图谋。前者象征丑，后者象征美，美与丑就这样相伴而生、相依而存。当然，我们说美和丑是相对而言的，并不等于说美和丑只有相对性。

---

[1] 《毛泽东选集》第 5 卷，人民出版社 1977 年版，第 390 页。
[2] 《抱朴子·外篇·广譬》。
[3] 伍蠡甫主编：《西方文论选》（下），上海译文出版社 1979 年版，第 183 页。

如果把美与丑仅看作只有相对性，就会流于相对主义而抹杀了美与丑的本质区别。我们认为，美与丑既是相对的，又是有规定标准的。这个标准就是我们前面所说的，美是合乎人的本性的存在，而丑则是人的本性异化了的存在。如果脱离了这一点研究丑，也可能罗列一些丑的现象，但却无法触及丑的本质。

第二，从美与丑的相互斗争来看。当我们在追溯美和丑的产生根源时，找到了它们的共同"母亲"——人类的实践，而人类的实践则不仅有生产斗争的实践，还有阶级斗争的实践以及科学实验的实践，但是无论哪种实践可以说都是除丑扬美、变丑为美、化丑为美的过程，也就是美与丑的相互斗争并最终以美战胜丑的过程。例如，在生产斗争中生产工具的变革、生产成品的更新等等，固然与提高生产力、改善人的物质生活水平息息相关，但这里美的规律也在起着很大的作用。历史上青铜器代替石器、彩陶代替黑陶、织布机代替纺车、电动机车代替蒸汽机车，所有这些都决不仅仅是工艺上的革命，而且也是美对丑的革命。阶级斗争也如同生产斗争一样，不仅是社会发展的必然规律，而且也是遵循美的规律而发展的。通过阶级斗争，一些阶级胜利了，一些阶级失败了，一种社会制度代替了另一种社会制度，这本身也就是美战胜丑的过程。封建主战胜奴隶主、资产阶级战胜封建贵族、无产阶级战胜资产阶级，这其中的每一次胜利都是朝着人类历史的胜利进军，是人性朝着自由全面发展的方向的进军，是向美的王国的进军。这也就是说，奴隶主阶级、封建主阶级、资产阶级在历史上都曾起过进步作用，都曾代表过历史的发展方向，都曾是先进生产力的代表，因此也都曾经是美的。但是随着历史的发展，它们逐渐由历史发展的动力变为历史发展的阻力，逐渐由代表人性自由发展的力量变为阻碍人性自由发展的力量，逐渐由美的代表变为丑的代表，因此也就逐渐由革命的力量变为革命的对象，最终被历史所抛弃。可以这样说，一部人类社会的历史就是美与丑斗争的历史，是美战胜丑的历史，是美前赴后继不断自我实现的历史。

就监狱工作而言，尽管面临着千头万绪的工作任务，但最为主要的是改造罪犯思想，监狱及干警首要的是充分发挥主导作用，积极开展思想斗争，通过多种形式的矛盾运动，用积极的、正确的、先进的、健康的思想战胜罪犯头脑中存在的消极的、错误的、落后的、腐朽的思想。因此，罪犯思想改造的过程，存在着美与丑的相互斗争。监狱一方要用合乎人性的思想、观念去改造罪犯，这样势必会形成罪犯一方非人性一面的思想、观念的对立、排斥。于是在监狱场所，监狱及干警代表合乎人性的思想、观念为一方，罪犯代表各种非人性的思想、观念为一方，阵线分明，形成了明显的对立和对抗。但在这一矛盾中，监狱一方所体现的主流思想具有合乎人性的特质，具有先进性、科学性、正义性，并有依法强制作为后盾，因此它处于支配地位，起着主导作用，在相互斗争中最终使美战胜丑，达到改造、转化罪犯思想的目的。

第三，从美与丑的相互转化来看。这个问题是与上一个问题密切相关的。美与丑的斗争是一个过程，而美与丑的转化则是这一过程的结果。从历史发展趋势上看，丑转化为美带有必然性，如上文所说的石器转化为青铜器、黑陶转化为彩陶、纺车转化为织布机、蒸汽机转化为内燃机车等，以及原始社会转化为奴隶制社会、奴隶制社会转化为封建社会、封建社会转化为资本主义社会、资本主义社会转化为社会主义社会，所有这些转化都带有历史发展的必然性。当然，历史的发展也并不总是那么尽如人意的，其发展也有曲折，也有回流，即美也可以转化为丑，如法国的波旁王朝复辟，中国的袁世凯称帝、张勋复辟等等，都具有美转化为丑的偶然性质。但是丑对美的战胜是不可长久的，最终还要为美所战胜和取代。同样的道理，在监狱对罪犯化丑为美的过程中，作为监狱一方，它的支配地位和主导作用，决定着矛盾运动的正向发展，罪犯化丑为美带有必然的性质。当然，在罪犯化丑为美的过程中，也不完全尽如人意，也有曲折和反复，假如监狱的改造措施不力，就可能使罪犯的不良意识占据上风，甚至会出现"黑染缸"，但丑的暂时得势是不会长久的，终究美要战胜丑，绝大多数罪犯是会化丑为美的。之所以如此，是由于人自身在起作用，人的本性就是要自由全面地发展自身的生命能力，也就是要追求美和实现美，这一点不光是监狱一方如此，对于绝大多数罪犯来说亦如此，它们也只是暂时被丑所遮蔽，在监狱改造过程中，最终要以美改造丑，以美战胜丑，这是势所必然。

当然，美和丑的相互转化要有一定的条件。而条件又分为客观条件和主观条件这两个方面。这两个方面缺一不可，否则就不会达到美和丑的相互转化。例如，一个人转化为罪犯，不仅要具备主观方面的犯罪因素，而且还要有客观方面的犯罪的契机和条件。同样的道理，一个罪犯要转化为一个守法公民，不仅要具备主观方面的认罪悔罪、希望重新做人的积极因素，而且还要有监狱以及社会方方面面促使其积极改造的契机和条件。我们在明白了这个道理以后，就应该在监狱努力培养罪犯追求美的心理，同时为美的成长和发展不断创造客观条件，只有这样，才能使罪犯脱胎换骨，成为既美且善的新人。

## 三、罪犯改造作为一门化丑为美艺术提出的现实意义

常言道,"爱美之心,人皆有之。"罪犯亦是如此。可是我们说一个人爱美并不等于他就拥有正确的审美理想、健康的审美情趣和较高的美的创造能力。从监狱服刑罪犯的实际情况来看,罪犯大都存在种种的审美误区。不少人之所以犯罪,也是因为陷入审美误区所致。为了化丑为美,就需要监狱干警运用化丑为美的艺术来实施有效的转化。罪犯改造作为一门化丑为美的艺术提出的现实意义主要体现在以下几个方面:

第一,它是增添社会美和减少社会丑的需要。社会美是社会事物、社会现象、社会生活的美,它经常表现为各种积极的生活形象。[①] 社会美存在于人类社会生活的一切领域,从人类最基本的生产实践到其他社会实践,到人类日常生活,都显现着美的光辉。概括起来讲,社会美主要包括人的美和生活环境的美两个方面。其中,人的美是社会美的核心。就人的美而言,在过去的两年中,"最美"这一称谓十分引人注意,感动人心。在2011年,就有徒手接住坠楼孩子的杭州"最美妈妈"吴菊萍、用自己的身躯挽救花季生命的"最美爸爸"谢尚威、不顾一切挽救患者生命的"最美护士"何瑶、风雨中为乞丐撑伞的苏州"最美女孩"……而2012年5月8日,当张莉莉伸出双手,把学生推离危险的一瞬间,定格了2012年春天里最美最感人的画面。而社会丑则是社会美的异化。其中,人的丑是社会丑的核心,集中表现在心灵丑、行为丑等方面。罪犯以往在社会上的犯罪,就是社会丑的显著标志。从增添社会美消除社会丑的需要出发,要求在监狱改造过程中,着眼于化消极因素为积极因素,运用化丑为美的艺术,使罪犯由丑变美,这样既使罪犯走向社会后不再危害社会,减少丑恶现象,同时通过美的创造,为社会增添一份美的色彩。

第二,它是提升罪犯改造质量的需要。罪犯的改造,说到底就是要实现罪犯由假恶丑向真善美的转化。就一个健全的人而言,必须是真善美的统一。就美而言,它首先必须真,同时是一种高水平的真,它也是一种善,至善的东西

---

① 参见郁士宽主编:《现代应用美学基础》,同济大学出版社2010年版,第40页。

必然是美的,"美包含了两者统一的主体自由的最高价值"①。如果说美学的终极关怀是人类的生存方式,它通过给人一双发现美的眼睛,铸就一颗温暖柔软而充满爱的心,最终打造一个诗意的美丽人生②的话,那么,通过罪犯化丑为美艺术的运用,就是为罪犯提供一种新的生活方式。它通过拭去罪犯眼中丑的阴翳,使罪犯重焕发现美的光芒,化解罪犯仇恨的心态,走出丧己私欲、物欲、情欲的状态,铸就一种爱的心怀,最终使其拥有一个新的美丽的人生,从而使罪犯改造质量的提升进入一种最高的美的境界。

第三,它是提升干警自身的美的素质的需要。如果说罪犯化丑为美的艺术是为了增添社会美减少社会丑,提升罪犯改造质量,是为了促使罪犯最终拥有一个新的美丽的人生,那么,运用这一艺术的监狱干警就先要提升自身美的素质。不能想象,如果监狱干警本身不美,或平庸乏味,或贪婪粗鄙,或心怀怨恨……又怎能够去对罪犯化丑为美?因此,监狱干警要真正运用好这一艺术,教育者要先受教育,监狱干警要先来美化自己,提升自身美的素质,这样才能够使自身焕发出化丑为美的魅力,也才能够更好地发现监狱改造活动中具有美的因素,挖掘出监狱改造活动中所具有的美,以更好地达到改造人的目的。

第四,它是美学理论体系发展中不可忽视的趋势。美学是研究美的,它重在研究人与现实的审美关系,它要研究美的本质,揭示美的规律,探寻人对现实审美反映和作为这种反映集中表现的艺术的规律。美学是一门既古老又年轻的科学,说它古老,是指人类的审美意识、美学思想在很古的时候就已经产生了,但作为一门学科则是近代的事,是十分年轻的。美学发展到了今天,面对新的生活实践,其分支越来越细,美学越来越与人们的生活实践结合起来,从而形成各类应用美学。美学面向生活实践而产生的自身分化和综合,是因为它不但关注美的本体这一类问题的哲学探讨,而且关注于纷繁驳杂的各种审美现象的研究,即研究各个生活领域的特殊审美规律,诸如生产工艺、社会行为、日常生活、景观、旅游以及各类艺术门类的审美规律,也延伸到监狱改造罪犯的审美规律。监狱的罪犯改造领域也是美学应用与落实的一个极为重要的领域。把罪犯改造成为守法公民,是我国监狱工作的出发点和归宿,而要达此目的,

---

① 李德顺:《价值论——一种主体性的研究》,中国人民大学出版社1987年版,第107页。

② 参见乔燕冰编著:《走进美学》,中国社会科学出版社2010年版,第7页。

离不开美学的介入。罪犯改造的管理、教育、劳动以及监狱干警自身修养等方面，存在着大量的美学问题，都是美学应解决的课题。监狱改造罪犯实践提出的种种美学问题，要求监狱理论与实践结合美学理论具体加以研究和解决。它要求在罪犯改造实践中，以罪犯改造为出发点和归宿点，以美学的眼光思考一系列罪犯改造问题特别是罪犯化丑为美的问题，着眼于监狱改造活动中美学精神的挖掘，从而使罪犯改造活动更好地实现罪犯化丑为美的目的。由此也可以看出罪犯改造实践呼唤美学理论的介入，同时也是美学理论体系发展的不可忽视的趋势，需要把罪犯改造作为一门化丑为美的艺术纳入自己的研究视野。

## 四、罪犯改造作为一门化丑为美艺术的主要表现

第一，从表现在罪犯改造理念来看，着重展现的是践行科学发展观实践中的以人为本的理念，着重彰显的是构建和谐社会的和谐理念，着重体现的是社会主义制度下的法治理念，着重显示的是最大限度地化消极因素为积极因素的教育理念。这些理念集中体现在罪犯化丑为美的实践中，就是对罪犯人格的尊重，对罪犯合法权益的保障，对其人格的重塑。这些化腐朽为神奇的理念不仅是历史上任何一个时代的行刑理念都无法相提并论的，而且是从美学的角度看，是一种融合了化丑为美的美学理念。当然尽管在罪犯改造的理念中，离不开一定的惩罚与强制，但它并不影响罪犯改造化丑为美艺术的整体之美。况且，现代监狱意义上的惩罚与强制和传统意义上的那种带有恐吓、报复的野蛮惩罚强制已远远不能同日而语，而是体现以改造人为宗旨，着眼于人性回归的现代文明的惩罚、强制。

第二，从表现在罪犯改造手段来看。管理、教育和劳动是监狱最常见的改造罪犯的三大手段。这些手段的运用，无不体现出美的合规律性、合目的性与合理想性的统一。就管理而言，传统的观点认为，管理是规范人、约束人的，在管理中被管理者只能按管理者的要求办事，而这种管理显然是不利于人的自由全面发展的，而现代监狱的管理，其终极目的在于给服刑人员自由与解放，就要在管理决策、组织、控制、监督等方面的管理活动中注入美的精神，使罪犯管理过程成为和谐有序的、公正的、个性化的、高效的、化丑为美的过程。就教育而言，它体现在监狱干警在改变罪犯精神生命的过程中，以无私、高尚、圣洁的关爱，点燃罪犯心灵新生的火焰，通过对教育过程的精心设计，将说理

与形象联系起来,将和谐、均衡、节奏、多样统一等形式渗透于罪犯教育活动中去。这样的教育就会成为一种令人愉悦引人入胜的教育,从而使罪犯丑恶灵魂得到洗涤,得到升华,转向美好。就劳动而言,按照马克思主义的美学观点,在生产劳动中,人类不仅按照美的规律改造自然,创造出美的产品,同时也按照美的规律改造自身,这一点对于罪犯同样是适用的,劳动对于罪犯具有重要的化丑为美的作用。通过劳动,有助于改变罪犯好逸恶劳的丑恶的观念,尊重劳动、尊重劳动者及其劳动成果,充分发挥劳动者的潜能。当然,上述三大手段不是彼此隔绝互不联系的,而是相互渗透交织融合的。其中,管理是前提,教育是主导,劳动是基础。当这几种要素达到有机协调的状态时,罪犯改造化丑为美的过程就有序展开了,就能够很好地把罪犯从丑恶的泥淖中解放出来,走向自由和新生的大道。

第三,从表现在罪犯改造环境来看。传统的监狱环境因行刑理念、行刑手段等野蛮、落后给人以阴森、恐惧、窒息的"恶地"的印象,而现代监狱从先进的改造理念、手段出发,罪犯改造环境当然要考虑其坚固、安全的一面,但从罪犯化丑为美的角度看,还要在美化罪犯改造的监狱环境上下功夫。赏心悦目的花草、整洁有序的设计、别具一格的建筑、宽敞明亮的厂房、独具特色的雕塑,这些都以直观的方式表现着崇高的审美理想,令人心旷神怡,可以使生活在其中的罪犯情感受到陶冶,精神得到升华,起到潜移默化、润物无声的效果。

第四,从表现在罪犯改造的成果来看。作为一个工厂,它所奉献给社会的成果是合格、精美的物质产品。作为一所监狱,它的工作宗旨是改造人,从罪犯化丑为美的角度看,它所奉献给社会的成果是把具有丑恶灵魂和行为的罪犯转化成为具有美好灵魂和行为的新人。这些新人回归社会、走向新的人生后绝大多数成为自食其力的劳动者,有的还成了企业家、厂长、经理、村干部、见义勇为者、人大代表、政协委员、帮教志愿者……在社会生活美的大潮之中,闪烁着引人注目的独特的美的光彩。而这正是通过监狱干警运用化丑为美的艺术,才使得监狱奉献给社会的罪犯改造成果展现出一道独特的亮丽的风景线,具有特殊价值的美。

第五,从表现在监狱干警的自身来看。罪犯化丑为美艺术的操持者是监狱干警。要履行好这一职责,就要使监狱干警自身成为美的人。正如俄国思想家车尔尼雪夫斯基所说:"把受教育者造就成一种什么样的人,自己就应当是这种人"。按照美学研究的一般划分，人的美包括外在美与内在美两个方面，外在美即指人的形貌、言谈、举止、服饰等外在表现；内在美即人格美，指人的精神、修养、知识、风格等内在素质。外在美与内在美不是截然分割的，而是有着密切的联系。内在美作为人的生动气韵贯穿于形貌、言谈、举止、服饰中。在罪犯化丑为美艺术中，监狱干警自身的美是直接对罪犯起作用的，其美的心灵、美的行为、美的语言直接对罪犯由丑变美产生深远影响。

## 五、罪犯改造作为一门化丑为美艺术的主要实现目标

在本文的开头我们就阐述了这样的观点，即美和丑都是由人的社会实践创造出来的。因此，凡是由人的社会实践创造出来的美就是人的美，而凡是由人的社会实践异化出来的丑则是人的丑。由此可以说，无论是人的丑还是美，都是人的实践的产物，实践产物的美丑与实践主体的美丑息息相关，假如实践主体是美的，他的创造物即他的对象化也会是美的；反之，假如实践主体是丑的，他的创造物即他的对象化也会是丑的。

所谓实践主体的丑就是指人的丑或丑的人。那么，如何判定一个人是丑或美呢？本文在前面已阐述了这样的观点，人的美的本质是人自身必须是合乎人的本性的存在，就是实现或争取人的生命能力自由全面发展的存在；而丑的人的本质则是人的本性异化了的存在，是残害和压抑他人生命能力自由全面发展的存在。由此延伸到罪犯，罪犯之所以丑，是因为他们为了自己生命能力的发展而牺牲他人生命能力的发展，这就不是合乎人的本性的存在。罪犯化丑为美，就是要使其由不合乎人性的存在转变为合乎人的本性的存在。要做到这一点其关键是造就罪犯美的人格。美的人格能够欣赏美和创造美，是美的使者，是美化人类社会的正面力量；而丑的人格包括罪犯的丑的人格只能造就丑和追随丑，是丑的引领和随从，是有害人类社会的负面力量。据此，我们说，罪犯化丑为美的关键是造就罪犯美的人格，改造丑的人格。

关于人格一词，至今众说纷纭。据人格心理学家阿尔波特统计，对于人格的阐述较为经典之说就有50余种，并且这50余种还是从类型上说的，如果把所有的不同人格定义都列举出来，恐怕500种也不止。从本文的研究视角出发，我们同意用这样一种对人格定义的表述：人格是指个体的人在一定社会制度和文化结构中形成的，旨在调节人与人（包括自我调节）、人与社会、人与自

## 守望与超越
### 变革时代下监狱理论与实践探析

然关系的行为准则,以及在实际行为过程中所展现出来的先天和后天的精神状态和心理素质。人格受人的活动影响但又支配人的活动,在人的活动过程中始终保持着相对稳定的变化状态。[①] 当我们明确了什么是人格的概念之后,如何造就罪犯美的人格就不是什么难以解决的问题了,因为在人格的定义中已经包含了这方面的内容。在美的人格的造就过程中,人的活动所起的作用是至关重要的,它虽然不是人格本身,还要受人格支配,但它却是形成美的人格最根本的途径。就罪犯美的人格的造就而言,最根本的途径也只有通过各种改造实践活动,让罪犯在改造客观世界的同时也改造自己的主观世界。如通过监管改造的实践活动,充分发挥监管改造的养成功能将有助于矫正罪犯的恶行,养成美行;通过监狱改造的实践活动,以认识转变实现认罪悔罪,以认罪悔罪实现行为改变。[②] 通过劳动改造的实践活动,帮助罪犯形成正确的劳动观,掌握一技之长,为顺利回归社会打好基础。总之,监狱要通过多种改造实践活动,以调节罪犯与他人、与自我、与社会、与自然的关系,把违反人本性的存在变为合乎人的本性的存在,把摧残、破坏人的生命能力的力量,转化为促进人的生命能力自由全面发展的力量。这种化丑为美的过程,其最终结果是造就了罪犯美的人格,即能够欣赏美又能创造美的人格。

罪犯美的人格的造就,从化丑为美艺术的角度看,要通过改造实践,完成以下基本任务:

一是矫正罪犯颠倒的审美观念。所谓审美观念就是人对客观事物进行审美评价时所持的思想观点。罪犯的审美观念与党和国家所倡导的主流审美观念是格格不入的。他们大都是审美观念颠倒的,往往以丑为美,如视敢于铤而走险的人为崇高,视把自己的幸福建立在别人的痛苦之上的做法为快乐,视不劳而获、巧取豪夺为能耐。监狱在针对罪犯美的人格造就的过程中,要通过各项改造实践活动,矫正罪犯颠倒的审美观念,使之能够分辨美丑,自觉追求美、抵制丑。

二是改变罪犯的审美情趣。所谓审美情趣,是指建立在一定的审美观念的

---

[①] 参见李兴武:《丑陋论——美学问题的逆向思考》,辽宁人民出版社1994年版,第315页。

[②] 参见郑振远:《以中国特色社会主义理论体系为指导构建中国特色社会主义监狱理论体系》,载中国监狱学会编印:《监狱改革与发展优秀论文集(2006—2008)》(上册),2010年1月版,第23页。

基础上的具有强烈感情色彩的，以个人好恶的直觉形式对客观对象的审美价值进行评价的能力。审美情趣有进步与落后、高尚与庸俗之分。罪犯的审美情趣大都是落后、低级庸俗的。例如，他们对不择手段地弄钱感兴趣；对低级下流的书刊、音像感兴趣；对玩弄异性，用强力占有异性感兴趣；对挥霍无度、醉生梦死感兴趣。罪犯中不少人正是沉溺于这种落后、低级庸俗的审美情趣中，一步步堕落走上犯罪道路的。所以，监狱机关要通过多种改造实践活动，去改变罪犯落后、低级庸俗的审美情趣，使之形成正确的审美情趣，并能够自觉地厌弃丑、追求美。

三是培养罪犯创造美的能力。所谓创造美的能力，是指在实践活动中"按照美的规律"直接创造事物的能力。罪犯过去在社会上，不仅谈不上有什么美的创造力，反而他们是美的破坏者，是丑恶的象征。这就需要监狱在造就罪犯美的人格的过程中，在培养罪犯创造美的能力上下功夫。这里特别要注意两个方面，一是通过生产劳动和日常改造生活，使之创造美的能力得以形成，既能生产出美的产品，又能够创造出整洁、有序、和谐的改造环境。二是对那些在音乐、美术、雕刻、文学等方面有一定特长的罪犯，创造条件提高艺术创造力。总之，通过培养罪犯创造美的能力，使之在改造实践中创造美的产品的同时，也创造出一个新我。

罪犯化丑为美艺术对罪犯美的人格的造就，从其终极目标和最高境界来看，就是要使得罪犯通过改造后精神状态和心理素质达到作为主体的罪犯与他人、自我、社会、自然的关系的和谐。依照和谐美学的观点，"和谐为美，不和谐、不协调就是不美"①。和谐主要是指关系的协调，和谐主要是从这些复杂的关系中，从特定的主体身上体现出来的。就罪犯而言，具体地说，与他人的和谐，就是能够体察他人的情绪、情感，对他人有同情心，有仁慈、宽容和体谅之心；与自我的和谐，能够热爱生活、热爱生命，合理有度的控制情绪，能够控制由挫折引起的矛盾，自尊自爱，具有较强的主体意识，善于依靠自己的勤劳以及与他人的合作取得进步与成功，实现自我提高和自我发展；与社会的和谐，就是要积极适应社会，并善于创造社会之美，对社会公益事业有义务感和责任心，常常从为社会服务中感受到生存的意义和创造的乐趣，而不是仇恨社会、报复社会，给社会添丑蒙羞；与自然的和谐，就是能够感受并欣赏自然界中的优美、

---

① 周来祥：《再论美是和谐》，广西师范大学出版社1996年版，第188页。

和谐与崇高的事物，尊重生命、敬畏自然，与自然和谐相处。总之，通过罪犯改造化丑为美艺术使罪犯美的人格形成，也意味着罪犯由"人的本性异化了的存在"转变为"合乎人的本性的存在"。就像席勒曾经富有诗意地说道："人性失去了它的尊严，但是艺术拯救了它……在真理把它胜利的光芒投向心灵深处之前，形象创造力截获了它的光线，当湿润的夜色还笼罩在山谷，曙光就在人性的山峰上出现了"①。作为监狱，要为实现造就罪犯美的人格的终极目标和最高境界而不断努力。

（原载《河南社会科学》2013年第7期，个别地方有改动）

---

① 转引自岳友熙：《追寻诗意的栖居——现代性与审美教育》，人民出版社2009年版，第191—192页。

## 监狱教育是一种诗性事业

人们常把医务工作者颂称为"白衣天使",把教师比作"园丁"和"灵魂工程师",给人以一种充满诗性的感念。改革开放以来,人们也越来越从精神拯救的角度把监狱民警比作救死扶伤的"医生",挽救失足者的特殊"园丁"和改造罪犯"灵魂的工程师",从这些颂称中使人感受到诗性充盈在监狱民警所从事的监狱教育之中。

社会的发展促进了监狱的进步,现代国家十分重视监狱对罪犯的教育,把监狱教育作为整个监狱工作的重要组成部分。在我国,则作为监狱工作的中心任务,从而体现了现代监狱行刑的文明性、人道性与合理性。然而,在如何组织、如何开展监狱教育的问题上,就一所监狱而言,不同的民警思路和做法则大相径庭。有些人偏重于强制压服,有些人偏重于理性教诲,而有些人则从监狱教育中发现了诗性,做得有声有色,把监狱教育工作描绘成了一幅幅充满诗性的画卷。

监狱教育的诗性,集中体现在"爱"字上。温家宝说过:"教育是爱的事业,没有爱就没有教育。"这话对于监狱教育来说同样是适用的,在监狱教育中,监狱民警就是要用爱,激发罪犯心中的爱,化解罪犯心中的恨,用爱助推其走向新生。正如新加坡的慧汝女士在《为了生命的尊严》一书中所写到的,因这不放弃的关爱,很多时候不单单能挽回人的生命,甚至能够使人脱胎换骨,成为社会的祝福。

有一个监狱民警写过这样一篇文章,题为《"爱"的力量》,全文如下:

一个正在服刑的罪犯求教于一个即将退休离去的老管教:"我觉得人生迷惘,前途渺茫,心里又烦又乱,我该怎么办?"老管教默默地看了这个罪犯,想了一会,然后说:"爱!""……爱?"罪犯愣了愣,却听老管教用更坚定的语气告诉他:"全身心去爱万物,有选择地把握程度,不断的自我完

## 守望与超越
### 变革时代下监狱理论与实践探析

善。"五年后,省会一家医院的病房里,出狱后的他手捧鲜花来看望老管教。他的目光充满了感激和尊敬,脸上洋溢着朝气与活力。"我永远记得您的这三句话,正是在实践它们的过程中我改变了自己。"他轻轻地说道,好像怕惊动了别人似的。"为了达到第一句话的境界我用了两年时间;到了第三年我基本上能做到前两点;至于第三点……"他顿了顿,目光炯炯地看着老管教。"我可能不会做得最好,因为那是我毕生追求的目标。""是的,"老管教欣慰地看着他,仿佛病魔也离自己而去,"再有道理的话也不过是个死的东西,如何理解,如何去做全靠个人领悟。"老管教若有所思地说:"我只知道,一个充满爱心的人,是不会与邪恶有关联的;而一个贪婪或卑鄙的人,不可能有真正意义上的爱。"

这篇文章通过一个小事例以小见大,充满了诗性哲理。从这里既可以体会到"听君一席话,胜读十年书"的奇迹发生在监狱教育中,老管教的一席爱的话语,使罪犯为之改变,并因此影响和感动一生,也使人们深切地感受到监狱教育充满爱的诗意画面。

监狱教育的诗性,常常体现在监狱干警在教育中善于发现罪犯身上亮点的慧眼。某女监有过这样一个教育改造案例:有个女犯初入监时言行举止粗鲁,蛮不讲理,常常惹是生非,但某女干警一个偶然的时候发现她看别人画画很专注,发现了她心灵中一个美的亮点。该警官便鼓励她画画,做手工艺品,她的心思也专注在画画、做手工艺品上了。来访人问女干警为什么这样做,她便讲了这样一个故事。一个小女孩顽劣不堪,摸爬滚打,无恶不作,令父母头疼不已,打骂无济于事,大家都觉得她无药可救了。有一天,她的老师送给她一条精美绝伦、轻柔如梦的白纱裙,小女孩非常喜欢,穿上白纱裙的小女孩像个小天使,于是奇迹发生了,小女孩变了,变得干净了、文雅了、有礼貌了,总之,变成了一个人见人爱的小姑娘。这条洁白的白纱裙激发了小女孩内心深处对美的向往。说这个故事的时候,这个女干警眼里闪着圣洁的光辉。从这个故事的讲述者来看,你能说她没有从教师对待顽劣学生的视角、用诗性的视角来教育罪犯吗?在监狱的教育生活中,天天发生着这样的事例,我们的监狱干警在罪犯教育中有一双发现罪犯身上亮点的慧眼,一点也不比社会上普通学校的教师做得差,散发着令人回味的诗性魅力。

监狱教育的诗性,常常体现在监狱教育过程的诗化,这在监狱教育过程中可以说是屡见不鲜。某监一罪犯家有母亲、妻子和孩子。家里婆媳矛盾尖锐,自己也力不从心，整日生活在焦虑中，无心改造。监狱干警得知这一情况后，通过约谈，经过倾听、共情、积极关注等环节后建立了一定的信任关系，然后将该犯引导到沙盘旁，对他予以心理疏导。先开始抚沙的环节，该犯慢慢地、十分专注地摸着沙子，眼睛噙着泪水，干警任凭其真情的宣泄。过了很长一段时间，干警开始轻声问道："你在抚沙时想到了什么？"该犯答："我想起了小时候，我家前面有个沙塘。"干警接着问："那个沙塘怎么样？"该犯答："水很清，我经常和弟弟在玩耍……"干警再问："还有吗？"该犯答："我和我父母一起掏沙子，那个场面真温馨，要是我能够回到那个时候该有多好！"干警顺着说："哦，我感到你沉浸在那个美好的回忆中了。"该犯回应道："是的，那时的感觉真好！"干警顺势引导道："那你再抓沙子看看，有什么感觉？"该犯用双手抓起沙子，看到沙子在他的手中慢慢地流走，他开始沉默了。他的鼻翼在抽动，眼泪再次流出，手停留在沙盘上一动不动，沉默良久，他突然开口："我明白了。"干警问道："你明白了什么，能够具体地告诉我吗？"该犯说："沙子在手上抓得越紧，就会流走的越快！你想让我知道凡事不能强求，就像这沙子一样，我不能把所有的东西都掌握在自己的手中！"干警接着因势利导地说："那么你将沙子放在手心，不动试试看。"该犯按照干警的话去做了，又沉思了一会说："我对它不作要求时，它反而不动了。我真的明白了，我不能左右外面的事，是我的心情让我陷入烦恼之中了，我不去烦它，它会顺其自然的。"通过这番活动，该犯像是换了一个人似的，改造非常积极，在向干警汇报思想时说，他已经将家里的事情放下了，不再为家里的事操心了，自己只有通过积极改造，早点出去，才能真正为家里分忧解难。监狱干警通过沙盘勾勒罪犯沙的思绪，使罪犯在抚沙的过程中消除心中的积郁，放下不快，以一个良好的心态积极投入改造。这一教育过程，难道不就是充满诗情画意的一幕吗？监狱干警所表现出的真诚、善意的姿态，不正是诗性的姿态吗？

　　监狱教育的诗性，常常从监狱干警教育罪犯的责任感中体现出来。人们过去说责任，更多的是说监狱干警在教育中要肩扛着党和国家的嘱托、人民的嘱托这样的宏大话语，这个当然没有错，但从诗性的角度，不光需要宏大话语，也需要平凡的细微的话语，即不光是肩扛着党和国家的嘱托、人民的嘱托，还有具体的平凡的个体包括有罪犯亲属的嘱托。而在后者更为具体的嘱托中，同样使人能从细微处感受到监狱教育充溢的浓浓诗性。一个监狱干警曾在文章中写道：人们常把眼睛比喻为心灵的窗户，而作为一个监狱干警，常与罪犯及其

## 守望与超越
变革时代下监狱理论与实践探析

亲属打交道,对眼神又多了一份理解。"一次,大约是晚上8点多钟,我正在值班,领导通知,要求安排一名犯人与其父亲会见。此人是乡下人,来探望自己不争气的儿子,因家里收成不好,没有钱作路费,便骑着一辆自行车,赶了五天五夜的路,刚刚到达监狱。了解这一情况后,我震惊的同时也深为感动,我不知此人五天五夜是怎么挨过来的。看他一脸的疲倦一脸的灰尘,我对其稍作安排,立即带犯人到会见室接见。父子俩见面,父亲一句话也不说,只是始终瞪着一双充满血丝而浑浊的眼睛,3分钟、5分钟过去了,仍是那种眼神,那眼神有一种东西要喷射出来,令人无法回避,让人感到震颤,让人想放声呐喊。显然这名犯人无法再与父亲那特殊的眼神对视,先是低头,而后是跪在地上抱头痛哭。还有一次,我正在办公室整理材料,忽听到轴承与水泥地面摩擦的声音由远至近传来。只一会儿,一位50多岁的人背着两个破旧的包裹走了进来。让我吃惊的是,他身旁还有一位十一二岁的小姑娘,这位小姑娘一只胳膊一条腿已经残疾,便用另一只手推着一辆用轴承与木板拼做的小车行走。接见过后,这位小姑娘推着小车子来到我面前,抬起那布满污垢但很清纯的小脸,不停地问:'叔叔,我爸爸什么时候能出来?是不是明年就可以回家?'听着小姑娘稚嫩清纯的话语,我不敢正视她的眼神,那眼神让人如临一泓清泉,不由得生出几分怜爱之心,我怕一不小心将'机密'泄露,会让那眼神渐渐暗淡,生出绝望的苔藓。她的父亲因抢劫罪入狱,等待他的还有漫长的刑期。那小姑娘走后,我的内心久久不能平静,我不清楚她是如何变成残疾的,但那种眼神,却时时折磨着我。"这位干警最后写道:"夜阑人静,斜依床头,我总是不自觉地想起那些特别的眼神,那些眼神让我刻骨铭心,促我努力尽好职责。"从这个干警的表述中,不仅有着监狱干警对事业的尽职尽责,同时这还是一幅幅感人的充满诗性的画面。以上这些画面也只有在监狱教育中才能发生并激发出监狱干警用心教育改造罪犯的责任感,这些画面本身就是一首首震撼人心的诗……

监狱教育的诗性,在很大程度上体现在罪犯为监狱干警的人格魅力所折服、所表现出的敬重上。一位监狱干警曾在一篇文章中这样深情地回忆起他刚参加工作的一件事情:"一年冬天,一场纷纷扬扬的鹅毛大雪覆盖住了中队通往大队的唯一机耕路,一位在监狱干了20多年的老队长忽然患上了蜂窝组织炎,生命垂危。我们几个下属急得团团转,准备用板车送老队长去医院。我们把板车拉到老队长的门口,小心地把老队长从床上扶下来。当我们心情沉重地搀扶着老队长出门时,几个青年罪犯围拢过来,看得出他们为过年已换上了干净的囚服。

他们默默地将老队长放在几条显然是囚犯的棉被上。'我们去送队长。'几乎是异口同声，语调里夹杂着哽咽声，既是请求，又是一种执拗的期盼。我们没有阻止。四名罪犯小心翼翼推拉着板车，行走在积雪皑皑、路面泥泞的机耕路上。年逾五旬的老队长以队为家，逢年过节心里都装着罪犯，已经有10个除夕没有与妻儿一起过了，罪犯们打心眼里敬重老队长，这几名罪犯过去都是抗拒改造的尖子，经过老队长的悉心教育，幡然悔悟。因此，他们对老队长怀着这么深的情。当拉着老队长的板车消失在路的尽头时，除夕的鞭炮已经在空中炸响。"这位干警所描绘的这幅画面，不仅从一个侧面反映出了罪犯在监狱干警人格魅力感召下所产生的改变以及对监狱民警发自内心的敬重，而且活脱脱地体现出了一种浓浓的诗情画意。

监狱教育的诗性最终体现在罪犯通过监狱教育的"心灵救赎"，出狱后不仅不再犯罪，成为对社会有用的人，甚至成为维护社会和谐稳定的卫士。曾经有这样一篇报道，题为"前三十年做贼，后三十年反盗——一个城市大盗的三十年"。报道中的主人公叫罗永，从少年时就开始偷盗，其犯罪手段主要是快速开锁入室盗窃。他的犯罪技巧十分高超，只需要在电话里听团伙成员形容一下锁的形状，就能判断出能否将它打开，大多数情况下，他能在20秒之内将锁具打开。从1993年到2006年，罗永曾干过无数次开锁入室盗窃的行为。2006年，罗永被抓，因有检举揭发的重大立功表现，在被法院从轻判处4年有期徒刑后，被送进广东省佛山监狱。通过监狱教育的"心里救赎"，罗永发生了转变，因为服刑期间的良好表现，获得减刑后提前出狱。在监狱干警彭永强的帮助下，罗永成了中山市金点原子制锁有限公司的研发部顾问。除了为企业提供技术咨询服务外，将大多数时间都投入到了"中国防盗联盟协会"的公益宣传活动中。他的客厅里正对大门的墙上张贴着一条横幅，上面写着"前三十年做贼，后三十年反盗"。他时常用这句话提醒自己，用这句话来概括自己的前半生，并试图给自己的后半生指明方向。从罗永的转变难道我们不能体味到监狱教育充盈的诗性吗？其实像罗永这样经过监狱教育走向新岸的人无以计数，在监狱教育的拯救下多数人开始了新的生活，成为自食其力的劳动者，有的还成了厂长、经理、企业家、见义勇为的人……聚集在监狱大墙内工作的监狱干警们都有前面提到的类似同行彭永强的一个个不平凡的故事。他们在特殊的教育人、改造人的领域，用自己的心血、汗水和智慧，默默地书写着铸造罪犯灵魂的壮丽诗卷，使一批批有害于社会的人脱胎换骨，走向新生。

## 守望与超越
### 变革时代下监狱理论与实践探析

现代社会人们常调侃,"得什么别得病,入什么别入监"。入监是人们所避讳的。但没有监狱就体现不出惩罚犯罪的正义,就没有社会的安宁,没有监狱就没有罪犯的新生,它既是惩治罪恶的行刑场所,又是化腐朽为神奇的教育圣地。在这个特殊的接受教育"洗礼"的地方,监狱干警作为"点灯的人",用光明的火把照亮罪犯黑暗的心房。这一充满诗性的事业,既伸张了正义,给社会带来了和谐美好,也给罪犯心灵点燃了希望之火,把他们从罪恶的苦海拉向新生的彼岸,同时还使监狱干警自身所从事的教育罪犯的事业成为充满诗性的事业,使自身的生命成为诗一样的生命,"诗意地栖息在大地之上"。

### 参考文献

[1]《云自卷舒心自飞》,时代出版传媒股份有限公司、安徽文艺出版社 2010 年版。
[2] 汪子安:《咨询师手记——沙的思绪》,载《江苏警视》2005 年第 5 期。
[3]《前三十年做贼,后三十年反盗》,载《广州文摘报》2012 年 6 月 18 日。

(原载《美与时代》2012 年第 10 期(下))

## 做一个点燃罪犯心灯的光明使者

佛教中,灯是别具美的意味的物象。在禅宗看来,燃灯之灯,就是佛法。后来禅宗就以传灯代指传禅法。纵观一部禅宗史,以灯命名的"灯录""灯案""心灯"的禅宗典故甚多,禅法辗转相传而不绝,犹如灯火相续而不灭。而那些得道的高僧,便犹如茫茫暗夜里的燃灯人,他们用自己证道后的光明心灯,点燃、引燃众生的心灯,他们的光,就是佛法的光。

按照禅宗的观点,每个人心里都有一盏等待点燃的心灯,而有关禅宗的典籍,无不是在讲述如何点燃心灯,照亮黑暗,《六祖坛经》所谓"一灯能除千年暗,一智能灭千年愚",其实也可用来指教育。转换到监狱教育,就是监狱干警要通过教育点亮罪犯的心灯。

如果说普通教育最重要的意义在于启蒙,即通过教育者的教育,启发受教育者的蒙昧,启迪其心性,那么,监狱教育作为一种再教育最重要的意义则是对罪犯的再启蒙。罪犯就像迷途的羔羊,在蒙昧和混沌中,是非颠倒,坠入犯罪泥潭。罪犯只有通过干警的再教育、再启蒙,才能点燃其心灯,让他们看到真善美的光亮,感受到温暖,增强希望和信心。

每个人的生活,都并非一路光明,总会遇到黑暗和坎坷,那时,人人都需要燃起一盏灯,一盏心灯,来促使自己不要在迷途中绝望,不要在坎坷中失去自我。有这样一个故事,讲述的是一个视力不好的老艄公和儿子在海上捕蟹。一天夜里,他们正在捕蟹时,风暴突然来临,狂风拍碎了桅灯,黑暗笼罩了整个小船,儿子顿时不知所措,父亲抢过舵柄,自己掌起舵来。终于,父子俩又看到了闪着灯火的码头。事后,儿子问父亲:"您视力不好,怎么还能辨出方向?"父亲回答道:"我的心装着一盏灯呢。"可见心灯的重要。心灯对于正在服刑的罪犯同样重要。他们中很多人入狱后,心灰意冷者有之,自暴自弃者有之。"哀莫大于心死",心中的希望之灯灭了,心灵便陷入黑暗之中。但不少罪犯也

**守望与超越**
变革时代下监狱理论与实践探析

渴望有人拉他们一把,给他们点燃一盏心灯,给他们带来光明。如何点燃他们的心灯,给他们带来光明?无疑是我们的监狱干警所实施的再教育、再启蒙。

在禅宗里有这样一个故事讲到滴水和尚的开悟:仪山禅师问滴水和尚:"一盏灯,什么时候光最亮?"滴水不解地反问:"同一盏灯,光亮不都是一样的吗?"仪山则把滴水带到一间黑暗的房间,点亮一盏灯,灯光很快照亮了这个房间。事后,仪山手持灯盏,走出房间,走到阳光底下,灯的光亮几乎看不见。仪山说:"同是一盏灯,在阳光中,我们似乎感觉不到它的光亮。但越是黑暗的时候,一盏灯的光芒越能将人们照亮;越是黑暗的时候,一盏灯的光芒越显得弥足珍贵。所以,越是黑暗的时候,越不能熄灭生命的灯盏,越要点亮人生的光芒。"仪山禅师的话,在滴水和尚心中点亮了一盏灯,一直照亮他人生的灯,经过漫长的忍耐和艰辛的努力,他终于找到了"自己的天空"。这个故事从监狱教育的角度至少可以给人这样几点启示:第一,人们在阳光下即身处顺境,是不大容易感受到灯的珍贵的,即使给他们点灯,既体现不出灯的作用和优势,也让其感到可有可无,甚至感到厌烦,这也是罪犯入狱前对待灯的态度。第二,人们身处黑暗之中,也可理解为在困顿、逆境之中,往往更容易感受到灯的弥足珍贵,如罪犯身陷囹圄,这时候他们更需要灯来给他光明,给他心灵带来温暖,带来勇气。这时灯犹如雪中送炭,大旱降霖,使之倍感亲切,也倍感珍贵。第三,正所谓"放下屠刀、立地成佛",罪犯只要诚心改过,也有成为好人的可能。但是,这个过程需要监狱干警用真善美给他们心灵点一盏灯,燃起他们重新做人的信心之火,引领他们从黑暗中走出,达到光明的彼岸。

有这样一个事例颇能说明点燃心灯燃起罪犯重新做人信心之火的重要。重庆市法院系统原有一名叫杨鹏(化名)的法官,因受贿罪被判处有期徒刑12年,现在渝都监狱改造。在入监最初的日子里,用他的话说,"我感到这一生都完了,一想到漫长的刑期和亲人们,我绝望、沮丧、痛苦到了极点,整日以泪洗面,感到活着已经没有太大意义。"而"现在入监初期最痛苦的日子我已经熬过去了,这里我要感谢监区的干警,是他们用心感动了我,记得刚入监的时候,一位监区干警曾告诉我:'当你忧伤和迷茫的时候,请看远方'。"就这样简单的一句话,居然能改变一个服刑罪犯的心态,其原因或许在于,它饱含着对罪犯的鼓励,让其重拾信心,点燃了罪犯的心灯。一般来说,罪犯因犯罪锒铛入狱,失去自由,产生迷茫、绝望是意料之中的事情,有些人可能会变得一蹶不振,陷入痛苦之中不能自拔,但这时他们又十分希望有人拉他们一把,监狱干警如

## 做一个点燃罪犯心灯的光明使者

果恰逢其时给他们以指引和鼓励，他们的心态、行为乃至命运就可能会有很大改观，这样的改观，正是监狱教育最重要的意义。这一教育让这些身陷囹圄的罪犯找到了好的方向，找到了重新开始、重新做人的信心。方向和信心，就是罪犯的心灯。它们其实一直都存在，只不过暂时被黑暗、愚昧所蒙蔽，需要监狱干警通过教育去点亮，所以我们说，每一个监狱干警，其实都是点燃罪犯心灯的"燃灯人"和光明使者。反之，如果忽略他们的存在，甚至对他们歧视、厌弃，有的罪犯可能会在混刑度日中像行尸走肉一样度过，不知今夕何夕，甚至有些人可能破罐破摔，走上激烈对抗监狱及干警的反改造道路。

罪犯的心灯需要监狱干警点燃，但由于罪犯以往形成的种种犯罪心理缺陷，刚燃起的心灯也容易熄灭，这就更需要监狱干警用心呵护，将熄灭了的心灯再度点燃。有这么一个小故事对人颇有启发：快过年了，一个商人因经商失败到寺院烧香祈福。点燃红烛许完愿后准备启程回家时，因为那天风特别大，担心点燃的红烛会被风吹灭，就决定再回到点红烛的地方看看。果不其然，包括商人以及不少人点燃的红烛几乎全被风吹灭了，可是突然看到一个十来岁的小女孩，一只手持着红烛，另一只手遮挡着火苗，把被风吹灭的红烛重新一一点燃。因为风吹得实在太猛，她刚点燃左边的红烛，右边的又被吹灭；点燃右边的，左边的又被吹灭。风好像是在故意戏弄她，但她丝毫没有放弃的念头，依然在不停地为别人重新点燃红烛。商人感到很奇怪，忍不住过去问小女孩这样做的目的。小女孩回答："别人许下的愿如果被风吹灭，那就永远不会实现了，我这样做是不忍心看着别人的美好愿望化为泡影。"小女孩的话就像一支红烛照亮了商人的心，使他从失败的阴影中走出来，重新开始新的经商之路。这个小女孩的所作所为，使我们不由对她心甘情愿为别人重燃红烛的精神而感动，同时也从她身上学到了不抛弃、不放弃的精神。其实，在监狱教育改造罪犯的实践中，罪犯也会有这样或那样的愿望，如希望早日出狱，与亲人团聚；希望家人不要因为自己受牵连，能够平安过日；希望干警能够一视同仁，不要受到不公正的待遇；希望家人能够常来看看等等。这些愿望，也有可能会因为这样或那样的原因一时不能实现，心中的灯暂时熄灭。作为监狱干警，就要心甘情愿地不厌其烦地重燃罪犯的心灯，使他们重新振作，以帮助他们实现美好的愿望。

一个人的心灯不能熄灭，关键要有耐力，要不断加油，否则，就会前功尽弃。有这样一则故事：1952年7月4日清晨，美国加利福尼亚海岸笼罩在浓雾之中，在海岸以西20英里的卡塔林纳半岛上，一个34岁的女人涉水下到太平洋中，开始向加州海岸游去。要是成功了，她就是第一个游过这条海峡的女性。她叫做费罗伦丝·查德威克。在此之前，她是游过英吉利海峡的第一名女性。15个小时之后，她很累，身体也冻得发麻。她知道自己不能再游了，就叫人拉她上岸。她的母亲和教练在另一条船上，他们都告诉她海岸很近了，叫她不要放弃。但她朝加州海岸望去，除了浓雾什么也看不到。几十分钟之后——从她出发算起15个小时零55分钟之后，人们把她拉上船。又过了一个小时，她渐渐觉得暖和多了，这时却开始感到失败的打击。她不假思索地对记者说："说实在的，我不是为自己找借口，如果当时我能看见陆地，也许能坚持下来。"为什么她会说这番话呢？因为人们拉她上岸的地点，离加州海岸只有半英里。后来她又说，令她半途而废的不是疲劳，也不是寒冷，而是因为她在浓雾中，辨不出方向，看不到目标。从这则故事中不难看出，费罗伦丝·查德威克之所以失败，是因为心灯的油干枯了，心中的信念动摇了，使得她功亏一篑。这一故事对我们的启示是，要保持罪犯心灯的长明不衰，就要不间断地、持之以恒地给罪犯心灯输送能源，使之不断坚定改造信心。

要点燃罪犯的心灵之灯，必须靠监狱干警的心灵之灯。道理很简单，一盏灯能照亮多大的范围，取决于灯的能量。以改造人、教育人、挽救人为使命，以传播真善美、驱散假恶丑为己任的监狱干警，心中没有一盏明灯显然是不行的。有一个成语叫心明眼亮，眼亮是因为心有明灯，才能坚守教育人、改造人的立场，遵循教育人、改造人的规律，深入教育人、改造人的实践；进行正确的路径抉择，才能保持心神的明澈、智慧的明晰、教育改造罪犯的明智。而且作为点燃罪犯心灯的光明使者，监狱干警要有甘于奉献、照亮别人、牺牲自己的红烛精神。这种精神在高尔基的小说中，就是丹柯精神。青年丹柯和他的一族人被仇敌赶进原始森林，生命危在旦夕，他坚毅顽强地领着族人向困难作斗争。他抓开自己的胸膛，高高举起燃烧的心，给人们照亮了走出森林的道路，然后骄傲地微笑死去。丹柯的心始终闪烁着不灭的光芒，变成了雷雨之前出现在草原上的蓝色星火。作为监狱干警，也要有丹柯这样的大无畏气概，甚至在危难时候勇于献出自己生命的义举，用自己的心灯，照亮罪犯的自新之路，用自己的心血之油，提供不竭的心灯能源。

末了，还是回到佛家禅门，在禅宗看来，每一个人都是"天地间独此一份"，它体现了一种博大的救世情怀。监狱干警作为点燃罪犯心灯的光明使者，也须有这种情怀，在对罪犯教育改造过程中，以无私的关爱和教化，去温暖、关心、感化、唤醒、救助罪犯，使一批又一批罪犯脱离罪恶的苦海，开始新的人生。同时，在这一过程中，监狱干警不仅履行了崇高的使命，铸就了事业的辉煌，也使自己的心灯更亮，精神得到升华，铸就了自己的内在生命价值，使自己始终保持平常、自由、美好、快乐的心境，以至达到《六祖坛经》所言的那种"心平何劳持戒，行直何用修禅。恩则孝养父母，义则上下相怜。让则尊卑和睦，忍则众恶无喧"的美好人生境界。

## 参考文献

[1] 谢云：《跟禅师学做教师》，中国轻工业出版社 2013 版。

[2] 赵士林：《国学六法》，凤凰出版传媒集团、江苏文艺出版社 2010 年版。

[3] 赵阳：《失足法官狱中反省忏悔：贪欲毁掉了我的人生路》，载《法制日报》2011 年 4 月 9 日。

[4] 杨周翰等：《欧洲文学史》（下卷），人民文学出版社 1979 年版。

[5] 阿伟：《点燃心灵之灯》，载《上海支部生活》2012 年第 10 期（下）。

[6] 袁阳：《红尘觉悟——佛法与人生》，四川出版集团、四川人民出版社 2004 年版。

（原载《美与时代》2013 年第 10 期（下））

## 监狱磨难的审美意蕴

因罪获刑入监服刑罪犯要获得新生,监狱磨难倒是有益的。从审美的视角看,监狱磨难所蕴含的审美意蕴,在很大程度上取决于罪犯自身是否具有艺术地对待改造的态度。罪犯要获得新生,离不开自己化苦难为动力及坚韧不拔的努力;罪犯要获得新生,在磨难中离不开监狱干警美的引领。

德国哲学家、美学家尼采曾主张将人生的痛苦当作一种审美现象进行观照,也就是说要正视它、迎战它,而迎战的方法是艺术地对待生活。艺术视角可以使磨难在人们心中化解为多姿多彩的幸福。尼采的这一思想充分体现出了一种磨难的美学意蕴,也启示人们可以从监狱磨难中挖掘出特有的审美意蕴。

人的一生,总是希望一帆风顺,这既是对自己的祝愿,也是亲友之间的共同祝福,但是人世间不如意事常八九,不顺多于平坦,苦难多于甜蜜。入狱可以说人生一大挫折,没有哪个人会心甘情愿入狱。而一个人一旦入了狱,就意味着他一下子跌入了人生的低谷,开始了服刑的磨难生涯。而面对磨难,有的人消极认命,随波逐流,混刑度日;有的人一蹶不振,破罐破摔,在狱中犯下新的罪行,受到更为严厉的惩罚;但也有些人在监狱磨难中挖掘出了美的一面,艺术地对待监狱磨难,重新书写出了自己人生优美的篇章。

从审美的视角看,监狱磨难所蕴含的审美意蕴,至少可以有以下几个方面:

首先,罪犯要获得新生,必须经过监狱磨难。苏联作家阿·托尔斯泰有过一句名言:人生,须得"在泪水里泡三次,在碱水里泡三次,再在血水里泡三次"。它意在说明一个人的成长需要经历严酷的实践考验。如果说一般的人生是如此,而罪犯的"起死回生",不经过一番艰难痛苦的磨难,更是不可能实现的。罪犯的改造,更需要经过一番大磨难。《神曲》是意大利著名诗人但丁留给世界的伟大诗篇。如果我们换个角度来看《神曲》,把它看作是关于罪犯从监狱磨难走向新生的寓言,那么,我们就能更深切地感受到从跌倒中爬起来的不易,

## 监狱磨难的审美意蕴

这里需要一次次撕心裂肺的磨难。从"地狱到天堂"就是这种磨难的深刻暗喻。在《神曲》中，地狱篇向我们所描述的是：地狱像一只插入地下的大漏斗，上宽下窄，自上而下共分九层。罪人的灵魂按生前罪孽的深重，分别在不同的层次受刑，所处层次越下，刑罚越重。地狱的第一层是"候判所"。第二层才是地狱的真正开始，这里绝壁千仞，一些色欲场中的灵魂永无休止地在深深的山谷中呼号哀叫。第三层雨雾交加，狂风怒吼，犯了饕餮之罪的鬼魂在恶臭不堪的泥土中经受风吹雨打，霜冻雪寒。第四层居住着贪吝者和挥霍者的鬼魂，他们生前贪婪嗜利，挥霍无度，死后被罚永远生活在冲突之中，不停地相互撕打攻击。第五层是由污水汇集而成的"恨湖"，水黑如墨，那些易嗔易怒者的鬼魂居住于此，他们赤身露体地在黑水污泥中相互撕咬，直至皮开肉绽。第六层是由复仇女神守卫的"地帝"城，城内燃烧着"永劫之火"，专门焚烧那蛊惑人心的邪教徒的鬼魂。第七层分为三环：第一环是沸腾的血湖，暴君和暴吏在湖中受煮；信仰不坚的自杀者在第二环则化为多疖多瘤、奇丑无比的树木，被凶狠的怪鸟用利爪坚喙撕裂，伤口流血不止；冒犯上帝、亵渎神灵、重利盘剥者和暴发户在第三环的火雨风沙中受着煎熬。第八层又叫恶沟，这里石壁峭立，分为十个断层，这些断层分别居住着诱奸者、阿谀者、挑拨离间者、买卖圣职者、星卜者、贪官污吏、伪君子、窃贼、匪徒、教唆犯和伪币制造者，他们生前危害人民，死后在此受着酷刑，如一些贪官污吏的鬼魂在沸腾的沥青中挣扎。第九层是地狱的最后一层，是一片冰湖。在冰湖中，谋杀、暗算、叛国、卖主者的鬼魂被冰冻在湖中。地狱是如此，那么，炼狱的情形又是如何呢？《神曲》接着写道：炼狱，又称净界，这是一座浮在海中的高山，分为底部、本部和顶部三级。本部又分七层，一共是九层，形似金字塔，炼狱是罪孽轻者死后修炼的地方，本部七层分别住着犯有骄、妒、怒、惰、贪财、贪食、贪色这人生七种罪过的人的灵魂，他们在此受着磨难惩戒，待到灵魂被洗涤干净后，就可以超度升入天堂。炼狱的顶部就是祥云绕环，四时长青，花雨缤纷的人间乐园。《神曲》告诉我们，经历了地狱、炼狱以后，方可以进入天堂。如果把地狱、炼狱视为深浅不同的磨难，而把天堂视为新生的话，罪犯在监狱中要完成弃旧图新、走向新生的转变，需要经过种种痛苦的磨难。承受刑罚惩罚，就是一种痛苦的磨难，在服刑过程中，罪犯要忍受剥夺自由带来的痛苦，高墙电网下的压抑，令行禁止的强制约束以及艰苦的劳动磨炼等等，舍此别无他途。对此，监狱干警特别是在罪犯入监初期要教育罪犯对将经历的监狱磨难要有充分的精神准备。

## 守望与超越
变革时代下监狱理论与实践探析

其次，罪犯要获得新生，在很大程度上取决于罪犯自身是否具有艺术地对待改造的态度。有这样一个《两块石头》的寓言，大意是说过去同一座山上，有两块相同的石头，三年后发生了截然不同的变化：一块石头成为雕塑，受到许多人的敬仰和崇拜；一块石头却成为路边石，被人搬来搬去，还会常受到践踏、污损。路边石极不平衡地说道："老兄呀，三年前我们同为一座山上的石头，今天却发生了这么大的差距，我的心里特别痛苦。"雕塑石头答道："老兄，你还记得吗？三年前，曾经来了一个雕塑家，你不愿意改变，更害怕割在身上的一刀刀的痛，你告诉他只要把你简单雕刻一下就可以了。而我那时想象未来的模样，乐于改变，也不惧怕割在身上的一刀刀的痛。于是雕刻家在你身上只是简单地处理了一下，在我身上呢？锤子砸，钢锯挫，刻刀刻，纱布磨……我经受的改变是你的数倍，我忍受过的痛苦比你多得多，这才产生了今天的不同啊！"路边石听了这一席话，既惭愧，又后悔。如果说石头变为一个出色的雕塑品需要经历"锤子砸，钢锯挫，刻刀刻，纱布磨……"的"磨难"，那么，罪犯成为守法公民和有用之才也要在监狱经历重重磨难。就罪犯而言，要想在改过自新的路途中发生重大改变，也要取决于自己的选择。是有强烈的告别昨天、重新做人的愿望和积极配合干警的态度，还是保留现状或虽想改变又害怕付出艰辛的努力，前后两种态度其结果显然是大相径庭的。有了积极的态度，加之监狱干警的精雕细琢，才能使罪犯自身得到出色的改变。光靠干警，没有罪犯自身积极的配合，是不行的。这就需要监狱干警经常引导罪犯正确理解"磨难的意义"。罪犯在监狱服刑从某种意义上说也是一种磨难，也可能会被击垮，也可能会转危为安，关键是对待磨难的态度。艺术化地对待监狱磨难，在磨难中告别昨天，重新开始，以这种方式承受苦难，本身就是一项实实在在的成就，并且会在时间的流逝中蜕化出一个"新的我"。罪犯有了正确的态度，就能够配合好干警完成自身的蜕变。因此，监狱干警要不断引导罪犯端正认识，打消杂念，积极配合教育改造。

再次，罪犯要获得新生，离不开自己化苦难为动力及坚韧不拔的努力。有这样一个故事，西西弗斯是古希腊神话中的一个人物，他触犯了众神，被判服一种苦役：把一块巨石从山底推到山顶，但每次当他把巨石推到山顶后，巨石又从山顶滚下来，于是西西弗斯又得重新把巨石往上推，如此循环，无休无止。人们都把这种苦役看作一种纯粹的惩罚，认为西西弗斯一定是充满痛苦、懊悔和绝望的，而加缪却发现了西西弗斯形象崇高的意义：第一，西西弗斯一次又一次地把巨石推到山顶,在这个过程中他是强有力的、自由的,"朝着山顶所进行的斗争本身就足以充实一颗人心。"第二,西西弗斯明明知道这个过程是无休无止的,但他从未绝望,从未被击垮,依旧一次又一次坚韧不拔地把巨石推到了山顶。他知道,自己作为人,永远不能放弃奋斗,他体会到这种做人的责任并且以此而自豪。加缪对西西弗斯的解读,也可以给罪犯新生以启示。当下正在监狱服刑的罪犯,不正如西西弗斯一样在艰难的过程中吗?西西弗斯因罪被判服苦役,而监狱现押罪犯以前犯过罪,现正在接受惩罚。因此,作为监狱干警要引导罪犯正视苦难,把苦难当动力,像西西弗斯那样,具有勇于付出代价、经受磨难、承担痛苦的担当精神;学习他坚韧不拔、不言放弃的顽强精神以及对奋斗结果所抱的达观态度。西西弗斯屡战屡败还如此坚持,而监狱服刑罪犯新生前景是既可望又可即的,有了化苦难为动力及锲而不舍的努力,就能够达到新生的目的。

最后,罪犯要获得新生,在磨难中离不开监狱干警美的引领。俄国作家柯罗连科写过一篇散文诗,题为《火光》。在短短的六百字里,作者抓住生活中一个极其平常的现象,这样写道:在漆黑的夜晚,作者泛舟在西伯利亚一条阴森的河上,船行到一个拐弯处,只见前面黑魆魆的山峰下,一星火光蓦地一闪,火光又明又亮,好像就在眼前。作者高兴地说,好啦,马上就到过夜的地方了。而船夫不以为然地说,远着呢!作者不相信船夫的话,但事实上火光的确远着呢,在漆黑如墨的河上,一个个峡谷和悬崖,迎面驰来,又向后移去,而火光却依旧停在前头,闪闪发亮,令人神往——依然是这么近,又依然是那么远……作者最后总结道:"现在无论是这条漆黑的河流,还是那一星明亮的火光,都经常浮现在我的脑际。有许多火光,似乎近在咫尺,不止使我一个人心驰神往,可是生活之河却依然在那阴森森的两岸之间流淌,而火光也依旧非常遥远。因此,必须加劲划桨……因为,火光啊……毕竟……毕竟就在前头!"柯罗连科这篇散文诗,通过生活中一个极其平凡的现象,赋予它深刻的思想内容,使人在黑暗中看到光明,在磨难中增添勇气,具有巨大的鼓舞力量。这篇散文诗让人联想到,罪犯在监狱中的磨难,所经历的改造之路,不正犹如一叶扁舟行驶在漆黑的河流上吗?沿途处处是一个个峡谷和悬崖,一道道急流险滩,其希望之光,似乎近在咫尺,但却依然是那么远。但不管怎样,"火光"就在前头,有"火光"就有希望,就要"加劲划桨"。在罪犯磨难的道路上离不开监狱干警美的引领,监狱干警要给罪犯指明走向新生的美的希望火光,并带领他们一道加劲划桨，不断努力，穿过一个个峡谷和悬崖，越过一道道急流险滩，最终达到希望的光明彼岸，成就再生的辉煌，重新拥有一个美的人生。

## 参考文献

[1]〔意〕但丁：《神曲》，朱维基译，上海译文出版社 2007 年版。

[2] 赵国忠：《影响教师一生的经典故事》，南京大学出版社 2011 年版。

[3]〔法〕加缪：《西西弗斯的神话》，杜小真译，广西师范大学出版社 2002 年版。

[4] 易淑泉：《外国散文选》，湖南人民出版社 1981 年版。

（原载《美与时代》2014 年第 5 期（下））

## 监狱困厄与壮美人生

意大利思想家、自然科学家布鲁诺曾在被监禁的时候这样深情地写道:"对于具有英雄精神的人来说,一切都会成为善,他们能够把囚禁作为更大的自由的果实来利用,失败有时变成崇高的胜利。"壮哉斯言!之前读到的几个伟人的传记也正印证了布氏此言不虚。这些人的共同特点是都有过监狱困厄,而这种监狱困厄,不仅没有击碎他们的情感、摧垮他们的意志,反而使他们把监禁"作为更大的自由的果实来利用",情感愈加丰盈,意志愈加坚定,愈战愈勇,使自己的人生显得更加壮美,并成就了伟业。

先以南非政治领袖曼德拉为例,他的人生近 1/3 时间都在监狱度过。为了打击囚犯的意志,狱中有许多野蛮的非人道的做法。入狱后,有非洲国民代表大会背景的囚犯会被勒令脱光衣服,在风中站一个多小时;非裔囚犯平时只允许穿短裤;监房中被子单薄、食物粗糙。监狱不准囚犯使用任何计时工具,不让他们有机会看到时间。为了进一步摧毁他们的意志,狱方更把政治犯与强奸犯、抢劫犯、谋杀犯囚禁在一起,或者一起劳动,让前者受到后者言语或肢体的挑衅,以及抢夺食物等滋扰。但曼德拉并未因此被击垮。为了维护斗志,首先,他在狱中做了一个日历,为保持健康的体魄和充沛的精神,每天早晨,他都坚持练拳,还坚持跑步,不能长跑就在原地跑。其次,则是努力保持尊严。监狱是一个消磨人意志的地方,曼德拉的应对办法之一,就是把衣服洗得干干净净,把院子打扫得一尘不染。他认为一个人在外能够作出惊天动地的大事,固然值得骄傲,但身陷囹圄时,能够把眼前的琐碎之事做好,也一样能为自己找回尊严。曼德拉一生中有许多老师,但其中最伟大的一位,非"监狱"莫属。监狱教会了他自制、纪律和专注。这些都是他视为领导的要诀,并且让其人生更为壮美。曼德拉的好友曾如此形容年轻时的曼德拉:"狂热、情绪化、敏感,总是一下就被别人的侮辱和施舍刺痛,并反击报复。"但出狱后的曼德拉已经把这些缺点一一洗刷掉，变得稳定、从容、有节制。1991年，曼德拉出狱后，当选为南非总统。当年在监狱看管他的几名看守也应邀参加了曼德拉的就职典礼，曼德拉还谦恭地向他们致敬。如此胸襟，让人肃然起敬。后来，曼德拉解释说，他年轻时性格非常急躁，脾气不好。正是漫长的牢狱生活给了他思考时间，让他学会了控制自己的情绪，学会了如何处理自己的痛苦。监狱困厄的来临，让他头脑更加清醒，使他克服了个性的弱点，最终成就了辉煌，人生变得更为壮美。

再以中共重要的历史人物之一陈独秀为例，他有一段经典名言："世界文明的发源地有二：一是科学研究室，一是监狱。"他倡导："我们青年要立志出了研究室就入监狱，出了监狱就入研究室，这才是人生最高尚优美的生活。从这两处发生的文明，才是真文明，才是有生命有价值的文明。"其意在说明，监狱是世界文明的发源地之一，人类社会总是在与"人"本身有关的诸多终极关怀上进行思考，监狱则是能够比较真实而全面地反映这些关于"人"的有关问题的地方。而陈独秀自身就有着长时间的监狱经历。大革命失败后，陈独秀一直坚持反蒋抗日，1932年被投入国民党监狱。陈独秀把监狱作为研究室，他思考了五六年时间，特别是对于当时苏联的斯大林体制进行了深刻的反思，进行了犀利的剖析，认为在苏联"没有阶级的独裁，只有个人的独裁"，"个人独裁的国家不是社会主义"，斯大林的问题是制度造成的，如果不在制度上进行改变，还会有许多斯大林在苏联和别的国家产生出来。对照陈独秀去世后的世界变化，人们不能不惊叹陈独秀的思想是多么富有预见性。但这在某种程度上也得益于他在监狱这种环境中所作出的思考。虽然与世隔绝，但监狱就是他的小宇宙，在这里他拥有大量的时间思考，不断自我修正，愈来愈接近真理。

从新中国成立以来的情况看，因冤假错案而招致牢狱之灾的有识之士也不乏其例。其中，最为典型的是因"胡风集团案"而遭监禁的一大批人。不光是胡风本人，还有株连入狱的贾植芳、方然、罗洛、满涛、何满子、耿庸、鲁藜、牛汉、绿原等一大批文艺界精英……而这些人尽管遭受牢狱之灾，却依然顽强地存活了下来。难能可贵的是，对党的一片不变的心，仍然坚信最后总会还自己一个清白，真理总会有大白于天下的那一天。为了捍卫真理生命不息，奋斗不止。以胡风本人为例，24年的监狱生活并没有让他停止思考，即使从长期的监禁中解脱出来，即使在他被迫害以致精神受到严重刺激以后，他仍然继续思考文艺理论问题，继续写辩论文章，继续表达他的主观战斗精神。

## 监狱困厄与壮美人生

其实，不仅是伟人、成功人士，就是一些极普通的人经历过监狱困厄也能够变得内心强大。读过这样一个故事：村里有一对双胞胎兄弟，弟弟犯了罪，但他害怕被抓去坐牢，就哭着跑去哥哥家，希望哥哥能帮他。哥哥从小就疼爱弟弟，因为他们俩长得一模一样，所以哥哥毅然决定顶替弟弟去接受法律的制裁。于是，从此以后，弟弟被当成了哥哥，在村子里过上了平静却担惊受怕的生活；他生怕别人发现自己才是那个犯罪人而被投入监狱。哥哥坐牢之后则被流放，从此颠沛流离，浪迹天涯。一晃二十多年过去了，哥哥终于回到了村里，人们惊诧地发现：原本容貌、嗓音一模一样的兄弟俩再也不像了。弟弟的背始终微弓着，嗓音沙哑而微弱，目光暗淡而无生气；哥哥却声若洪钟，目光如炬，监狱困厄的磨砺在他脸上留下了印痕，成为让人敬畏的一种力量。

应该说，监狱困厄并非给每个人都能带来壮美人生，只有内心强大的人才能做到这一点，而对于怯弱者，则会被压垮。有这样一个故事颇能说明这一问题：两个人被同时关进一所监狱并同住一个监房。他们同时望向铁窗，一个人看到了铁窗外的灿烂星空，从中看到了外面精彩的世界，憧憬着即将回归自由的美好未来；另一个人却看到了铁窗上的泥土、监狱里狭小的空间以及自己渺茫的前途。最后的结果是，看到灿烂星空者终因乐观向上、态度良好而提前释放；看到泥土者则因为思路被高墙阻断，看不到未来的希望，由于心理压力过大而得了抑郁症。

应该说，监狱困厄是一件坏事，谁也不希望它发生，而天有不测风云，一旦这种困厄来临，怨天尤人已没有意义，正确的选择是直面监狱困厄，把它当作一种机会，看作对自己精神的考验和提高。一个人通过承受监狱困厄而获得的精神价值是一笔特殊的财富，当他带着这笔财富继续生活时，其创造和体验都会有一种更加深刻的意义。

试想，一个人把入狱都能当作一种锤炼自己的机会，他还有什么困难不能克服？如果连这样的困厄都能扛得过去，相信其他再大的困难都不在话下，并达到一种"不管风吹浪打，胜似闲庭信步"的从容境界，展现壮美的人生。而反观现实生活，常常有的人就像躲在安乐窝的鸽子，沉溺于卿卿我我的小世界，眼里只是房子、车子、票子、孩子，对其他事情漠不关心，为一些鸡零狗碎的事闹得不可开交，遇到一点小困难、小挫折就惊慌失措，好像世界末日要到了。这种无聊的情调、乏味的做作和经受监狱困厄反倒成就壮美人生的人相比，是多么可笑亦复可怜。我们现在的社会缺的是坚忍不拔、埋头苦干，"虽九死而不悔"的人，多的是向往"物化生存"的人和矫揉造作的"温室花朵"。我们要呼唤真的英雄气概：坚强、勇敢、硬朗、豪迈、不屈、无畏、理想、奉献……使自己变得内心强大，其中从遭受监狱困厄而展现壮美人生的人身上汲取营养，恐怕也是一种别开生面的学习，或许可以得到另一番滋味的激励吧。

## 参考文献

[1] 蔡子强：《曼德拉的伟大导师》，载《领导文萃》2014年第9期（下）。

[2] 唐宝林：《陈独秀的晚年反思》，载《上海党建通讯》2014年第6期。

[3] 林希：《白色花劫"胡风反革命集团"冤案纪实》，长江文艺出版社2003年版。

[4] 刘炳仁：《把握当下》，中国致公出版社2008年版。

（原载《美与时代》2015年第4期（下））

## 从垃圾里淘出金蔷薇说开去

——关于变废为宝、化丑为美的另一种思考

《金蔷薇》的故事使人颇有感触：老水手莫里在海上漂泊了大半辈子，当他年老力衰回到岸上时，只能靠当清道夫过着贫困的生活。幸运的是，他收养了一个失去亲人的小姑娘——沙娜，给他晚年孤苦伶仃的生活带来了一点欢乐和希望。老莫里很爱沙娜，一老一少相依为命，过着清贫但很幸福的日子。然而不久，老莫里开始忧愁起来，因为按照当地的风俗，当女儿出嫁的时候，父母要送一朵金蔷薇花，这样女儿才会一辈子幸福。老莫里希望心爱的沙娜永远幸福，可是哪里有钱去买一朵金蔷薇呢？他想来想去，想起了他打扫的那条街上，有几家首饰作坊。通常，他总是把这些作坊里扫出的垃圾统统扔掉。但他现在意识到，首饰匠工作的时候，总要锉掉少许金屑的。从此，他便不再把从首饰作坊里扫出的垃圾扔掉了。而是制作了一个小细筛，每天深夜，把首饰作坊垃圾里的尘土簸来簸去。多少年过去了，老莫里终于从垃圾里的尘土中筛出来一小把金屑，便恳请首饰匠打成一朵金蔷薇。首饰匠显然是被老莫里感动了，使出浑身的解数，精心地用金屑打造成了一朵非常精致的蔷薇。当老莫里用满是老茧的手颤抖着捧起它时，禁不住流出了幸福的眼泪……

由此联想到法国艺术家罗丹说过的一句话：生活中不缺少美，只是缺少发现。在一般人眼里，在一座城市、一条街道，不管是商店、饭馆、住家还是各种作坊包括首饰作坊里每天都会扔出大量的垃圾，这些扔出的垃圾可利用率微乎其微。而老莫里这样的清道夫却敏锐地看到首饰作坊里丢出的垃圾里面隐藏的金屑，并通过在尘土里年复一年、持之以恒的淘金，终于使垃圾变废为宝，幻化出一朵美丽的金蔷薇。

对待垃圾，思考的角度和处理方法不同，其结果往往大相径庭。意大利那不勒斯的一个小镇发生了垃圾危机。由于长时期无人清理，垃圾堆在马路两侧达到 5000 多吨,气味恶臭难闻,附近民众中癌症患者也日渐增多,政府只得动用军队开来推土机来处理垃圾。而类似的垃圾问题越来越多,竟然逼得意大利政府向国外求援。后来有瑞典、瑞士、丹麦等多个国家表示愿意协助意大利政府解决垃圾危机。比起瑞士和丹麦,瑞典可能更具有竞争力,因为前者的目的是赚取不菲的垃圾处理费,而瑞典国内正面临停电危机——所以他们甚至愿意付费给意大利政府,以将这些垃圾拉回国内发电。据瑞典废物处理协会统计,瑞典利用垃圾为 25 万户家庭提供能源,为 1/5 的集中供热系统提供能量,由于把垃圾转化为可再生能源的效率很高,瑞典近年来开始从国外进口垃圾,每年的进口量约为 80 万吨。

当意大利政府为小镇上垃圾堆积如山并导致一系列不良后果而一筹莫展,并向领国求援时,丹麦、瑞士仅仅是考虑利用自己国家垃圾焚烧炉赚点钱,而瑞典则自己宁肯倒贴钱进口垃圾,通过废旧利用使得垃圾焕发出新的生机。这启示我们,对待垃圾,既不能像意大利那个小镇一样消极被动,也不能像丹麦、瑞士人那样,将垃圾一烧了之,而是要像瑞典人那样,将垃圾变废为宝,造福社会。

应该看到,这些年来,我们国家不少单位或部门也意识到了废旧利用、变废为宝的道理,并开始了实实在在的行动。《经济参考报》一篇题为"变废为宝:将地沟油转化为生物原料"的文章报道,中国商用飞机有限责任公司与波音公司合作建立的中美航空生物燃料示范项目,于 2014 年 10 月 22 日在杭州正式投入运营,该项目将废弃的食用油,即人们常说的"地沟油",通过高科技处理转化为可持续航空生物油料,预计每年产量将达到 18 亿升(5 亿加仑)。

以上主要是谈垃圾变废为宝、化丑为美的事例,由此联想到,在我们周围,也有这样一类特殊人群,他们有的正在监狱服刑接受改造,有的正在社区服刑接受矫正。对于这些人,在不少人的眼里,可以说是另一类"垃圾"即社会垃圾。那么,对他们可否变废为宝、化丑为美?回答应该是肯定的。

梁漱溟先生曾以粪便和庄稼的关系讲述了变粪为宝,化丑为美的道理。粪便是脏臭的,如果你把它一直储在粪池里,它就会一直脏臭下去,而一旦它遇到土地,情况就不一样了。它能够和深厚的土地结合,成为一种有益的肥料。对于一个人特别是犯过罪的人来说也是这样,如果能够创造有利条件,使之与未来世界里最广阔的那片土地去结合,他就会脱胎换骨,重新做人。因此,监狱、社区矫正机构特别是一线工作者,要善于创造条件,使服刑人员与适宜于其新生的那片土地结合，这样就可以由臭变香，由丑变美，开始新的美好人生。

如果说旧的行刑理念是着眼于服刑人员的刑前，着眼于报应和威慑，立足于惩戒，新的行刑理念则是着眼于服刑人员的刑后，着眼于让他们起死回生，开始新的人生。如袁了凡所说，"以往种种譬如昨日死，以后种种譬如今日生。"监狱、社区矫正机构，特别是一线工作者在改造、矫正服刑人员的过程中，就是要善于创造各种有利条件使监狱、社区服刑人员变废为宝、化丑为美，埋葬过去、重新做人，不仅不再危害他人和社会，而且成为社会有用之才。

要做到这一点，监狱、社区矫正机构特别是一线工作者，在对监狱、社区服刑人员实施改造、矫正的过程中，要注意把握这样几个要领：

一是善包容。监狱、社区矫正机构特别是一线工作者面对的是一个个心灵遭到扭曲，灵魂遭到毒化的人。对他们的改造、矫正既然是一种刑罚执行，当然离不开强制，需要一种高压态势，但也不能轻率、任意地把冷酷无情、恶意相向在有形或无形中强加给他们。监狱改造、社区矫正从一定意义上说是一种特殊的救人工作，是人命关天的工作，是一种风险极大的工作。与医生相比，监狱、社区矫正机构特别是一线工作者更有风险性，因为医生的风险可能只是关乎一个人的生命，而监狱、社区矫正机构特别是一线工作者的风险可能关乎一批人的回头和新生。那么，如何使监狱、社区服刑人员能够起死回生，变废为宝、化丑为美？其中一个关键是要善于包容。包容是一种非凡的气度、宽广的胸怀，是对人对事的宽容和接纳，监狱、社区矫正机构特别是一线工作者对于失足者或犯过罪的人来说，这种包容是一种以爱化解仇恨的心怀，是一种化消极因素为积极因素的自信。对改造、矫正对象的过去不是一味追究，而是以积极的态度容纳他们，立足于现在的恢复，着眼于未来的发展，这是包容的实质。包容绝不是没有原则的纵容，而是在法治、理智、规制的前提下，一种开放、积极、建设性的心态。有这样一个改造实例或许可以给如何包容改造或矫正对象以答案。在上海监狱系统已工作 7 年的女干警李洁，用包容的胸怀，在一个个服刑人员的心田中，播下了一粒粒新生的梦想和种子，结出了一颗颗丰满的果实。她曾接手过一个三进三出、有吸毒史的女犯。当她见到这个女犯时，便默默告诉自己，我一定要接纳她、包容她，让她第四次从监狱走出去后开启新的人生。有了这个信念，李洁在该女犯服刑 4 年多的时间里，几乎天天找她谈心；看书读报时，摘抄那些适合她的励志话语，批注在她的周记后面；在她劳动时，手把手地教她使用缝纫机；在她偶尔抬头看李洁时，给予她一个肯定的微笑；甚至跑遍整个城隍庙，只为身材走样的她买一条特大号的内裤……功夫不负有心人，该犯在李洁的感召下，刑满释放后抵制住了种种诱惑，开了一家美甲店自食其力，并专门要她儿子找到李洁，代为感谢："你没有因为她是累惯犯，而对她另眼相待；相反，你那包容、温暖的眼神，让她感受到做人的尊严，不仅找回了母亲的尊严，还有儿子的尊严；你挽救的不仅仅是我母亲的一生，还有我的人生。"说完，这个高李洁一头的男孩给李洁深深地鞠了一躬。正是有无数李洁这样的干警，在监狱那辛劳而寂寞的岗位上，以包容、以真诚去改造一个个罪犯，挽救一个个灵魂，拯救一个个家庭，我们的社会才平安和谐。这个改造实例告诉我们，监狱、社区服刑人特别是态度顽固、有危险倾向的，看起来问题明显，甚至让人气愤、心烦、甚至失望。但是，如果你包容一点、豁达一些，换一个思路看问题，那么，你就会察觉到他们还是有可教之点、可救之处。这里需要的是工作者善包容，有了包容这种胸怀，就会收起厌弃的目光，投以希望的眼神，你带给对象的将是阳光、希望、召唤、期待、改造、矫正效果自然会事半功倍。

二是会发现。能够从最丑恶的混乱中找到闪耀的光。有一篇题为《与痛别离》的文章记载了这样一则小故事：2013 年 4 月 15 日，美国波士顿发生了马拉松爆炸案。3 人当场死亡，183 人受伤。受伤者中有一名来自德州的美丽女子瑞贝卡·迪马蒂，她的左腿下肢被弹药碎片严重切断神经及腿部组织，共经历了 15 次手术……她的左腿长期疼痛，只能靠轮椅、拐杖过日子。最后她作出一个决定，切除左腿下肢。在手术前夕，瑞贝卡为自己左脚脚趾做了一个指甲"美容"，她说："与其每天沉浸在不能解决的问题中，不如看好的一面，选择尝试于最丑恶的混乱中找到闪耀的光。"从这句话中一方面可以体味到瑞贝卡与痛别离的乐观态度和独特的审美感受。另一方面，也给人们以这样的启示，那就是要能够从有丑行、有问题的人中发现其"闪耀的光"。能发现"不纯洁的心灵也有美好的一面"。一般说来，人们看优秀的人，很容易看到优胜处，而对于有丑行、有问题的人，就很不容易看到其亮点和长处。但如果变换视角，也可以从废中见宝、丑中见美，也能发现其闪光的地方。监狱、社区矫正工作者应注意发现改造、矫正对象的亮点，并细心呵护，使其最终朝好的方面转化。而不应该用老眼光看人，甚至用"没救了"来伤害他们的自尊心。相传日本有一个名人，暮年志成——而他的大半生是在监狱中度过的。在他很年轻的时候，就因为重罪被判长刑。狱中的他一遍遍回首往事，他出生成长在一个很糟糕的家庭和社会环境中，从小到大几乎一无是处，生活中的鲜花、笑脸、掌声似乎永远不会与他有缘。他好像天生就是一个囚犯，注定要在厚墙铁窗中耗尽一生。然而在他的心灵深处，还尚存着一点未被绝望吞噬的光亮，那就是学校的美术老师，曾给他作业的评语："你的画几乎无可取之处，但构图还可以。"多么吝啬的赐予！然而就凭借这一点光亮，这位年轻囚犯才没有迷失人生的方向，"不是构图还可以吗？那我就好好构图吧"。于是他画了起来，画了下去，画得提前释放，画得名声大振。这个故事给我们以启示。就监狱、社区矫正工作者而言，在我们所管教的人员中，有没有类似这样的人，我们发现到他的闪光点没有？给过他信心没有？提升过他的勇气没有？正确的态度和做法是，要像瑞贝卡那样在"混乱中找到闪耀的光"，像日本那个美术老师那样在不足之中发现到长处，不仅会发现，而且要创造条件使亮点、长处发扬光大。

三是有耐心。如果说一个人的堕落至犯罪系"冰冻三尺非一日之寒"，那么，要改过自新也非一日之功。因此，从事改造、矫正的工作者切忌急躁，要顺应转化规律，从长计议。正如佛家所说，静生慧，慧生觉，觉生定。要做到有耐心、有静气，首先需要不断去加强理论学习，不断面对改造、矫正实践汲取营养，武装自己。其实，监狱、社区矫正机构特别是一线工作者所接触的专业或相关书本中，改造、矫正的实践充满着无数耀眼的、新鲜的值得总结、提炼的东西——但这些都是不易被关注的微粒。它需要有耐心，沉下心、静下心来观察、筛选，一点一粒地收集、积累，熔铸成金锭，然后才能用这金锭辛苦锻造出自己的金蔷薇，或者说是改造、矫正成果。其次，在对待服刑人员特别是问题服刑人员方面，监狱、社区矫正机构特别是一线工作者如果摘掉有色眼镜去正视他们时，就会看到在他们身上同样闪烁着无数的"小金屑"。只不过被"垃圾"或过失所掩埋，这些"小金屑"在等待着合适的、被利用的机会。因此，对待他们应像老莫里在垃圾的尘土里淘金一样，日复一日、月复一月、年复一年，透过大量过失、问题的背后，将其优点、长处，哪怕是微不足道的优点、长处也要用细筛簸来簸去，直至簸出金屑，铸造出光彩夺目的金蔷薇。换一句话说，也就是使监狱、社区服刑人员通过长期、反复、不间断地改造、矫正，使服刑人员弃旧图新，将其由废变宝、化丑变美，最终成为适应社会的守法公民和有用之才，真正收到"浪子回头金不换"之奇效。

最后，吁请全社会，也要多一份包容、多一份发现、多一份耐心，不要忘记社会中还有这样一类特殊人群存在。他们虽然失过足，但作为人也需要关注、需要拯救，需要和我们一样过上有尊严、有体面、幸福的生活，让污秽、丑恶在我们的社会中越来越少，让我们的社会越来越充满阳光，越来越美好！

## 参考文献

［1］朱良才：《教育·三十七度二》，新华出版社2009年版。

［2］艾敛菲：《瑞典的垃圾争夺战》，载《领导文萃》2013年11期（上）。

［3］《变废为宝：将地沟油转化为生物原料》，载《报刊文摘》（周末）2014年10月24日第8版。

［4］张志萍等：《人生字典：每一页都是卓越的诠释》，载《上海支部工作》2015年1月上半月刊。

［5］陈文茜：《与痛别离》，载《环球》2014年第25期。

（原载《美与时代》2015年第6期（下））

## 由"窗"所想到的

"窗"是一个很奇妙的存在。从诗人的视角看,在大千世界中,窗是一个寻觅诗境的最佳观测点之一。清代李渔在《闲情偶记》中写道:"同一物也,同一事也,此窗未设之前,仅作事物观,一有此窗,则不烦指点,人人俱作画图观矣。"此语道出了"窗"在诗歌创作和审美中所起的关键性作用,"窗"已成为一种情景交融之物了。翻开中国古典诗词,写窗并"作画图观矣"的篇章可以说是俯拾即是,如《古诗十九首》中的"盈盈楼上女,皎皎当窗牖";杜甫的"窗含西岭千秋雪";李白的"檐飞宛溪水,窗落敬亭云";王维的"来日绮窗前,寒梅著花未";刘子军的"明月不知君已去,夜深还照读书窗";曾公亮的"要看银山拍天浪,开窗放入大江来"。诗人往往借助于窗这一有限的空间,将思想延伸,把心灵放飞,浮想联翩,显示出无限的审美意向空间。现代诗人从中受到启发,同样借窗展示了特有的诗情画意,如卞之琳《断章》中就有精彩的描述:"你站在桥上看风景,看风景的人在楼上看你,明月装饰了你的窗子,你装饰了别人的梦。"该诗不仅透过窗揭示了这样一个朴素的道理:风景是互动的,你也可以成为别人的风景;同时勾勒出了诗中有画、画中有诗的双重境界。由上可见,古往今来的诸多诗人,通过幅幅描述"窗"的精彩画面,让人在欣赏中目不暇接,感到美不胜收。

诗人有诗人的观窗角度,充满了丰富的想象。而在建筑师的眼里,对窗的设计,则考虑的是窗的采光、透气、通明、观景等作用;在雕刻家的眼里,则把窗与雕刻联系起来,他们手里的雕刻,用罗丹的话来说,是"开向生命的窗子";在教育家、心理学家的眼里,则把窗延伸到人的五官特别是眼睛以至进入内心,如常把眼睛比作"心灵的窗户";而在行业管理者的眼里,则把行业的工作状态比作对社会展示的一个窗口。联系到监狱工作,也可以有它的观窗视角,下面笔者要引申的就是与监狱特别是罪犯改造相关的"窗"的话题。

第一，就窗的设置而言，对监狱房屋建筑的窗的设置要有所考量。监狱房屋建筑是监狱最明显、最直观、最基本的表现符号，是监狱承担执行刑罚、维护安全和改造罪犯职能的最为主要的载体之一。这就决定了作为监狱房屋建筑的窗不同于其他房屋建筑的窗。人们通常把监狱房屋建筑的窗称为"铁窗"，铁窗对于监狱房屋建筑是不可缺少的。它不仅要体现罪犯被剥夺自由，对其行刑的一种象征，如体现坚固、森严、防卫、安全，赋予一种惩戒的意味，给人以望而生畏之感，还要考虑正常的采光维护罪犯健康等用途。与此同时，随着现代文明的推进，以人为本思想的深入人心，作为监狱房屋建筑的窗，又更赋予了改造、矫正，给人以希望的含义。这就要求监狱房屋建筑的窗的设置应立足于惩罚罪犯、确保安全、保障健康、改造罪犯等多方面需要，其中，应该把改造罪犯的理念作为重中之重。

如前所述，作为监狱房屋建筑的窗的设置要把改造罪犯的理念作为重中之重，因此在监狱房屋建筑的窗的设置中，更要将改造罪犯的精神贯穿其中，发挥窗在改造罪犯中的作用。以监狱接见室的接见窗为例，如果利用好了，就十分有利于促进罪犯改造。罪犯与常人的最大区别在于自由被剥夺，人身受限制，而他们与亲人相见的主要渠道是借助于监狱接见室的接见窗口。现在的条件与以往相比好多了，罪犯亲属来探监，罪犯在窗这边，家属在窗那边，可以通过电话相互交谈。不少罪犯失去自由后，总是把隔一个时段的亲人接见当作"亲人节"。每当会见日，往往可以通过一扇扇窗看到不同的一幕幕悲喜剧。其中，有妻子携带幼子的，有女友前来探望的，有父母结伴而来的，也有父母、妻子、孩子一道前来的，还不乏爷爷奶奶前来探望的。有的有说不完的话，有的相见无言，虽然厚厚的窗玻璃成了隔开亲人的鸿沟，但毕竟可以隔窗相望。在这特殊的接见窗口，有思念、有期待、有痛苦、有欢乐。这种方式的接见可以激励罪犯加速改造步伐。作为监狱及干警，要通过接见窗，体现党的政策，稳定罪犯改造情绪，弥补家庭裂缝，鼓舞罪犯奋进，争取早日获得自由，这样就不会有隔窗相望的遗憾了。

第二，要关注罪犯眼睛即"心窗"的改变。如前所述，窗与人的视角是直接相关的，甚至还能沟通五官特别是眼睛，进入内心。具体到一个人，在某些部位特别是眼睛也可以视为观察一个人的窗口。通过眼睛的微表情，可以在一定程度上观测到一个人的内心世界。罪犯作为特殊的群体和个体，其作为心灵之窗的眼睛体现的内心世界较常人更加复杂。在监狱押犯中,目光猥琐,反映出一个人的内心曲狭;目光凶恶,反映出一个人内心充满杀气;目光淫荡,反映出一个人内心的淫邪;目光贪婪,反映出一个人对财物的攫取欲望。监狱干警是做改造人的工作的,其中包括要"擦拭"罪犯的眼睛,而这个擦拭,不是医学意义上的擦拭,而是通过心灵的净化,使罪犯心灵由丑变美。监狱及干警就要引导罪犯勤擦自己的心窗。只有心明媚了,眼睛才能明媚,也才能看到周遭的明媚。因此,监狱及干警要创造条件促使罪犯不断清除心灵中阴暗、邪恶的杂质,从而使作为心灵之窗的眼睛明亮、美好,使其作为心窗的眼睛由猥琐变得坦然,由凶恶变得温和,由淫荡变得明净,由贪婪变得节制。这样才有助于罪犯的改造,有助于其开始新的人生。

第三,要引导罪犯学会"开窗"。打开不同的窗,会看到不同的景观,有的景观让人乐观,有的景观却让人悲伤。有的景观催人奋进,有的景观却让人消沉。美籍华人心理学家李恕信在《潇洒的母亲》一书中写过这样一则故事:某镇上住着一个小女孩。一天,她打开窗户,正巧看见邻居家在宰杀一条狗。那条狗平常和小女孩在一起嬉戏,可邻居为了一顿丰盛的午餐,竟然对它下了毒手。小女孩看着这个悲惨的场面,情不自禁地流了一脸的泪。连续几天,小女孩一直沉浸于悲痛之中。她的母亲见状,便把小女孩领到另一个房间,打开另一扇窗户。窗外,是一片美丽的花园。那里,鲜花姹紫嫣红,争奇斗艳,在明媚的阳光下,蜂蝶在花丛间嬉戏,几只小鸟落在栏杆上开心地唱歌……小女孩看了一会儿,心里的愁云一扫而空,心境开朗起来。母亲抚摸着女儿的头说:"孩子,你前几天开错了窗户。"其实,罪犯在监狱改造的道路上,都有很多开窗的机会。而打开不同的窗,就会看到不同的风景,收获不同的心境,拥有不同的人生。只有开对窗,才可以领略到无边的春色,拥有春暖花开的心境和秋天的硕果累累。反之,如果开错了窗,看到的将是污秽和罪恶,甚至被污秽和罪恶继续浸染,拥有的将是阴郁、仇恨的心态并与监狱及干警对抗,甚至可能又犯罪而被加重处罚。罪犯以往之所以走上犯罪道路被判刑入狱,甚至有些人在服刑期间不思悔改,继续作恶,不能说与开错人生之窗没有联系。因此,在监狱改造过程中,引导罪犯学会开窗特别是开对人生之窗,这对罪犯今后的走好人生之路必不可少,要让他们把窗开对,去告别旧的丑恶过去,拥抱新的美好生活。

第四,要注重打造反腐倡廉的特殊窗口。在当下的社会转型期,出现了官员腐败犯罪的现象,而且这类犯罪数量不断攀升,贪腐数额越来越大,犯罪手段越来越多,职务越来越高。其中,移交司法机关查处被判刑投入监狱服刑的占大多数。这些人作为反面教材,是一批特殊的教育资源,可以利用起来为反腐倡廉服务。在这一方面,不少监狱协同当地纪检监察部门在监狱设立了"廉政教育基地",用一个个从官员到囚徒的故事,用一幅幅贪腐祸国害己的画面,用一组组贪腐的巨额数据,用一个个真实的现身说法,对前来学习、参观者进行警示教育,收到了良好的效果。为了进一步贯彻党中央提出的全面从严治党、深入反腐倡廉的精神,监狱机关和有关部门要进一步在打造反腐倡廉的特殊窗口上下功夫。一方面,要加强对贪腐官员的改造工作,使之洗心革面,重新做人;另一方面,要更好地把"廉政教育基地"办好,把这个特殊窗口打造好。通过这个窗口,既展示我们党全面从严治党、"老虎苍蝇一起打"的决心和魄力;又展示贪腐者必受法律严惩、难逃法网,落得众叛亲离、人人唾弃的可耻结局;再警戒社会上的试图贪腐的官员,以促使其悬崖勒马;另展示贪腐者在监狱通过惩罚与改造的洗礼所发生的变化;同时通过这个特殊窗口更好地鼓舞广大党员、群众坚定反腐倡廉的信心,更好地行动起来,与腐败现象做坚决的斗争,把腐败犯罪降低到最低限度,形成一个美好的政治生态环境。

第五,要重视打造监狱现代文明美的窗口。当下时代,窗作为一种隐喻,已延伸到社会各个行业,每一个行业都可以视为一个特殊的面向社会的窗口,而且可以从中折射出社会的全貌。监狱亦是如此。清末狱制改良家沈家本就说过:观其狱制,可观一国之文野。也就是说,透过监狱这一个独特窗口,可以看到一个国家的文明或野蛮的状况。因此,精心打造监狱这一独特窗口,意义重大。就行业与社会之间而言是需要沟通的,监狱作为一个行业与社会之间的桥梁也是需要沟通的。传统的监狱,是一个高度封闭的世界,这种封闭带来的多是神秘与威严,虽从一定程度上震慑了犯罪,但也给人们带来不透明感和恐惧感,一旦有些什么负面情况发生,容易给不明真相的人带来不少真假难辨、是非混淆的想象空间,流言也难以澄清,不仅影响到监狱的形象,还影响到国家的形象。因此,精心打造监狱这一独特窗口,特别是打造监狱现代文明美的窗口势在必行,它绝不仅是监狱自身的事,它也涉及一个国家的形象。这就要求监狱及干警要爱惜这个窗口、勤擦这个窗口、完善这个窗口,通过狱务公开保持与外界的沟通,不断向外展示这一窗口,让世人透过这个窗口看到一个真实的监狱、一个与时俱进的监狱、一个充满现代文明美的监狱,并从中感受到时代的进步美、国家的发展美、社会的文明美。从而对我们党、国家和社会发展的美好前景越来越充满信心,对人性的可以改变,特别是罪犯的人性可以由假恶丑到真善美的改变持越来越乐观的态度。

## 参考文献

［1］那秋生：《开窗放入大江来》,载《中国教育报》2012年8月16日第4版。

［2］熊秉明：《罗丹:以大理石凿出哲学》,载《文学报》2014年12月25日。

［3］刘锴：《开对你的窗》,载《党支部工作指导》2009年第3期。

［4］顾国才：《现代视域下监狱建筑的规划与设计》,载《江苏警视》2015年第3期。

(原载《监狱文化》2015年第4期,收入本文集时作了进一步修改)

## 关于打通罪犯心墙的断想

一提起监狱，人们脑海里就会马上浮现出高墙电网，高墙或大墙俨然成了监狱的一种特有符号。

当然，出于维护监狱安全的考虑，出于体现刑罚威严的考虑，出于对罪犯造成一定程度的威慑，使其遵纪守法的考虑，监狱的大墙是必不可少的，而且应是坚不可摧的。按照国家监狱建设标准，其修建的高度和厚度标准也是不同于其他单位的围墙的。但任何事物都有两重性。一方面狱墙确实能够起到维护监狱安全、威慑罪犯、体现法律威严的作用，但另一方面也容易造成监狱与外界的封闭，特别会封闭罪犯的思维，对罪犯与外界的交流，与干警的沟通，与同犯的相处都会带来不利的影响。

如果说狱墙是有形的，那么，还有一种墙是无形的，它更会隔断人们的交流，那就是心墙。由于罪犯是被迫在监狱执行刑罚的，自由被剥夺，许多权利受到限制，因此与监狱及干警形成了隔膜，也会自然地筑起一道道心墙排斥正面信息的输入。很多时候监狱干警即使有一腔热血也难以换来罪犯真诚的回应。另外，由于不同的罪犯聚集在一起，以往经历中所形成的"丛林法则"更易于在狱中表现出来，罪犯彼此之间也筑起了一道道心墙，相互猜忌，勾心斗角，导致狱中改造生态出现异化，甚至有的地方为新的黑恶势力即牢头狱霸所控制，成了"黑染缸"。

法国著名哲学家萨特曾写过一篇与监狱囚犯有关的小说。其中一篇就是以《墙》为题。该小说写于1939年，采用第一人称的叙述视角，以西班牙内战为背景，写了三个待决囚犯在临刑前一夜的内心活动和不同表现。小说将人的恐惧感渲染得淋漓尽致。胡安还是个孩子，心理上无法承受这一残酷现实，他尖声喊叫，面部扭曲，浑身瘫软，惊恐万状。而"我"和国际纵队的战士汤姆主观上都是不怕死的，但对死亡的本能恐惧却不以人的意志为转移。汤姆小便失

## 关于打通罪犯心墙的断想

禁。"我"则在冰冷的地牢里汗流浃背,自己却浑然不知。主人公"我"——游击队员巴勃罗·伊比埃塔对必死的命运主观上处之泰然。尽管敌人威逼利诱,要他供出战友雷蒙·格里的下落,他却宁死不屈。最后,他为了耍弄敌人,便胡诌格里藏在墓地里,因为他清楚格里其实躲在郊外的兄弟家。不料格里前一天同兄弟吵架出走,又不愿连累别人,真的转移到了掘墓人的小屋,敌人果然搜捕到了他。伊比埃塔从鬼门关上获释。当他弄清楚事情的原委时,禁不住"狂笑起来,笑声如号哭一样凄厉"。小说的主题是表现世界的荒诞:"我"本意是牺牲自己,保护同志,结果却是出卖了战友,变成了"叛徒",整个斗争过程一下子失去了意义,变得不可理喻。萨特用"墙"作为这篇小说的题目,体现的是一个象征性意向。从具象层面上看,它象征着人与世界之间横亘的屏障,从抽象层面上看,则象征着人的存在被一堵堵封闭的难以逾越的墙所围困的荒诞处境。

萨特还写过一部以地狱为背景的题为《禁闭》的幻想戏剧。主要人物是三个鬼魂,生前都是卑鄙小人,此刻在地狱中互相审判和互相折磨,展示了一幅人与人之间的关系委琐丑恶的图景。他想表现的是现实中人与人之间互相戒备、倾轧、欺瞒和指责的关系构成了比真正的地狱更悲惨的现实生存境遇。而在哲理层面上,萨特还试图表现当每个人在生活中都在心中筑墙,"以邻为壑"时,所谓地狱就存在于我们的生活中,甚至存在于我们的内心深处。要使人的心地指向真善美,远离假恶丑,就需要拆掉心中之墙。

此外,日本作家安部公房也写过一篇题为《墙》的小说。小说的主人公卡尔玛,无缘无故被公司解雇,又稀里糊涂成了被告。正如一个哲学家所说:"只要被告还待在这个世界上,法庭就会永远紧随在他身边。"处在这种无法解脱的逆境之中,卡尔玛觉得自己就像是无垠旷野中孤立无助的墙。人,已异化为物,这篇小说一方面揭露了现实生活中的不合理、法庭黑暗的一面,另一方面反映了以卡尔玛为代表的下层人孤独无助的精神状态,自己像堵墙,既无法与外界交流与沟通,外界也无法进入自己的内心世界,更无法帮助自己摆脱困境,还自己一个清白。

联想到监狱改造,监狱毕竟是关押罪犯的场所,因此筑起一堵堵森严壁垒的高墙与法理、情理来说都是说得过去的。但是,监狱还承担着改造罪犯的更为重要的使命。而要完成这一使命,单靠狱墙的防范、威慑显然是远远不够的。由于罪犯的处境及特有的身份,使他们对监狱及干警的改造有一种天然的排斥

**守望与超越**
变革时代下监狱理论与实践探析

和隔堵，自发地筑起一道道心墙进行防卫和抵抗，监狱及干警所要做的一项重要工作就是打通或拆掉他们的心墙，唤起他们的互动，否则，外部再多的努力也无济于事。

从刑罚执行的历史看，监狱的出现标志着一种文明和进步，但从实践来看，囚禁是一种并不理想的管教办法。① 正如法国作家欧仁·苏在《巴黎的秘密》一书中所说："多少世纪才认识到，把坏人聚集在一起，加倍地增强了他们的堕落，就这样使他们成为无法救治的人了。"② 因此，历代法学家和文学揭露监狱黑暗的人数不胜数。其中，包括萨特对监狱囚犯心墙的描写，以及"他人就是地狱"的哲学命题。但是，只要有犯罪存在，只要人性中恶的一面不消除，监狱作为一种不得已而存在的现实产物总还是要存在下去。同时，要尽可能改变行刑理念和方式，最大程度地提升监狱文明的一面促使罪犯改过自新。这里就包括对罪犯心墙的拆除，让法治、和谐、诚信的阳光洒满其心房。

监狱及干警如何打通罪犯心墙，取得他们内心的接纳？笔者以为至少要把握这么几点：

（1）把罪犯当人看，尊重罪犯人格，只有干警把罪犯当人看，他们也才能把自己当人看，学会做一个堂堂正正的人。

（2）监狱干警要消除警囚之间的心理隔膜，关键是干警自身要主动向罪犯敞开心胸，坦诚相待，只有"精诚所至"，才能"金石为开"。

（3）监狱干警要不断通过劝导、诫勉、晓理、明义，给罪犯干枯的心田种上真善美的种子，并通过精心培养，使之破土，并成为绿洲花园。

（4）监狱要善于营造一个适宜于罪犯改造的环境。监狱不能无墙，但也没有必要大墙套小墙，重重叠叠，如临大敌。监狱为了安全考虑，防止罪犯脱逃，墙可以高、厚。但为了便于改造罪犯，墙可以少。我们欣喜地看到，这几年不少监狱大墙打造得固若金汤，而小墙则开始拆除。于是，罪犯开始感到了前所未有的开阔，③ 这样做有助于罪犯心墙的拆除，因为不同的环境是会影响人们形成不同的心态。

---

① 参见〔德〕尼采：《悲剧的诞生》，周国平译，生活·读书·新知三联书店1986年版，第178页。

② 同上。

③ 参见张晶：《正义试验》，法律出版社2005年版，第84—85页。

（5）监狱干警要积极创造条件让罪犯与外界多进行一些交流。高大的围墙，只能防逃，保安全，但不能关住罪犯的心。监狱工作的根本职能是改造罪犯，要使罪犯能够顺利重返社会，监狱要积极创造条件给罪犯更多接触外部世界的机会，包括亲情会见、志愿者帮教、相关部门和人士送温暖、组织罪犯外出参观等等。"大墙内外齐携手，帮教罪犯迎新生"，这样更有助于打开罪犯闭锁的心墙，使其对未来更有信心。

（6）监狱干警也要在罪犯群体中营造一种和谐的改造氛围。避免出现罪犯之间尔虞我诈、弱肉强食的现象发生。通过健康集体的打造，使罪犯集体本身也成为一种充满正能量的教育力量，消除罪犯之间的相互倾轧、恶意相斗等不正常心态，促使每一个罪犯在集体中能够互帮互学，得到进步，发生转变。

## 参考文献

[1] 朱维之等主编：《外国文学史》（欧美卷），南开大学出版社2009年版。

[2] 吴晓东主编：《20世纪外国文学专题》，北京大学出版社2002年版。

[3] 余其宗：《法律与文学漫话》，华艺出版社2001年版。

## 漫话宽容美德

打开中国传统文化的史册，无论是儒家、道家、佛家都十分推崇宽容。儒家提倡的"恕道"，道家倡导的"达观"，佛家主张的"放下"，都蕴含着宽容的思想和美德。而由于历史和现实的原因，时下的中国社会，一方面丢失了传统的宽容美德，另一方面又没有建立适应现代社会发展的宽容美德，在这种断裂和失衡中人与人之间隔膜加剧，进而带来不信任、对立、敌意，以致酿成的冲突加剧，使得人与人之间的暴戾之气日盛一日，被有人戏称为"火大的社会"。在不少场合不难发现，动辄攻击谩骂，动辄诉诸暴力，以致形成了一种冲突不断，此起彼伏的不良社会生态。面对这样的情况，如何对待他人的过失或攻击已成为每一个人都不容回避的现实问题。爱尔兰剧作家萧伯纳说得好："虽然整个社会都建立在互不相让的基础上，可良好的关系却是建立在宽容相谅的基础之上。"良好的关系毕竟是人们所向往的，是和谐社会的基石，而赖以支撑它的宽容美德就显得尤为可贵。在这种情况下，呼唤宽容特别是与时俱进的宽容美德已迫在眉睫。对从事罪犯改造工作的监狱干警来说，也显得十分迫切。

第一，宽容美德是一种海纳百川、有容乃大的胸襟。法国作家雨果说过，比大地更宽阔的是海洋，比海洋更宽阔的是天空，比天空更宽阔的是人的胸怀。可以这么说，宽容作为一种美德，就是一种博大胸怀，一种非凡的气度；是精神的成熟，是心灵的丰盈。世界因一个人的包容度呈现或大或小的格局。木心先生1989年在纽约给旅美的陈丹青等一些艺术家们上文学课，第一讲给大家讲了一则寓言就很能说明问题："在万国交界处有一片森林，林中有一猎人定居在一木屋，这木屋只能容纳一人、一枪。有一年冬，狂风暴雨的黑夜，有人焦急敲门。开门，一位老太太迷路了，求躲雨。才安顿，又有人敲门，启，一对小孩，迎进来。顷刻门又响，一位将军出战迷路，带着数十个兵，于是迎进来。再有人来，是西班牙公主，携众多车马……都要躲雨。雨夜，屋里有笑有唱，天亮了，雨止了，众人离去。"这则寓言说的是什么意思呢？在现实中，仅能容一人、一枪的房子，不可能容纳那么多的人，这里故事的真实性大可不必深究，而寓言所表达的思想挺耐人寻味。它实际上传递的是一种包容力量。它所集中想要表达的意思是：只要心胸博大，房舍就大，智慧就大，就能产生意想不到的奇迹。对于一个人来说，只要胸襟博大，就能容天、容地、容人。如罗曼·罗兰所言："一个人的胸怀能容得下多少人，才能赢得下多少人"。这对于我们监狱干警是有启示的：我们的胸襟决定了我们的眼界、格局。监狱干警绝不能把自己看作是一个以看管罪犯为业、养家糊口的狱卒，而应该以比大地、比海洋、比天空更宽阔的胸怀从事改造人、造就人的工作。有人说得好：一个人宽容的可贵不只在于对同类的认同，更在于对异类的尊重，这也是大家风范的一个标志。而监狱干警所做的工作恰好是做异类——服刑罪犯的改造工作。能否宽容的对待罪犯，也是检验监狱干警是否具有大家风范的一个重要标志。在牛津英文字典里，"宽容"的意思是原谅和同情那个受自己支配且无权要求宽大的人。在监狱这个特殊天地，监狱干警与罪犯之间就是处于这种关系中。罪犯犯了罪被依法判刑投入监狱服刑，监狱干警代表国家刑罚执行机关对罪犯实施惩罚与改造，监狱干警与罪犯之间是一种监管与被监管、改造与被改造的关系，监狱干警在某种程度上决定着罪犯生杀予夺大权，罪犯的话语权极少。在这种情况下，监狱干警面对"受自己支配且无权要求宽大的"罪犯，是否具有宽容的胸怀就显得十分重要。而如果缺乏宽容，就不具有从事监狱改造工作的职业素养和品质，甚至会由于心胸狭窄对弱者恶言相向，恶行相斥，不仅不会使罪犯改过向善，而且会更加激起他们心中的仇恨，导致恶性事件的发生。因此，作为监狱干警理应具有非凡、宽广的胸怀。

第二，宽容美德是一种充满自信的力量。在这一点上，南非前总统曼德拉作出了榜样。有人问曼德拉："什么力量使您充满自信与活力？"曼德拉回答："是宽容和豁达加上强健的体魄。"曼德拉曾身陷囹圄27年。他被常年囚禁在大西洋罗本岛上，平时看管他的狱警有3个人，他们对他并不友好，总是寻找各种理由虐待他。当1991年曼德拉当选为南非第一位黑人总统时，在就职典礼上，他一个举动震惊了世界：仪式开始后，曼德拉先是致辞欢迎来宾，然后平静地说，今天他最高兴的是，当初在罗本岛监狱看守他的3名狱警也能到场。随即他邀请他们起身，并把他们介绍给大家。年迈的曼德拉这时站起来，恭敬地向这3名狱警致敬。全世界为曼德拉的博大胸襟和包容精神深深地感动了。

**守望与超越**
变革时代下监狱理论与实践探析

希拉里曾问曼德拉：如何在激流险壑中保持一颗博大包容的心？曼德拉以自己获释出狱当天的感受回答说："当我走出囚室，迈向通往自由的监狱大门时，我已经清楚，自己若不能把悲痛与怨恨留在身后，那么，我其实仍在狱中。"正因为宽容给了曼德拉强大的自信力量，才使他在漫长的监狱生活中有了极大的勇气，始终为消除种族歧视而不懈奋斗，走出监狱大门后继续奋斗，终于成为南非第一任黑人总统。监狱干警所从事的工作，是正义的事业，是必胜的事业，这是宽容的坚实基础，也是产生自信的源泉。这种宽容不是软弱，不是迁就，而是一种建立在做好一个合格的维护社会和谐稳定的卫士的自信，是一种改造一个对象、挽救一个家庭、平安一个社区、保障人民安居乐业的责任和自信。有了这种自信，就可以逢山开路、遇河架桥，冲破重重艰难险阻，通过我们的工作，让我们的宽容唤起罪犯的宽容，让宽容的种子播撒在罪犯心里，生根、发芽、开花、结果，而怨愤、仇恨、刻薄、悲观的心因为宽容而消解、消散，从而有足够的心力走好新的人生道路。

第三，宽容美德是一种以爱化恨的精神品格，宽容更是一种崇高的人生境界，闪耀着化恨为爱的光芒。精神分析学家阿萨吉奥利说过，如果在这个世界上没有了宽恕而只有仇恨和报复的话，那这个世界上就永远不会有安宁的日子了。因此，他倡导用宽容的爱来化解仇恨。曾看到一篇题为"请赦免他们的死罪"的文章，深有感触。几年前，一个德国人因为生意的关系，被总公司派到中国担任当地的合资企业的厂长。家庭观念十分强烈的他，便将妻子和孩子接到中国一块生活。然而厄运却在一天晚上突然而至，六个盗贼进入房间行窃，他发现后立刻上前试图制止，可盗贼个个携带利器向他扑来，他很快因寡不敌众倒在血泊里，这时他的妻子和8岁的女儿被惊醒，从卧室中走出来，6名盗贼见状，又将尖刀斧头等砍向他的妻女，一家三口片刻丧命。血案发生后不久，6名歹徒就被公安部门缉拿归案，最大的只有20岁，最小的刚刚15岁。就在国内媒体和舆论特别是对主犯的一片喊杀声中，意外的是被害人的亲属——他的父亲提出：赦免这6个盗贼的死罪。老人泪流满面地诚恳说道："一个人的生命是最宝贵的。我的儿子及全家的死亡带给我们的伤痛太重了。就不要让类似的伤痛再降临到这6个犯罪者的家人身上了。"在场的所有人，都不由落下泪来。这种包容仇恨的宽容闪耀着化恨为爱的光芒，体现着一种崇高的人生境界。套用范仲淹对严子陵的赞誉评价这位老人一点也不过分："云山苍苍，江水泱泱，先生之风，山高水长"。这不仅为化解人世间的暴戾之气带来了暖风，也会使那些犯罪者感激涕零，真心洗心革面，变成一个有爱心的对社会有益的人。它也启示监狱干警，监狱这个地方无疑承担着惩罚犯罪的职能，但单纯的惩罚与报复，不仅无助于罪犯回头，还有可能加剧其对监狱、干警乃至社会的仇恨。因此，面对这些偏离社会正轨的罪人，监狱干警要善待罪犯，既要恨其罪错，又要爱其人、救其人。在依法处罚的同时，要用包容和爱，把罪犯内心的怨恨、污垢化解掉，使之从仇视监狱改造、仇视社会、仇视他人的心灵囹圄中解放出来，成为一个有爱心、对社会有益的新人。

第四，宽容美德是一种化消极因素为积极因素的智慧。监狱干警对罪犯实施的改造，说到底是化消极因素为积极因素。而要做好这项工作，需要监狱干警的丰富的智慧。而宽容就蕴含着极大的智慧。从宽容的真正意义来看，一个具有宽容美德的人，不仅会宽容那些能够宽容人的人，同时也要宽容那些不会宽容人的人，就像美国作家马克·吐温所说的："紫罗兰把它的香气留在了踩扁它的脚上，这就是宽容。"曾经看到过一篇文章，题目是《给别人一缕光》，文章写到，如果一只飞虫飞进你的耳孔，有这样两种解决办法：一种是往耳孔里滴几滴清油，把飞虫的翅膀粘住，然后把它憋死；另一种是将耳朵靠近灯光，耳孔里的飞虫看到外面的亮光后，就会顺着亮光爬出来。无疑作者赞成后一种方式。就监狱工作而言，我们面对的是形形色色的罪犯，这些人由于以往所积恶习所致，总难免会对监狱干警持抵触乃至抗拒的态度，面对冒犯干警的罪犯，是以暴易暴，以牙还牙，还是理智、冷静，展现宽容，这是对监狱干警的胸怀、智慧、水平的考验。正确的做法是，应该像对待冒失闯进我们耳孔的飞虫那样，给他一缕光，一缕化解矛盾的光、一缕包容的光、一缕善意的光，也许会有意想不到的收获。在这一方面有不少生动的事例，如在某监狱，一个服刑人员向干警报告，说自己上厕所小便的工夫，放在抽屉里的一包烟不翼而飞了，并且说了怀疑对象。干警了解了情况后，把有关人员召集起来，简单地讲了一下情况，然后说，"我相信，拿走香烟的人只是一念之差，他会自己解决这个问题的"。接下来宣布解散。后来，丢烟的人报告说，香烟还回来了。实际上，是干警根据丢烟人的描述，往抽屉里放进一包香烟。那个拿走香烟的并未归还的人很感动，主动到干警处承认了错误。这个干警实际上已体现出了一种宽容，通过宽容体现出了一种化消极因素为积极因素的智慧，使罪犯主动认错。这就告诉我们，要使他们从与监狱干警对立转向和解，由监狱干警要他们改转化为他们要改，就需要给他们一缕宽容的光，融化他们心灵的坚冰，促使他们敞开心扉，让他们心悦诚服地接受改造，主动地认罪认错、改过迁善，真正告别昨天，有一个新的开始。

第五，监狱干警用宽容美德帮助了别人的同时，也使自己的生命变得精彩。宽容，其实也很简单，无非是遇事拿得起、放得下，想得开、不计较，与人能包容，善爱人，平等相待。具体到监狱工作，它要求监狱干警具有一种开放、积极、乐观、建设性的心态。而一个监狱干警一旦有了宽容的美德，就能做到严于律己，宽以待人，营造出一个良好的人际关系。能够做到不以物喜，不以己悲，不在个人的浮沉上过于在意，豁达淡定。即使面对挫折、伤害，也可以面对风吹浪打而显得从容不迫，面对侮辱非难能更展现出高贵尊严的一面。同时，因为宽容少有烦恼，心态健康，"此处安心是吾乡"，即找到了自己的精神家园，而且也会使身体变得健康。

### 参考文献

［1］敖德：《包容的力量》，载《中国教育报》2013年11月25日。
［2］澜涛：《请赦免他们死罪》，载《党支部工作指导》2008年第9期。
［3］徐倩、陈景胜：《曼德拉的养生秘诀》，载《党支部工作指导》2014年第1期。
［4］苏隶东编著：《学会宽容》，中国民航出版社2004年版。
［5］柳堡、王东亚：《曾长方轶事》，载《江苏警视》2014年第6期。

## 围城·狱城·城堡

《围城》是钱锺书在新中国成立前写的一部小说。小说的故事发生在抗日战争时期,讲述了男主人公方鸿渐留学归国后,在动荡不安的社会中遭受到的人生挫折,揭示了"人生如同围城"这个深刻的哲学命题。遗憾的是该小说在新中国成立后多年几乎不为人知,直至20世纪80年代初才重见天日并为人所推崇。《围城》于1989年被导演黄蜀芹看中,打算搬上屏幕。于是来到钱家讨论如何进一步突出剧中主题,钱锺书的夫人杨绛立即写了两句话给黄蜀芹,那就是:围在城里的人想逃出去,城外的人想冲进去。对婚姻也罢,职业也罢,人生的愿望大抵如此。"围城"的含义,不仅指小说主人公方鸿渐的婚姻,更泛指人性中某些可悲的因素,即对自己的处境的不满和无奈。钱锺书很赞同他夫人的概括和解析,觉得这个关键词"实获我心"。

由围城联想到"狱城",狱城其实是监狱的另一种称呼,曾有一个叫得子的作者写过一部《狱城之恋》的长篇小说,主要描述了一个浩渺无垠的湖泊,被监狱民警带领服刑罪犯围垦成了特大型监狱。这里先后关押着大批反革命犯以及其他形形色色的普通刑事犯,顺服、对抗、复仇甚至是流血,交织出这所监狱的历史,也可以将其看作新中国一个时期许多监狱发展的缩影。如果把狱城与围城加以对比,从某种意义上说,监狱也是一座围城,只不过是围在城里的人想出去,可是城外的人却很少想进去。想要离开监狱这个围城,要么积极改造,通过好的表现争取减刑、假释早日重获自由;要么心中时有越狱的念头,但畏于监狱严格的监管和脱逃后加重惩罚的后果,有贼心没贼胆,于是混刑度日,得过且过;要么就是采用非法手段越狱,逃出去后亡命天涯,过一天算一天。当然,作为社会和监狱总是希望服刑人员通过积极的改造,早日回归社会。

再由狱城想到"城堡",《城堡》是奥地利作家卡夫卡所写的一部著名小说。小说主人公K在一个遍地积雪的深夜来到一个城堡外的村庄,准备进入这座城

## 守望与超越
### 变革时代下监狱理论与实践探析

堡。K自称是一个土地测量员,受城堡的聘请来丈量土地。但是,城堡当局并不承认聘请过土地测量员,因此K无权在村庄居住,更不能进入城堡。于是,K为了进入城堡而开始了一场毫无希望的斗争,经过多次努力,城堡当局一直拒绝他的要求,连城堡管辖的村庄、村民以及村庄中的小学校、客栈都与K为敌,结果K最终也没能进入城堡。卡夫卡这部小说问世以来,有多种多样的解读,理解这部小说的焦点在于,为什么K千方百计地试图进入城堡?城堡究竟是什么样的存在?它有什么象征性内涵?在卡夫卡的研究史上,这些问题都是没有明确答案的,《城堡》的魅力也恰恰在此,给了我们诸多的想象空间。联想到监狱服刑人员,当他们从监狱大门走出,来到一个陌生的世界,或者将要回到他的城镇,回到他们的村庄,等待着他们的多半会是K的经历的重演。在现实生活中,常不难看到或听到,不少刑满释放人员回归社会后,四处碰壁,有的客死他乡,有的重新犯罪又回到了监狱,有的甚至犯下了更大的罪行遭到处决。

由围城到狱城再到城堡,从监狱学的视角来看,至少给人这么几点启示:

其一,有些人在没有进入狱城之前,是生活在围城里的,以婚姻为例,有的人在男大当婚、女大当嫁之际,拼命地要进入婚姻的殿堂,而一旦进入,才发现理想很丰满,现实很骨感,婚姻平淡无奇,乏味空虚,感觉受到了重重羁绊,以至于把婚姻比喻成坟墓,这时有冷战的,有离婚的,有找外遇的,甚至也有因为婚姻不和伤害对方,当事人锒铛入狱的。进入狱城后,自由被剥夺,权利受到限制,在度日如年的煎熬中盼望着能够早日离开狱城。当刑满释放走出狱城,面对的外面世界却是一座座陌生而又受到排斥的城堡。小至家庭,中至社区或乡村,大至社会,一些人在绝望之际就可能走上不归路,这是值得我们深思的。

其二,一个人在不同的人生阶段,应该有不同的适应能力和心态,例如就围城而言,每一个人都生活在围城之中,关键在于你怎么进行心态的调整。还是以婚姻为例,为什么在有些家庭发生婚姻不幸的同时,更多的家庭婚姻还是美满或者说还是过得去的,其原因在于双方起码能够做到互相包容,当然更高的境界是互敬、互爱、互帮、互谅。反之,就可能产生想冲出婚姻围城的念头,或者是处在无休止的争吵之中,或者解除婚姻关系形同陌路,严重的会出现家庭暴力乃至犯罪事件,致使一些人由婚姻的围城被投入作为国家刑罚执行机关的狱城。对于进入狱城的人来说,怨天尤人已无济于事,破罐破摔只会把事情弄得更糟，要紧的是一切重新开始，把刑期当学期，认真接受改造，学习一些扎实的谋生技能，为今后立足社会打下基础。至于那些走出狱城面临城堡却不得其门而入的人说，不要放弃努力，不要放弃希望，社会也绝不都是冷酷无情的，也有阳光的一面，热心人总比冷漠人多。当你敲到99扇门时，还没敲开，也许第100扇门正等着你敲开。

其三，如何使人摆脱围城困局，如何使人从狱城顺利走出，如何使人能够叩开城堡的大门，对于掌握公权力的机关和工作人员来说，应在营造良好社会文化氛围、化解社会矛盾，在打造文明监狱，在扶助弱势群体等方面承担着更大的责任。如社会文化宣传机构，要营造积极向上的文化氛围，让人们以一种阳光、平常的心态面对人生包括婚姻，有关部门和组织积极做好矛盾化解工作；监狱机关要坚持以改造人为宗旨，监狱干警所要做的，就是要有容纳狱情百态的宽大胸怀，有一颗能够化腐朽为神奇的博爱之心，通过艰苦细致的转化工作，使罪犯旧的灵魂得以蜕变，尘封于心狱的黑暗生命得以重获光明。要给他们创造条件学会生存本领，能够适应未来的社会，要通过多种激励手段，促使他们积极改造，争取早日走出狱城重获自由；对于社会特别是有关安置帮教部门来说，不要对弱势群体包括出狱人"关闭城堡"，要敞开胸怀接纳他们，积极创造条件让他们有业可就、有家可居、有病可医，至少有一个可以生存之处，这样既彰显了对出狱人的人文关怀，又化解了社会矛盾和冲突，减少了重新犯罪的发生，也可谓是一种"善治"或"良治"，最后达到一种"良序"。

## 参考文献

[1] 钱锺书：《围城》，人民文学出版社1991年版。
[2] 得子：《狱城之恋》，长征出版社2003年版。
[3] 〔奥〕卡夫卡：《城堡》，上海译文出版社2007年版。

## 由欧·亨利小说的现实版所想到的

欧·亨利是美国现代短篇小说的创始人,一生写过 300 多篇短篇小说,他的笔下绝大多数是普通人及下层人,例如店员、办事员、穷画家、小偷、流浪汉等。欧·亨利的小说有不少流传至今仍然是脍炙人口的名篇,其中《警察与赞美诗》就是一篇杰作。该小说写了一个流浪汉衣食无着,想去监狱里度过寒冬,几次有意犯法,警察却不去抓他。而当他在教堂外面听到赞美诗,深为感动,想忏悔过去,重新做人时,警察却把他当作无业游民抓进了监狱。该小说表现了作者对底层人命运的深深关切,在描写其悲惨命运时貌似幽默实则辛酸,展现了小人物被命运作弄的悲剧意味。

欧·亨利的小说《警察与赞美诗》写的是美国,而且发表的年代也已有上百年了,但小说主人公那种想通过入狱求生存的故事还是在以不同的版本在美国社会的现实生活中上演着。据《中国日报》报道,美国北卡罗来纳州加斯顿县一名 59 岁的男子韦罗内为了能有机会治病,居然到银行抢劫了 1 美元后等待警察把自己送进监狱。韦罗内曾做过 17 年的可口可乐送货员,由于经济危机失业,先是当过卡车司机,但不久又丢了工作,最终不得不在一家便利店找了份兼职。然而,韦罗内的身体开始出现诸多状况:每次弯腰和抬东西时都会背痛,左脚的不适使他走路有些跛,同时手腕还患上了关节炎,而且胸腔还有突起。这些疾病让他疼痛难忍,但他不想麻烦兄弟姐妹,就想出了抢银行的办法。到了银行,他把"1 美元的勒索信"交给一个柜员,然后对这名柜员说自己会在这里等候警察到来。最后警察到来将其抓获。由于只抢劫了 1 美元,所以韦罗内被以盗窃罪而不是抢劫罪起诉,但他表示,如果惩罚不够严重,他会对法官说将再次实施犯罪。如今,他终于如愿进了监狱,并有医生给他治疗。韦罗内表示,如果美国政府的医疗保健系统能够为人们提供更多支持,他也不会这么做。韦罗内称"抢银行"是下策中的上策,"是我选择了监狱"。

其实，欧·亨利小说《警察与赞美诗》的现实版在当下中国，也能找到。据 2009 年《新浪网》报道：当听到自己被判处 18 年有期徒刑时，李大伟（化名）终于如愿以偿。再次抢劫的他，为的就是这一刻。身患严重再生障碍性贫血的他，近日终于等来了专程前来宣判的法官。法官的宣判意味着——他在监狱里可以免费治疗，保住性命。他第一次抢劫是为了凑钱看病，后来到了看守所，才知道能免费治疗，于是又第二次进行抢劫，以期被判刑，因为对他来说，服刑就是救命。这难道不是一个活生生的《警察与赞美诗》的中国现实版？故意犯罪进监狱，竟然成了一个病重而又缺钱医治的自救之道。换句话说，如果不为自己弄到一个罪犯身份，那么，最为基本的生存权利，就将因无钱医治而丧失殆尽。

近几年常与一些监狱干警交谈，他们反映现在有的监狱出现个别罪犯刑满释放不愿离开监狱的情况，也有的人出狱后为了重回监狱有意识地再次犯罪，监狱成了一些人希望度过余生的地方。结论是主张监狱条件不能搞得太好，否则会成为诱发罪犯再次犯罪的地方。

匈牙利诗人裴多菲有一首著名的诗："生命诚可贵，爱情价更高，若为自由故，二者皆可抛。"按常理来说，监狱是一个惩罚与矫正罪犯、剥夺人身自由、让人望而生畏的地方。可是现实生活中就有这样的黑色幽默。而对于这样的事情，往往会出现不同议论：一种是有些人包括监狱的一些干警，认为现在监狱对罪犯的人权有些保护过度了，条件比社会上一些地方还好。因此，要降低监狱服刑罪犯的生活待遇。而另一些人认为，之所以会出现这样的问题，要在社会中找原因，是不是我们的社会保障体系以及出狱人社会保护出了问题。自由对于一个人固然很重要，但是比起生存来说，当生存困境已危及自己的生命时，这时自由简直就成了奢侈品。只要能够吃上饭、睡上觉，比什么都重要，这就是欧·亨利小说中的流浪汉以及李大伟这类人的想法。那么，全社会和有关部门就应该检讨一下我们的社会扶贫养老机制以及刑释人员安置帮教出了什么问题。笔者是赞同后一种说法的。笔者由于工作关系，去过不少监狱，尽管这些年监狱条件有了很大的改善，罪犯生活待遇有了很大提高，但是监狱这种铁门、高墙、电网的高压的氛围，以及严格的管理制度总是让正常人喘不过气来。要不怎么绝大多数罪犯都把早日出狱获得自由作为第一需要而苦苦追求？监狱也正是利用这种需要采用减刑、假释等手段促使罪犯遵守监规，努力表现，争取早日出狱。因此，用降低罪犯生活待遇阻止社会上的穷人以及罪犯在监狱养老是不明智的，这不仅无助于遏制有些人的犯罪念头以及消除罪犯在监狱养老的想法，而且会引起他们的不满，我们不能因为个案就武断地认为因为监狱条件好引发了人们想坐牢的愿望。

欧·亨利小说中的流浪汉想进监狱过冬以至现实中韦罗内为获刑入狱免费医疗而抢银行，以及中国本土现实生活中的李大伟为获刑入狱免费治病实施抢劫等，尽管只是一些极端的个案，如此行为也难为人所苟同。但它所折射的问题需要引起我们的反思。在这些故事的背后，一定有我们的社会保障制度需要承担的相应的责任，社会个体出现这样问题的背后，也一定有国家和社会可以为之努力、为之改进的地方。在建设和谐社会的过程中，在彰显公平正义价值取向的过程中，我们要注意关心弱势群体或特殊群体的社会保障问题，至少给他们一个能够生存下去的地方，能够得到社会救助和享受必要的医疗保障，而不被社会所遗弃。作为各级政府，要在健全社会保障制度上下功夫。同时要积极构建多层次、立体化、多渠道的心理调适机制有效调节社会心态，特别要对弱势群体的不良情绪有稳妥的应对，要针对弱势群体产生不良情绪乃至释放敌意的原因，创造交流、沟通的平台。有关社会组织也要积极做一些力所能及的救助工作。可以这么说，只要社会保障制度比较健全，交流、沟通的平台比较通畅，社会组织的救助能够跟进，是不会有人愿意以牺牲自由为代价，把入狱治病或入狱养老作为救命稻草的。至于个别罪犯刑满不愿离开监狱，有的人出狱后还想回来等情况，是不是他本身就是孤零零一人，或者即使有家庭是不是他的家庭不愿意接纳，在地方安置帮教上是不是出现了脱节，在社会保障制度上是不是没有他的一席之地，并针对存在问题予以解决。总之，我们的国家和社会以及监狱要努力做到，让弱势群体或者刑释人员这一特殊群体能够在社会上有一个归宿，能够各得其所，为社会所能接受和容纳，这样《警察与赞美诗》的故事就不会在中国的土地上重新上演。

# 门 的 断 想

打开中国古代的诗歌画卷,诗人对"门"似乎情有独钟:刘长卿的"柴门闻犬吠,风雪夜归人"活脱脱地描绘出了一幅农家柴门的凄迷画面;杜甫的"门泊东吴万里船"使人领略到一推开门就能看到从遥远的东吴开来的船靠岸停泊的场景;贾岛的"鸟宿池边树,僧敲月下门",通过僧人月夜敲门将月下的静态景致更加衬托出来,在动中更显得月夜的宁静之美;陆游的"从今若许闲乘月,拄杖无时夜叩门"说出了诗人对农村生活的向往;叶绍翁的"应怜屐齿印苍苔,小叩柴扉久不开",讲述了诗人游园看花进不了门的些许遗憾。仅举上述几例,就可以领略到古代诗人从不同角度抒写的对"门"的独特感受,让人在"门"的画卷里目不暇接,流连忘返。

其实"门"不仅仅有观景的意义,人们还往往将其赋予美的意义。正如有人所说,"人生如门,门如人生"。我们每个人包括监狱干警就是在不停地在入门出门中不断地变换着自己的人生。这里,主要从监狱干警修养的角度,提出对人生之门以及改造罪犯之门的断想。

第一,要选对门。人生在世,总是面临着许多选择。犹如你在一所很大的迷宫转悠,有多扇门等着你去敲。其中有的门会给你带来幸福,有的门会给你带来痛苦;有的门会给你带来光明,有的门会把你引向黑暗;有的门会把你领向成功,有的门则可能把你带入失败;有的门会给你带来新生,有的门则会把你领向死亡。那么,面对众多的门,如何迈向前者而避免后者呢?这里就有一个正确的选择问题。对于监狱干警来说,也存在一个选择和掌握自己人生之门以及自己所从事的改造罪犯之门的问题,其中要有高尚的品格、正确的理念、敏锐的能力、果敢的行动来支撑,它们都是选对门的重要决定因素。

第二,要善于走窄门。作家余华说过,人生常是如此,从大处出发,越走越小;从小处出发,越走越大。所以他在《兄弟》后记里引用了耶稣的话:"你们要走窄门。"耶稣告诉我们,"因为引到灭亡,那门是宽的,路是大的,去的人也多。引到永生,那门是窄的,路是小的,走着的人也少。"在现实生活中更多的时候,人们并不是去选择自己喜欢的那扇门,而是选择容易进入的那一扇门。容易进入的那扇门,正因为容易,则不会有可喜的收获。它也告诉我们,要想做成非同凡响的事情,就不能随波逐流,就不宜赶时髦、图省事,而是要能够踏踏实实、默默无闻地从小事做起,从窄门进入,耐得住寂寞,一步一个脚印不断进取,路才会越走越宽越大,观赏到更加绮丽的风光。

第三,幸运之门的打开是善行积累的结果。一个人来到世上,总是希望能够叩开幸运之门。岂不知幸运之门的打开也不是无缘无故的。正如有一句话所言,你以为的幸运,是别人努力好久才发的光。它的眷顾在某种程度上验证了善有善报的道理。有这么一个真实的故事:一位在肉类加工厂工作的女士,在冷库例行检查时,突然,门意外地闭合了,把她锁在了里面。她竭尽全力地尖叫敲打,但直到下班,她的哭喊声始终没人听到。五小时后,正当她几乎冻僵、濒临死亡的边缘,门最终被保安打开了,她奇迹般地获救。事后她不解地问:"这不是保安的工作范围,你怎么会想到为我开门?"保安解释道:"我在这里工作了35年,每天都有好几百人进进出出,但你是唯一一位数年如一日每天上班向我问好,下班跟我告别的人,从没有将我视为多余。今早,你像往常一样和我说'嗨',下班后却没有见你说'拜拜',我担心你出事,于是就到每个角落寻找你的踪影。"她万万没有想到每天的嘘寒问暖,会使幸运之门为她打开,使她逃过一劫。其实在这看似偶然的背后,蕴藏着友善地尊重和对待他人,其实就是善待自己,并将终得善报的生存规律。这一点,已经得到了科学实验的证明。据报载,美国研究人员在综合了四十多所美国主要大学一百多项研究成果后,并结合长期追踪的实验报告显示的资料,得出了令人惊讶的消息:"付出与回报之间存在着神奇的能量转换秘密,即一个人在付出的同时,回报的能量正通过各种形式向此人返还,只不过在大多数情况下,自己浑然不知……"以上的故事就是最好的例证。反之,作恶是一种无形的灾难,作小恶者为人们所鄙视,作恶多端必自毙,终将逃脱不了国法的制裁。作为监狱干警要清清白白为警,堂堂正正做人,关心每一个罪犯的改造和进步,为罪犯改造无私付出,按照这个门道走下去,相信幸运的大门会为他打开。

第四,要想叩开罪犯的心门,需要警囚心门之间的互动。在罪犯改造过程中,监狱干警遇到比较棘手的事情就是如何叩开罪犯心门,使其接受积极的影响并朝着我们所希望的方向转变。但很多时候，罪犯对监狱干警带有一种疑惧心态，将心里的那扇门关得紧紧的。如何才能够将罪犯心里的门叩开，这是对监狱干警的智慧的考验。而其关键是监狱干警自己要先敞开心门，让罪犯看到你的阳光的一面，使其感受到、体味到你的真情实感，这样才有助于拉近彼此的心理距离，叩开其心门，让其敞开心门，形成互动，积极配合监狱民警的工作，达到预期的目的。作家沈嘉禄采访过的一个案例就很能说明这个问题。一个先后4次被判刑、蹲了20年大牢的"老官司"栾某，在最后一次刑满释放还不到两年的时间里，就将一个勾搭来的卖淫女杀死并掳掠了她的全部钱财。案发后被抓，并判了重刑。这个"老官司"自知罪孽深重，又患有胃癌，便整日在监房内沉默寡言，目光阴沉，有意回避干警。这一切引起了监狱干警的注意，并对他的情况作了进一步了解，发现栾某因为长期坐牢，至今未娶，家中上有年迈的老母，下有患精神病的弟弟。在一次谈话中他还无意流露出死不足惜，就是撇不下老母和弟弟的想法。监狱干警抓住这一点马上表态："需要帮助，我们会想办法的。"短短一句，动摇了栾某紧闭的心门。鉴于栾某已经处于胃癌晚期，在医治过程中反应很大，监狱干警就安排同监房的狱友关心、照顾他，并与伙房联系，给他"开小灶"。当他发病严重时，马上送他到市监狱总医院检查治疗，先后送了6次，而每次住院，监狱干警都前往探视，甚至买了水果、食品送到他的床头，令同病房的其他罪犯也很惊讶。在监狱干警的真情实意的感召下，栾某的铁石心肠终于被软化了，陷入了深深的内疚之中，并打开了心门问道："我这条命肯定是保不住了，你们为什么还要救我？"干警对他说："只要你的生命存在一天，我们就要对你实行人道主义的监管改造一天。"临死前的栾某终于完全打开了心门，坦白了自己与别人犯下的另一件抢劫杀人大案。有关方面根据栾某提供的作案线索，与有关分局核实情况，最终使一起悬了七年之久的抢劫杀人大案告破。从这个案例可以看出，监狱干警取得成功的重要方面就在于监狱干警先敞开了心门，进而叩开了罪犯紧闭的心门。在警囚之间的心门敞开的互动中，最终使罪犯在监狱民警强大的正能量影响下迷途知返，使正义得到了彰显。

第五，成功之门、幸福之门的敞开需要坚韧不拔的努力。有这样一个寓言故事：一个人为了寻找真理，跋山涉水后终于找到了真理的住所，他急切地敲打真理的大门，门一直没有开，里面却传来了一个人的问话："你找谁？"那个人小心翼翼地问："请问真理住在这儿吧？"而里面的人粗鲁地回答："错了，我是谬误!"他只好失望地离开,开始到其他地方继续寻找真理。他渡过无数急流险滩,踏遍无数荒山野岭,吃尽了苦头,但仍一无所获。忽然有一天,他想到谬误与真理是一对冤家,说不定谬误知道真理在哪儿。于是他又越过重峦叠嶂,返回谬误的那扇门前,再次敲打着大门,边敲边问:"请问你知道真理住在哪里吗?"门依旧没有开,里面的人还是粗鲁地回答:"我也在到处找它。"他没有灰心,在门前转了一圈之后,又继续执着地敲那扇神秘的门。可是门里长久没有应答。几天后,当他濒临死亡的时候,门忽然开了。真理走了出来,是一位美丽的姑娘。他抬头一看,顿时喜出望外。原来真理很顽皮。每当有前来拜访她的客人时,她总是要她的仆人"谬误"对其进行反复戏弄和考验,只有在失败面前不放弃的人才有机会见到她。对于寻找真理的这个人来说,能否闯过"谬误"这一关是至关重要的。经过多次失败后,能保持永不言败,决不放弃的心态,是他最后能够成功的重要保障。这一点对于监狱干警同样是有重要启示的。在日常工作中我们不难看到,有些监狱干警特别是年轻干警,开始参加工作时热情很高,雄心也大,可是随着时间的推移,加上遇到一些挫折,就心灰意冷,甚至以"看穿""看破"聊以解嘲。这种精神状态显然只会是离成功、幸福之门越来越远。要想叩开成功、幸福之门,其门道只能是不断坚持,永不言弃。

第六,一个人要不断向前走,要始终保持关上自己身后的门,有重新开始的精神状态。英国前首相劳合·乔治有一天和朋友散步,每经过一扇门,他便把门关上。"你没有必要把这些门关上。"朋友说。"哦,当然有必要。"乔治说,"我这一生都在关自己身后的门。你知道,这是必须做的事,当你关门时,你也将过去的一切留在后面,然后,你又可以重新开始。"由此联想到,一个监狱干警要不断前进,就不要过于迷恋过去的成绩和光环,也不要过于纠结于过去的失误和遗憾,而是要把怨悔关在门后往前看。俗话说:"为误了头一班火车而懊悔不已的人,肯定还会错过下一班火车。"帕波罗·卡萨尔斯说得好:"我在每一天里重新诞生,每一天都是我新生命的开始。"这就要求我们以一切归零的心态重新开始,学会关自己身后之门、过往之门,去叩开新的大门,相信这种精神状态会使你永葆青春活力,不断有新的美好收获。

## 参考文献

[1] 余华：《你们要走窄门》，载《现代青年》2009 年第 11 期。

[2] 袁若霞：《当善良成为一种习惯》，载《广州日报》2015 年 11 月 7 日。

[3] 白友梅：《人在做，天在看？美国科学家发现因果报应的重大秘密》，载《生活文摘报》2015 年 12 月 22 日。

[4] 朱良才：《教育·三十七度二》，新华出版社 2009 版，第 46 页。

[5] 沈嘉禄：《痴心不改的耕耘者——为大墙作家石志坚〈直面囚徒〉作序》，载《上海警苑》2011 年第 9 期。

# 第四篇 监狱学专业与学科建设

# 关于监狱学专业应用型高级专门人才培养的几个问题的思考

我国的高等教育正在围绕建设人才强国实施新的教育教学改革，监狱人民警察队伍建设也正处在进一步提高队伍革命化、专业化、正规化水平的新的发展阶段，对现行的监狱学专业人才培养提出了新的更高的要求。其中，为适应新的形势发展需要，培养应用型高级专门人才是摆在监狱学专业教育工作者面前的重要课题。

我国的监狱学专业，一般设在司法部所属的中央司法警官学院和部分省、直辖市司法局所属的政法学院，属于本科层次。监狱管理专业一般设在省、直辖市、自治区司法警官职业学院，属于高等职业教育层次。这些院校均属于行业特色型院校。从广泛的意义上讲，上述院校的监狱学或监狱管理专业都是在为监狱系统培养应用型高级专门人才。本文主要是侧重于本科层次，根据上面提出的几个基本问题作些探讨。

## 一、监狱学专业应用型高级专门人才培养问题的提出

就应用型人才的概念而言，从广泛的意义上说，除专门从事基础理论原创的学术性人才，其他都可以说是应用型人才。应用型人才又有不同的层次和类型，如高等职业教育一般以培养技能型应用人才为主，而本科培养的应用型人才，比高等职业教育培养的应用型人才有更宽的专业知识结构，更强的自主学习能力和岗位适应性。与学术性人才相比，有更强的实践技能和动手能力，能较快地适应岗位要求，解决实际问题。

从高等教育适应社会发展的角度看，应用型高级专门人才的本科教育是高等教育在社会经济发展到一定阶段的必然产物，也是世界各国高等教育的发展

趋势。第二次世界大战以后，特别是20世纪60年代以来，随着科学技术的迅猛发展，社会对应用型高级专门人才的需求不断增加和细化。与此相适应的是世界各国一大批应用型本科院校纷纷涌现，特别是新技术的应用从根本上改变了以往工业化时代的工作技术特征，社会对各类应用型人才的要求层次越来越高、范围越来越广。大力发展以培养应用型高级专门人才为主的高等教育成为时代的需要。目前，国外高等教育应用型高级专门人才培养模式归纳起来大致有四种，即美国以跨学科选课为主要特征的麻省理工学院模式，日本以学群、学类为组织进行综合知识教学的筑波模式，英国以资格证书为中心的实践教学模式和德国以企业与学校、理论与实践紧密结合为特色的"双元制"模式。[1]国外本科层次的应用型高级专门人才培养有四个共同点：一是普遍重视实践教学，非常重视实践锻炼；二是在不同程度上突破学科本位课程体系，根据所需培养的专业能力的需要进行安排；三是强调人文科学与社会科学并重，注重管理能力、公关能力及表达技能的培养；四是强化学校与企业、社会的合作，共同培养人才。[2]

从国内情况看，2003年中央召开人才工作会议，确定了科学的现代社会人才观念，由重文凭、重学历转向以能力和业绩为导向的人才标准观。在知识经济时代，公认的人才要求是知识、智力、技能和创新能力的有机统一。同时，在高等教育大众化的发展背景下，培养具有创新精神和实践能力的应用型高级专门人才亦成为我国高等学校本科教育的重要改革方向。尤其是近几年来在国家高等教育"质量工程"建设的推动下，一批实验教学示范中心、人才培养模式创新实验区、特色专业建设点等的涌现，进一步推进了高等学校本科应用型人才培养模式的创新探索。总结我国高等学校本科应用型人才培养模式的创新探索，有四个明显特点：一是学科交叉，文理渗透，突出素质教育；二是夯实基础，拓宽口径，强化实践教学；三是课程综合化、模块化；四是产学研一体

---

[1] 转引自吴益跟：《公安大学本科应用型人才培养模式的改革与创新》，载北京市教育委员会高教处编：《专业型院校人才培养模式的改革与创新：特色行业院校改革与发展论文集》，北京体育大学出版社2010年版，第41页。

[2] 同上书，第42页。

化。① 再把目光聚焦在警察人才的培养上，当前，世界各国的警察人才培养模式主要有三种：一是警察高等院校的学历教育，如中国的司法警官职业学院、司法警官学院和一些政法学院，韩国的警官大学等；二是警察职业培训，如德国、日本等国家的警察培训学校；三是学历教育与职业培训相结合，即普通高等院校开设警察专业学历教育，警察培训学校开设警察职业培训，如英美等国家。② 但是，不论哪种模式，"突出实战，强化实践"是世界各国警察人才培养的共同做法。

从国内监狱人民警察的后备人才或监狱学或监狱管理专业人才的培养来看，自20世纪80年代以后，我国迅速崛起了遍及各省、直辖市、自治区的具有学历教育性质的司法警官（监狱人民警察）教育培养体系。其中既有各省、直辖市、自治区的中专司法警官学校以及中央行业院校和地方政法院校。进入90年代，我国对高等教育管理体制进行改革，绝大多数行业部门所属的高等院校被划归地方或教育部管理。但由于国家某些特殊行业、重点部门仍有着特殊人才的需求，所以一部分行业院校得以保留，如各省、直辖市、自治区的中专司法警官学校以及中央行业院校和地方政法管理干部学院的监狱管理或监狱学专业就属于此种类型。进入21世纪后，随着我国高等教育事业的发展，招生数量的扩大，承担监狱管理或监狱学专业人才的教育培养的院校出现了一个新的重大变化，就是规格升级，即中专升大专、大专升本科，并以超常规的速度跻身我国普通高等教育行列。从目前我国培养监狱学专业人才的本科层次院校来看，主要有中央司法警官学院、山东政法学院和上海政法学院。

目前，这些本科院校在办学和监狱学人才培养方面具有显著的特点：一是人才培养的规格具有明显的不可替代性。监狱行业对人才的素质、能力往往有特殊的要求，而这些素质、能力对不经过特殊培养的毕业生来说是很难具备的，这也是这些司法行政（监狱）行业院校之所以存在的独特价值所在。二是形成了鲜明的办学特色。在几十年的行业办学过程中，这些院校逐渐形成了自己鲜明的办学特色与学科优势，在行业人才培养和科学研究方面继续发挥着独特的

---

① 转引自吴益跟：《公安大学本科应用型人才培养模式的改革与创新》，载北京市教育委员会高教处编：《专业型院校人才培养模式的改革与创新：特色行业院校改革与发展论文集》，北京体育大学出版社2010年版，第43页。

② 参见金川：《论司法警官教育的办学定位》，载中央司法警官学校编：《司法警官监狱的定位与发展——第一届全国司法警官教育论坛文集》，法律出版社2005年版，第94页。

作用。三是行业主管部门重视院校和专业的发展。行业院校的主管部门下属院校一般都较少，甚至只有一所。从本系统对高质量人才的需求出发，行政主管部门都比较重视院校建设以及专业的发展，并在各个方面给予支持。四是这些院校的规模相对较小，学科专业也不多。有利于院校集中精力把监狱学建设成为优势学科、特色专业，集中精力抓好监狱学人才培养质量。与此同时，各学院经过探索与实践，都总结出了一些行之有效的经验和做法。

但随着教育规格的提升和人才需求的变化，在人才培养过程中也面临不少困惑和瓶颈，主要有：其一，在人才培养的目标上面临困惑。随着改革的不断深入，监狱行业对人才培养质量的要求越来越高，因此要求毕业生符合行业特点的专业能力比较强，工作能尽快上手，实际动手能力要强，发展后劲要足。因此，在确定人才培养目标、培养规格、培养模式等方面面临很大困惑。其二，专业方向上面临困惑。在很长一段时间，与监狱职业配置的单一化相对应，监狱学专业人才的培养基本上是不分类的。几十年一贯制，把举凡与监狱工作有关的课程从头到尾过一遍，也就算是培养监狱学人才了。学生毕业后属于样样略知皮毛，却样样不精通，也不太为监狱实务部门看好。其三，教学内容跟不上形势和行业发展的步伐。虽然这类院校具有独特性，但其仍然是国家统招的普通高等院校。专业设置要符合高校专业目录的要求，核心课程仍应遵循专业建设与发展的一般规律。同时，为适应行业发展需要，在课程设置、实践环节安排上又必须体现自身特点，教学内容要跟得上行业发展的步伐。但实际上，由于需求变化较快、教学内容调整较慢，教师对行业实际工作状况了解不够等原因使学生不能过早、过快、过深接触行业工作实际，因此，这类院校不同程度地存在教学内容与工作实际脱节的问题，如何解决这些矛盾，是教学改革的重要内容。其四，传统的教学方法不利于学生专业知识和能力的提高。目前，教师讲、学生听、满堂灌、重考试、轻过程的传统教学方法仍占主流，这种教学方法不利于学生专业知识和能力的提高。如何开展教学方法改革，使用有利于学生专业知识和能力培养的教学方法，是亟须解决的一个重要问题。其五，教师行业实际工作经验和能力不能满足教学要求。教师是提高教学质量的根本保证。但由于监狱行业实际工作具有自身鲜明的特点，所以从事监狱学专业教学的教师，应该熟悉监狱行业的实际工作状况，具有监狱行业实际工作的经验和能力，这样教学才不至于与实际脱节。其六，在招录和分配上，也面临着严峻的挑战。"进口"不是很顺、"出口"不是很畅的问题不同程度地存在着。上述面临的困惑和瓶颈，不同程度地制约了监狱学专业人才培养的发展。这也是我们研究监狱学专业应用型高级专门人才培养问题的一个重要原因所在。

## 二、充分认识监狱学专业应用型高级专门人才培养面临的新形势

### (一) 国家经济社会新的发展大局

在新形势下，党和国家要求全社会紧紧围绕保增长、保民生、保稳定来实现我国经济社会的科学发展、和谐发展以及又好又快发展。其中，保稳定是政法机关以及监狱的根本职能所在，政法机关以及监狱如何融入这个大局，这是新的重大任务和考验。鉴于此，胡锦涛曾指出，切实维护党的执政地位，切实维护国家安全，切实维护人民权益，确保社会大局稳定，是政法机关的首要任务。监狱是人民民主专政的国家机器和重要刑罚执行机关，是政法机关的重要组成部分。承担着惩罚与改造罪犯的重要职责，监狱人民警察队伍是一支重要的执法队伍，肩负着把罪犯改造成为守法公民，降低重新犯罪率，维护监狱安全稳定和促进社会和谐稳定的重要使命。保稳定是监狱工作义不容辞的首要职责。这个保稳定，不仅仅是监狱安全，同时也包括确保罪犯回归社会后不再重新犯罪，以确保社会安全。这样才能适应国家经济社会新的发展需求。新的形势，对监狱人民警察队伍提出了更高的要求，必须建立一支高素质的监狱人民警察队伍，其中特别需要一大批受过高等本科监狱学专业教育的、政治立场坚定的应用型高级专门后备人才，承担起党和人民的忠诚卫士、中国特色社会主义事业的建设者和捍卫者的重任。这就要求作为政法院校对监狱学本科专业人才的培养，必须围绕国家经济社会新的发展大局来思考和谋划，要通过我们出色的工作为监狱系统输送合格的应用型高级专门人才，为国家经济社会新的发展大局提供人才保障和智力支持。

### (二) 高等教育新的发展形势

当前，我国高等教育已经站在一个新的历史起点，在经历了 20 世纪 90 年代以来的大规模扩招、大规模基建发展阶段后，现已迈入全面提高高等教育质量、提高人才培养质量、提高科学研究水平、增强社会服务能力、加快建设人

才强国的新的发展阶段。在新的发展阶段,按照上海市教委对高校专业布局结构优化与调整的要求,今后对高校的资源配置以"三扶"为抓手,即扶需——扶持具有明确社会需求的专业,扶特——扶持具有鲜明特色的专业,扶强——扶持在全国、在上海具有领先地位的专业。从而实现高等教育"质"的飞跃。在这一背景下,如何进一步围绕"三扶",提高监狱学专业科学发展的能力,实现监狱学专业的全面、协调和可持续发展,成为我们着力思考的重要课题。从扶需来看,根据2003年年底的统计,全国有33.6万监狱劳教民警,研究生学历的有830人,占0.24%;大学本科以上学历的有4.7万人,占14%;大专学历的有17.4万人,占51.76%;中专、高中以下学历的有11.4万人,占31%。法律和监狱管理专业的仅有8.1万人,占24%。50岁以下的干警有6.8万人,占20%。[①] 这一情况目前仍没有得到根本好转。这表明,干警队伍的文化素质偏低、年龄偏大、专业知识结构不合理、高层次专业人才匮乏等问题比较突出,也反映出了监狱系统对应用型高级专门人才的迫切需求。而刚刚召开不久的全国人才工作会议中也提出切实做好人才工作,加快建设人才强国。其中,特别提到要大力开发经济社会发展重点领域急需的紧缺专门人才。监狱学专业人才应属于这类紧缺专门人才。我们要认真把握,抓住机遇,围绕行业需要,争取相关扶持,通过自身努力以满足监狱系统对人才的实际需求。从扶特来看,我院监狱学专业经过多年的发展,已经形成了一些鲜明的特色。如在人才培养上,明确了以"监狱人民警察"为核心的职业定向;在课程设置上,刑事执行与刑法学、犯罪学密切结合,基础理论与应用理论密切结合;在教学手段上,加强学生实践能力的培养;在产学研合作上,重视利用行业资源,形成了互利互动的产学研合作机制;在招录体制上,进行了招生即招警的改革尝试;在对外交流与合作上,加强与国际高校的交流与合作。对这些特色需要进一步扶持,以更好地发挥其自身优势,进一步办出自己的特色。从扶强的角度看,上海政法学院监狱学专业是上海高校中唯一、全国高校中为数不多的本科特色专业。具有市教委领导和市司法行政系统行业领导支撑的双重优势,学院拥有较长的监狱学专业历史,积累了比较丰富的经验。学院监狱学专业从1989年开始,经上

---

① 参见李刚:《在第一次全国司法警官监狱论坛上的讲话》,载中央司法警官学校编:《司法警官监狱的定位与发展——第一届全国司法警官教育论坛文集》,法律出版社2005年版,第20页。

海市教委批准一直是提前招生。1999年国家教育部本科专业目录将原有的监狱学（劳动改造学）专业与法学专业合并，上海政法学院在法学专业中设立了刑事司法方向，但主要的课程设置仍然是监狱学方面的内容。鉴于对监狱和相关领域人才培养的需要，2005年，国家教育部公布新的专业目录中恢复了监狱学专业。2007年4月，在上海市教委、上海市司法局、国家司法部监狱管理局等有关部门的支持下，上海政法学院申报的监狱学本科专业获得教育部通过并于当年招收监狱学专业四年制本科生；2009年经上海市教委和上海市公务员局批准，报国家有关部门同意，开始从高职、专科毕业生中招收监狱学专业两年制专升本人民警察学员。经过多年的努力和积累，学院已先后出版了20多部有关监狱学的教材、专著，发表的专业论文共有300多篇，一批科研论著获得国家、上海市、有关学会的优秀成果奖。先后承担了一批国家级、市级的相关科研课题。本专业的特色优势已获得社会和有关方面的认可，2009年本专业先后获得上海市第三期教育高地及教育部第四批特色专业建设点立项。因此，从"三扶"的角度来看，上海政法学院的监狱学专业是有很大的发展空间的。高等教育形势的新发展，迫切需要我们审时度势，抓住机遇，争取在"三扶"中占一席之地，在监狱学专业应用型高级专门人才培养上有新的作为。

### （三）监狱人民警察职业配置发展的新形势

所谓职业，按照《现代汉语词典》上的解释，是指个人在社会中所从事的作为主要生活来源的工作。在英语中则用"profession"一词表示，意指需要经过高等教育的特别训练的人，如医生、教师、律师等。有职业存在，就有一个职业化的追求问题。职业化是社会发展到一定历史阶段的产物，是社会劳动分工的产物。职业化是现代化的必然要求和趋势，它意味着以专门从事某类型工作为业的人们形成独特的意识、知识、技能、工作方法、生活方式以及专门思维模式的趋势。监狱工作作为一种职业，也有一个职业化问题。所谓监狱人民警察职业化就是监狱人民警察以行使国家刑罚执行权为专门职业，具有独特的职业意识、职业素养、职业行为和职业技能，符合监狱职业需要，胜任监狱工作。据此，我们认为，监狱人民警察的职业化应主要体现三个方面的基本内容：一是要体现行业特点。监狱人民警察所从事的行业是监狱，主要工作任务是管理监狱、执行刑罚，对罪犯进行教育改造。这就要求监狱人民警察必须具有中国特色社会主义监狱行刑理念，掌握监狱工作的基本规律，具备从事监狱工作所要求的特定知识和技能，体现职业化的监狱特色。二是要体现职业的身份特点。根据我国监狱法的规定，监狱管理人员是人民警察。因此，监狱人民警察是人民警察的重要组成部分，其身份是警察，它要求监狱人民警察必须具有人民警察的一般素质和要求，以体现职业化的警察特色。三是要体现岗位特色。监狱人民警察职业化要求监狱人民警察不仅具备监狱工作和人民警察所要求的一般知识、技能和素养，更要突出具有较高的做好本岗位工作所要求的主要知识、技能和相应的专业素养，成为本岗位的行家里手。这是职业化的本质体现。上述三个方面，构成了监狱人民警察职业化的基本内涵。

由此可见，监狱人民警察的职业化包含"监狱""人民警察""岗位"三个方面，呈现一种层次性。而其中"岗位"体现了监狱人民警察职业化的本质特征。而如何优化监狱人民警察的岗位配置则是推进监狱警察职业化建设的核心所在。从国际上看，对监狱管理人员岗位分类已经有了相当长的历史，一般将其分为三类：一类是行政管理人员，包括监狱长、看守人员；二类是专业技术人员，包括文化教师、专业技术教师、心理学家、精神病学家、社会工作者、牧师等；三类是辅助人员，包括饮食服务人员、工业管理人员、文秘人员和办事员等。如《联合国囚犯待遇最低限度标准规则》第49条第1款规定："管理官员中应该尽可能设有足够的精神病医生、心理学家、社会工作人员、教员和手艺教员等专家。"[①] 而长期以来，我国监狱的职业化建设还处于一个较低层次、较低水平的状态，对监狱人民警察的岗位没有进行科学的分类，岗位配置过于简单，"万金油式"管理的现象普遍存在。同时也应当看到，近年来我国监狱人事警务管理受到来自社会层面的积极影响，通过多种改革举措，监狱人民警察岗位配置效率和质量有了明显提高，为监狱工作的改革和发展提供了有力的政治、思想和组织保障。特别是司法部2003年颁布的《关于进一步推进监狱工作法制化、科学化、社会化建设的意见》指出："探索建立科学的监狱人民警察岗位分类制度，对岗位进行科学的分工，实行专业化管理，并探索具有监狱工作特色的警察职业系列，"为监狱人民警察职业配置提供了方向性的指导。自此，全国各地都在积极探索监狱人民警察的职业配置问题，并形成了多种配置模式思路。中央司法警官学院的薛兰霞教授认为，可将监狱人民警察职位分为四类：刑罚执行管理类（包括监管看守、狱政狱侦、生活卫生）、行政事务管理

---

① 转引自于爱荣等：《矫正技术原论》，法律出版社2007年版，第109、111—112页。

类（包括政工、纪检、后勤等）、生产劳动管理类以及矫治教育管理类（包括教育辅导、心理咨询及矫治、法律咨询等）。① 江苏省监狱管理局于爱荣等同志则把监狱人民警察职位划分为五大类：监管看守类（包括狱政管理人员、狱内侦查人员、生活卫生管理人员）、行政管理类（包括监狱管理机关从事组织、指挥、协调、政策研究和业务指挥人员、监狱单位的领导班子成员）、教育矫正类、服务保障类（包括思想政治工作人员、后勤保障人员）、专业技术类（主要指在矫正工作中利用专业技术为矫正工作服务的人员，包括医务人员、会计人员、工程技术人员、心理矫治工作者等）。② 新疆兵团农三师杨鉴等同志则将监狱人民警察职位分为六大类：管理决策类（包括监狱领导）、监管看守类（包括刑罚执行、狱政管理、狱内侦查、生活卫生等）、矫治教育类（包括罪犯教育、心理矫治、回归指导等）、劳动管理类（包括生产规划、计划、调度、劳动现场管理等）、政治工作类（包括组织人事工作、宣教、培训、党务、工青妇工作等）、行政后勤类（包括政务管理、文秘、接待信访、警服管理、车辆管理等）。③ 与此同时有些地区已经开始试点或推行。

综上所述，职业分类已经开始引起监狱系统的高度关注。监狱人民警察职业分工细化，是职业配置的大趋势。在这种情况下，对于监狱学人才培养模式提出了严峻的挑战。为适应监狱人民警察职业配置发展的新形势，就需要在人才培养的专业方向、课程设置等方面积极进行改革和调整。

## 三、监狱学专业应用型高级专门人才培养上应着力解决的几个问题

面对监狱学专业人才培养出现的困惑和瓶颈，面对新的形势，要求我们监狱学专业教育工作者必须适应新的形势发展的需要，进一步创新探索。就上海政法学院而言，从总体上看，虽然这些年来在监狱学人才培养模式等方面作了一些探索，但还没有完全突破传统的教育模式，与不少蓬勃发展的司法警官职

---

① 参见李宏伟等主编：《监狱工作法制化与科学化建设研究》，陕西师范大学出版社2007年版，第332页。
② 参见于爱荣等：《矫正技术原论》，法律出版社2007年版，第111—112页。
③ 参见杨鉴、张景：《监狱人民警察岗位分类情况调查与思考》，载司法部监狱管理局：《监狱人民警察队伍建设获奖论文集》，2004年12月印。

业学院相比还存在不小差距。需要我们认真反思，使监狱学专业的人才培养再上一个新台阶。这里主要谈以下几点：

（1）在人才培养目标定位上，应紧紧咬住应用型高级专门人才培养这一目标不放松。无论从国外还是国内高等教育专业培养发展史来看，准确的培养目标定位是一个专业可持续发展的关键。一旦定位不准，就容易失去培养个性，最终失去该专业在社会中应有的地位。

从国外的情况看，以美国为例，美国是世界上高等教育最发达的国家，也是世界上拥有大学最多的国家。既有世界一流高校、一流学科和专业，也有众多办学水平参差不齐，但被社会高度认可的高校。美国将高等学校的学科、专业分为五大层次，即第一层次为研究类（很重视科研，博士授予量大）、第二层次为博士授予类（博士授予量略低于第一层次）、第三层次为综合类（学科、专业比较齐全，一般最高只授予硕士学位）、第四层次为普通四年制学院（最高授予学位一般为学士）、第五层次为社区学院和专科学院。不同类型的高校学科、专业有着不同的社会服务对象，提供不同的社会服务，在社会中牢牢把握自己的位置，各司其职、各得其所。①

从国内的情况看，经过中国高等教育的发展变迁，2005年底我国共有普通高等学校和成人高等学校2273所，其中普通高等学校1192所，全国各类高等教育总规模超过2300万人，高等教育毛入学率达到21%，中国高等教育已迈入大众化阶段。② 如此众多的高等学校以及如此众多的在校生人数，不可能都按照同一模式办学或实施同一的人才培养目标，不可能提供相同的社会服务。就我国目前的普通高等教育而言，按科研的含量和学术水平的不同，把高校划分为研究型大学、教学研究型大学和教学型大学等。不同类型的高校，它的学术贡献、人才培养层次、对社会服务的方式以及在高等教育系统中发挥的功能和作用也有所不同。对于政法院校的监狱学专业来说，如同其他高校的专业一样，其培养目标也有一个基本定位问题。

上海政法学院是一所刚刚升本不久的新建本科政法院校。作为新建本科院校，无论是师资力量、教学条件、学科与专业建设，还是科研水平、服务功能

---

① 参见黎明等：《新建本科院校的定位与发展品质》，载牟延林主编：《本科教学工作水平评估观测点研究》，科学出版社2007年版，第4页。

② 同上。

和教育资源等，与老牌的本科院校相比都还有相当大的差距，还达不到"研究型"或"教学研究型"高等院校的水平。因此，结合实际情况，上海政法学院定位于以本科教育为主的、有特色、高水平的"教学型"政法院校，是实事求是的，随着学院办学类型定位，学院的人才培养目标包括监狱学人才培养的目标也必然要随之调整。在监狱学专业人才培养上，过去学院偏重于理论知识传授和学科型、综合性人才的培养，而忽视了监狱行业最需要的应用型人才培养。而现在我们在目标定位上，既不要不切实际地一下子去搞学术型、研究型人才的培养，也不能沿袭以往的培养套路，而应定位于培养适应监狱系统以及相关领域的应用型高级专门人才。应由重学历教育向专业岗位教育转变；从培养低层次的复合型人才向培养高素质的专业型应用型人才转变。改变传统的"万金油型"的低层次的复合型人才培养模式，力求在人才的理论运用能力上体现特色，在人才的实践能力方面显现特色，在学科专业中办出特色，以充分满足监狱系统以及相关领域对人才的需求，使我们所培养的人才成为能够胜任岗位工作的行家里手。当然，这种应用型高级专门人才其具体内涵随着社会高等教育和行业的发展还会不断有新的发展和变化。

（2）在专业方向上，笔者认为，从职业化的角度出发，目前监狱学本科专业方向主要可分为行刑监管和教育改造两大类。鉴于行刑监管与教育改造是和罪犯最为直接打交道的岗位，而且随着形势的发展，监管行刑与教育改造的分工越来越细致，因此，可以重点开设监管行刑与教育改造两个专业方向。而监狱的行政管理类和生产劳动管理类等岗位涉及更多的是一般性的业务知识和技能，可主要从社会上一般业务对口院校毕业生中选拔。至于心理矫治类，可以合并在教育改造岗位之内。此外，鉴于目前社区矫正作为行刑的重要方式，与监狱行刑有着密切联系，其矫正教育方法与监狱教育改造方法有诸多相似之处，在社区矫正还没有上升为一个专业之前，也可以作为监狱学一个专业方向开设。

（3）在课程设置上，要调整课程体系，更新教学内容。在课程设置的指导思想上，要调整重心、强化主业、突出实训，构建符合监狱实际工作要求的课程体系。目前，本科监狱学专业特别是上海政法学院的四年制本科的课程设置还存在"重学历教育轻职业培训，重理论轻实训，重课堂轻现场，重校内轻校外"的问题，应调整为"学历教育与职业培训相结合，理论传授与实验实训相结合，加强实践操作，加强校外实习"的格局，以重构符合监狱行业岗位要求的课程体系。在课程设置的布局上，应该做到三个注重：一是注重基础课程。

培养应用型高级专门人才必须要有牢固的基础知识,要系统掌握政治理论、法学、监狱学、犯罪学、警察学、信息化管理等方面的专业知识,还要了解管理学、社会学、心理学、教育学、伦理学等其他知识。只有基础打得牢,才能做到厚积而薄发。二是注重警察素质课程。监狱人民警察作为一个警种,其从警人员必须具有警察的基本素质,其中包括要加大警体技能课程的分量,大力培养学生的警体技能,特别是应对突发事件、具有与罪犯进行身体对抗的能力。三是要注重岗位核心课程。如前所述,监狱学专业要分设一些方向,以适应将来的岗位需要。这就需要根据不同的岗位设置相应的岗位必须掌握的核心课程。如将来欲从事教育改造岗位的学生,要突出教育改造技能课程的设置,包括教育学、心理学等理论的方法技术、罪犯教育的方法技术、罪犯心理矫治的方法技术、不同类型罪犯矫治的方法技术、罪犯个别矫治的方法技术等。这样才能更好地胜任监狱对口岗位的工作。与此同时,在教学内容的时段安排上,目前上海政法学院实行的是"2+1"新学期制,即课堂教学为两个学期(春季学期和秋季学期),社会实践为一个学期(夏季短学期)。专设夏季实践短学期四周,安排各种实践活动。在这个框架下,就本科四年制而言,可以作如下划分,前两个学年重在打好理论基础和警察素质基础。在此期间要利用夏季实践短学期到监狱一线进行实务见习;第三学年至第四学年秋季学期为专业方向教育,同时要开设警务技能训练课程,重在专业方向理论与实践相结合,强化专业方向技能和警务技能训练。在此期间同样要利用第三学年夏季实践短学期到监狱一线进行简单的实务操作。第四学年从春季学期起,安排学生到监狱一线进行有针对性的顶岗实习,并在此期间完成毕业论文。两年制(专升本)可以作如下划分:第一学年秋季学期为基础课程;警察素质课程贯穿于第一学年秋季、春季和第二学年秋季;第一学年春季学期和第二学年秋季学期为专业方向教育,第二学年从春季学期起到监狱一线进行顶岗实习,并在此期间完成毕业论文。另外,要利用第一学年内的夏季实践短学期和寒暑假安排学生到监狱进行见习或简单操作实习,以更好体现基础课程、警察素质课程和专业方向课程、理论课程与实践课程的有机协调和统一。

(4)在教学方法上,要注重学生能力培养。传统的教学方法已不能满足新形势下监狱学专业应用型高级专门人才培养的需要,必须重视教学方法的探索和创新,注重通过生动、有效的教学环节激发学生的学习兴趣。教师要重视教学过程,针对不同课程的特点,采取不同的教学方法。如理论性课程的教学要改变传统的程式化的授课模式，突出精讲。在课堂中压缩对一些基础知识的讲解，如关于某一问题的概念、特点、意义、作用、历史沿革等内容可以由学生自学，关于某一问题的重点和难点以及有争议的问题和最新前沿问题要有针对性地系统讲授，同时要通过课前预习、课堂讨论和课后探索性作业等形式调动学生积极性，培养学生的自学能力和理论思维能力。面对实践性较强的课程或实习可采用案例教学或模拟教学等方式。如案例教学在教学过程中通过具体案例分析，辅之以讨论式、互动式、多媒体等新型教学手段；模拟教学是以实际应用为载体，以必要的设备为手段，根据业务流程的需要，进行模拟训练，使学生置身于模拟的工作环境中。这些教学方式对于实现学生能力的培养都能起到积极的促进作用。另外，要加强实践基地的建设，充分利用实践基地资源，做到双向合作，以实践为导向，共同设计、联合培养，充分发挥实践基地在培养应用型高级专门人才上的作用。

（5）在师资队伍建设上，要建立一支具有监狱一线实际工作经验的"双师型"师资队伍。针对教师缺乏行业实际工作经验和能力的问题，应采取积极的措施予以改进。一是通过选派教师特别是青年教师到监狱一线挂职锻炼，并参与监狱应用型理论研究课题，以此增进对监狱工作实际的了解，掌握监狱实际工作的发展状态，积累经验，提高实际工作能力，为搞好教学工作、提高教学水平奠定基础。二是引入监狱实务部门有实践经验的专家参与教学工作。我们可以把在行业中有经验、有影响的专家引进学校，作为教官参与教学和实训实验（实习）以及毕业论文设计和就业指导等，以实现学院型教师与实务型专家（教官）的优势互补。

（6）在招录分配体制上，建立计划指导下的监狱后备警力资源市场配置机制，推行监狱学专业招录分配体制改革。目前，上海政法学院监狱学本科承担三种形式的监狱学专业人才培养任务。一是四年制，二是专升本两年制，三是司法部委托定向培养的专升本两年制。目前，第一种情况是毕业生普遍去报考公务员，往往胜算不大，结果造成培养资源的浪费。因此，在体制转型期，对在校的监狱学专业学生，应按照《公务员法》第31条的规定"录用特殊职位的公务员，经省级以上公务员主管部门批准，可以简化程序或者采用其他测评办法"，即单独进行公务员考试，择优录取。目前有的院校已开始进行这方面的探索。第二种情况，例如上海政法学院从去年开始进行招录改革试点，将应届专科（高职）毕业生作为监狱学本科专业专升本（两年制）的主要生源，通过学院组织的"专升本"文化课考试和市人事局单独组织的公务员录用考试，经过学院与监狱、劳教系统联合组织的面试、体测、政审和体检，选拔监狱学本科专业学生。学生在校期间接受两年的监狱学专业本科教育，毕业后符合学士学位授予条件的将授予法学学士学位，并根据入学前参加的公务员录用考试所报考的志愿，到上海的监狱局和劳教局的基层单位工作。但在推行过程中遇到的最大瓶颈是报考生源不足。究其原因，主要一是学历和毕业年限限制。根据上海市教委有关文件规定，"专升本"考生只能是高职高专的应届毕业生，这个规定对生源数量产生较大影响；二是年龄限制，有关部门规定，考生年龄须在18岁以上25岁以下。三是生源限制。根据上海市教委有关文件规定，考生生源是被本市普通高校和上海考生被外地高校录取的应届专科（含高职）毕业生。根据实际遇到的问题，为确保招录体制改革试点的成功，上海政法学院已开始着手开展工作，进一步争取上级部门的支持，在制度与政策上给予一定程度的倾斜。如放宽学历和毕业年限限制，可以把学历起点从高职扩展到本科，应届扩展到往届；放宽年龄限制，如凡28周岁以下的考生，均可报考；扩大招生地域，将招生对象的地域扩展到外省市等等。总之，要在总结改革试点经验的基础上，进一步推进监狱学专业招录分配体制改革，进一步探索"定向招录、定向分配"的路径，构建一个符合监狱学专业人才培养自身特点的招录分配新体制。

（原载严励主编：《监狱学专业建设回顾与瞻望——监狱学专业应用型高级专门人才培养研究》，中国法制出版社2011年版）

# 对监狱学专业人才素质培养的几个问题的思考

在我国培养造就合格监狱警察队伍的教育体系中,对监狱系统后备人才的培养是一个重要方面。对监狱系统后备人才的培养,从专业的角度,主要是由政法院校本科和高职监狱学专业或监狱管理专业承担,本文主要就本科监狱学专业人才素质培养的几个问题谈几点思考。

## 一、监狱学专业人才素质培养的重要意义

### (一)监狱学专业人才素质培养是适应教育系统特别是高校全面推进素质教育的必然选择

素质教育是 20 世纪 80 年代提出的概念。1987 年由联合国教科文组织(UNESCO)主持、S. 拉塞克等人编著的《从现在到 2000 年教育内容发展的全球展望》一书中指出,发展素质教育,培养人格力量已被认为是 21 世纪教育的中心特征。① 我国在 20 世纪 80 年代末 90 年代初引进素质教育这一概念,其初衷是为了解决中小学"应试教育"的局限性与滞后性。但由于素质教育自身所包容的先进的教育理念、科学的教育模式以及现代化的教育技术,使其逐渐成为各级各类学校的教改口号,通过实践和理论的推进,演化为一种全新的教育思想。1999 年 6 月召开的第三次全国教育工作会议,其主题就是以提高民族素质和创新能力为重点,深化教育体制和结构改革,全面推进素质教育,振兴

---

① 参见杨峻、王根顺:《试论素质教育与大学生素质结构和培养》,载《兰州大学学报(社会科学版)》1997 年第 2 期。

教育事业,实施科教兴国战略;① 并提出"实施素质教育应当贯穿于幼儿教育、中小学教育、成人教育、高等教育等各级各类教育,应当贯穿于学校教育、家庭教育和社会教育等各个方面,在不同阶段和不同方面应当有不同的内容和重点,相互配合,全面推进"②。随着高等教育改革的不断强化,提高大学生的综合素质和竞争力,已成为高校工作的第一要务。鉴于素质教育以其对于高等教育内在规律与发展趋势的准确把握,理应成为监狱学专业人才培养的必然选择和理想追求,做到素质教育与监狱学专业人才培养的有机融合,以适应教育系统特别是高校全面推进素质教育的大趋势。

### (二)监狱学专业人才素质培养是适应新形势下监狱工作发展的客观要求

监狱作为国家的刑罚执行机关,担负着惩罚与改造罪犯,预防和减少犯罪的重要职责和使命。在新形势下,党中央对加强和创新社会管理的强调以及监狱体制改革在全国的全面推进,给监狱工作提出了新的更高要求,使得监狱工作从工作标准、运行模式和执法要求等方面都发生了重大变化,进入了从看守型向质量型转变、从传统型向科学化转变、从经验型向法制化转变的新的发展阶段。监狱工作要在新的发展阶段实现更大作为,关键是要培养一支高素质的监狱警察队伍,亟须大量的特别是有较高学历的专业人员从事监狱改造工作。而我国监狱警察队伍的学历层次虽在近几年有了一定程度的提高,但接受过监狱学全日制教育的管理人员所占比例明显偏低。③ 因此,为适应新形势下监狱工作发展的客观要求,其中要加大本科监狱学专业人才素质培养教育工作的力度,必须瞄准监狱工作新的发展对监狱警察提出的素质要求,建立一套完整的适应新形势下监狱工作发展要求的监狱学专业人才素质教育培养体系,对学生的从警素质进行全面的提升,从而为监狱系统输送更多的优秀后备人才,为新形势下监狱工作的发展提供强有力的人才和智力支撑。

---

① 参见江泽民:《在第三次全国教育工作会议上的讲话》,载《人民日报》1999年6月16日。

② 《中共中央国务院关于深化教育改革全面推进素质教育的决定》,载《人民日报》1999年6月17日。

③ 参见韩玉胜等:《宽严相济刑事司法政策与监狱行刑改革研究》,中国检察出版社2010年版,第194页。

### (三) 监狱学专业人才素质培养是适应学习型社会的必然要求

党的十六大提出了一个崭新的概念，即"学习型社会"。它向我们揭示了21世纪是信息爆炸的知识经济时代，是学习的世纪，是学习的社会，不学则衰，不进则退。只有适应学习型社会的要求，成为"学习型的人"，才能紧跟时代步伐，永远立于不败之地。学习型社会对我们所培养的监狱学专业人才提出了终身学习的任务，也使得培养学生学会学习，尤其是学会在将来的工作中继续学习的素质，成为监狱学专业本科教学的重要目标。监狱学专业人才培养中要树立和强化终身学习的观念，并用这种观念指导培养活动，使学生具有自觉学习、终身学习的理念，不断提高学习能力、知识素养和工作水平，以适应时代发展的需要。

## 二、新形势下监狱学专业人才的素质构成

所谓素质，是一个人从事某种工作所需要的各种条件和品质的总和。而素质教育是以提高人才素质为目的的教育。关于素质教育的内容，一直以来存在着通识教育与职业教育的争论。就监狱学专业人才素质培养的内容而言，也存在一个通识教育与职业教育关系问题。笔者认为，就本科监狱学专业人才素质培养而言，通识教育与职业教育不应被看成非此即彼的绝对对立的两极，而应是有机的结合。首先，监狱学教育是职业教育；其次，监狱学教育不仅仅是职业教育，同时还是一种通识教育。即监狱学教育不仅要使学生具有监狱学专业的知识、理论，掌握监狱管理者独有的专业技能等，而且还要使学生具有全面、扎实的基础素质，特别是具有优秀的思想品质和深厚的人文精神等。归根结底，监狱学专业人才素质培养的终极目标就是培养高素质的通识型和职业型的专业人才。因此，监狱学专业人才素质构成的结构应当是"基础素质之上的专业素质"。

### (一) 基础素质

基础素质包括思想素质、文化素质、纪律素质、身心素质等。我们这里所说的基础素质，不是普通高等教育的一般标准，由于监狱工作行业是不同于其他行业的特殊行业，具有鲜明的职业特点，如工作对象特殊、工作内容特殊、

工作环境相对封闭，具有较高的危险性和对抗性等，因此作为监狱行业的从业者，必须具有更为优秀的思想、文化、纪律、身心等方面的基础素质。

1. 思想素质。监狱学专业人才必须具备的思想素质应当包括以下几个方面：第一，牢固的忠诚意识。这是思想素质中的首要和核心内容。也就是说，我们培养的学生，必须具有坚定、正确的政治方向，忠诚于党、忠诚于人民、忠诚于祖国、忠诚于法律。坚定不移地做中国特色社会主义事业的建设者和捍卫者。第二，追求真理，维护公正的崇高理想。对公正的维护和追求是监狱行刑活动的基本特征之一，对真实和真理的探求是一个持续不断的过程，监狱行刑活动便是这一过程的重要表现形式，在监狱学专业人才培养过程中，应当通过教育使学生具备维护公正、追求真理的精神品质。第三，对将来所从事职业的热爱。使学生牢固树立"改造人"的宗旨意识，热爱自己的事业，树立改造罪犯的光荣感、自豪感和责任感，全心全意为改造人、改造社会的伟大事业而献身。第四，认同职业伦理，恪守监狱职业道德的自律精神。监狱职业伦理既是标明监狱职业特殊性的一个重要方面，也是维护监狱职业重要地位和良好形象的重要因素。进入监狱职业门槛的一个前提条件，就是接纳、认同监狱职业伦理，恪守"忠于职守，公正执法；严明纪律，服从指挥；诚实守信，廉洁自律"[①]的监狱职业道德规范。

2. 文化素质。文化素质是一个较为宽泛的概念，既包括人文素质，也包括科学素质。在监狱学专业人才素质培养过程中，实施文化素质教育是为了培养学生的人文素质和科学素质。具体言之，主要包括：第一，广阔的知识背景。监狱与经济、政治、文化、社会等现象紧密交织在一起，监狱学也与多种学科有着广泛而密切的联系，正如德国学者荷尔庭德尔夫认为："监狱之为科学，在诸科学中，其关系范围，最为繁杂，且甚为广汉"[②]。我国民国时期康焕栋所著《监狱学》一书也认为："监狱学，合成学也。"[③] 监狱学与哲学、政治学、法学、经济学、社会学、管理学、教育学、心理学、伦理学、历史学等其他学科有着密切的联系。如果不熟悉其他领域、其他学科的知识、理论，就不可能精通监狱学。因此，监狱学专业的学生应当具有广阔的知识背景，不但需要对人

---

① 于爱荣等：《监狱文化论》，江苏人民出版社2009年版，第150—151页。
② 转引自孙雄：《监狱学》，商务印书馆1936年版，第2页。
③ 康焕栋：《监狱学》，商务印书馆1934年版，第4页。

文社会科学的知识体系有较为全面深入的了解，而且还需要对一些自然科学知识有初步、重点的了解。第二，工具性技能。在现代社会，越来越多的职业需要就业者具备某些特定的工具性技能，监狱管理职业也不能例外。在这些工具性技能中，口头表达、写作、外语和计算机知识是最重要、最普遍需要的技能。监狱工作的职业特点主要是做罪犯的改造工作，要求从业者必须具有良好的口头表达能力和良好的文字表达能力。当今社会，随着对外开放不断扩大，信息化发展迅速，外语和计算机已成为监狱工作中不可缺少的手段。因此，监狱学专业人才素质培养应使学生熟练掌握外语和计算机知识和技能，并且能够在实际中加以运用。第三，人际沟通能力。监狱警察特别是与罪犯直接打交道的管理人员，必须具备良好的人际沟通能力，从某种意义上讲，不能有效地进行人际沟通的人，不可能成为一个称职的监狱警察。因此，在监狱学专业人才素质培养过程中，应当尽可能地使学生初步具备进行人际沟通的能力。

3. 纪律素质。遵守纪律是对每一个从业人员的基本要求，对于监狱警察则有更高的要求。要严格遵守党的政治纪律，在重大原则问题上旗帜鲜明、立场坚定，与党中央保持高度一致。要严格遵守宪法和法律，忠于职守，秉公执法，清正廉明，不得有与执法相悖的诸如索要、收受、侵占罪犯及其亲属的财物以及刑讯逼供等违纪违法行为。要做到服从命令，听从指挥，有令则行，招之即来，来之能战，战之能胜。因此，必须加强监狱学专业学生纪律素质的培养。

4. 身心素质。也就是身体和心理素质。身体素质包括肌体的力度、速度、韧度和耐受度。心理素质包括心理动力、心理过程、心理状态和心理特征四个方面。由于监狱工作的复杂性、危险性和艰苦性等特点，需要从警人员具有良好的身心素质。这是顺利、有效地开展工作的基础和前提，因此，在监狱学专业人才素质培养中要注意培养学生良好的身心素质。以身体素质为例，要求其具备超过常人的特殊体能，具有充沛的精力和增强对外界环境反映的适应能力；要掌握警体基本技能，特别是擒拿格斗、射击、抓捕、驾驶、救护、使用警械等技能。再以心理素质为例，要使学生具有正当的动机和兴趣；具有正确的自我认识和评价能力，情绪具有稳定力、抗挫力和承受力；具有冷静、谦虚的气质和自信、积极、乐观、果断的性格。①

---

① 参见张文显主编：《法理学》，高等教育出版社、北京大学出版社2007年版，第19页。

在监狱学专业人才素质培养中，要积极开展思想素质、文化素质、纪律素质、身心素质等方面的教育，使学生具有牢固的基础素质，以适应监狱警察行业的需要。

### (二) 专业素质

专业素质是监狱管理人员应当具备的职业素质，也是监狱警察专业化的要求，主要包括以下几个方面：

1. 正确的现代监狱行刑理念。现代监狱行刑理念既是对行刑内在精神的重构，又是根据对现代行刑的认识和理解来解决行刑实践中的问题。[①] 理念是行为的向导，如果没有正确的现代行刑理念，即使有较强的专业知识和技能，也难以有效发挥。在目前阶段，我国监狱警察应树立的现代监狱行刑理念主要有：以人为本，重在改造的理念；宽严相济、摒弃报应的理念；崇尚法治，依法治监的理念；维护人权，讲求公正的理念；立足教育，着眼回归的理念等等。

2. 合理的专业知识结构。这种专业知识结构也就是从事监狱惩罚与改造罪犯工作的干警根据这项职业本身固有的需要，所必须掌握的知识和技能的内部比例和组合方式。这种专业知识结构的建立又要依据目前的监狱学学科体系。从我国目前监狱学学科体系的现状来看，改革开放以来，随着监狱问题领域的扩展以及研究基础和模式的多样化，监狱学也发生了快速的学科分化，监狱学一个个组成部分纷纷发展为独立的学科，而且这些相对独立的学科又与其他类型的学科交叉，出现了一些子学科、边缘学科。与此同时，就像其他任何学科一样，监狱学在发生高度分化的同时又出现了高度综合的现象。各分支学科之间相互联系、互相补充，初步构成了一个既有分化，又围绕整体的学科体系。关于监狱学的学科体系，有不同的划分标准，笔者主张，监狱学的学科体系主要由基本理论研究和应用理论研究两大板块和若干分支学科构成。[②] 基本理论研究侧重于从学理的角度探求监狱学的基本原理问题，如对监狱工作有宏观指导意义的法律、政策、原则以及历史借鉴和比较研究等问题。它主要从学理上进行研究，不提供具体的实际操作手段和方法。基本理论研究大致包括以下几

---

① 参见曲伶俐等：《现代监狱行刑研究》，山东大学出版社2007年版，第47页。
② 参见贾洛川主编：《监狱学基础理论》，广西师范大学出版社2009年版，第12—13页。

门分支学科：监狱学基础理论、监狱法学、监狱史学（包括中外监狱史）、比较监狱学等。应用理论研究主要是从实践和操作的角度对监狱实际工作所作的实务性研究，它是在监狱学基本理论特别是监狱学基础理论的指导下进行的。它不仅要强调操作过程，同时也要注重对结果的预期与科学评估。应用理论研究主要包括以下各门分支学科：狱政管理学、狱内侦查学、罪犯教育学、罪犯改造心理学、罪犯劳动改造学、监狱政治工作学以及监狱司法文书、监狱司法口才、监狱警察警训学、监狱建筑学、监狱医学等。监狱学专业人才素质培养应该依据监狱学学科的体系，从专业建设和发展的实际需要出发，通过专业知识的教学，使学生具有必备的专业知识结构。

3. 较强的专业能力。专业知识结构是专业能力的基础，专业能力要靠专业知识来营养，但专业知识又不等于专业能力，所谓专业能力，是掌握、运用和创造专业知识的能力。因此，作为一个监狱学专业人才，不仅要有合理的知识结构，而且要善于将知识转化为能力，这是不可缺少的专业素质和条件。就监狱学专业人才所应具有的专业能力素质，在当前和今后一个时期，至少要具有执法能力、教育改造能力、组织管理能力、维护监狱安全稳定的能力、应急处置能力、信息化实战应用能力、开拓创新能力等。[①] 因此，在监狱学专业人才素质培养过程中，要重视提高学生的专业能力素质。

4. 得体的风度仪表。风度仪表是一个人的德、才、体、貌等各种素质在社会交往中的综合表现所形成的独特风貌。一个从事监狱工作的警察风度仪表如何，将对罪犯改造产生很大的正面或负面影响。这就要求我们在监狱学专业人才素质培养过程中，要使学生具有得体的风度仪表素质。要求学生做到尊重人格、礼貌待人；举止稳重，仪表端庄；穿着整齐，警服整洁。要通过严格的警务化管理等多项措施促使学生形成得体的风度仪表素质。

总之，监狱警察作为具有明确具体分工的一个警种，在具备基础素质或通识素质基础之上还必须具备专业素质，在监狱学专业人才素质培养中，要加强学生专业素质的培育，以适应将来从事监狱工作的需要。

---

[①] 以上几种能力见司法部部长吴爱英在 2010 年 4 月在全国监狱劳教人民警察队伍建设工作会议上的讲话，载《监狱理论研究》2010 年第 2 期。

## 三、目前监狱学专业人才培养中存在的
## 不符合素质教育要求的问题

虽然过去在监狱学专业人才培养中,在人才素质提升、对监狱警察后备力量的输送、对促进监狱系统干警队伍专业化建设等方面起到了一定的作用,但是对照素质教育的要求,目前监狱学专业人才特别是全日制本科的监狱学专业在人才培养过程中尚存在许多问题,主要表现在以下几个方面:

1. 教育观念滞后。目前,在监狱学专业人才培养中,很大程度还停留在旧的教育观念上,在教育指导思想上,不能适应知识经济和信息时代的要求,墨守成规;在教学目标上,仍有许多承担监狱学课程的教师认为监狱学的主要教学目标是向学生传授监狱学的基本理论和基本知识,很少有人把监狱学教学与素质教育特别是能力培养联系起来;在培养模式上,脱离监狱工作实践,脱离监狱职业要求,关门办学,只管培养,不问是否适应实际需要,缺乏面向社会和行业的适应和服务观念;在对外交流上,过于封闭,缺少交流平台,使教师视野受到限制,缺乏对国外监狱制度的了解,甚至导致介绍的不少东西失真。

2. 监狱学学科建设处于停滞状态。主要表现为,监狱学特别是基础理论研究较为薄弱,研究水平还停留在20世纪八九十年代,至今没有形成成熟的具有自身特色的概念、范畴以及体系,缺少深度和厚度;研究方法要么是思辨的方法多,要么是经验的总结和堆砌,科学的实证方法少,与国外的比较研究少;现有监狱学应用理论研究中,缺少科学的、可操作的方法与技术。由于学科建设存在的问题,对于监狱学专业人才素质培养特别是专业课程的设置带来了不利影响。

3. 课程结构不合理,教学内容陈旧。主要表现在课程设置的专业特色不明显,没有较好地反映当今社会以及监狱行业对监狱学专业人才知识结构和能力结构的新发展和新要求。实践性教学过少,学生动手的机会少,实习实训场所缺乏。有的教材老化,且多年使用不变,教学内容陈旧,反映新知识的少,且脱离实际,不能回答现实问题。这很不利于培养学生的创新能力和实践能力。

4. 教学方法简单。许多教师还是停留在传统的"填鸭式""满堂灌"的教学方法上,还处在教师在讲台上讲授、板书,学生则抬头听讲,低头记笔记的状态,即使是运用有多媒体功能的教学设施,也多是把板书移到PPT上。这种

简单的教学方法，忽视了学生在教学过程中的积极、能动作用，很不利于学生创新能力的培养，以致不少学生产生了"上课记笔记＋考前背笔记＝上大学"的不当认识，很少意识到主动培养自身各方面素质和能力的重要性。

5. 考试制度落后。教师对学生的平时考查很不规范，教师往往在期末凭印象估一个分，期末考试主要侧重检查学生理解教材和教师讲授内容的情况，而学生只要背熟教材和课堂笔记就能考个好成绩。以至于不少学生虽然平时逃课，不认真听讲，只要考前一两周补抄笔记或背背教材也可以考高分。显然这种考试没有起到应有的作用。

6. 师资力量结构不合理。目前，高等院校监狱学专业存在师资结构不合理的问题，可以概括为"三多三少"，即年轻教师多，中老年教师少；来自高校的博士多，来自实务部门有过监狱管理经历的教师或监狱警官少；从事理论教学的教师多，从事实践教学的教师少。这种状况显然不适应监狱学专业人才素质培养的需要。

## 四、关于监狱学专业人才素质培养的几条思路

根据形势发展以及监狱学专业人才素质的构成的要求，针对当下监狱学专业人才培养中存在的问题，为了做好监狱学专业人才素质培养教育工作，笔者提出如下几条思路：

1. 树立科学的监狱学专业人才素质培养观念。在监狱学专业人才素质培养中，我们要切实树立素质教育、创新教育、终身教育、开放教育等思想。树立以学生为主体的教育观念，在教学过程中，不仅要注重监狱学专业知识传授，更要重视学生能力培养，特别是创新能力的培养，如重视培养学生收集处理监狱学各方面知识和不同观点等信息的能力、获取监狱学新理论和新知识的能力、分析和解决各种监狱实际问题的能力等。要培养学生的创新能力，就要使我们的教育，成为一种解放的力量，解放学生被禁锢的心智，舒展学生被束缚的个性，使学生僵化的头脑能够异想天开，使学生萎缩的人格大放异彩。同时，要将提高学生的人文素养、科学素养和健全的心理素质贯穿于监狱学专业人才培养的方方面面。要主动适应社会和行业的实际需求，及时调整工作思路，更好地为社会和行业服务。

2. 加强监狱学学科建设。学科是高校根据人才培养的需要所设置的专业门类。高校无论是培养人才还是科学研究，都离不开学科建设。可以说，没有一流的学科，就没有一流的专业，也就没有一流的人才。因此，要加大监狱学学科建设的力度。有的学者提出，21世纪，监狱学研究在前期研究的基础上要取得某些突破性的进展，应从注释监狱学和理论监狱学两个层面对监狱学进行研究；从监狱内外两个视角对监狱学进行研究；从历史和现实两个基点对监狱学进行研究。① 这是很有见地的。要注重对院校和研究机构的教学科研人员以及监狱管理部门任职的有研究能力的人员进行整合，集中优势兵力进行重点攻关，相信监狱学学科建设会有新的实质性的突破，从而带动和辐射监狱学专业的建设和发展，为监狱学专业人才素质提升起到强有力的推动作用。

3. 优化课程体系。要根据社会和行业发展对人才的需求以及学生自身素质提高的需要优化课程体系。监狱学专业的课程体系应由下列几个模块所构成：一是公共基础课程；二是学科基础课程；三是专业选修课程；四是跨学科选修和任意选修课程；五是实践教学。在具体操作中，要强化公共基础课程特别是思想素质课程，在解决好学生"做人"的问题上狠下功夫（当然解决这一问题仅靠强化思想素质课程远远是不够的，但又是必不可少的），同时要重点抓好外语和计算机课程建设；要凝练学科基础课程，要及时掌握国内外在监狱学以及相关领域的发展动态和研究信息，并有针对性地吸收到学科基础课程中，并注意基本理论和基本知识的系统化，增强教学内容的深度和广度，夯实学生学科基础知识；要精设专业选修课程，特别是有关技能课的开设，如罪犯心理咨询、现场管理、狱内侦查技术、突发事件处置、监狱司法口才、监狱理论论文及监狱文书写作等，使学生具备从事该职业所需要的基本的职业技能；要拓宽跨学科选修和任意选修课程，如政治学、社会学、管理学、教育学、伦理学、行为学、调查统计等类课程，使学生具有宽阔的眼界和知识面；要重视实践教学，包括参观监狱、实地调查、教学实习、毕业实习等，提高学生的实践能力，以此来支撑监狱学专业人才素质培养的需要。通过优化课程体系，融知识传授、能力培养和全面素质教育于一体，在提高人才素质上凸显特色。

4. 改革教学方法。教学是教师引导学生掌握教学内容全面发展各方面素质的活动，它包括教与学两个方面。其中，教师是主导，学生是主体，在教学过

---

① 参见王平：《监狱学研究的方法论》，载《中国监狱学刊》2004年第1期。

程中既要重视发挥教师的主导作用，又要充分调动学生的主体性。因此，我们必须重视教学方法改革，将"填鸭式""满堂灌"的教学方法向启发式、互动式的教学方法转变，在调动学生的主动性、积极性上做文章。如教师在课堂讲授中应当重视启发式、诱导式，建立课前预习准备制度，每次下课前布置下次上课的预习思考题，要求学生围绕问题进行自学性预习，不但要预习教材内容，而且要到图书馆或网上查阅有关资料，在分析研究不同观点的基础上形成自己的观点，并要求学生用自己的话形成要点式材料。在此基础上，上课时教师就有关问题向学生提问，要求学生主动回答（必要时点名要求学生发言），用自己的话阐明自己的观点，然后询问其他学生有无补充，并可展开争论，最后教师针对学生发言做出小结。再如，在课程的安排上，要注意教学方法的创新，要大量运用课堂讨论法、案例教学法、诊所式教学法、苏格拉底教学法、研究式教学法等，充分发挥学生在学习过程中的主动性、积极性与创造性。要加强教学实践基地建设，开辟学生的第二课堂，给学生创造更多的参与社会实践的条件，提供更多的理论联系实际的机会，以增强学生运用知识分析问题和解决问题的能力。另外，要把现代信息技术特别是多媒体技术应用于课堂教学中，多媒体技术所产生的图文并茂、丰富多彩的人机交互方式，能够有效地激发学生的学习兴趣，主动参与教学过程，提高教学效果。当然，多媒体技术要达到预期的效果，关键是要有好的课件。这就要求教师在课件制作中广泛收集资料，并进行精选，在内容和形式上多花费心思，力争达到优秀标准，同时也可以购买一些其他院校相关专业的制作水平较高的多媒体课件作为辅助教学课件供学生参考。

5. 改进考试制度。一是要改进平时考查方法。在严格执行平时考查成绩占学期总成绩的30%的基础上，除去学生考勤占一定比例外，重点实行学生在课堂主动发言及论文写作与平时考察成绩挂钩的制度。教师根据学生的论文与发言质量给以高分或低分，以此激励学生积极思考、勇于创新，自觉训练自己的能力。二是完善期终考试方法。重点考查学生的创新能力。在试卷的题型分布上，应加大主观题的比例，着重考察学生分析和解决问题的能力，同时也不宜以教材或教师讲授的观点为唯一的标准答案。应该规定答题有创新观点且言之有理，持之有据的给高分。这样的导向，可以促使学生平时主动学习、独立思考、勇于创新，也可以改变"平时不学习，考前死记硬背"也能得高分的不正常状况，使考试真正起到应有的导向和激励作用。

6. 建设一支高素质的教师队伍。要培养高素质的学生，就必须有高素质的教师。教师的素质决定学生的素质，教师的能力决定学生的能力，教师的水平决定学生的水平。因此，必须花大力气建立起一支素质高、结构优、具有专兼职、校内外相结合特点的双师型教师队伍。具体措施：一是加强教师的师德教育，使教师自觉履行《教师法》规定的义务和职责，遵守职业道德规范，增强职业责任感，切实做到为人师表。二是调整教师队伍结构，根据现有教师队伍情况，进一步引进具有高深学术造诣的领军人才，并与现有的学科带头人相结合，组成若干教学科研团队，带动青年教师较快成长。三是改变教师组成结构，在学校和监狱实务部门之间建立灵活的人员交流机制，适时选聘有丰富监狱实务工作经验并有较高理论水平的优秀干警担任兼职教官，承担教学任务。同时，积极创造条件让教师特别是青年教师采用挂职锻炼、短期调研、参与监狱科研课题等形式，了解监狱一线工作实践，关注监狱实务中的新问题，增强监狱工作实践经验和实际工作能力，这样才能避免出现教学内容脱离实际的情况发生。四是建立和完善教师管理运行机制，充分调动教师的积极性和创造性。完善教师评价机制，将教师的实践能力纳入评价指标体系，教师的课堂教学能力、科研能力和实践能力分别占1/3的比例。以此激励、促进教师教学、科研、实践能力的和谐统一，最终有助于学生综合素质的全面提升。

总之，监狱学专业人才素质培养是一项重要的、持续性的任务，作为本科院校的监狱学专业在完成这一任务的过程中，要与时俱进，变革不适应素质教育的观念和做法，在开拓创新上下功夫、求发展，促使监狱学专业人才素质培养提升到一个新水平。

（原载严励主编：《监狱学专业建设回顾与瞻望——监狱学专业人才素质培养研究》，中国法制出版社2012年版）

# 关于监狱学专业课程建设"整合化"的几点思考

近年来，上海政法学院先后举办了监狱学专业"应用型"人才培养目标和"素质教育"模式的研讨会。在此基础上，课程建设的研讨就显得十分必要，课程是实现教育目的和模式的重要环节，也是决定教育质量的关键环节。既然我们选定了"应用型"人才培养的目标，选定了"素质教育"的模式，其课程建设就应该注重"整合化"。本文就此问题提出以下几点思考。

## 一、关于监狱学专业课程建设"整合化"提出的背景

"课程"一词起源于拉丁语，意为"跑道"（racecoures），即"学习的进程"。在学校教育中，其原始的蕴意主要是指对学科内容学习的进程。在其漫长的历史发展过程中，课程的含义并未引起什么争议，只是到了20世纪后，受进步主义教育思想的影响，特别是美国教育家杜威的课程思想的影响，促使课程研究学者开始重新考察、界定课程的概念。尤其是在现代学校教育中，由于课程研究学者在如何界定课程这一术语上没有达成一致的看法，课程被赋予了多种多样的、难以理解甚至玄奥的定义。据美国学者鲁尔统计，课程这一术语至少有119种定义，[1] 使课程内涵呈现出了模糊性和不确定性的特点。但也有其共识之处，如把课程界定为一种计划或方案被越来越多的课程研究者所认同。[2] 据此，有的学者把它扩展为课程是指在学校教育环境中，旨在使学生获得的，

---

[1] 参见〔美〕乔治·A.比彻姆：《基础理论》，黄明皖译，人民教育出版社1989年版，第169页。

[2] 转引自林纪东：《刑事政策学》，国立编译馆1963年版，第376页。

促进其全面发展的、可迁移的教育性经验的计划。①

　　课程理论告诉我们,课程是随着社会的发展而演变的,它反映一定的社会的政治、经济制度的需求,受一定的社会生产力和科学文化水平以及受教育者身心发展规律的制约。

　　课程研究通常指向"教什么"和"应该教什么"的探讨。由于不同的历史时期背景的差异,关于"教什么"及"应该教什么"的课程价值或内容选择也具有不同的内涵及依据,从而导致不同的课程形态及面貌。在工业经济时代,经济的发展是以有限的、不可再生的资源为基础的,因而,对物质财富的竞争、占有便成为工业经济运作的核心机制和动力,而科技这种具有"野蛮性"特征的经济发展手段,对自然资源的掠夺及产品生产效率的提高无疑是不可或缺的利器。于是,唯科技主义或科学主义及工具理性主义、功利主义便成为工业经济时代的主流文化及强劲的社会思潮。在课程设置上也深深地打上了工具化、功利化的烙印。伴随着工业文明的负面效应的任意显现与加剧,人文主义者则对科技理性主义、唯物质主义带来的"物性压倒人性"这一时代顽症予以了猛烈的抨击,并强烈呼吁人文精神的弘扬,将人文精神视为人类彻底摆脱困境的手段。在课程设置上竭力主张人本化、人文化。于是科学主义或科技主义文化和人文主义文化之间的对峙、冲突便成为工业经济时代特有的历史图景,而这种分裂了的文化则成为学校课程的设置依据和原则导向,学校课程也具有了"人文"与"科学"或"科技理性"的二元价值尺度。于是,关于课程价值、内容与标准便产生了两种截然不同的理念,其一是把课程指向心智方面,诸如认识能力及个性的发展;其二是把课程指向实用知识领域,注重知识和技能的获取和掌握。这两种课程思想在以后的发展中又逐渐演化为直至今日也难以调和的人文主义课程论和科学主义或科技理性主义课程论的冲突。

　　随着知识经济时代的到来,这一崭新的时代文明在人类历史上第一次使教育成为社会进步的核心要素及决定性力量。知识经济不是一种破坏性的行业垄断经济、"周期性"经济、极限性经济,而是一种相互依存、协作共进的、可持续发展的无限性经济,这就使知识经济时代的文化背景从以往的分裂文化、恶性竞争文化而转为融合文化、协作文化,人文精神、科技伦理、企业信誉及形象将成为知识经济时代重要的社会发展规范。可以说,知识经济时代既以社会

---

　　① 转引自林纪东:《刑事政策学》,国立编译馆1963年版,第376页。

文化的健康发展为依托，又为文化发展从分裂、冲突走向融合一致提供了现实基础。无论是从教育内在标准及教育在文化发展中地位的角度看，还是从经济发展的文化背景来看，在知识经济时代，学校课程的发展都必须从多元化向整合化转换，或者说要进行"人文"课程与"科学"或"科技"课程的联手与融合。记得曾有人说过，科学技术只是解决是非而不能给人以"价值"判断，"价值"判断需要另一个源泉——人文社会科学。两者一旦分离，就会出现两个极端结果，会出现两种畸形人：只懂得技术而灵魂空白的"空心人"或不懂得科技、侈谈人文的"边缘人"。这都不是我们所希望的结果。而要避免这种结果，就需要在课程建设上进行"整合化"。只有"整合化"的课程才能使知识经济时代教育主导作用的发挥及社会的可持续性发展的实现具有极大的可能性。

有关研究表明，所谓课程建设"整合化"是将制约课程的各种因素的理论来源融合、加工，升华为复合化的指标规范，使科学或科技与人文、社会与个体、认知因素与非认知因素等指标之间形成具有内在关联性的逻辑结构，在此基础上建构广博的、综合性的课程形态。① 课程建设"整合化"基本要义之一是在广泛加工人类优秀文化成果的基础上形成完整的课程体系，此外，"整合化"还意味着不仅要将相关的、具有内在关联性的内容融合为跨学科的综合课程，而且单一化的学科课程也必须具有综合化的教育目标及意义。课程建设"整合化"的思想对于监狱学专业课程的整合具有重要的指导意义。

我国政法院校的监狱学专业（前身为劳动改造学或劳改法学专业）是伴随着改革开放以来所出现的新生事物。在20世纪80年代及90年代初，在课程设置上，基本上是单科教育，除了一些政治理论课之外，基本上都是法律或监狱专业课，尤其以解释法律规范含义的诸部门法学为主体。培养的人才实际上社会科学、人文知识的层次很低。法学包括监狱学的理论水平和实际操作性技能一般，是一种低起点、低层次、单科性的人才。在这种情况下，决策层面对于法学人才以及监狱学人才的培养方向和规格有了新的选择，即从"专业教育"走向"通才教育"。随之，在1999年国家教育部本科专业目录中，将原有的监狱学（劳改改造学）专业与法学专业合并，以适应"通才教育"的要求。只不

---

① 参见郝德永：《课程：走向自觉与自律》，时代出版传媒股份有限公司、安徽教育出版社2009年版，第162页。

过有些院校在法学下面保留了监狱学或刑事司法方向。但随着我国监狱法制化建设进程的加快和对监狱相关领域人才培养的需要，2005年国家教育部公布新的专业目录中恢复了监狱学专业。2010年教育部修订普通高等学校本科专业目录后仍然将监狱学作为法学类专业予以保留。就上海政法学院而言，也大致经历了这么几个阶段，从监狱学（劳动改造法学）单科到法学通才下面的专业方向，再到2007年获批恢复监狱学专业，并于当年招收监狱学专业四年制本科生。2009年经上海市教委和上海市公务员局批准，报国家有关部门同意，开始从高职、专科毕业生中招收监狱学专业两年制专升本人民警察学员。2010年，接受司法部委托，开始为中西部地区培养全国政法干警招录培养体制改革专升本监狱学专业试点班学员。在这种形势下，又面临着回到专业人才培养的局面，但这次回归，不能看作简单意义上的回归，它不是以往的翻版，而是既要体现专业教育、又要体现通识教育的意义上的回归。因此，反映在课程建设或设置上更要关注"整合化"问题。

在监狱学专业课程建设中长期以来存在这样一些矛盾：一是通识课和专业课的矛盾，有的主张主要开设通识课，只要基本的东西掌握了，其他专业方面的东西自然就触类旁通了；有的认为通识课是"远水解不了近渴"，还是开专业课实惠。二是学科基础课与专业技能课的矛盾，有的主张本科教育应以学科基础课为主，要有较为扎实的理论功底，应与专科、高职有所区别。另一种观点主张，鉴于目前学生就业社会需要的更多是动手能力强的学生，因此，要在应用性上下功夫。其实，以上这些争论还是没有脱离前面所提到的"人文"与"科学"或"科技"的冲突，在一般意义上通识体现"人文"，专业体现"科学"或"科技"，应该说从应然的角度来看，这二者之间应该是有机联系、相互促进的，离开了哪一方面都不行，可是在实际课程体系的设计中，就出现二者的矛盾和冲突。这就需要从课程建设"整合化"的思路出发求同存异，对于通识课与专业课、学科基础课与专业技能课加以合理整合、共同打造，从而使监狱学专业的课程设置具有恰切性的依据和面貌。

## 二、监狱学专业课程建设的"整合化",既要着眼于监狱警察素质的专业要求,又要有较强的通识性

课程作为实现学校教育目的的重要手段在学校教育中始终居于核心地位。对课程问题的研究被当代教育理论工作者公认为教育研究的核心。对于监狱学专业人才素质的培养来说,无疑也要把课程建设作为人才素质培养的核心,从课程改革与建设中寻找人才素质培养问题解决的途径与办法。按照监狱学专业课程建设"整合化"的思路,在课程建设或设置的过程中,既要着眼于监狱警察素质专业性要求,又要体现较强的通识性要求。

从监狱警察素质的专业要求来看,需要积极开展职业思想道德素养、专业知识、专业能力等诸多方面的培养教育。从通识教育的要求出发,要坚持宽口径、厚基础、适应性强、综合素质高的人才观,要融合价值塑造、能力培养、人类核心知识为一体。总之,要通过以上两个层面的交融,使课程设置尽力做到专业性与通识性的统一,人文精神与科学素养的统一。在具体设计课程的过程中,应致力于以下几个方面:

一是给学生打牢正确的世界观、人生观、价值观、法制观、道德观以及职业观的基础,使学生具有良好的思想品德素质。

二是课程设计特别是定向培养的两年制专升本班要服从和服务于行业的独特的培养目标和职业方向的实现。

三是要注重培养学生既有一定职业专长又有较强的适应社会、职业变化的能力,特别是对于四年制本科班的学生来说,择业带有较大程度的不确定性,更需要强调有较强的适应社会、职业变化能力的培养。因此,在保证专业课正常教学的前提下,还要突出开设一些有助于学生将来择业的诸如司法考试、公务员考试的辅导课程,强化他们适应社会、职业变化的能力的培养。这也是现阶段体制下的权变之举。

四是注重学生综合能力的培养,特别是要增强学生的社会认知能力、为人处世能力、文字写作能力、语言表达能力、心理承受能力等为要素的综合能力的培养。

五是与时俱进,及时把那些受社会、行业、学生欢迎的课程充实到教学计

划中去,注重教学内容的实用性和实践性,采用多种教学手段,把现代信息技术应用于教学活动之中。

## 三、构建符合"整合化"要求的课程体系

高校本科教育的课程设置有其内在的规律,即要适应其课程体系的内在结构和学生接受并积累知识、掌握技能的层级次序。就我校监狱学专业课程体系的内在结构而言,本科四年制大体上是由公共基础课、学科基础课、专业选修课、跨学科选修课、任意选修课以及教学实践环节等部分构成。就公共基础课、学科基础课、专业选修课以及教学实践环节的关系而言,前一层级是后一层级的基础和认识条件,后一层级是前一层级的具体化和专业化,各层级环环相扣、循序渐进,构成学生完整掌握监狱学专业应具备的理论知识和实践技能的基本步骤。而跨学科选修课和任意选修课一方面是为了更好地强化通识教育,另一方面也是扩大学生的自主选课面,从其他视角深化对专业知识的掌握。专升本两年制大体上是由公共基础课、学科基础课、专业技能课以及实践教学等部分构成,也基本上是前一层级是后一层级的基础和认识条件,后一层级是前一层级的具体化和专业化的教学思路。近年来,在强调应用型人才的培养口号下,我校监狱学专业的课程也作了不同程度的调整,但还是不同程度的存在课程设置层次杂乱、随意性、盲目性等问题,因此需要从课程"整合化"的思路出发,对于监狱学专业的课程体系进行科学、合理的整合。

为构建符合"整合化"要求的课程体系,笔者以为应该致力于以下几个方面的工作:

### (一)注重课程设置总体结构的"整合化"

所谓课程设置总体结构"整合化",就是按照监狱学人才培养的基本目标和素质教育模式的要求,以及国家经济社会和法治发展的新形势,在遵循知识体系完整的前提下安排课程总体结构。据此设想:

一是在开课时间安排上的设想。目前上海政法学院实行的是每一学年"2+1"学期制,即课堂教学为两个学期(春季学期和秋季学期),社会实践为一个学期(夏季短学期,专设夏季实践短学期四周,安排各种实践活动)。在这个框架下,就本科四年制而言,公共基础课、学科基础课、专业选修课(包括实践

教学）实行分置，时间比例相对确定。学生在校四年，前两年主要为公共基础课和学科基础课，后两年主要为专业选修课和部分学科基础课，跨学科选修课一般应放在第一学年之后，任意选修课可以由学生在学习期间随时选择。实践教学由少到多，每一学年都有2学分的教学实践安排，第四学年从春季学期起，安排学生从事社会实践，并在此期间完成毕业论文。两年制（专升本）监狱、劳教民警学员班（上海班）可以作如下划分，即第一学年秋季学期主要为公共基础课和部分学科基础课，春季学期主要为学科基础课和个别专业技能课，第二学年秋季学期主要为专业技能课，第二学年从春季学期起到监狱一线进行顶岗实习，并在此期间完成毕业论文。另外，要利用第一学年内的夏季实践短学期和寒暑假安排学生到监狱进行见习或简单操作实习。通过实践，以更好实现几个课程模块的相互融通。

二是对几个课程模块具体课程设置的设想。鉴于公共基础课以及任意选修课与我校法学专业以及其他非法学专业（政治学、社会学、经济管理等）的课程基本一致，本文不再探讨，这里主要探讨专业方面的课程。就四年制本科而言，主要考虑三种类型的课程设置，即学科基础课、专业选修课和跨学科选修课。学科基础课应主要有：法理学、宪法学、刑法学、刑事诉讼法学、行政法学与行政诉讼法学、监狱学基础理论、中外监狱史、狱政管理学、罪犯教育学、狱内侦查学、刑事技术（实验）、警体、犯罪统计学与调查方法、研究论文写作等。专业选修课应主要有：司法口才、狱政文书、犯罪学、社区矫正、劳动教养学、特殊类型罪犯矫治、罪犯心理矫治技术，以及公务员考试、法律职业资格考试指南等。跨学科选修课应主要有：政治学、社会学、经济学、管理学、公共管理、心理学、教育学、伦理学、美学、文化学等。再就两年制（专升本）监狱、劳教民警学员班（上海班）而言，主要考虑二类课程的设置，即学科基础课和专业技能课，另外建议增加学科拓展选修课。学科基础课应主要有：法学原理（法理学、宪法学、民法学等内容）、刑事法学（刑法学、刑事诉讼法学等内容）、监狱学基础理论、中外刑罚执行史、狱政管理原理、罪犯教育原理、劳动教养概论等。需要说明的是，刑罚执行原理的内容可以合并在狱政管理原理中，心理矫治、劳动改造原理的内容可以合并在罪犯教育原理中。我校以往的学科基础课设置，过于迁就实用，在专业基础课程如罪犯教育、狱政管理等课程上，都冠以狱政管理理论与应用或罪犯教育原理与应用的名称。笔者以为，既然作为学科基础课开设，还是要突出原理，不能一味跟风跑，以致原理没掌握好，应用也是略为知一些皮毛。在学科基础课设置上，应响亮地突出原理，当然可以集中于发展较为成熟的课程上，不要随意把什么课不加论证就上升为学科基础课。专业技能课应主要有：司法口才、狱政文书制作、监狱理论论文写作、监狱工作实务（包括狱政管理、罪犯教育、劳动改造现场管理等实务性操作流程和技能的掌握）、罪犯心理矫治技术、狱内侦查技能、狱内突发事件处置、警体警务技能等。这一模块主要突出应用，最好请来自监狱一线的教官前来授课，并辅之以必要的现场观察和实际操作训练。另就建议增加学科拓展选修课的内容而言，可以提供若干学科拓展课供学生选修，以拓宽其视野和知识面，并起到触类旁通之效。如可以开设诸如心理学、公共关系学、社会学、管理学、犯罪学、伦理学、国学人文基础、行政学、公务员制度、组织行为学、调查统计学、普通逻辑、高等数学等供其选修，并规定要修够一定的学分。

### （二）正确处理学科基础课、跨学科选修课和专业选修课的关系

监狱学教育是兼有人文与科学（科技）双重属性的高层次教育，它不但要设置较多数量的学科基础课，也要设置相当比例的专业选修课以及跨学科选修课。学科基础课和跨学科选修课作为课堂讲授课是最基本的，但专业选修课或专业技能课也是必要的，从人才培养的目的来看，以上几种课程类型都是手段，培养高层次的应用型人才是目的。但现在也有一些倾向性问题值得关注，如从学科基础课和跨学科选修课来看，那就是一强调应用型，有的人就对学科基础课以及跨学科选修课大加鞭挞，认为对这类理论课应该缩减或淡化。这种认识显然有偏颇之处，应该看到，培养应用型人才，开设的课程无疑不能忽视实用性课程，但这并不意味着理论课不重要。本科教育毕竟与专科及高职教育是有区别的。理论水平是反映一个人的抽象思维能力、思维方式、价值观念和是非判断能力的，缺乏较高的理论素养的大学生与那些高职、高专的学生就没什么区别。另外，应用型人才也要重视其理论水平的培养，应用型人才是相对于理论性人才而言的。从某种意义上看，高校培养的本科层次的人才都是应用型的，而研究生层次则基本上属理论型人才，二者的区别不在于要不要有相当的理论水平，而在于理论的系统化程度不同，理论的功底不同。本科层次的应用型人才应该对于该学科的基本理论有完整的了解，用理论来指导实践。从近几年笔者所接触的一些毕业生用人单位的反馈意见来看，上海政法学院毕业的有些学生明显不如华东政法大学甚至是中央司法警官学院的毕业生，其差距主要反映

在理论水平不够理想，思维能力、方式有差距。因此，在监狱学专业课程设置的过程中，学科基础课不能削弱，要强调课程的系统化和理论化，要给予充裕的课时加强学科基础课的建设，同时要重视跨学科选修课的建设，一般以新兴学科、相关学科和交叉学科为基础开设，要以拓宽学生视野、丰富知识、提供新信息、开阔思路为目的。通过强化学科基础课和跨学科选修课的建设，提升学生的理论水平，训练学生良好的思维能力和方式。在此基础上，要重视专业选修课或专业技能课的建设，特别是要加大学生对专业技能掌握的力度。应该看到，以前在这方面有所忽视，过多的坐而论道、缺少动手操作也是事实。前几年一些用人单位反馈的信息也显示，上海政法学院毕业的有些学生写作能力和语言表达能力较差、工作上手比较慢。这些情况告诉我们，培养应用型人才没有实务操作技能也是不行的，要加强这方面技能水平的培养和提高。因此，在本科四年制专业选修课中，要加大这方面课程的比例，二年制专升本班要着力打造专业技能课程模块。当然，这类课程应该有明确的教学目的和要求，又有可利用的实验实训手段和教学媒体，又有一定理论和方法的教学过程。例如，在狱内侦查课程中，证据的取得与鉴别，应当有关于证据及取得证据的理论、方法、规则的介绍，有具体的案例作为教学材料，要通过学生具体参与证据调取和分析，使其掌握证据取得上的技能和技巧，这样才能具有大学所开设的实用课的应有水准，也才真正有助于培养学生正确的专业思维和较强的动手能力。

### （三）围绕整合化的课程体系狠抓教材建设

监狱学专业课程的整合化，只有通过高质量的教材才能得以体现和发挥效用。这就需要加强教材建设，提高监狱学专业课程教材的总体水准。然而，目前监狱学专业课程教材建设方面存在不少问题。除了各个院校各自为政，教材使用随意外，从质量上讲，应该说也不够理想。根据有的学者的概括，高质量的教材应该贯彻"三基四性"原则，"三基"即基本理论、基本概念、基本知识，"四性"即教材的科学性、实践性、针对性和时代性。[①] 当然在总的原则指导下，学科基础课与专业技能课的教材要有所侧重，前者侧重理论，后者侧重技能。正因为近年来在监狱学专业课程基础编写中"三性四基"这一基本要求

---

[①] 参见陈明华、汤能松主编：《法学教育研究》，中国政法大学出版社1998年版，第9—10页。

没有得到很好的贯彻，导致教材内容趋于肤浅和凌乱，特别是学科基础课教材理论观点陈旧、缺少新意，专业技能课教材显得空洞，操作性不强。因此，监狱学专业课程教材建设应认真贯彻"三性四基"的基本要求，编写人员要通晓教材编写规范以及具有较深的理论与实践功底，教材编写力求准确、全面、深度和创新，而不宜单纯追求批量生产，更反对"为编写教材而编写教材"而导致的粗制滥造。

### （四）努力造就一支理论与技能经验双优的"双师型"教师队伍

在所有影响、制约课程建设与改革的因素中，教师的构成与素质、能力是第一位的，具有决定性的意义和作用。因此，要下功夫解决。目前，教师结构不合理，能力不足较为普遍，这就要重视培养、建设一支良好的教师队伍。一方面在原有的师资队伍中培养造就一批既具有基本理论功底、监狱学科研功底、教书育人功底，同时又具有实际技能与经验的"双师型"教师队伍；另一方面除了重点引进有较大影响力的学科带头人外，要着力引进一些具有丰富监狱实务工作经验，具有实战技能的教官或外聘一批兼职教官，同时建立健全师资培养机制和师资合理流动机制，以更好地把课程建设落到实处，出现成效。

### （五）积极实现监狱学学科建设与监狱学专业课程建设的良性互动

监狱学学科建设是监狱学专业以及课程发展的关键和立足之本，也是监狱学专业以及课程设置的基础和依据。学科定义是科学发展形成的特定范畴，是一个按知识门类划分的、相对独立的学术体系，在操作中也指具体院系建制所依托的学科，如刑法学学科、监狱学学科等。专业以及课程的特色往往由学科的特色来体现，课程建设只有通过学科研究，全面系统地了解、掌握某一领域的研究成果，才能为专业以及课程建设不断提供新的内容。同时，学科建设离开了专业及课程建设也就不具有现实存在的价值。而从目前的监狱学学科建设来看并不理想，由于一些分支学科划分得不够严谨，导致专业课程设置的内容重复过多，而且创新观点的缺少使学生感到不满和厌烦。因此，亟待加强监狱学学科建设，加大监狱学学科建设的创新力度。要通过对监狱学学科内部体系的重整，形成独立的研究内容、规范的研究体系和成熟的研究方法，要通过攻克难关，推出一批有创新观点和实质内容的研究成果为课程建设提供新的养料，以推动监狱学专业的课程建设焕发出新的生机和活力，同时监狱学专业的课程建设也可以反过来促进监狱学学科的发展。如课程建设过程中出现的知识（包括"道"和"技"两个方面）问题，都有可能成为监狱科研的新课题，成为促进学科建设的动力。从课程建设的角度看，今后我们要把握好监狱学学科建设与监狱学专业课程建设的相互关联，形成监狱学学科建设与监狱学专业课程建设的良性互动意识，通过监狱学学科建设，不断提升监狱学专业课程建设的水平和质量。

总之，在监狱学专业课程建设中，一个重要的任务就是要善于吸纳、整合不同课程研究流派以及对监狱学专业课程设置的不同观点，求同存异，择优将其纳入到新的课程体系中，最终将不同流派或观点的多声部引领为监狱学专业课程体系中的合理有度的合唱，并形成监狱学专业课程体系自身内在的独特风格。

（原载严励主编：《监狱学专业建设回顾与瞻望——监狱学专业课程建设研究》，中国法制出版社2013年版）

# 对构建监狱现代警务机制下监狱学人才培养的几点思考

进入21世纪后,我国监狱工作进入了重要的战略机遇期,既取得了可喜的发展成果,又面临着严峻的挑战。为了承前启后,继往开来,顺应形势发展需要,迎接挑战,再创辉煌,上海监狱系统在体制机制创新上,率先提出了"构建监狱现代警务机制"的思路,并已在全监狱系统上下全面推开,取得了令人可喜的成果,并对全国其他省市产生了积极的辐射效应。构建监狱现代警务机制,不仅对监狱警察队伍建设提出了新的更高的要求,同时也对政法学院监狱学专业提出了新的更高的要求,需要我们认真应对,在培养适应现代警务机制建设需要的监狱学人才上做文章。

## 一、构建监狱现代警务机制的提出

所谓"警务",即警察所涉的各种事务的简称,有警察就必然有警务。我国《人民警察法》第2条第2款规定:"人民警察包括公安机关、国家安全机关、监狱、劳动教养管理机关的人民警察和人民法院、人民检察院的司法警察。"可见我国的警察有多个序列,分别隶属六个部门。监狱人民警察是其中的一个序列和隶属于其中的一个部门,有自己的工作性质所要求涉及的各种事务。而"机制"一词,是指"用机械制造的;机械的构造和工作原理;借指有机体的构造、功能和相互关系;借指一个工作系统的组织之间相互作用的过程和方式。"[①] 机制有多重含义,与我们常说的机制相近的含义是指做事情的方式、方法,但又不能等同于这个意思。简单地说,机制就是制度加方法或者制度化了

---

① 博古今:《中华现代汉语词典》,内蒙古大学出版社2009年版,第570页。

的方法。首先，机制是经过实践检验证明是有效的、较为固定的方法。其次，机制本身含有制度的因素，而且要求所有相关人员遵守。再次，机制是各种有效方式、方法的系统化、理论化。最后，机制一般是依靠多种方式、方法来起作用的。[①] 机制的构建是一个系统工程，不同层次、不同侧面必须相互呼应、相互补充，这样整合起来才能发挥作用。早先生物学和医学通过类比借用此词，在研究一种生物的功能（例如光合作用或肌肉收缩）时，常说分析它的"机制"。再往后人们把机制一词引入经济学的研究，用机制一词来表示一定经济体内各种要素之间相互联系和作用的关系及其功能。并渐渐地被应用到政治、法律、文化、社会管理等更广泛的领域，其中包括引入警务领域，而警务机制的提法最早当属于公安领域。

现代警务机制的提出在很大程度上依据于现代警务原理。如果放眼世界，以1829年《大伦敦警察法》的颁布为标志的第一次警务革命为发端，至今已先后经历了四次警务革命，即现代职业化警务运动、专业化警务运动、现代化警务运动和社会化警务运动。虽然第一次、第四次警务革命源于英国，第二次、第三次警务革命始于美国，但不同时期的警务革命都是当时警务活动应对环境因素发展变化的必然选择，顺应并反映了一定的客观规律。正因为如此，四次警务革命所引发的警察概念、警察范畴、警察职能、警务职责等一系列警务理念的变革为世界绝大多数国家警察管理所认同，从而演化为世界性的警务革命。

四次警务革命积淀的是弥足珍贵的现代警务原理，所催生的是合理顺畅的现代警务机制，所彰显的是井然有序的现代警务功能。所有这些，既是世界警务文明演进的结晶，又是我们当今警务变革的财富，值得我们认真借鉴，推陈出新。

现代警务的实践发展，必然呼唤现代警务管理理论研究的先行，而现代警务管理理论的发展必然指导现代警务更加科学的发展。就目前现代警务理论的研究现状看，现代警务管理和服务构成了现代警务原理的两个基本支撑点。[②] 其中，现代警务管理的基本观点包括：警务管理是作为国家职能机关的警察机关管理社会公共事务的活动；警务管理的基础是依法行使国家公共权力；警务

---

[①] 参见范方平主编：《学习型监狱人民警察队伍建设理论与实践》，中国长安出版社2011年版，第297页。

[②] 参见杨伟宗、齐岩军：《上海监狱系统现代警务机制的理念审读》，载《上海警苑》2009年第8期。

管理的本质是公共行政,更注重理念更新和机制创新;警务管理的主体即警察机关和人员必须承担公共责任和义务;警务管理的目标是追求业务绩效,并注重公平、正义、效率、效益;警务管理的手段是多元的、科学的和艺术的,更强调活动的公开性与公众的参与度;调动和整合更多的社会力量参与社会公共安全的维护;警务管理的标准则注重社会公众对公共安全系数的满意度,以及警务绩效的评估和对结果负责。而现代警务服务理论的基本观点则主要包括:警察的角色定位应完成由单纯的管人者到社会公共利益的服务者的转型;警察的活动方式应战略地思考、民主地行动、确保其开放性、可接近性和回应性,强调以警察为主导的具体努力与共同协作;警察的工作途径应注重治安环境的利益共享和责任共担,追求实质意义上的社会治安综合治理;警察的操作手段应研究解决各种冲突的新技巧,如沟通、调解、协商等;警察的价值取向应真正回归以人为本,尊重人的公民意识、尊重人的基本人权等。从国际现代警务的发展来看,更多的是由现代警务管理向现代警务服务进化,但它追求的不是管理职能的消解,而是服务理念的树立,不是警务职能系统的一种替代,而是警务职能机制的一种扬弃,现代警务原理的结构体系也从一元走向了二元。从我国警察包括监狱警察队伍建设的现状来看,现代警务建设其理念和机制也正在由现代警务管理向现代警务服务的方向更新。这些变化都需要政法院校监狱学专业在监狱学人才培养过程中主动地关注,认真地思考。毕竟这是当下监狱学人才培养不能绕开的话题。

  如前所说,警务机制最早引入公安领域,以后逐步延伸到其他警种建设,其中包括监狱警种建设。而就全国范围来看,最为响亮的提出并推行构建监狱现代警务机制的,当属上海监狱系统。从2009年始,上海监狱系统在"深入学习实践科学发展观"和"大学习、大讨论"活动中,构建现代警务机制就进入了顶层设计的视野,在调查研究的基础上在全系统推开,几年下来,效果明显。而且形成了一整套理论和做法。其中主要包括,一是监狱学视角下的现代警务机制概念,定义为融入法治、和谐、人权、科学发展等现代理念,能够优化警务资源配置,提高警务运行的整体效能,保障公正执法,有效提高罪犯改造质量的一系列制度运作模式、组织架构等方面的集合体。二是在特征上不仅具有现代化警务机制的本体特征,还应具有其执行刑罚的本质职能所决定的特有品性,其中包括:(1)行刑理念的法治化;(2)行刑目的的二元化(惩罚与改造相结合,惩罚是行刑的基础目的;改造是行刑的主要目的);(3)行刑关系的互动化；（4）行刑方式的个别化；（5）行刑资源社会化。① 充分体现现代性，核心是公正执法，主要目标是提高罪犯改造质量。② 三是目标定位为：（1）规范化（其中又分为标准化和程序化）；（2）信息化；（3）集约化。四是科学构建监狱系统的现代警务机制主要路径包括：（1）建立科学的决策机制；（2）建立长效的安全机制；（3）建立公正的运行机制；（4）建立开放的教育机制；（5）建立优化的配置机制；（6）建立系统的评估机制。③ 这都为我们适应现代警务机制需要培养监狱学人才提供了充分的理论与实践依据。

监狱系统着力构建现代警务机制的新形势，为政法院校特别是监狱学人才培养提出了新的更高要求。监狱学人才培养要有所发展，更好地服务社会，就必须瞄准这一现实，寻找自身差距，力求改进。

## 二、监狱学人才培养适应构建监狱现代警务机制的意义

监狱学人才培养适应构建监狱现代警务机制的意义主要体现在以下几个方面：

第一，是更好实现监狱工作目标的现实选择。把罪犯改造成为守法公民，是监狱法明确提出的监狱工作目标，也是党和人民交给监狱机关的光荣任务。我国目前正处于社会主义市场经济的转型时期，同时也处于改革开放的攻坚阶段，必然会产生一些新的问题，其中刑事犯罪就处在高发状态。随着社会刑事犯罪形势的变化，当前监狱押犯呈现以下几个特点：一是押犯数量居高不下；二是押犯成分日趋复杂，重刑罪犯，涉黑、涉枪、涉毒罪犯，二次以上判刑的罪犯，外国籍罪犯，女犯，县（处）级以上干部犯罪罪犯呈明显上升趋势；三是危险分子、重点人比例过大；四是罪犯的反社会意识增强，结伙劫持人质脱逃或强行越狱等狱内又犯罪活动明显，改造与反改造的斗争非常激烈，非常尖

---

① 参见杨伟宗、齐岩军：《上海监狱系统现代警务机制的理念审读》，载《上海警苑》2009年第8期。
② 参见韦振中等：《现代警务机制研究——基于监狱的独特视角》，载《上海警苑》2009年第4期。
③ 同上。

锐,非常复杂。① 维护安全稳定、提高教育改造质量难度越来越大。其中下大力构建现代警务机制是切实履行监狱工作职能,更好实现工作目标的现实选择。构建监狱现代警务机制,更新现代警务设备固然重要,但关键还是要不断更新监狱警察队伍的警务理念、知识和技能,才能适应构建现代警务机制的需要,维护监狱安全稳定,提高教育改造质量,真正将罪犯改造成为守法公民,从而最大限度地降低刑释人员重犯率,维护社会和谐稳定。因此,作为以培养监狱学人才为己任的政法院校监狱学专业,要围绕构建监狱现代警务机制所面临的这一新形势、新要求进行专业改革,以使我们培养的预备监狱警察将来到岗后能更好地跟进形势发展的需要,更好实现监狱工作的目标。

第二,是适应新时期监狱事业改革的必然选择。监狱警察是监狱工作的组织者、推动者和实践者,因此监狱工作的队伍建设是其改革发展的根本,也是保障。当前,我国监狱工作正处于从传统向现代转型的前所未有的重要历史时期,其中构建现代警务机制是一项重要的改革发展举措。而构建现代警务机制,任重而道远,迫切需要监狱警察的素质与此相适应,作为政法院校的监狱学专业在人才培养上,需要适应这一改革发展的新要求,注重培养一支适应现代警务机制要求,具有现代警务理念、现代警务理论和现代警务专业技术的后备监狱警察队伍,切实推进新时期监狱工作的改革创新。

第三,是建设高素质监狱警察后备队伍的客观需要。监狱警察队伍是政法战线一支重要的执法队伍,肩负着巩固党的执政地位、维护国家长治久安的神圣使命。随着社会经济的发展,党和国家对监狱工作的要求越来越高,对监狱警察提出了新要求和新挑战;监狱工作面临许多新情况和新问题;社会公众对监狱执法活动的关注度越来越高,现代警务机制的推进对监狱警察的政治业务素质和执法能力提出了更高要求。而从作为现代警务机制中的执行主体的监狱警察队伍的实际状况来看,队伍的建设任重道远,目前无论从数量储备、层次水平、专业结构还是作用发挥等方面都不能完全适应新形势、新任务的要求。据有关资料介绍,许多青年民警是非专业院校毕业,没有受过系统、深层次的职业学习和培训,缺乏实践工作经验;而一些老民警有经验却很少有机会去进

---

① 参见范方平主编:《学习型监狱人民警察队伍建设理论与实践》,中国长安出版社2011年版,第19页。

一步深造,理论知识相对缺乏,知识技能老化严重。① 作为政法院校的监狱学专业,必须适应新形势、新任务的需要,大力加大培养学生适应监狱现代警务机制的素质,为监狱输送优质的后备警力资源,为监狱警察队伍整体素质的提升加油出力,为推进监狱现代警务机制建设,促进监狱事业的新发展提供有力的人才队伍保障。

第四,是改变监狱学专业现状,助推其健康发展的需要。近几年来,政法院校监狱学专业在培养监狱警察后备力量方面,在提高监狱系统干警队伍整体素质方面起到了重要的作用。但是,随着监狱工作形势的新发展,特别是构建现代警务机制的提出和实施,目前政法院校监狱学人才培养的现状已有诸多不适应的地方,主要表现在:一是专业设置特色不够,特别是警务特色不浓。较多地体现在坐而论道,与其他法学专业区别不是很明显。二是课程结构不尽合理,教学内容反映现代警务机制的内容不多。主要表现为课程设置的监狱警务特点不明显,课程内容老化,没有跟进形势,反映现代警务知识和新实践的少。三是教学方法呆板。在课堂教学中,当下大部分还是按部就班的注入式、填鸭式的灌输教育,缺乏实践性教学,缺乏警务能力的训练。四是教学手段缺少现代化。尽管这些年经过努力已经有了现代化的教学手段,但在课堂教学中很少运用或没有充分运用,不少教师还是一支粉笔、一本教材、一本教案,即便使用现代化教学手段,也只是把教材的某些内容照搬到 PPT 上,课件制作和多媒体教学有待加强。五是警务化管理环境不够理想,大多数是普通本科生,着装的很少,形不成氛围,警务化管理开展有难度,学生配合警务化管理积极性不高,教师也没有更好的办法。由此可见,政法院校监狱学人才培养的现状,已明显落后于外部形势特别是上海监狱系统推进现代警务机制的实践的发展,在一定程度上也影响了自身的发展。因此,要适应新的形势发展特别是构建监狱现代警务机制的需要,就要对监狱学人才培养的思路进行调整改进,以改变监狱学专业现状,使监狱学专业有一个新的健康发展。

---

① 参见李海荣:《浅谈现代警务机制下的监狱基层队伍建设》,载《上海警苑》2009年第3期。

## 三、注重构建监狱学专业的警务素质培养体系

### (一)根据监狱学专业的警种定位,充分强化监狱学专业的专门知识与技能的传授与培养

社会的发展必然产生并依赖于社会分工,而知识体系的分化既是社会发展的必然,又是人类认识世界必须采取的认知方式,监狱工作本身就是社会大分工的产物。因此,对于服务监狱工作和监狱警察队伍建设的政法院校监狱学人才培养而言,实施以专业知识、专业技能为基础的专业教育是培养适应构建现代警务机制的监狱应用型人才的基本途径。只要有监狱警察这种警种分工的存在,突出本专业的专业知识、专业技能和专业素养的培养就是必要的。

需要明确的是,我国政法院校监狱学专业本科层次应用型人才的培养,既不同于西方的警察职业培训,也不同于高等职业教育。因此,在政法院校监狱学专业本科学历教育中,既应该强调监狱学专业教育的特色,又不能简单地将监狱学专业教育理解为监狱警察职业培训,更不能将其等同于某项警务技能的训练。监狱学专业教育是以一定的专业理论为基础,依据一定的学科逻辑主线,将专业知识系统化,将专业技能体系化,将警务训练情境化,从理论与实践两个层面实现对学生专业知识、专业能力、专业素质的培养。在具体人才的培养过程中,首先要围绕专业理论体系与专业建设的需要,合理设计专业基础课程,强化学生理论基础与发展后劲的培养。其次要突出专业主干课程,应对监狱警察警种与监狱专业岗位的业务需要,凝练与整合专业核心知识与技能,构建科学的专业主干课群。最后,针对应用型人才培养的目标,将监狱警务理论运用于实践,通过校外见习、实习特别是顶岗实习,校内实训与实验等途径,加强实践教学环节,使学生系统掌握开展监狱警务工作特别是专业性警务工作的实战能力。

### (二)根据构建监狱现代警务机制的要求,切实加强监狱警务基础知识与基本技能的传授

监狱警察是一支执法、着装、带警械的队伍,是武装性质的执法工作者。监狱现代警务机制的构建以及监狱警察的特殊身份,要求其必须具有良好的现

代警务素质,特别要注重监狱警务核心能力的养成。所谓监狱警务核心能力,是指从事监狱警察这一职业岗位所需要的、起支配和主导作用的能力。笔者以为,政法学院监狱学专业学生所具有的现代警务核心能力,至少包括诸如公正执法能力、维护安全稳定的能力、教育改造能力、组织管理能力等等。为了突出核心能力的培养,就应加强监狱警务基础知识与基本技能的传授,强化学生从事监狱警察职业的核心能力。一方面,要加强警察普适性的基本技能教育。要按照公安部、司法部的要求,对新生(主要是二年制订单式培养的学生)进行人民警察宣誓仪式,着人民警察制服。要组织学生系统学习《人民警察法》《人民警察内务条例》《人民警察风纪管理和纠察办法》《监狱戒毒人民警察行为规范》等法规制度,提高学生从警的事业心和责任感。要对学生进行严格的警训,从学生入学到毕业期间实行警务化管理,严格教育、严格要求、严格训练、严格管理。在组织学生认真学习《人民警察使用武器和器械的规定》《人民警察佩带枪支、警棍、手铐、警绳、警笛的暂行办法》等警务管理规定的同时,在课程上加大监狱警察体能、技能、擒敌、射击等课目的训练力度,切实提高学生的警体、警务实战和自我安全保护能力。另一方面,要围绕监狱警察的警务要求重点开设监狱执法、狱内突发事件应对、罪犯教育方法和艺术、信息化技术等课程,教学内容要突出实用性和针对性,以掌握主要知识点,强化技能训练为重点,面向监狱一线、面向实战,精讲多练,切实提高学生的警务核心能力。总之,要通过上述做法,逐步使学生实现由"普通学生"向"警察学员"到"合格警察"的转变,为今后所从事的监狱警察职业创造必备和优质的条件。

**(三)切实把握现代警务理念,兼顾通识性知识和综合性素质的传授和培养**

构建监狱现代警务机制,对监狱警察的一个重要要求,就是要有开放的视野、综合性的素质。为适应构建现代监狱警务对监狱学人才的要求,监狱学人才的培养不仅要使学生具有过硬的专业知识与技能,同时要具有丰富的人文社科、自然科学知识以及较强的社会适应能力。监狱工作是惩罚与改造罪犯,维护社会和谐稳定的专门工作,虽然业务范围明确,职业特征鲜明,但从实际工作来看,监狱工作所要求的不仅是专业知识与技能,还需要大量的非专业性的素质和能力,特别是做罪犯的改造、矫正工作,更需要监狱警察良好的思想政治素质、健全的人格、丰富的情感、人文关怀精神以及广博的社科人文学科的知识，因此要加强通识性知识与综合素质的传授与培养。

以上三个方面，是从适应构建监狱现代警务机制，实现"应用型监狱学高级专门人才"培养目标的需要出发，对政法院校监狱学专业中专业教育、监狱警务基础知识与基本技能和通识教育三者的地位与相互关系的深入解读。其中，专业教育是监狱学人才培养的核心内容，是实现培养目标的基本形式；监狱警务基础知识与基本技能教育是专业教育的业务基础，也是为了提高学生毕业后对监狱警种岗位的适应性的需要和任职需要，在监狱学人才培养中具有重要的地位；而通识教育是实施专业教育、警务基础教育知识与技能的保障，是增强学生发展后劲和促进学生全面发展的重要支撑。三个方面的培养内容的交融应贯穿于政法院校监狱学专业人才培养工作的始终，做到相得益彰，从而更好地适应构建监狱现代警务机制的需求，更好地为监狱工作和监狱警察队伍建设服务。

## 四、强化多样化和实践型的授课模式

要适应构建监狱现代警务机制的需要，就政法院校监狱学专业的人才培养而言，一个重要方面就是要改变以往的以知识传授为主，课堂灌输、死记硬背、考试中心的划一管制方式，向重视教学过程的灵活性、重视课内外结合及校园文化氛围的建设，培养学生主动学习、学会学习，重视能力和创造性的培养方向发展。积极开展现场教学、模拟教学、案例教学、实战演练，推广启发式、研究式、讨论式教学，实现教学方法的多样化，进而提高学生理论联系实际、解决实际问题的能力。这里特别需要强调三点：

第一，开启任务式课堂，注重能力培养。

对监狱学应用型人才的培养，不但要注重教学内容即知识结构的改变，还要注重课程教学模式的改革，注重课程教学过程中对监狱学专业应用型人才所需综合能力的培养。任务式课堂正是基于这样的思考提出来的。任务式课堂是通过以完成课程任务为目的的各类互动教学活动，如班级辩论、课堂讨论、学生PPT辅助式课堂发言以及师生间的研讨活动，以锻炼学生的基本沟通能力、表达能力和组织能力。同时，通过课外的实习调研、资料查阅和阅读、读书分析报告撰写等活动，培养学生自我学习能力和创造能力以及发现问题和解决问题的能力。

第二，加强互动交流，院校内学习与监狱警务实践相结合。

适应监狱现代警务的高素质、应用型监狱学人才的培养不仅需要院校内的学习，也需要深入监狱警务一线，接受监狱警务一线的锻炼，只有这样，才能提升学生的专业能力，培养出高素质的应用型的监狱学人才。这就要求我们按照应用型监狱学人才培养目标的要求来科学设计实践教学创新环节，为学生理论结合实际提供锻炼平台。监狱学专业特别是订单式的学员的重要任务就是积极参与监狱警务实践，在实践中提高自己发现、分析和解决问题的能力。因此，在完成课堂教学任务的同时，结合学生未来任职岗位的特点，紧紧抓住为监狱警务实战服务这一主线，将深入监狱工作岗位实习、调研、参加演习等实践环节，纳入监狱学专业本科生的课程体系中。

第三，要有开阔的视野，将最新警务发展信息融入授课之中。

监狱学人才培养要适应构建现代警务机制的需要，必须使学生有开阔的视野，这就要求在授课过程中，注意瞄准前沿，站在本国警务需求和国际警务工作的平台上，审视监狱学专业的发展与未来，也就是把监狱学专业的制高点与国家警务特殊需求和国际警务发展紧密结合起来。例如，随着"刑法修正案（八）"的公布，重刑犯、长刑犯的数量日益增多，重刑犯的矫正不仅是一个世界性课题，而且也给国内监管安全与社会稳定带来了新的挑战，如果我们能够敏感地认识到这一点，作为重点研究和引入相关课程之中，就会不仅使学生接触到监狱行刑的前沿问题，而且也会使监狱学专业站在国内甚至国际该领域的前沿和制高点。

## 五、加强监狱学专业基础建设，为适应构建监狱现代警务机制的监狱学人才培养提供强力保障

首先，要加快监狱学专业带头人培养和专业教师团队的建设。监狱学专业要适应构建监狱现代警务机制的需要，培养合格人才，关键在于专业带头人，因此要高度重视专业带头人的引进、培养、选拔和使用工作，要建立健全公平竞争、严格考核、跟踪管理的优秀人才配套管理机制。与此同时，要重视打造"双师型"专业教师团队，即打造一支既有理论基础知识胜任教学工作需要，又有监狱实践工作经验，可以指导学生了解监狱工作实际的专业教师团队。另外，要根据监狱学专业发展的实际需要和实际情况，充分发挥政法院校监狱学专业

与监狱实战机关一体化的优势,面向本市乃至全国选聘具有丰富实践经验的监狱系统的专家和业务骨干作为兼职教官,为监狱学人才培养提供强大的助推力。

其次,要重视改善实践教学的基本条件。根据构建监狱现代警务机制的需要和监狱学专业人才培养的目标定位,要在改善实践教学的基本条件上下功夫。以上海政法学院为例,在全面加强基础教学实验室的基础上,重点建设好狱内侦查技术、心理矫治、警务技能训练等实验室;提高实验实训室的利用率,使之处于全市乃至全国领先水平;加大校外教学实习基地的力度,争取做到上海所有监狱全覆盖,并扩展到外省市相关监狱。

再次,加强网络信息化建设。监狱现代警务机制建设的一个重要方面是信息化。现代警务机制的一个重要要求就是要把信息化元素引入现代警务机制的各个环节,加快警务工作的信息化水平,加大软件开发力度,建立统一的运行平台,兼顾各个子系统的兼容性,建立警务资源信息库和快速便捷的信息通道,加快信息流通速度,提高信息共享水平,提高警务资源整合层次,充分发挥信息预警、信息促防、信息增效作用,向信息要警力、向信息要效率、向信息要效益。① 为适应现代警务机制的需要,就要求我们在监狱学人才培养过程中,一方面要加强以校园网络为基础的信息化建设,利用先进的信息化手段和工具,实现从校、院环境(包括设备、教室等)、资源(如图书、讲义、课件等)到活动(包括教、学、管理、服务、办公等)的全部数字化,提高教育教学管理水平和效率,使学生在潜移默化中受到信息化的熏陶。另一方面,要从理论与实际操作上加强对学生有关信息化知识与技能,特别是监狱现代警务机制所要求的相关信息技术的教育,开设专门的信息技术课程,运用好网络教学,使学生熟练地掌握有关信息技术的基本知识和技能,从而能够较为顺利地适应现代警务工作需要。

最后,重视图书资料和教材建设。图书资料和教材建设是任何一个专业建设所必需的,对于监狱学专业同样不能例外,而且要做出特色,为监狱学专业建设、为培养适应现代警务机制需要的人才提供强有力的智力支持。目前,从校、院两级来看,监狱学专业尤其是有关监狱警务建设方面的书籍不仅量少,种类也不多,因此要下决心改变这一现状。图书资料建设要形成以监狱学(含

---

① 参见韦振中等:《现代警务机制研究——基于监狱的独特视角》,载《上海警苑》2009年第4期。

监狱警务建设)、刑事法律文献为主,兼顾其他相关学科,保证学科专业的文献资料最齐全的馆藏特色。教材建设要紧贴监狱学专业的建设与发展,注意有所更新,特别是要把反映监狱现代警务机制的最新成果反映到教材中来,要构建理论教材、实践教材、创新类专著教材与多媒体有机结合的立体教学资源库四位一体的教材体系,以更好的凸显监狱学专业建设的特色,更好地服务于构建监狱现代警务机制建设的实践。

(原载严励主编:《监狱学专业建设回顾与瞻望——构建现代警务机制与监狱学专业人才培养研究》,中国法制出版社2014年版)

# 对新形势下监狱学学科建设的几点思考

我国的监狱学学科是一门既年老又年轻的学科,说它年老,因为它在清末就出现了;说它年轻,因为它真正焕发青春和活力也就是新中国改革开放这三十多年。改革开放以来,我国的监狱学学科取得了可喜的成就,初步形成了比较科学、完整的理论体系,监狱学学科的功能也得到了一定程度的发挥,为有关决策的形成提供了一定的理论依据,对监狱工作实践起到了一定的理论指导作用,推动了监狱事业的发展。但面临新的形势、面对新的问题,需要监狱学学科适应新的形势发展,正视和解决新的问题,从而进一步提高监狱学学科建设的水平,使其更好地发挥指导和促进监狱工作实践的重要作用。

## 一、监狱学学科建设面临的新形势

### (一)面临的国家治理背景——国家治理体系和治理能力现代化

随着我国改革向纵深发展,国家治理体系和治理能力现代化的重要性更为凸显。党的十八届三中全会通过的《中共中央关于全面深化改革若干重大问题的决定》明确指出,全面深化改革的总目标是完善中国特色社会主义制度,推进国家治理体系和治理能力的现代化。这不仅是我们全面建设小康社会、实现社会主义现代化建设的必然要求,也是治国理念的重大发展,反映了我们党对共产党执政规律、社会主义建设规律和人类社会发展规律认识的深化。监狱作为国家治理体系的一个不可或缺的要素,作为国家的重要刑罚执行机关,是犯罪防控体系的一个重要方面和一种特殊类型,承担着惩罚与改造罪犯、预防和减少犯罪,维护社会和谐稳定和国家长治久安的艰巨使命。如何站在国家治理体系和治理能力现代化的高度,从理论上,从学科建设上回应监狱治理现代化的问题是一个需要认真思考进而加以解决的重大课题。

## （二）面临的公共安全形势——仍然严峻

当前，我国的社会治安、公共安全大局总体上是稳定的，但在社会转型过程中，我国仍处于刑事犯罪高发期，重大公共安全事故时有发生。在人民内部矛盾凸现、刑事犯罪高发、对敌斗争复杂的新形势下，滋生和诱发犯罪的消极因素增多[①]，监狱在押罪犯的构成日益复杂，重大刑事犯、暴力犯、涉黑涉毒涉恐等罪犯数量不断增多。随着一系列新修订刑事法律法规的实施，尤其是劳教制度的废止，全国监狱的押犯数量将迎来快速增长，罪犯数量不断增长与监狱关押容量不足的矛盾，要求不断完善监狱布局。新形势下还会带来监管改造的一系列新问题，诸如减刑幅度明显减少如何做好罪犯的情绪稳定工作，短刑犯的增加如何适应这一部分人的管教工作。因此，监狱在新形势下肩负着重要的责任。面对新的形势，需要监狱学学科建设能够切实解决社会治安、公共安全实践中出现的与监狱工作相关的重大课题，更好地为确保监狱安全稳定、减少重新违法犯罪、促进平安中国建设、社会和谐稳定和国家长治久安服务。

## （三）面临的根本任务——不断提高教育改造质量

每一门真正而独立的学科都有其关心的独特的核心问题域。例如，经济学关注的是资源稀缺问题，社会学关注的是社会的构成与运行问题。那么，监狱学所关注的核心问题是什么呢？从根本上说，监狱学应当是一门人学，即研究人的学问。[②] 做人的工作是最难的，以人的工作为职业，以人为教育对象的，应该是世上最复杂的职业。而在做人的工作的职业中，监狱职业又是难上加难。因为，监狱面对的对象是非正常的社会人，他们是具有主观恶性、客观恶习的、心灵残废或心理残疾的人。[③] 而监狱工作的中心任务就是教育改造罪犯，使之重新做人，顺利回归社会，成为守法公民。在新形势下，监狱工作说到底，就是要始终贯穿改造人这个宗旨，紧紧围绕教育改造罪犯，提高教育改造质量，降低刑释人员重新犯罪率这个核心运转。为了加强教育改造工作，不断提高罪

---

① 参见孟建柱：《在更高起点上全面推进平安中国建设》，载《求是》2013年第14期。
② 参见宋胜尊等：《全国监狱学学科建设与发展学术研讨会综述》，载《中国监狱学刊》2004年第1期。
③ 同上。

犯教育改造质量,切实降低重犯率,教育改造罪犯的科学性有待进一步增强,这也对监狱学学科建设提出了新的要求,其中需要大力加强监狱学学科建设,特别是应从人学的角度探索如何深化罪犯教育的研究,充分发挥监狱理论对提高罪犯教育改造质量实践的指导作用。

### (四)面临的国际背景——合作与斗争并存

一方面,随着对外开放的不断扩大,监狱工作也开始走出国门,国外的好做法、好经验需要我们去借鉴吸收,而国外的监狱官员以及相关学者也到中国一些监狱进行合作交流。这几年在全国一些监狱开始试点的"循证矫正",就是学习和借鉴国外先进罪犯矫正方法的一个例证。另一方面,随着国际政治斗争的开展,我国监狱行刑为国际社会所关注,甚至成为与某些发达国家人权斗争的焦点之一。因此,监狱学学科建设要密切关注国际动态,既要坚持对外开放不动摇,及时将国外的成功的经验和好的做法吸收进来,另一方面要以有分量、有说服力的研究成果展示中国特色社会主义监狱制度的优势和成绩,昭示世人,以正视听,捍卫国家尊严。

### (五)面临的自身建设和发展——实现新的跨越和突破

在中国,虽然监狱有了上千年的历史,但作为一门学科,诚如沈家本所言,清末以前,监狱学作为一"学","中国从未有人讲求此学"[①]。20 世纪初我国监狱学是"西学东渐"的产物之一,比较通行的说法是在清末日本人小河滋次郎来中国传播监狱之学问,朝廷派留学生赴日学法中有留心日本监狱制度者,进行学理比较,建立了清末的监狱学。[②] 后到了民国初期,王元增等人的监狱学专著出版,到了二十世纪三四十年代,监狱学的体系开始分化发展,赵琛、孙雄、李剑华、芮佳瑞等人的监狱学专著是这个时期的代表。[③] 客观地说,清末民初是我国监狱学由萌芽到初建的时期。新中国成立以后,一段时间监狱学的研究几乎无人问津。直到改革开放以后,才把监狱工作实践上升为学科的地位去研究,经过多年的努力,尽管我国监狱学学科建设有喜人的变化和发展,甚

---

① 沈家本:《与戴尚书论监狱书》,转引自邵名正主编:《中国劳改法学理论研究综述》,中国政法大学出版社 1992 年版,第 648 页。

② 参见郭明:《涂景瑜的〈中国监狱史〉述评》,载《犯罪与改造研究》2003 年第 3 期。

③ 参见郭明:《中国监狱学史纲》,中国方正出版社 2005 年版,第 35—36 页。

至有了像《监狱学总论》这样在我国监狱学学科建设进程中具有重要地位的专著,但仍没有摆脱过去"劳改学"的框架体系。① 尤其在文化强国的新的背景下,在其他相关学科突飞猛进的背景下,监狱学自身的单薄和不足也显得极为明显。如像监狱学的学科性质、学科地位、学科体系、学科范畴(元概念)、基本原理等问题,还停留在十多年前的认识水平上,至今无大的突破。② 因此,加强监狱学学科自身建设已刻不容缓,需要对监狱学以往建设路径有一个回顾,总结经验、找出差距,在此基础上,实现新的跨越和突破。

## 二、监狱学学科建设自身存在的新问题

### (一)监狱学的原创性不足

毋庸讳言,监狱学的研究与国内其他学科领域发展水平相比、与国际监狱学研究发展水平相比,在理论发展的贡献和对实践指导的影响力方面,都存在一定的差距,特别是监狱学成果原创性不足的问题尤为突出。20世纪上半叶监狱学在中国的引进集中表现在形成了一种照搬外国特别是西方监狱学模式的倾向,使得中国监狱学的发展离"根"离"土",长期未形成自己的"家园",长期保留着"舶来品"这一从降生之日起就带有的"胎记"。新中国成立初期,在"以苏为师"的建国方针指导下,主要依附于苏联的劳动改造理论体系,以后很长一段时间主要是按照领袖的最高指示进行注解。改革开放以来,尽管有了长足进步,但我国监狱学学科建设和发展尚未达到"中国化",照搬国外特别是西方模式还时时可见,这自然导致监狱学还缺乏时代特征和中国特色。我国监狱学正是由于建树意识差,一方面拘泥于国外模式和相关学科模式,难以自拔,开拓创新意识不够,另一方面又不善于从广阔而丰富的监狱改革实践中获得营养,其体系发展离真正的成熟尚有距离,更难以形成独立学科所需的理论严密性和学派,当代中国监狱学学科建设在原创的意义上还有很长一段路程要走。

---

① 参见张晶:《监狱学学科的当代命运》,载《全国监狱学学科建设与发展学术研讨会论文集》(研讨会2013年11月30日—11月2日在中央司法警官学院召开)。

② 2013年11月30日—11月2日在中央司法警官学院召开了一次全国监狱学学科建设与发展学术研讨会,就有些监狱学建设的基本问题作了探讨,可惜以后再没有这样大的研讨活动和有分量的论文发表。

## （二）监狱学的学科独立性尚差

早在民国初期，就有人提出"监狱学问，至为精密"①。在监狱学学科建设中，一项重要的任务是不断确立监狱学的独立性地位，使之具有自己的话语体系。尽管经过这些年的努力，监狱学学科设置的行政合法性虽然保证了其以一个可以单独招收本科生的专业的身份独立存在②并进行专业人才培养，但由于监狱学学科理论体系尚不成熟，还没有形成自身独特的体系创建模式，使得监狱学的学科独立性还不够强，在一定程度上还存在"合法性危机"。这集中表现在我国的监狱学研究者对于监狱学的研究对象、逻辑起点、基本概念、研究方法等都没有形成较好的共识。监狱学还不能成功地界定自己的研究边界，没有形成学科内在的逻辑结构，没有建立起自己独特、独立的学术规范体系。特别是在行政的过度干预下，监狱学研究出现两个方面的突出问题，一是一些理论研究就是对上级和领导指令的图解，往往是围着领导讲话转，为领导讲话寻找理论依据，缺少独立的品格；二是有些基层监狱领导并不是真心想搞科研，而是把科研作为一种做秀、邀功的资本，甚至提出监狱干警人人要搞科研，人人要有论文发表，将监狱科研快餐化、形式化，这样硬逼出来的东西，大都是网上下载、东拼西凑，缺少独立思考、缺乏科研含量。

## （三）监狱学学科体系建设尚未与当下监狱实践问题研究形成互动机制

我国监狱领域对于监狱学学科体系建设的渴求，首先来自于那些长期得不到解决的重大监狱实践问题，特别是社会转型时期面临的监狱实践新问题，而现有的监狱学学科体系建设尚不能适应这一需要。近年来，从外部来看，党和国家对国家治理体系和治理能力现代化、平安中国、法治中国的提出，对监狱工作提出了新的更高要求。社会转型带来的社会现实问题特别是我国的社会犯罪形势及其发展趋势日益严重，对监狱管理及罪犯监管改造提出了许多新课题，监狱学必须适应社会发展需要，对本学科进行审视、完善与创新，以适应形势发展的需要。从内部来看，我国监狱工作无论从体制上、机制上、行刑理念上，

---

① 《司法总长许世英司法计划书》，载薛梅卿编：《清末民初监狱改良专辑》。
② 监狱学目前在教育界划归为十大学科之法学门下，其学科地位定位于法学门类的特设专业，可以单独招收本科生的专业。

都发生了很大变化，随着高科技的应用，一些新的教育改造罪犯的方式、方法也层出不穷。但从我国当下监狱学学科体系建设来看，还停留在十多年前的建设水平上，监狱学学科体系分支学科还是停留在十多年前的认识水平上。[①] 到目前为止，监狱学学科体系设置格局无大变化，并没有随着监狱工作实践的发展而与时俱进，特别是与当下的监狱实践问题有些脱节，对我国新形势下监狱改革实践中存在的许多现实问题没有予以足够的关注并开展全面、深入系统的研究。因而，我们尚未从现实监狱问题出发去努力构建监狱学学科体系，因此无法吸引并得到广大监狱干警的认同与参与，在新形势下监狱改革大潮中难以确立应有的地位。这样，就不可避免地在监狱实践问题研究上显得苍白无力，既缺乏解释力，又缺乏指导力和预测力。尽管不少研究者一再强调要对监狱实践问题做出说明和提出破解之道，但思维的触角很难伸向丰富的监狱工作实践，致使监狱学的学科体系建设落后于监狱工作实践的发展。

## （四）监狱学学科研究方法单调

监狱工作的宗旨就是改造人，因此监狱学研究根本的出发点和落脚点是关于罪犯的改造特别是教育改造。"学"和"研究"应服从和服务于这个基点，就是本着科学的精神去探求关于罪犯改造特别是教育改造的监狱之本。这样监狱学研究的方法就不是唯一的，而是多元的，既不是纯自然的，也不是纯人文的，而是二者的有机统一。而长期以来，我国监狱学研究特别是有些研究成果习惯于经验总结式的思维方式，在行政领导事先定好的题目下，去按图索骥，找一些所谓成功的做法，往往简单地套到"领导重视、制度完善、措施得当、干警奉献"[②] 的固定模式当中去，作为一项成果完成，而不善于从生动的监狱改造生活实践中汲取营养，使监狱学研究缺乏现实的基础；同时忽视监狱学同诸多社会文化现象的复杂关系，从而失去了诸多人文社会科学乃至自然科学的滋养，

---

① 一般认为，监狱学的学科体系主要由基础理论研究和应用理论研究两个方面和若干分支学科构成。关于构成监狱学学科体系分支学科的权威观点，主要参见金鉴主编的《监狱学总论》，该书认为，构成监狱学学科体系的分支学科，主要包括：《监狱学基础理论》《监狱法学》《教育改造学》《狱政管理学》《罪犯改造心理学》《劳动改造学》《监狱人民警察管理学》《监狱经济管理学》《中国监狱史》《外国监狱史》等。参见金鉴主编：《监狱学总论》，法律出版社1997年版，第8—9页。

② 王泰：《期待着与时俱进的监狱科学》，载《中国监狱学刊》2004年第1期。

造成监狱学成长方面的缺失。

### (五) 监狱学学科的学术规范尚未健全

从我国监狱学学科建设的实际情况来看,尽管这些年来取得了长足的进步,但与真正意义上的科研特别是国际层面的科研相比,还存在较大差别。这些年来,我国的监狱学学科建设具有基层干警的广泛参与、以思辨为主、行政参与、学术团体的群众性定位等特点。一方面,可以说我们形成了较完整的监狱学研究体系;另一方面,在监狱学与其他学科的交流日益密切乃至与世界交流更加频繁的大环境下,需要我们务必遵循科学研究包括监狱学研究的通行规则和方法,提倡科学的监狱学研究,规范研究方法和行为,使监狱学研究真正的科学化,为监狱法律、政策制定和监狱工作实践提供真实的信息。而这一方面应有的学术规范尚未建立起来,也缺少对研究者在学术规范上的普及和提高,导致不少问题重复讨论而不见学术水平的提升,在圈内自说自话却难以得到更大范围的认可,出版了不少论文、专著,但有深度、有新意的不多,影响面极为有限。

## 三、监狱学学科建设新问题的解决

英国哲学家卡尔·波普尔曾指出,理论就是问题及对问题的一群尝试性的解。问题在理论研究中的地位可见一斑。对于监狱学学科建设而言,同样要在发现问题、解决问题上下功夫。这也可以说是监狱学学科建设的基本使命。根据前面提出的监狱学学科建设的几个新问题,下面尝试提出针对性的解决之道。

### (一) 监狱学学科建设的本土取向,重视原创性

随着人们对监狱学本土化认识的不断加深,监狱学要以本国的监狱问题为研究本源,通过各种不同手段获取原始素材,或作原始性(相对"验证性")研究,进而得出富有独特性和创新性的理论,即立足于我国本土的、相对于国外特别是西方监狱学的、以追求自己本国监狱特色或监狱学研究领域里的民族性为目的的原创监狱学。"原创"之意义可以理解为"中国的""本土的"或"民族的",从而改变监狱学研究领域一味对外界的依附性地位。为此,在监狱学研究中要增强原创意识,拓宽原创视野,处理好国外监狱学理论与本国监狱学理

论、传统监狱学理论与现代监狱学理论、理论创新与实践创新、原创性研究与继发性研究的关系，尽早步入原创导引的阶段。

## （二）监狱学学科建设的重点切入，强化独立性

任何一门学科的独立存在都必须有自己独特的研究范畴和体系，更要有自己研究的基本问题。只有确立起研究的基本问题，并进而确定出独特的研究对象，学科的独立性和稳定性才能体现出来。这就要求我国监狱学学科建设要进一步提高学科的建设水平，加强其独立性。为此，要进一步强化监狱学学科建设中相关学科引进和移植过程中的消化和融合工作，进一步确立起监狱学乃至分支学科的基本问题，确定出特有的研究对象，逐步形成独特的概念系统和运用这些概念进行逻辑推理的命题，构建起严谨的理论体系，逐步提高学科的专业化水平，在不断完成解释、指导和预测监狱行刑与改造实践的历史使命的过程中，不断增强其独立性。监狱理论研究的专门人员，要敢于说真话，敢于亮出自己的观点，不唯书、不媚上，客观、真实地提出问题，并提出解决问题的办法。在倡导科研兴监的过程中，对于一线干警的监狱科研要实事求是，不可片面地简单地追求参与人数之多和成果的快速发表。要改进研究成果的评价认定，如干警结合自身的工作实践开展研究，独立思考所形成的研究日记、改造罪犯体会、个案分析等都是研究成果，要把成果形式与实际效果结合起来。

## （三）监狱学学科体系建设的根基所在，围绕实践性

围绕中国的监狱工作实践，这是监狱学学科体系建设不能动摇的基本价值取向。在监狱工作实践中形成并提高人们对于监狱工作问题的认识，同时又将这一认识进一步运用于监狱工作实践，指导监狱工作的改革发展，从而实现理论研究与实践发展的辩证统一。监狱学学科体系建设必须随着监狱工作改革的不断发展，拓宽其范围，摄取其题材，这样才可能体现其对监狱实践活动的渗透力和影响力，也才可能最终实现自觉的监狱理性与现实监狱"道理"的相融相通，也才能为广大监狱干警所欢迎。监狱学学科体系建设要围绕实践性，当下特别要密切关注并研究监狱在国家治理体系现代化以及平安中国建设中的地位和应发挥的作用。要密切关注并研究监狱工作的改革，诸如监狱体制改革的深化、监狱布局调整、不同警戒等级的监狱的设立、循证矫正的中国化等等，为其提供理论武器。在此基础上密切关注并研究监狱工作改革的发展过程，为

其确定发展方向；密切关注并研究监狱工作各项改革的运行过程中出现的问题与对策，在理论上进行总结、概括，产生新的理论。当然，倡导围绕实践性，必须是从研究对象出发，高度理性地把握和超越面对的实践，而不应该仅仅是为实践提供注解，也不是成为中药铺，为实践开出一张简单的处方，而是要根据监狱学发展内在逻辑去建构自己独特的学科体系和理论系统，从而在更高层次、更大意义上反观实践、指导实践、改进实践，真正发挥监狱学对我国监狱现实的解释、指导、规范和预测功能。就学科体系的建设而言，以往好的一面要继承，而在实践中产生的新的东西要增加，特别是涉及监狱理念（哲学）、刑罚执行、监狱安全、监狱分类、监狱文化、监狱信息化建设、回归社会重新犯罪预防等课题应重点研究并创造条件设置于监狱学学科体系的新的分支学科之中。

### （四）监狱学学科研究的方法运用，体现多元性

监狱学学科研究的方法作为一种手段、工具和方式，随着社会的不断进步，人文社会科学与自然科学技术的飞速发展，监狱工作的重要性和难度的增长，也在不断地更新其内容，提高其水平。从发展轨迹上看，监狱学学科研究方法正在经历着一个从起初单纯地重视思辨研究，向思辨分析、实证研究与实地研究相结合的方向转变。必须强调的是，监狱学学科研究方法体系绝不是某种或几种方法的胡乱拼凑，而是多种方法的有机组合。监狱学学科研究只有创造性地综合运用多种科学研究方法，努力探寻和建设符合自身需要和特点的方法体系，才能有效地使监狱学学科研究真正实现其科学预测和创新功能。这里特别需要强调的是，实地研究是现代人类学应用很广的一种研究方法。这种方法要求研究者必须参与研究对象的实际生活，设身处地地体会研究对象的所思所想、所作所为。我国社会学大师费孝通先生是倡导并身体力行地研究的典范。近年来，我国监狱学界也有一些研究人员也开始重视"实地研究"。这种方法的优点在于，它不仅能帮助我们更好地理解某一问题所产生、发展的来龙去脉，而且还能提高我们研究问题的能力和灵性。对不同的研究方法需要扬长避短，优势互补，相互结合，这样才能更全面、准确、深刻地认识问题，研究结论才更有价值。

### （五）监狱学学科建设的品位，凸显学术性

要提升监狱学学科建设的品位，需要在凸显学术性上下功夫。要强化学术

意识，从监狱学的学科视角出发，运用监狱学的概念、语言和方法、工具，回答并解决在监狱学学术体系上可以定位的有意义的问题。要确立问题意识，一方面要紧紧围绕我国现实监狱工作实践活动进行研究，特别是要重视研究各种新的、热点监狱问题以及解决的对策等问题。另一方面要在此基础上，从问题意识出发进行理论提炼，将经验和理论有机地结合起来，使监狱学达到既能"入地"又能"上天"的境界。要健全学术规范，特别要重视建立监狱学学术成果的质量评判标准，建立并健全学术评审和奖励制度，在此基础上确立起监狱学研究需共同遵循的学术秩序和原则。另外，为永葆监狱学自身生命的生机活力，要加强监狱学的研讨和争鸣，这有助于我们更深刻、更全面认识同一监狱工作事实，给人们提供一个比较鉴别的基础，活跃学术氛围，从而促进监狱学的繁荣发展。

## 四、监狱学学科建设的发展走向

随着形势的发展，监狱学学科建设的深化，监狱学学科建设将向成熟和完备的方向不断发展，并体现出以下特征：

### （一）进一步体现时代特点

时代特点集中表现为发展的方向性。作为社会主义国家，我国的监狱学学科建设必须有正确的指导思想，这就是中国特色社会主义理论体系特别是习近平同志有关法治和监狱工作的系列指示精神。国家治理体系和治理能力现代化的推进，使监狱学学科建设有了广阔的时代背景和充分的源头活水，这将进一步促使我国监狱学学科建设加快由传统到现代的新的转型，进入学科地位进一步提高，所发挥作用和影响越来越大的时期。新的时代需要新的学科生成和发展模式。在新形势下，我们要进一步解放思想，转变那些不适应新形势发展要求的旧观念，以一种超前意识和战略眼光去审视社会发展和监狱发展，直面当今时代的前沿性监狱问题并予以破解，在此基础上构建并发展监狱学学科体系。我国监狱学在面向未来的发展中，将越来越准确地把握时代脉搏，充分体现迈向现代化过程中的中国监狱的时代精神，并以这种时代精神为主导思想，去推进我国监狱事业改革向纵深发展。

### (二) 进一步呈现开放态势

我国的监狱学学科建设将进一步呈现开放的态势,这种开放态势主要表现在两个方面:一是监狱学学科与其他学科交流将更为密切。作为一门成熟而先进的学科,它应该自觉吸收邻近学科的研究成果并能主动影响邻近学科的发展,特别是与人与社会有关的其他学科的发展制约着监狱学的发展,规定着监狱学科的最大发展限度。监狱学研究者应放眼当代人类科学文化的有机整体,广采博收,按大改造、大教育的思路去建设和发展监狱学学科体系,进一步吸收其他相关学科的研究成果,走出"就监狱论监狱"的狭隘思维模式,把监狱学学科建设和研究置于广阔的人类科学文化的背景下,全方位地建设和发展。二是进一步加强与国外监狱学研究成果的交流。当今世界已经开始了整体化的历史进程。一国的监狱学学科也需纳入国际监狱学学科发展的总潮流中,高瞻远瞩,通览全局,在比较中找到自己的合理起点和战略目标。我国的监狱学学科建设不应当也不可能是闭关自守的,而应以一种高度开放的姿态自觉与当今世界监狱学科研究接轨,以适应国际监狱学科发展的趋势。今后,我国的监狱学学科建设将进一步把对国外监狱学科的研究和建设成果的引进和吸收工作与中国国情结合起来,一方面能从整个人类对监狱的思考的高度去解释、指导和预测中国监狱现实;另一方面要坚持刑罚文化和监狱文化多元化的主张,形成自我经验基础上的独立话语体系[1],使中国监狱学学科成为世界监狱学科中不可缺少的部分,具有与国际监狱学界对话的能力和地位,并澄清西方某些国家对我国监狱的误解。为此,监狱学学科建设在进行国际合作与交流及开展人权斗争方面还要继续扩大并深化,在国际监狱学界发挥越来越重要的影响和作用。

### (三) 进一步凸显民族特色

任何一个国家的监狱学学科,都应从本民族的实际出发,总结本民族的经验与特色,只有这样,才能在本国扎根并得到发展。我国的监狱学学科建设,将进一步呈现民族特色。经过我国几代监狱学学科建设者的努力,百年来特别是改革开放以来,监狱学学科建设在我国已取得重大进展,丰富的监狱工作实

---

[1] 参见宋胜尊等:《全国监狱学学科建设与发展学术研讨会综述》,载《中国监狱学刊》2004年第1期。

践土壤生长出了众多的有中国特色的思想、经验和模式,这一切为我国监狱学学科具有民族性特征或中国化奠定了坚实的理论基础和实践基础。当然,这种中国化是在遵守国际学术规范的前提下,对有独特文化意蕴的中国监狱学传统,站在时代的高度予以重新阐释。进而在对中国当代监狱的独特的发展规律和活动原理进行深入研究并总结最新研究成果的基础上,建构起具有本国特色的思想、理论和方法,建立起中国监狱学学科自身的知识体系和理论架构。在坚持国际化的同时还要追求中国化,中国化的最终目标是要为解决当今监狱的现实问题服务,并积极参与进而影响由西方监狱学学科占主导地位的国际监狱学学科的发展趋向。

### (四)进一步实现监狱学学科的整体化

监狱学学科体系是由系统化、专门化且具有内在逻辑联系的体系化的监狱学分支构成的,绝不是若干分支学科的松散结合或简单叠加。建设监狱学学科体系从根本上说就是要按照监狱学学科的内部关系、结构来从整体上研究和发展监狱学学科,自觉促进监狱学学科体系的高度分化和高度综合,进而以整体的功能作用于监狱活动的各个方面、各个领域,以推动监狱事业的全面发展与进步。为进一步实现我国监狱学学科体系的整体化,增强学科体系从自身到各门分支学科强有力的内聚力,今后应充分研究和揭示单个监狱学学科之间的内在关系,对各监狱学学科的性质、研究对象、研究方法做进一步的"澄清"工作,从而避免各学科之间界限不清,互抢地盘的现象发生。在此基础上,不断促进监狱学学科之间的相互融合和内化,从而形成具有一流水准的监狱学学科群。在监狱学基础学科层面,监狱学基础理论、监狱学史、监狱学研究方法论及研究方法将得到进一步建设和发展。在监狱学专门学科与交叉学科层面,人们将进一步研究和理顺这两类学科之间及各学科内部的关系,创造条件使这两类学科能合理建构和完善,形成有机整体,使监狱在哲学、社会学、管理学、心理学、伦理学、法学、美学、文学、建筑学等多维审视下获得一种更完整的把握,并进一步成为我国监狱学学科体系建设和发展的动力之一。在各分支监狱学学科内部层面,人们将进一步按照监狱学学科的水准去进行各门监狱学学科的建设,注意解决该学科领域内历史与现状、体系与问题等内在关系,建立起既相对独立又有较大开放性的分支学科形态,处理好各分支学科之间的关系。通过以上几个方面的努力,从而加快其整体化进程。

### （五）监狱学研究学派的形成

"学派形成的过程，也是这门学科自身发展的过程。学派是一门学科自身结构的重要内容，不论从一个国家来看一门学科，还是从世界范围来看一门学科，如果没有形成几个学派，这门学科就缺乏支持力量，也缺乏语言的凝聚力。"① 这种思想在近些年也有人提出，如在 2003 年中央司法警官学院召开的全国监狱学学科建设与发展研讨会上，就有人提出这个问题。② 其实，从学科建设和发展的角度来看，任何一门学科包括监狱学学科，如果没有学派，至少表明以下几个方面的落后状态：第一，没有理论意识；第二，没有自主的、独特的理论体系；第三，没有堪称具有向国内外同行挑战的实力理论，更谈不上该学科的国际地位；第四，没有强大的学术后备力量，包括追随者与可能的批评者；第五，没有学者之间的宽容与尊重。③ 学派的形成是理论发展的重要路径，是理论的丰富和长久生命力的不竭源泉。学派的发展，从深层次上探索了学科发展的内在的可能性空间，通过学派的形成和发展是促进监狱学学科发展的必然要求。监狱学学派的形成和发展，是今后我国监狱学学科发展的必然趋势。植根于中国监狱文化的土壤上，从我国监狱行刑、改造实践的自身问题入手，在研究本国监狱问题的基础上，形成真正具有中国风格、中国气派和中国智慧并多样化的监狱学研究学派，这是监狱学在新世纪的中国能否真正成为一门独立、自为、成熟学科的重要标志之一。我们有理由相信，在未来不长的时间里，中国必将产生自己的监狱学学派，届时具有标志意义的中国监狱学不仅是在本国的社科人文界，而且在世界监狱学之林中会有自己的一席之地。

（原载《河南司法警官职业学院学报》2014 年第 4 期）

---

① 叶嘉国、风笑天：《我国社会学"学派"的现状与展望》，载《学术界》2000 年第 1 期。
② 参见宋胜尊等：《全国监狱学学科建设与发展学术研讨会综述》，载《中国监狱学刊》2004 年第 1 期。
③ 参见侯怀银：《中国教育学之路》，时代出版传媒股份有限公司、安徽教育出版社 2009 年版，第 233 页。

## 试论监狱学基础理论的创新

监狱学基础理论是一门从监狱学体系中分化出来，经过二十多年的建设，正在走向成熟的一门学科。

我国在 20 世纪 80 年代以前，没有监狱学基础理论这一提法，但有法学基础理论的提法和教材。在 20 世纪 80 年代后期至 90 年代初期，随着劳动改造学研究的深化特别是为适应（司法）劳动改造工作警官院校中专、大专等层次教学的需要，促使了劳动改造学课程设置的细化。大概是受到法学基础理论这一提法的启发，在考虑劳动改造学基础课程设置时，由当时的司法部劳改局直接组织的编写组以及相关院校组织的编写组编写了劳动改造学基础理论[1]或监管改造罪犯法学基础理论[2]教材，标志了监狱学基础理论体系的初步建立。后来随着《监狱法》的出台，"劳动改造机关"一词由"监狱"取代，"劳动改造学"易名为"监狱学"，"劳动改造学基础理论"也易名为"监狱学基础理论"。监狱学基础理论与劳动改造学基础理论二者之间从名称上看，虽然有所变化，但没有实质上的不同。同时，二者又是承先启后的关系。

自劳动改造学基础理论易名为监狱学基础理论以后，虽然也因为教学需要和科研需要，一些院校组织相关人员编写了若干部监狱学基础理论教材，但大致上还没有脱离以往劳动改造学基础理论编写的框架。监狱学基础理论研究基本上处于一种停滞状态。

从监狱学基础理论本身的发展、监狱学基础理论对监狱学整个学科的推动，以及监狱学基础理论对实际工作的指导来看，都迫切需要监狱学基础理论的创新。以下就监狱学基础理论的创新问题谈几点认识。

---

[1] 参见《劳动改造学基础理论》，社会科学文献出版社 1990 年版。
[2] 参见《监管改造罪犯法学基础理论》，高等教育出版社 1989 年版。

## 一、监狱学基础理论创新的含义、种类和特点

### (一)监狱学基础理论创新的含义

所谓理论创新是指人们在社会实践活动中,对出现的新情况、新问题,作新的理性分析和理性解答,对认识对象或实践对象的本质、规律和发展的趋势作出新的揭示和预见,对人类历史经验和现实经验作新的理性升华。简单地说,就是对原有的理论体系或框架的新突破,对原有理论和方法的新修正和新发展,以及对理论禁区和未知领域的新探索。①

监狱学基础理论创新,是监狱学理论创新的一个重要种类。监狱学基础理论创新,是指在监狱行刑实践活动中,对不断出现的新情况、新问题从整体上、宏观上作出新的理性分析和理性解答,对监狱行刑主客体及其实践活动的本质、规律和发展变化的趋势作出新的揭示和预见,对以往的监狱工作实践经验和现实实践经验作出新的理性升华。

### (二)监狱学基础理论创新的种类

按照通常理论创新实现的不同方式,可以把理论创新分为五类,即原发性理论创新、阐释性理论创新、修正性理论创新、发掘性理论创新和方法论理论创新。②

1. 原发性理论创新。这是指新原理、新理论体系或新学派的架构与形成。这是难度比较大的创新,它是前人所没有提出的,是在深刻把握监狱发展以及行刑矫正活动规律,并在广泛、深入的监狱工作实践基础上提出的理论和体现。这不是自封的,需要同行、社会的认同和实践的检验。

2. 阐释性理论创新。这是指依据监狱行刑实践的需要,清除旁人附加给原有理论的错误解释,对其思想资料和原理进行梳理归纳,恢复理论原有的面目。例如,过去我们在学习、研究马克思主义的过程中,也产生过一些错误的认识,并把这种错误的认识当作马克思主义来坚持和宣传,从而造成了一定程度上的

---

① 参见余亚平主编:《思想政治教育学新探》,上海人民出版社 2004 年版,第 1—2 页。
② 同上书,第 2—3 页。

思想混乱。如马克思在《哥达纲领批判》中讲过:"犯人悔过自新的唯一手段是生产劳动"。这句话就被曲解为社会主义国家建立以后,犯人悔过自新的唯一手段就是生产劳动,搞别的如教育都是多余。实际情况是,当年有一个工人领袖拉萨尔认为犯人劳动侵犯工人阶级利益,工人要罢工。从这个意义上讲拉萨尔提出取消犯人劳动。马克思认为拉萨尔取消犯人劳动是对的,但是因为当时普鲁士监狱劳动是唯一手段,根本就没有教育等手段。因此,马克思认为在这种情况下,就不要取消犯人劳动。马克思并不是说以后无产阶级夺取政权建立社会主义国家后,乃至社会主义中国的监狱都要以生产劳动为唯一手段。这样理解就片面了。而过去我们一些同志就是这样理解的。我们必须通过对马克思主义的再认识,剔除那些附加于马克思主义的东西,正本清源。

3. 修正性理论创新。这是指在肯定和继承原有理论的基础上,根据监狱工作实践的需要,对原有的理论体系和原理作出新的补充和修改、作出新的论证和发挥。例如,20世纪90年代初,我国已经有了劳改学基础理论的教材或专著,《监狱法》颁布后的监狱学基础理论研究,应该是与以前劳改学基础理论的研究是一个继承和在此基础上创新的关系。但有的同志却硬要把这两个阶段分割开来,认为劳改学基础理论没有中断,监狱学基础理论应该"另起炉灶"。其实这两个东西还是一回事,没有前面的劳改学基础理论的积累,也不可能到现在这个样子。当然,我们一方面要肯定和继承其合理成分,另一方面要有所突破,有所创新。

4. 发掘性理论创新。这是指前人已经提出的某些理论,由于各种原因,被遗忘了、掩埋了、淡化了,根据时代的需要,把它重新凸现出来,为今天所用。例如,晚清沈家本的治狱思想,民国时期孙雄、王元增等人的监狱学理论,过去都没有很好地挖掘和研究,而被看作半殖民地半封建社会的产物而弃之不顾。其实这里面还是有不少值得挖掘和可资借鉴的东西。

5. 方法论理论创新。这是指从社会科学和人文科学研究方法和学科体系角度,运用新的原则、新的模式或新的视野,对监狱重大的理论和实践问题作出新的阐释,实现监狱学基础理论研究方法的更新。例如,将系统论、控制论、信息论、耗散结构论等用于监狱学基础理论研究。

### (三)监狱学基础理论创新的特点

作为理论创新,监狱学基础理论创新具有法治属性、政治属性、人本属性、实践属性和开放属性五个方面的特点。

  1. 法治属性。即监狱学基础理论创新具有鲜明的法治属性的特点。所谓法治，应是以民主为前提和目标，以严格依法办事为核心，以制约权力为关键的社会管理机制、社会活动方式和社会秩序状态。① 依法治监是法治在监狱行刑中的具体体现和运用。结合监狱行刑实际，它主要包括具有良好、完备的监狱行刑法律体系，所有人包括监狱管理人员和罪犯都要严格遵守和执行各项监狱行刑法律，同时要有强有力的监狱行刑监督。监狱学基础理论作为一门社会科学与人文科学交叉的学科，其价值最重要的方面就在于能有助于调整人们之间的某种特殊的社会关系，同时必定有助于调整人们之间的某种特殊的法律关系。因此，从这个意义上说，监狱学基础理论的价值就在于能够服务于国家监狱的立法设置和司法操作，这是它的生命源泉。这也必然使监狱学基础理论打上法治的烙印。同时，也使监狱学基础理论创新具有法治的属性。特别是目前我国还处于法治建设的初级阶段，现实中还存在诸多不利于法治建设的因素，这些因素同样存在于监狱行刑活动中，如在行刑法律制度建设方面相对落后，传统的行刑意识如刑罚单纯惩罚论、罪犯恶人论等，以及执法监督体系不健全等等。由此可见，为了真正实现行刑法治，搞好依法治监，必须完善行刑法律体系，修正行刑意识，加强行刑执法监督。当然，要做到这些还有很长一段路要走。其中，监狱学基础理论创新就要在完善监狱行刑法治化、推进依法治监上提出宏观的理论思考，进行科学的理论阐释，以更好地体现法治属性。

  2. 政治属性。即监狱学基础理论创新具有强烈的政治含义。按照马克思主义经典作家关于国家与法的论述，监狱是国家最主要、最直接的暴力工具之一，其最初的形态就体现为一个阶级对另一个阶级的专政。从奴隶社会开始，任何社会形态的监狱都是有阶级性的，都是一个阶级对另一个阶级实行统治的暴力工具。任何国家的统治阶级都十分重视利用监狱这个工具来维持自己的统治。对社会主义国家监狱来说，也概莫能外。我国监狱是社会主义国家监狱，它是伴随着新中国人民民主专政政权的建立而建立的，它是在彻底打碎旧的国家机器的基础上建立起来的，它代表着工人阶级和广大人民群众的根本利益，对敌对阶级实行专政，是我国人民民主专政的工具。由此可见，一定阶级性质的监狱维护一定阶级性质的国体，我国监狱与人民民主专政政权一致，是人民民主

---

① 参见张文显主编：《法理学》，高等教育出版社、北京大学出版社 2007 年版，第 395 页。

专政的工具。这是我国监狱强烈的政治属性。当然,我国监狱作为人民民主专政工具之一,首要的职能是执行刑罚,但我国对罪犯执行刑罚不是单纯为了惩罚,而是为了改造罪犯,在惩罚与改造二者的关系上,要坚持惩罚与改造相结合,以改造人为宗旨。在新形势下,监狱要更好地体现出政治属性,为巩固党的执政基础,维护社会和谐稳定服务,就要在监狱工作中有所创新,这也决定了监狱学基础理论要在特别是涉及监狱政治属性等问题上,解放思想、实事求是,揭示出新形势下监狱发挥政治优势的新的特点和规律,以更好地指导监狱发挥其应有的政治功能。

3. 人本属性。即监狱学基础理论创新是以更好指导监狱及干警实现把罪犯改造成为守法公民为目的和归宿。以人为本是科学发展观的本质和核心。以人为本就是以人为价值的核心和社会的本位,把人的生存和发展作为最高的价值目标,一切为了人、一切服务人。以人为本,就是把人民的利益作为一切工作的出发点和落脚点,以实现人的全面发展为目标。以人为本在新形势下为罪犯改造工作的发展指明了方向,也为监狱学基础理论创新指明了方向,决定了罪犯改造工作以及监狱学基础理论创新必须树立人本观,体现人本属性。在新形势下,监狱改造工作面临着如何从改造人的根本目标出发,坚持以人为本,科学发展的问题。在这一方面,有的同志提出改造罪犯要立足于人的本质层次的影响,以人的深层次需要为改造罪犯动力,改造罪犯以激活人的调解能力为技术,改造罪犯以人的价值为取向,改造罪犯以人权保障为条件。① 这些都为我们在新形势下如何在改造工作中体现人本属性提供了很好的思路和参照。作为监狱学基础理论的创新,也要紧紧围绕罪犯改造出现的新变化,从理论上予以科学的阐释和抽象概括,真正发挥出把罪犯改造成为守法公民的指导性作用。

4. 实践属性。即监狱学基础理论创新源于实践又回到实践,由实践检验其真理性和现实性。实践属性既是监狱学基础理论的现实性的体现,又是其发挥作用的桥梁、中介和动力。马克思主义认识论认为,在理论创新的实践属性的问题上,一方面,实践是理论最深厚的土壤、最丰富的源泉,是推动理论不断创新的强大动力。理论作为实践的产物,必须捕捉时代提出的重大问题并加以总结和概括,回应时代的呼声,满足时代的要求。另一方面,实践是检验理论

---

① 参见王泰:《改造罪犯——刑罚执行中的人文关怀》,载《中国监狱学刊》2001年第4期。

的最终标准。理论作为实践的反映，必须根据实践的新发展不断地进行自我反思和扬弃。与此同时也要看到，理论具有一定的相对独立性，理论作为时代的产物和反映，对实践具有能动的反作用，它也必须为时代提供科学的指导。如同离开实践的理论只能是空洞的理论一样，离开科学的理论指导的实践也只能是盲目的实践。由理论创新的实践属性引申到监狱学基础理论创新，也必须全面体现实践属性的特点，在监狱学基础理论的探索中，既要反对从急功近利的目的出发，使监狱学基础理论研究沦为上级文件和法律法规合理化的论证工具，失去了自己应有的理论品味，又要反对理论脱离实际，放弃其监狱行刑实践服务的使命的做法。

5. 开放属性。即监狱学基础理论创新要能够构建出科学的体系，成为体现当代监狱精神的精华，必须广泛吸取前人和同时代人的相关研究成果。这既是实践对理论的要求，也是任何理论包括监狱学基础理论产生和发展的内在逻辑。它表明监狱学基础理论欲发挥指导实践的功能，就必须站在历史特别是监狱历史发展的制高点上，从现实的理论成果中，通过比较和鉴别，吸收、借鉴那些对特定时代社会发展新情况的理论反映。只有批判地吸收前人和同时代人在监狱学基础理论研究中的合理成果，才能使监狱学基础理论研究始终把握住时代发展的脉搏，紧跟时代文明、进步发展的脚步。监狱学基础理论创新的开放性属性要求在监狱学基础理论研究的过程中，一方面重点吸收监狱学特别是监狱学基础理论方面的研究成就，另一方面也善于吸收具体的社会科学乃至自然科学的理论成就。这样才能把监狱学基础理论不断推向新的制高点。

## 二、监狱学基础理论创新的几个重点

### （一）对监狱学基础理论内涵的理解[①]

关于监狱学基础理论的内涵，在以往的教科书中几乎没有给出一个确切的说法，笔者认为，监狱学基础理论的创新首先要解决一个内涵问题。从其研究对象和在监狱学学科体系中的地位出发，监狱学基础理论可以定义为是监狱学

---

① 这一部分内容主要受到张文显主编：《法理学》教材第四章第一节法理学释义的启发，该教材为高等教育出版社、北京大学出版社 2007 年版，第 61—64 页。

的一般理论、基本理论、方法论和意识形态。

1. 监狱学基础理论是监狱学的一般理论。监狱学的所有分支学科都研究监狱现象,但是不同的学科从不同的角度、层面来研究监狱现象,或研究监狱现象的不同方面和领域。监狱学基础理论不同于其他监狱学分支学科之处在于,它是从整体上和最高层次上研究监狱行刑和改造罪犯的基本概念、基本规律和基本原理。而不是从微观的、局域的角度研究监狱现象。或者说,监狱学基础理论思考和研究的是监狱现象的一般性、普遍性的问题。它对监狱学的其他分支学科具有普遍的指导意义,为其他分支学科的发展提供理论方向。

2. 监狱学基础理论是监狱学的基本理论。监狱学的其他分支学科都为人们提供关于监狱的知识、理论。监狱学基础理论不同于监狱学的其他分支学科之处在于,它提供的不是监狱的具体的、实用的知识,而是关于监狱的抽象的、基础的理论。举例来说,监狱学基础理论和狱政管理学、罪犯教育学等监狱学分支学科都研究罪犯的改造问题。但狱政管理学等学科主要研究具体的罪犯改造手段,如教育管理学主要研究监管改造手段,罪犯教育学主要研究教育改造手段。而监狱学基础理论主要研究何谓改造、罪犯改造的依据等根本问题,提供关于改造的基础理论。监狱学基础理论所探讨的基本原理对监狱学其他门类和分支具有基础作用,在众多的监狱学的分支学科中,处于基础学科地位。

3. 监狱学基础理论是监狱学的方法论,是其他分支学科的工具性学科。监狱学基础理论既是监狱学的一般理论和基本理论,提供了一系列关于监狱的基本思想、理论,又是监狱学的方法论,提供一系列研究监狱现象的基本方法。就理论和方法而言,两者并不是截然对立的东西,而是可以相互转化的。当人们自觉运用一定的理论思考、研究和解决问题时,理论实际上就成为指导和规范研究活动的方法。监狱学基础理论的使命不仅在于认识和理解监狱现象,提供监狱的理论、思想,而且在于为人们认识和理解监狱现象提供方法论。监狱学基础理论提供的监狱学一般理论和基本理论往往构成人们进一步认识和理解监狱现象的科学思路和方法,成为监狱学其他分支学科深入认识和理解监狱现象,探讨和揭示其特有规律的工具性学科。

4. 监狱学基础理论是监狱学的意识形态。监狱学基础理论作为监狱学的意识形态,它从根本上说,是对监狱行刑经验的提炼和升华,体现了一个社会的监狱学的世界观、价值观念、理想信念等根基性、本源性内涵和洞悉,这也是监狱学基础理论成为一门独立学科以来的努力方向。从监狱学基础理论的本质属性来看,正是因为它是监狱学的一般基础理论和方法论,所以也决定了监狱学基础理论的终极意义在于它是监狱学的意识形态,浓缩了监狱学的一系列基本立场、观点和方法,成为统领和贯穿于全部监狱学领域的基本的主线、根基和灵魂。例如,监狱学基础理论所揭示出的马克思主义的监狱观,能够使监狱理论工作者和实务工作者深刻认识和掌握马克思主义关于监狱的本质、作用及其产生、发展的一般规律,从而为观察、认识和分析监狱学领域以及实际工作领域的大是大非问题提供了正确的政治方向和理论导向,也才不至于陷入误区。

## (二)对监狱学基础理论基本范畴的探索

范畴与概念密不可分。所谓概念,是反映客观事物的本质属性的思维形式。任何一门学科都是由一定的概念构成的体系。建立一门学科,不但需要一般概念,而且需要建立本学科所特有的基本概念,即范畴。范畴是反映客观事物一定方面、一定层次的本质的思维形式。如哲学中的物质与意识、政治经济学中生产力和生产关系、法学中的权利和义务等,就是该学科的范畴。范畴的形成,标志着相应学科的诞生,范畴的精确,标志着相应学科的成熟。我国的监狱学特别是监狱学基础理论,经过多年特别是改革开放以来的研究,已经形成了一系列特有的范畴,如监狱、监狱刑罚执行、监狱惩罚、监狱改造、监狱体制、监狱法律、监狱政策、监狱民警、罪犯、罪犯人权、罪犯义务、狱政管理、教育改造、劳动改造、心理矫治、监狱文化、监狱经济等等。这些为建构中国特色的监狱学基础理论奠定了良好的基础。但是,随着监狱工作的新发展和监狱科研的深入推进,人们越来越感觉到,现行的监狱学基础理论的范畴中还存在不够统一、规范、完备的现象。为了创新监狱学基础理论,必须在现有的范畴的基础上进一步确立和完善自己的范畴。监狱学基础理论的范畴是按一定的逻辑组成的序列。其中,监狱刑罚执行(以下简称"监狱行刑")是这一范畴体系的核心范畴和逻辑起点。监狱行刑这一范畴是对举凡监狱(无论本国还是外国,资本主义国家还是社会主义国家)的全部工作内容、监狱同服刑罪犯之间的全部关系的本质的最高层次的抽象和概括。此外,监狱学基础理论的范畴应包括监狱行刑的两项基本职能监狱惩罚与监狱改造(矫正)这两个基本范畴,还应包括监狱行刑的主体——监狱,监狱行刑的客体——在监狱服刑的罪犯;监狱行刑的目的,把罪犯改造成为守法公民,最低限度地预防和减少重新犯罪;监狱改造的基本手段——监管改造、教育改造、劳动改造;监狱行刑的标准;监狱法，监狱工作方针和政策，监狱工作法制化、科学化、社会化等。对监狱学基础理论的范畴探索，对于深入认识监狱的本质和作用，指导监狱行刑实践，提高监狱理论素养，具有普遍的指导意义。需要指出的是，在监狱学基础理论体系中，其范畴是比较稳定的，有着广泛的适用性。但是，作为监狱行刑关系的一种最基本的反映形式，它也不是不变的，也要随着时代的发展、形势的变化而更新。例如，近年来，监狱系统就出现了一些反映时代特点的新提法，如平安监狱、法治监狱、首要标准等，将会作为新范畴进入监狱学基础理论的体系中。

### （三）对监狱学基础理论学科性质的定位探索

关于监狱学的学科性质，虽然它是监狱学的重要基础性学科，但也不能完全与监狱学等同，也不能混同于监狱学应用理论，从其自身的特点出发，可以从以下几个方面予以学科性质的定位：

1. 从学科属性的归属来看，监狱学基础理论归属于监狱学，是监狱学的主要理论学科，处于基础学科地位。监狱学是一门新兴的综合性的系统科学。在其理论体系中，主要包含基础理论和应用理论，广义的基础理论还包括中国监狱史以及与国外的监狱比较。狭义的基础理论主要是指对监狱的基本原理的探讨，这里我们是指狭义的基础理论。监狱学在整个学科体系中，既是基础理论的反映，又是一个学科分支。它在监狱学中处于基础学科地位。

2. 从与监狱学群体中其他学科的关系来看，监狱学基础理论是监狱学群体中的指导性学科。监狱学经过多年的发展，已经形成了一个学科群。监狱学基础理论在监狱学群体中扮演或发挥着对其他学科的指导作用。由于监狱学基础理论，从监狱学的基本概念、属性理论渊源作起点，其研究范围涉及监狱行刑的基本问题，贯穿于监狱学的方方面面，因而作为一种宏观的理论研究，为各分支学科奠定了理论基础，这也就决定了监狱学基础理论的学科性质和地位，它是监狱学群体中的指导性学科。

3. 从学科研究的价值取向来看，偏重于基本理论研究。作为一门学科，监狱学基础理论的价值取向主要追求它的理论性特别是基础理论性。它主要对涉及监狱实际工作全局的重要经验予以理论升华，透过现象抓住最本质的东西，反映监狱工作的客观规律。它更需要高层次的理论抽象、逻辑推理和理性思辨，为完善监狱学体系提供宽广而又深厚的理论支持和对实际工作发挥监狱正确思想、理念的指导作用。

4. 从学科研究方法来看，具有综合性和创造性的统一的特性。监狱学基础理论的综合性的表现是多方面的：第一，它要综合运用多学科的知识，它在马克思主义的指导下，吸收、应用法学特别是刑法学和刑事诉讼法学、政治学、社会学、教育学、心理学、伦理学、管理学等学科的理论和方法，融汇提炼，为我所用，自成一家。第二，它要综合吸收涉及监狱行刑活动方方面面的实践成果。当然，监狱学基础理论要综合应用多学科的理论知识和方法，绝不是使自己变成"大拼盘""大杂烩"，而是要在综合的基础上加以创造，自成一家。吸收监狱行刑活动方方面面的实践成果并不是简单的经验汇集，而是要予以提炼，予以理论抽象。这里都涉及创造性的问题。因此，监狱学基础理论的创造性也是鲜明的。它体现了综合性和创造性的高度统一的特性。

5. 监狱学基础理论既受国家法律、政策的制约，同时也是一门探索性、前瞻性的学科。由于监狱是国家的刑罚执行机关，监狱工作是一项法律性、政策性很强的工作，因此，监狱学基础理论应当服务于监狱的刑罚执行工作，服务于执法和贯彻落实政策的改造实践。然而，一门学科特别是基础理论学科和领导讲话与工作文件的主要区别在于，它的任务不是泛泛地重复领导讲话和文件指示来部署工作任务，而是寻求制定法律、政策的理论依据和揭示工作的固有规律。如同任何工作领域一样，理论应当先行，通过对监狱工作中那些急需解决的，又有重大理论探求价值的问题进行认真思考研究，以便为党和国家制定法律政策或采取其他重大决策提供理论依据和资料依据，起到参谋和咨询作用。对于一些需要完善的地方如监狱法的修订，提出积极的建议。特别是在有些情况下，当发现上级的提法不一定妥当，也可以善意地予以有理有据地提醒。这就决定了监狱学基础理论既要反映国家现行的法律、政策，又是一门探索新情况，寻求新思路的学科。

### （四）对监狱学基础理论框架的设想

任何一门学科都面临着如何建立合理的理论框架问题。监狱学基础理论的框架问题至少包括两个方面：其一，监狱学基础理论作为监狱学的一个主要理论学科，应当研究哪些理论问题；其二，按照什么样的逻辑线索把这些相对独立的问题融会贯通成为一个结构严谨的逻辑整体。对于上述两个问题的回答和处理，目前在有限的几本教材中也不尽一致。笔者根据自己现有的认识水平，设想把监狱学基础理论框架分为四类基本理论问题，并按照下列逻辑线索加以组织和分析。

第一类基本理论问题是监狱学基础理论学科自身建设问题。这主要涉及监狱学基础理论的研究对象、基本内涵、基本范畴、学科性质定位，监狱学基础理论的创建与发展、与应用学科的关系以及在监狱实际工作中指导意义，监狱学基础理论研究的指导思想和研究方法等。

第二类基本理论问题是监狱的基本原理问题。监狱基本原理是本学科和监狱学整个学科体系的理论基础。无论是监狱的宏观领域还是微观领域都需要一定的监狱基本原理作指导。这一类基本理论问题的研究，主要以马克思主义的世界观和方法论为指导，运用现代监狱科学理论，阐明监狱的基本原理。主要回答监狱是什么，监狱在人类历史上是如何产生和发展的，监狱应当是什么（这一问题也可以理解为监狱的价值问题），监狱与社会其他方面是如何相互作用的，监狱行刑与罪犯之间是如何互动的等等。

第三类基本理论是中国特色社会主义监狱问题。从宏观上探讨中国特色社会主义监狱的若干重大问题。这一类基本理论问题的研究，主要立足于我们现在正在做的事情，依据监狱基本原理，根据国家法律法规和中央以及中央主管部门有关监狱工作文件的精神，结合我国监狱的实际，主要对我国监狱的指导思想，监狱体制，监狱法律，监狱工作方针和政策，罪犯改造手段，创建现代化文明监狱和法制化、科学化、社会化建设，罪犯改造质量评估特别是首要标准等问题进行探讨，以助于推进中国特色的社会主义现代监狱事业的建设。

第四类基本问题是监狱发展问题。当今时代，是一个飞速发展的时代，在这个变化多端的社会和时代面前，正确预测未来，把握事物发展的战略前景显得空前突出了。要使中国特色社会主义的监狱事业持续、健康地向前发展，也要面向未来，对未来发展提出战略思考。我国的监狱工作，几十年来积累了大量而且丰富的实践经验，对这些丰富经验可以予以整理，提出发展路径，形成发展理论，这对于充实和发展监狱学基础理论，推进监狱事业改革和发展，大有裨益。

## 三、监狱学基础理论创新需要处理的几个关系

### (一) 主旋律与多样性的关系

主旋律是事物发展的主要方面。一种理论体系的产生,一种理论观点的出现,主要是由官方认可,并引起越来越多的人的关注,关注者中的多数人也赞同这样的理论体系或理论观点。这样的理论体系或理论观点亦可称之为主旋律。例如,由司法部或监狱局组织专人所撰写的监狱学基础理论专著或教材,由司法部或监狱局提出的一些重要指导性提法,如监狱工作的法制化、科学化、社会化建设,监狱体制改革的总体要求等等。但在倡导贯彻主旋律的同时,也有一些人不赞成或不完全赞成这样的提法,他们对此提出了不同的观点和主张,并有自己的理论依据和实践依据,如果站在他们的立场上看,其观点和主张也有一定的合理性。主流观点与多种声音并存,这是研究氛围比较宽松、学术气氛比较浓厚的反映。监狱学基础理论研究,与其他理论研究一样,是认识世界、探索未知的思维活动。探索未知是不能预设禁区的,同时也不能强迫所有的人沿着一条制定好的路径进入未知领域,而必须是百花齐放、百家争鸣,形成学术自由的良好环境。也就是说,理论研究要有学术自由,要允许多个流派、多种声音。当然,也要区分学术行为与政治行为,从事监狱理论包括监狱学基础理论研究,在学术研究范围内进行活动属于学术行为,应该受到保护。但是,宣传教育活动则属于政治行为,它是有纪律的,如最近上级部门出台了一个新的举措,如果有不同看法,可以在学术刊物或学术研讨会上提出,但在由上到下的工作布置中,就不能去宣传自己与上级要求不符的观点,这个界限应该分清。

### (二) 继承与创新的关系

监狱学基础理论创新最根本的是要立足于中国现实的社会实践和中国监狱现实的行刑活动实践,以现实的社会实践和监狱行刑活动实践为根本源泉和动力,但同时也要从中国传统文化特别是传统监狱文化宝藏和外域文化特别是监狱文化优秀成果中汲取营养。建立在民族优秀传统文化特别是优秀传统监狱文化之上的创新才有生命力。虽然从历史上看,统治阶级一方面把严刑峻法奉为

治理监狱的主旨，但从另一个方面也在关注和试图通过道德教化改良狱制。如从"皋陶造狱"的传说始，在中国漫长的奴隶社会和封建社会，一直将道德教化作为治狱的重要手段。商末周初实行的"幽闭惩""嘉石拘役"制度，已经体现了刑事惩罚与道德教化相结合的精神。西周时期，提出了"明德慎罚"的主张，第一次明确把"德"与"刑"结合起来。从这一时期开始，中国产生了较为成熟和完备的监狱制度，监狱不仅仅是关押罪犯的场所，同时也在一定程度上成为惩教罪犯的场所。孔子继承和发展了西周以来的"礼治"和"明德慎罚"思想，提出了一整套维护"礼治"，重视"人治"，强调"整治"的法律观点。汉武帝接受董仲舒的建议，"罢黜百家，独尊儒术"后，儒家的"德主刑辅"的思想基本形成，成为封建正统法律思想的重要内容。"德主刑辅"思想对以后两千多年的中国社会产生了重大影响，也几乎为每一个朝代所标榜、所推崇。《唐律》更是将"德主刑辅"作为其立法的指导思想，强调"德礼为政教之本，刑罚为政教之用"。明朝"礼教刑辟交相为用"的"明刑弼教"和清朝的"以德化民、以刑弼教"的思想，虽强调刑罚对教化的作用，但也不放松宣传道德教化的作用。清朝末年至民国时期，在中国近代社会半封建半殖民地化的大背景下，监狱行刑也发生了历史性的转变和改良，1908年在沈家本主持下起草的《大清监狱律草案》虽未颁布实施，但其教育刑理念仍不失其先进性。民国时期的狱制，从实践看无疑是黑暗和恐怖的，但其立法条文较清末改良又有所进步。新中国成立后，一直把改造、教育放在重要位置，都体现了中国传统文化的教化思想。所以对中国传统文化特别是传统监狱文化，我们必须去其糟粕，取其精华，批判地继承这一份珍贵的遗产。与此同时，建立在世界文化遗产之上的创新水平最高。世界历史发展的进程已经并将继续表明，一个民族不管它的文化有多么悠久，如果不能利用世界人类文化的总成果，那它就不能迅速进步，就会处于落后状态。因此，监狱学基础理论创新在继承、利用和创新中国传统文化特别是传统监狱文化的同时，必须以高瞻远瞩的眼光和海纳百川的胸襟，广泛地吸收世界各国先进文化特别是监狱文化中的营养，大胆引进世界各国的学术思想特别是监狱学术思想，在充分研究的基础上进行鉴别、选择、吸收和消化，从而开阔我们的理论思路、拓宽我们的研究领域、改进我们的研究方法、提高我们的研究水平。

但同时也要看到，现实社会实践特别是监狱行刑实践是监狱学基础理论创新的动力和源泉。首先，新的社会实践特别是监狱行刑实践不断为监狱学基础理论创新提出问题。马克思说，理论在一个国家的实现程度，取决于理论满足于这个国家的需要程度。时代性内含着实践性，因为时代是在社会实践中向前发展。理论来源于实践，实践推动着理论的发展。这一规律要求我们必须以我们正在做的事情为中心，着眼于新的实践和新的发展。实践的呼唤往往是监狱学基础理论的新的生长点，如在经济全球化的背景下，与国外的交往日益增多，在人权问题上，如何做到既合作又斗争，使我国处于主动地位？再如，构建和谐社会的社会实践为监狱学基础理论提出了一系列值得研究的问题。其中，提高改造质量是适应构建和谐社会需要的关键。新的实践给我们提出了亟待解决的问题，只有密切关注实践的发展，才能站在时代前列。其次，新理论和新方法的层出不穷为监狱学基础理论创新创造了条件。随着社会的发展，新理论、新概念、新的研究模式、研究方法和研究工具层出不穷，不断更新，新的研究领域不断开拓，新的学科和分支学科不断涌现，这些情况都要求监狱学基础理论研究要适应形势发展，不能禁锢在狭隘的专业范围内，要学习与自己研究对象有关的新知识，拓宽研究视野，学会用新的理论概念、研究模式、研究方法和研究工具推动研究取得新的突破。其中，要善于利用计算机和互联网等选材研究工具开展研究工作。

总之，监狱学基础理论创新要求把对历史文化特别是历史监狱文化的继承与创新结合起来。继承是基础、是手段，没有继承就没有发展创新。创新是目的，是继承的发展和飞跃，没有创新，继承终究会停止。二者互为条件，在监狱学基础理论研究中相互促进，既要重视对已有成果的继承，更应重视理论的创新。在继承的基础上，不断创造出独具特色的监狱学基础新理论。

### （三）立足现实和面向未来的关系

监狱学基础理论虽然研究的是全局性、宏观性的问题，但也不能脱离现实，要立足现实，具有前瞻性。它要求监狱学基础理论研究要重视解决监狱领域存在的重大的现实问题。诸如，监狱体制改革如何深化的问题，如何有效实现"教育改造中心任务"，提高罪犯改造质量问题，"三化"建设如何持续发展问题等等。这些课题能否从理论上予以正确回答，予以科学论证，关系到监狱的发展以及社会的和谐稳定。解决这些问题具有重要的现实意义，要加强研究，攻坚克难，争取拿出有分量的研究成果，为领导机关和实务部门提供科学的决策和实施依据。

在立足现实的同时，监狱学基础理论研究也应面向未来，具有前瞻性。理论之所以能够指导实践，在很大程度上取决于它的前瞻性，而不是被动地做实践的尾巴。所谓面向未来，就是要注意解决将来可能发生或必然发生的问题。对于监狱学基础理论研究来说，就要充分体现监狱的发展方向和发展趋势，不仅是中国的，而且是国际的。前瞻性的意义在于能够为监狱将来的发展中出现的问题的解决有一个充分的理论准备，避免工作上的盲目和急功近利，使监狱发展建立在科学的可持续发展的基础上。

### （四）宽广和精深的关系

这里的宽广是指监狱学基础理论研究的对象的范围。这里的精深是指对同一研究对象的精细深透程度。德国学者荷尔庭德尔夫认为："监狱之为科学，在诸科学中，其关系范围，最为繁杂，且甚为广汉。欲如各种科学，设一定之系统，立一定之标准。其困难无如斯也。"[①] 康焕栋的《监狱学》认为，"监狱学，合成学也。"[②] 由此可见，监狱学特别是监狱学基础理论需要有研究的宽广度。从这些年出版的监狱学基础理论研究教材和专著来看，总体感觉宽广度不够，现实的多，历史的少；国内的多，国外的少；涉及监狱内部的多，与社会联系的少；监狱学、刑法学本学科涉及的多，与其他学科诸如政治学、社会学、教育学、伦理学、系统工程等结合的少；关注当下多，对未来关注少等等。宽广度的缺乏，使得监狱学基础理论研究显得空间狭窄，伸不开手脚，陷入自我封闭、自我束缚的怪圈。因此，监狱学基础理论研究的创新，一个重要方面就是要在拓宽研究领域、范围上做文章。而与此同时，也要在研究的精深上下功夫。从这些年监狱学基础理论研究的情况看，对有些对象的研究是比较深透的。如有的同志对监狱的性质、功能就能从多角度、多层面进行研究，给人以耳目一新的感觉。但对有些对象的研究还比较肤浅，还停留在业务资料汇总、工作经验的描述上，缺少对规律的揭示，理论性、学术性不强。因此，要注意提高精深度。在今后监狱学基础理论研究中，要做到创新，就要把研究宽广和精深有机结合起来，一方面要解放思想、拓宽广度，没有一定的宽广度，也不能达到一定的精深度；另一方面要针对某一具体对象，集中研究力量，进行深入细致

---

① 孙雄：《监狱学》，商务印书馆1936年版，第2页。
② 康焕栋：《监狱学》，商务印书馆1934年版，第4页。

的研究，争取出一批有深度、有分量的监狱学基础理论研究精品。

### （五）监狱学基础理论和应用理论的关系

当代科学发展的一个重要特点是一方面发生高度分化，一方面又出现高度综合。监狱学的发展亦是如此。以我国为例，改革开放以来，随着监狱问题的领域的扩展以及研究基础和模式的多样化，监狱学也发生了快速的学科分化，监狱学一个个组成部分纷纷发展为独立的学科，而且这些相对独立的学科又与其他类型的学科交叉，出现了一些子学科、边缘学科。与此同时，就像其他任何学科一样，监狱学在发生高度分化的同时又出现了高度综合的现象。各分支学科之间相互联系、互相补充，构成一个既有分化，又围绕整体的学科体系。

关于监狱学的学科体系，有不同的划分标准。笔者认为，从大的方面看，监狱学的学科体系主要由基本理论和应用理论两大板块和若干分支学科构成。其中，基本理论研究侧重于从学理的角度探求监狱学的基本原理问题，如对监狱工作有宏观指导意义的法律、政策、原则以及历史借鉴和比较研究等问题。它主要从学理上进行研究，不提供具体的实际操作手段和方法。基本理论研究主要包括监狱学基础理论、监狱史学、比较监狱学等分支学科。应用理论研究主要是从实践和操作的角度对监狱实际工作所作的实务性研究，它是在监狱学基本理论特别是监狱学基础理论的指导下进行的。它不仅要强调操作过程同时也要注重对结果的预期与科学评估。应用理论研究主要包括刑罚执行学、狱政管理学、狱内侦查学、罪犯教育学、罪犯劳动改造学、罪犯改造心理学、监狱经济管理学、监狱政治工作学等分支学科。就监狱学基础理论与应用理论二者之间的关系来看，是一般与特殊的关系。一方面，由于监狱学基础理论是一门基础性学科，顾名思义，它自然不是阐述某种监狱现象或监狱的个别方面或个别问题，它涉及的是监狱这种特殊社会现象的整个领域，它不是研究监狱的某一特殊规律，而是研究监狱这种特殊社会现象的普遍性和共同性的规律，特别是中国特色社会主义监狱的基本概念、原理和规律。正因为如此，监狱学基础理论所研究的一些原理和结论，对监狱学其他学科尤其是应用理论具有普遍的指导意义。另一方面，监狱学基础理论的每一个概念和原理，也不是凭空产生的，它是在监狱学其他分支学科特别是应用理论分支学科所提供的丰富材料的基础上，经过科学的抽象、概括和归纳而得出来的。没有监狱学其他分支学科特别是应用性方面的分支学科的发展，也就没有科学的监狱学基础理论的发展；

反之,忽视监狱学基础理论的研究,也就必然会给整个监狱学发展带来不利影响。所以,它们二者之间相互联系、相互依赖、共同发展。

当下,在监狱学研究和实际工作中,需要注意的倾向是在应用理论研究中,忽视基础理论的研究底蕴,就某一应用理论研究某一应用理论,这样所作出的应用性研究成果往往缺少学理性和理论深度。另外,在实际工作中,一些干警只关心所谓马上用得上的理论的学习,忽视基础理论的学习,结果在实际工作中常常出现缺乏对于事物的整体把握,只看见树木,看不见森林的现象还不同程度地存在。因此,在监狱学研究和实际工作领域,强调监狱学基础理论和应用理论的关系,摆正二者的位置,还是很有必要的。

(原载贾洛川、王志亮主编:《监狱学论坛》(第一期),中国法制出版社2011年版)

# 监狱理论研究方法的新转换

## ——对监狱叙事研究的思考

叙事研究是一种与传统研究方法相区别的新的研究方法，它产生于20世纪70年代的西方国家。叙事原本是文学的要素之一，也是文论中讨论的问题。"叙事学属于以小说为主的叙事文学的理论"①，似乎不属于科学同一层面的领域，也因此被"科学的研究方法"排斥在外。但是，后现代主义对"叙事"给予了新的解释和强调，其代表人物利奥塔分析了科学知识与叙事知识的关系，他认为，科学知识是从原初状态进行的分析，仅仅有关事实或真理的限定与选择，它的话语是单一的定义指称型的；叙事知识则是人文学科的多种价值关怀，含有关于正义、幸福及美的等价值观念，并且能够通过语言游戏的异质多元化揭示事物，因而不能以科学知识为基础来判断叙事知识的成立与否及效能。利奥塔也批判了普遍适用的"大叙事"或"元叙事"，而提倡适用于有限范围的"小叙事"，认为应以小叙事继续为人类生活编制出意义，并促进小叙事的繁荣，正是后现代主义的任务之一。叙事研究由此在研究方法层面得到了进一步的推崇和运用，它体现了对人们生活故事的重视和对人类内心体验的关注。可以说，"叙事研究就是研究人类体验世界的方式"②。鉴于叙事研究在于关注人的内心体验，强调以小见大，寻求各种不同声音，着力发现生活、工作的意义而具有独特作用，加之叙事研究也不像思辨研究和量化研究那样需要较高的专业知识技能，特别容易被一线工作者掌握和使用等，经过译介、研究和推广叙事研究在国际研究界特别是人文科学领域迅速兴起。

近年来，在全国监狱系统，对提升干警科研水平的呼声越来越高，有的人

---

① 朱立元：《当代西方文艺理论》，华东师范大学出版社1997年版，第256页。
② 白芸：《质的研究指导》，教育科学出版社2002年版，第35页。

甚至提出办研究型监狱,人人都做研究者的想法。而我们在与一线干警接触的过程中发现,传统的思辨或量化研究方法除了少数人外,对大多数人来说掌握和使用起来有些力不从心。经过诸种研究方法的比较,笔者认为叙事研究更适合于一线干警,它可以为监狱理论研究的实至名归、为监狱理论研究的深入推进奠定良好的基础,叙事研究正是在描述分析丰富的监狱干警工作经验和独特的生活故事方面为监狱理论研究提供了有益的视角。特别是在强化以教育改造罪犯为中心任务,干警要成为"研究者"的呼声愈加强烈的背景下,"监狱叙事研究"也许是监狱干警提升科研水平,出有特色、有质量的研究成果的重要途径。

## 一、关于监狱叙事研究的提出缘由

监狱叙事研究是对监狱特别是监狱改造生活中富有价值的改造事件和具有意义的改造现象的描述和揭示,其基本特征是以叙事的方式表达作者对监狱的解释和理解,让读者从叙事中体验监狱是什么或应该怎样做监狱工作。

监狱叙事研究的提出不是笔者想当然的产物,它也是监狱理论研究和实践发展之所需。从我国的监狱理论研究情况来看,晚清和民国时期以介绍和引进西方为主,新中国成立后较长一段时间基本处于停滞状态。改革开放以后,监狱理论研究开始兴起,这期间经过了思辨研究阶段,近几年也有一些人主张采用自然科学的方法,用数学工具来分析监狱现象,并主张把监狱学理论演变为一种技术原则和操作规程。但是,这种研究范式一是响应者寥寥,二是即使有一些东西拿出来,也因为研究中的物化以及人文关怀的缺失,因此在监狱实践中也陷入困境。在这种情况下,亟须一种新的研究方式进入监狱理论研究领域。已有一些同志开始关注这一问题。如 2008 年,李为忠、刘光国同志就在相关刊物上发表文章,提出了叙事研究的课题,[①] 可惜并没有引起广泛关注。当然,这并不排除不少一线干警通过各种形式(包括笔谈、体会、感悟、日记等)实际上在作监狱叙事研究。但是,监狱叙事研究在监狱理论研究中尚处于边缘地位,还未成为监狱理论研究中的一个核心学术话语,这是极不正常的,需要给

---

① 参见李为忠、刘光国:《叙事研究:监狱劳教人民警察人人都是研究者》,载《中国监狱学刊》2008 年第 2 期。

予极大关注。

监狱叙事研究的提出从理论依据来看，它是以多种学科理论及研究方法为基础而形成的一种研究方法。作为质的研究方法的运用形式之一，它的主要理论基础有现象学、解释学、后现代主义理论以及质性研究方法等。首先，现象学作为一种强调事实、主张描述、关注意义的哲学思潮，为监狱叙事研究提供了重要的理论基础。现象学强调"回到事实本身"直观现实、面向现实；主张描述所看到的事实，并按照事物本身呈现的本来面貌描述；关注事实背后的意义，要求从直接感受到的"显像"出发，透过体验的互动，揭示其所显现的意义。现象学的这种精神有助于促使教育理论研究转向叙事、走向生活、注重价值。监狱叙事研究也正是采取了现象学的方法，以直接的、交互的和生活的态度走近监狱世界，面向监狱实践，反思监狱价值，建构监狱意义。其次，解释学作为一种解释世界本体的世界观，也为监狱叙事研究提供了重要的理论依据。解释学的核心是"理解"，解释学的任务在于从作为历史内容的文献、作品本文出发，通过体验和理解复原它们所表征的原初体验和所象征的原初的生活世界，使解释者像理解自己一样去理解他人，理解不是去把握一个事实，而是去理解一种存在的潜在性和可能性；理解也不是为了寻求新的知识，而是为了解释我们存在的世界。解释学的这种思维和表达的模式为监狱理论研究提供了有益的借鉴。在监狱理论研究中，通过监狱叙事研究，就是在展现监狱真实的同时达到视域的融合，在对话中获得理解，从而构建起一种以意义解释为核心的监狱经验的理论方式。再次，后现代主义作为一种以批判西方形而上学和理性主义为己任的哲学思潮，也是监狱叙事研究的重要理论资源。后现代主义从否定现代性的思维倾向出发，反对整体性和同一性，拒绝简单化和稳定化，提倡多元化、多样性、主体性和他者性，特别是提倡适用于有限范围的"小叙事"，认为以小叙事为人类生活编织出意义，并促进小叙事的繁荣，这为监狱理论研究的深入推进提供了思想和方法基础。监狱叙事研究正是在分析丰富的监狱实践经验，尊重各种各样的差异性，讲述独特的监狱生活故事方面可以借鉴后现代主义的有益的视角。最后，监狱叙事研究还体现了质性研究范式。质性研究是"以研究者本人作为研究工具，在自然情境下采用多种资料收集的方法对社会现象进行整体研究，使用归纳分析资料形成理论，通过与研究对象互动对其行为和意义建构获得解释性理解的一种活动"[①]。它包括人类学、存在主义、个案研究、田野工作、实地考察等，注重人际意义、生活经历、现场情境等全面而深刻地理解，其目的是多角度、游刃有余地理解当局者的存在意义。叙事研究所经常采用的个案研究、田野工作、实地考察等都体现了质的研究范式。作为质的研究范式的运用，监狱叙事研究重在对监狱现象"质"的直观以再现监狱现象的"质"，重在对监狱特别是监狱改造行为"意义"的探寻以对监狱特别是监狱改造行为进行"意义解释"。叙事是为了研究，研究是为了剖析事件的质，解释现象背后的真实。监狱叙事研究正是在质的研究中展开、分析、描述并完成的。因而，监狱叙事研究不仅是一种监狱理论研究的范式，更是一种看待监狱活动和建构监狱工作现实的方式，是作为一种监狱思想而存在的。

监狱叙事研究的提出从实践依据来看，传统的监狱理论研究主要是采用两大研究范式，即思辨和实证研究范式。应该看到，这些方法的运用在揭示监狱的本质、探索监狱行刑活动规律，阐释监狱法律法规、监狱工作方针政策、分析罪犯现况、探索改造手段的运作及改造效果的评估等方面都取得了一定的成果，并对实践起到了一定的指导作用。但是，思辨研究方法的过于抽象和实证研究方法的过于精确和技术化，使得监狱理论研究成为一种要么是纯粹思辨，要么是纯粹科学主义的理性工具，脱离了活生生的监狱现实生活。导致工作在一线的监狱干警一方面对监狱理论认同感不高，另一方面对监狱理论研究提不起兴趣，从而使得监狱理论失去了对监狱干警以及监狱实践的吸引力。

长期以来，在监狱理论工作者（含专职研究人员、高校专业教师等）和监狱实践工作者之间存在着一道无形的鸿沟，一方面监狱理论工作者研究方法没有新的突破，其研究成果不大为实际部门所认可，另一方面监狱实践工作者特别是一线干警把理论看得过于神秘，或较多的沿袭过去的套路，结果是丧失了自己的研究优势。而监狱叙事研究方法一方面可以使监狱理论工作者有一种新的研究思路与方法，可以推出更为实践所欢迎的理论研究成果。而对于监狱实践工作者而言则可以说是如鱼得水，驾轻就熟，因为监狱叙事研究所叙的"事"，正是一线监狱干警的优势所在。监狱叙事研究本身具有"人文性"和"经验性"的特点，监狱叙事研究以发生在监狱的"事件""故事"或经验为研究对象，要求叙监狱之事、叙有意义之事、叙过去之事、叙真实之事；以"自

---

[①] 陈向明：《质的研究方法与社会科学研究》，教育科学出版社 2000 年版，第 12 页。

下而上"为研究路径,通过现场工作,使监狱事件或故事在情境中真实地展开,使历史印记在细节中显露出存在,从而接近日常的监狱真相,逼近监狱实践本身;以监狱主题或结构为灵魂,通过主题的串构,使监狱事件或故事具有描述和解读的价值,从而在含而不露的叙述中探讨归隐在经验背后的道理,在意义诠释和经验分享中达成真实的理解。这种研究方法相对于以往烦琐的、复杂的、严格的科学研究范式来说,更容易被一线干警掌握和运用。就每一个监狱干警的罪犯改造实践而言,每天都有这样或那样的"事件"或"故事"发生着,监狱干警用讲故事的方式叙述自己工作中的各种各样的改造罪犯故事,这种记叙文就是叙事研究,它比起传统的监狱理论研究论文来说,一线干警更容易上手。而且它的更大意义在于可以使一线干警能够真正成为监狱理论的研究主体,使之真正"为自己的工作进行研究,对自己的工作进行研究,在自己的工作过程中进行研究",以提升自身的理论研究水平和工作能力,真正实现监狱干警由"看守"向"教育改造罪犯的专家"的转变。

## 二、监狱叙事研究中的叙述和呈现方式

### (一) 监狱叙事研究中的叙述方式

监狱叙事作为一种观察和思考监狱问题的方法,与其他方法一样,涉及的范围是很广的,只要讲述的是监狱领域中的生活故事或事件,就应该属于监狱叙事的范畴,如有关监狱管理部门行政官员的监狱叙事,有关监狱与社会相关部门协同帮教、沟通、交流的监狱叙事,有关罪犯亲属协助监狱做好罪犯转化工作的监狱叙事等,不同范围、不同层面上展开的叙事,因为涉及的因素不同,揭示出的特质也就不同。在这里,因为一线监狱干警在监狱领域中处于举足轻重的地位的缘故,我们主要选择一线监狱干警来展开话题,围绕一线干警来讨论有关监狱叙事中的叙述方式问题。可以从两个层面展开:

1. "展示"的叙述方式——监狱干警的叙事,叙述者即监狱干警自己

监狱干警的叙事,主要是指监狱干警讲述自己的监狱故事。在讲述自己故事的过程中,监狱干警改变了以往在监狱理论研究中的"被动"的地位,监狱干警不再是外在于监狱理论研究的研究对象,而是一个真正面向自己监狱实践的、积极主动的思考者和研究者。监狱干警直面自己的监狱事实,通过讲述自

己的故事的方式，从自己亲身经历的特别是改造罪犯生活中"梳理""寻找"出自己的监狱故事，重新对自己的经历进行咀嚼、回味和反思，在整理自己思维的过程中，获得思想升华，达到一种茅塞顿开、豁然开朗的境界。其实，在日常工作中，许多监狱干警的个人传记或改造手记、个别教育札记等，就是监狱干警故事的汇集。监狱干警的生活故事是丰富的，也是平凡的，在看似枯燥的单调的大墙内发生着，但正因为是监狱干警所经之事、所历之见，它才会在干警脑海里留下深刻的记忆，产生感人的映像。从微观上说，这些生活故事对于干警个人具有里程碑般的意义，它是不可复制的；从宏观上说，这些生活故事对于监狱事业具有强大的道德示范力量，具有极大的感染力。

2."讲述"的叙述方式——关于监狱干警的叙事，叙述者即狱外研究者

这里所说的监狱干警的叙事，主要是由狱外研究者对一线干警的生活故事的讲述。在叙事过程中，狱外研究者其实充当的是一个解说者的角色，解说使人们理解某些事物，如某个故事，这个故事可能是别人创作的，也可能是解说者自己的（例如故事作者创作的）。解说者就是讲故事的人，在解说中，故事变成了叙事的客体，解说者变成了叙事的主体。解说者所解说的，正是发生的故事。解说者通过叙事而使这一事件得以呈现。解说中，故事的主线和研究者的分析交叉出现，使所叙之事通过研究者的解读具有了特殊的意义。

以上不同方式的组合，就会形成不同的监狱故事，如监狱干警讲述自己的故事、研究者讲述监狱干警的故事、研究者讲述研究者和监狱干警互动的故事等，视角的多样化会使监狱叙事更加鲜活生动。

### （二）监狱叙事研究中的呈现方式

如果说前面谈到的是谁在叙事，那么这里所谈到的是所叙何事，即监狱叙事中的呈现方式。有"事"可"叙"，才能形成"叙事"。而所"叙"之事，又不是盲目的、杂乱无章的，它总是通过叙述者的眼光向读者呈现出来。从监狱干警讲述自己的监狱故事的角度看，一般从以下几个方面呈现：

1. 叙自己工作及生活中的真实经历。监狱干警所叙之事绝不能是虚构，更不能是捏造。它总是在特定的时间、地点、人物、环境等诸多因素背景下发生的。监狱干警通过讲述自己的故事的方式，从自己的工作生活中梳理、寻找，"原汁原味"地呈现监狱事实本身，让"有血有肉"的事实本身来说话。由于监狱干警叙述的事情又多是发生在监管、教育、劳动等改造手段的运用上，而且

多与罪犯有关,因此监狱干警所要叙之事,就是将自己在罪犯管理、监狱劳动过程中亲身经历的某些事件真实地叙述出来,这种心灵轨迹的记录,既是一个完整的工作案例,又是成为研究者的必由之路。

2. 叙自己工作及生活中的独特经历。监狱干警的叙事具有小叙事的特征,它强调的不是反映监狱工作的大而全的形式、原则、规律,而是强调反映个体的独特的经历、体验和感受。监狱干警讲述自己的故事,是自身生命经验的表达,是个性化独特境遇的呈现。独特是叙事的标志,成为监狱干警叙事丰富性的前提。

3. 叙自己工作及生活中的矛盾经历。在监狱干警的工作及生活经历中,总会遇到这样或那样印象深刻的矛盾和问题。有矛盾和问题就有它产生的特定原因,面对矛盾和问题的产生就要有一定的应对策略;有一个经历解决矛盾和问题的过程,也就有一定的结果。① 这些表现为某种矛盾和问题的事件,一般说来是具有叙述的价值,需要注意选择加以记叙。

4. 叙自己工作及生活中有意义的经历。监狱干警叙事的目的不在于单纯地叙述,而是要通过叙述,回味自己的体验,探索其中的意义。它以事件为本,用意义链接,它蕴含着丰富的主题,却又在含而不露的叙述中让人们自己去寻找那些隐匿的道理。正因为如此,"意义"成为叙事的灵魂,它能对人的心灵带来影响和震撼,使人浮想联翩,得到启发,获得感悟。

## 三、监狱叙事研究的过程

叙事研究首先要有事可叙,这就需要观察、选择、收集、整理故事;叙事研究还要对事进行研究,这就需要理论的准备和理性的视角;叙事研究还要对研究成果进行撰写,这就需要熟练的文字表达能力。这样叙事研究也才能称得上真正意义上的"研究",研究结果也才能为人们所接受。

如果用一条研究路径来表现其过程,监狱叙事研究一般包括了以下几个流程:

(1) 认真做事。作为监狱干警,认真做好自己的分内之事特别是改造罪犯

---

① 参见李为忠、刘光国:《叙事研究:监狱劳教人民警察人人都是研究者》,载《中国监狱学刊》2008年第2期。

之事，是进行叙事研究的前提和基础。实践出真知，只有在丰富多彩的改造罪犯实践活动中才能积累大量的素材，获得深刻的感受。因此，通过认真做事，就可以获得源源不断的叙事资源。

（2）确定问题。确定问题是进行叙事研究的一环，作为监狱干警所做的事情，涉的面广事杂，涉及罪犯管理、教育、劳动以及日常生活和干警的同事、家属等方方面面这些都可能成为研究问题。监狱干警的叙事研究则更注重以"小叙事"来展示"大生活"，更关注微观层面的细小普通的监狱事件，更强调对监狱改造中特殊现象的描述和体验，因而，研究的问题在一开始就要确定下来。要通过对诸多问题的比较确定出有意义的问题。所谓有意义，即对研究者来说具有实际意义，是他们真正关心的问题。只有当研究者确定了问题之后，监狱叙事研究才有了准确的定位和适当的边界。

（3）选择对象。选择对象是叙事研究得以进行的重要保证。由于这样的研究主要是面对罪犯展开，要求研究者要有敏感的心思，能够细微地把握研究对象，真正理解研究对象；研究者对研究本身要有极大的探究热情；研究者的研究活动要得到被研究者的认同和配合。研究者与被研究者之间的良性互动是监狱叙事研究的重要一步。

（4）深入现场。现场是研究者观察了解研究对象的真实环境。由于罪犯的改造、生活环境主要是在劳动场所、教学场所、文化娱乐场所以及监舍活动场所等，因此，进入现场就意味着走近罪犯活动的时空，与罪犯更加近距离的接触、沟通。深入现场是监狱叙事研究获取真实资料的直接来源。在深入现场的过程中，观察访谈是极为重要的。它可以为研究带来真实感、鲜活感，使研究更加明晰，促使研究走向深入。

（5）梳理资料。监狱干警从事的监狱叙事研究离不开对所收集的资料的梳理，而梳理资料就是与这些事件的人和事进行对话的过程：每一次梳理资料的过程，都是研究者与这些事件的相遇，都会令研究者产生对事件的新感悟，进而产生新的意义解释。所以，资料梳理是监狱叙事研究的重要一环。梳理资料要尊重事实，要基于资料事实进行符合材料实践的分析，如果撇开事实搞主观臆断，就偏离了叙事研究规范的要求。

（6）精心叙事。也就是要用文字把以上所记之"事"转化为研究文本。它既包含研究者对观察到的"事"的故事性描述，也包含研究者对"事"的论述和分析，两者并行不悖，相辅相成，构成了研究文本中细腻的感情氛围和浓郁的叙事风格。它使监狱理论思辨更加丰富，使内心感受更加凸现，使抽象、复杂的观点变得通俗易懂，通过监狱干警自己声音的表达，通过一种"现场感"的创设，使监狱干警的工作、生活故事焕发出感性与理性相融的光辉，其研究成果步入监狱学乃至人文科学的殿堂，得以推广，发挥其最大的效用。

（原载贾洛川、王志亮主编：《监狱学前沿与热点问题研究》，中国法制出版社2014年版）

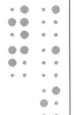

# 借鉴心理效应理论，助推监狱学实务研究转型发展

## ——基于监狱罪犯改造的视角

近年来，监狱学实务研究的转型问题已引起监狱学界的关注，笔者以为，借鉴相关学科的理论包括心理效应理论，是助推监狱学实务研究从旧有的框架中跳出来，实现转型发展的一个重要路径。所谓心理效应，是指由于社会心理现象、心理规律的作用，使人在社会认知的过程中，对人或事所持有的一些特殊反映效果。有关心理效应理论的研究，经过心理学以及边缘学科多年的研究积累，现在已取得了显著的成果，已在诸多领域发挥着重要的指导作用。

罪犯改造是犯罪特殊预防的基本手段，体现着监狱工作的宗旨，理应成为监狱学实务研究的重要方面之一。当前，我国一方面仍处于可以大有作为的重要战略机遇期，另一方面仍处于人民内部矛盾凸显，刑事犯罪高发、对敌斗争复杂的时期。目前，全国监狱押犯数量持续增长，罪犯构成日益复杂，监管改造压力加大，提高罪犯改造质量的任务艰巨，传统的改造理念、模式已越来越不能适应新形势下罪犯改造的总体要求，需要有一套新的理念、新的方式去推动和突破，以实现把罪犯改造成为守法公民，更好地预防和减少犯罪的目标。为此，需要借鉴心理效应理论以打开一扇新的思维窗户，为罪犯改造工作注入新的活力。下面笔者拟对几个常见的心理效应理论在监狱罪犯改造中的运用谈点浅见，试图对助推监狱学实务研究转型发展起到一定的借鉴启发作用。

## 一、隧道视野效应：跳出隧道，眺望远方

法国作家雨果说过："广阔的地平线引导心灵产生整体思想，受限制的地平线使人产生局部观念。"① 与此相应在心理学里，有一个"隧道视野效应"的提法，即一个人若身处隧道，他看到的只是前后非常狭窄的视野，而如果固信这一切，就会影响他对外界事物的判断。

西方管理学家将这种因为身陷特定条件下，而又将这种特定条件视为普遍环境，而做出的各种决策视为隧道视野效应；而所谓的隧道视野，就是目光短浅，好比井底青蛙看世界。隧道视野效应告诉我们，人在隧道中，视野很狭窄，要想视野更广阔，看到更多的东西，就必须走出隧道，站在高处，才能看得宽、看得远。正如一个教育工作者所言，如果你处在井底，那么你心中的天就是井口一样大；如果你处在井沿，那么你心中的天空要比井口大得多；如果你处在山顶，那么你心中的天会更加开阔；如果你处在天上，那么你心中就会拥有整个天空。②

隧道视野效应对于拓宽拓远监狱干警的罪犯改造视野具有重要的启示意义。监狱、监区领导和职能部门要创设有利条件，培养干警的远见力和洞察力。干警只有把目光放远，只有看准了罪犯改造的发展趋势后，坚定不移地去做，才能取得更大成就。在这一点上，被称为监狱学鼻祖的英国人霍华德的敬业精神值得学习借鉴。自从霍华德投身于监狱矫正工作以来，十二年过去了，他不仅刻苦读书，钻研学术，而且走遍了欧洲大小城镇的监狱，走过了 4.2 万公里以上的行程。他为拯救囚犯、病人和无助者，花掉了三万英镑之多。他记着被遗忘者，照顾被忽视者，问候孤独的人，拯救了众多的痛苦的人，③ 还写出了多部在至今仍有广泛影响的监狱学书籍。正因为霍华德具有宽阔的视野，才有这样的执着和取得了骄人的业绩。而这宽阔的视野得益于他的"读万卷书，行万里路"。我们由此得到启示：在监狱工作中，领导和有关部门要引导干警不能把

---

① 〔法〕雨果：《九三年》，人民文学出版社 1978 年版，第 228 页。
② 参见胡美山、李绵军：《智圆行方——智慧校长的 50 项管理策略》，西南师范大学出版社 2013 年版，第 22 页。
③ 参见若水编著：《大决定：决定人生成败的白金法则》，台海出版社 2010 年版，第 18 页。

自己的目标定位于仅是过日子，在工作中不能仅满足于不出事情，而是要刻苦学习，勇于实践，有强烈的事业心和高远的追求，着眼于把更多的罪犯改造成为有益于社会的守法公民。监狱干警如果跳不出隧道视野的框框，那么，工作也不可能达到应有的高度，也不可能取得令人满意的成就。

## 二、贴标签效应：要做贴标签与去标签的工作

在心理学上，有一种心理效应叫贴标签效应。在第二次世界大战期间，由于兵力不足，而战争又的确需要一批军人，美国政府就决定组织关在监狱里的罪犯上前线参战。为此，美国政府特派了几个心理学专家对罪犯进行战前的训练和动员，并随他们一起到前线作战。训练期间心理学专家对他们不过多地进行说教，而特别强调罪犯们每周给自己最亲的人写一封信。信的内容由心理学家统一拟定，叙述的是罪犯在狱中的表现很好，如何接受教育、改过自新等情况。专家们要求罪犯认真抄写后寄给自己最亲爱的人。三个月后，罪犯们开赴前线，专家们要罪犯们给亲人的信中写自己如何服从指挥，如何的勇敢等。结果，这批罪犯在战场上的表现比起正规军来毫不逊色，他们在战斗中正如他们信中所说的那样听从指挥，那样勇敢拼搏。后来，心理学家就把这一现象称为贴标签效应，心理学上也叫暗示效应。[①]

其实，在监狱学研究中，也有一种贴标签理论，又称为社会标定论、标签理论、标示论等。所谓标签，就是一种标记，是社会按照某种规定给一些人留下的印记。贴标签理论认为，一个人之所以成为犯罪人，关键不在于他的行为，而在于社会对他的评价。[②] 这种理论强调，一个人之所以成为犯罪人，往往是由于家庭中的父母、学校里的教师、司法机关以及犯罪矫正机构在处理个人的偏差或违法行为时，对行为人加上了坏的标签，如"坏孩子""不良少年""犯罪人""人渣"等，致使不但行为人自己在不知不觉中修正自己的形象，确认自己为"坏人"，而且社会也对其给予不良评价。使偏差行为人陷入更严重的偏差行为，乃至越陷越深。根据此理论，违规者一旦被贴上犯罪人的标签，就会在

---

[①] 参见郑庆金编著：《教师如何走近学生的心灵》，江苏美术出版社2011年版，第220页。

[②] 参见魏平雄主编：《犯罪学》，中国政法大学出版社1989年版，第37页。

心灵上留下耻辱的烙印，产生"自我降格"的心理过程，进而顺应社会评价，由原先的初级偏差行为逆变为更为严重的高级偏差行为，甚至将其演变成难以改变的行为方式。该理论明确提出了犯罪是一种社会现象，因此，要研究犯罪现象，就要更多地注意社会环境的影响，其中特别要注意社会对未成年人的反应方式对其未来行为及改造的影响。对某些人贴上犯罪人或不正常的人的标签可能会有积极的和消极的两种作用。积极作用，是指贴上标签后可以防止他们继续犯罪，如产生震慑作用，提高人们的警惕；消极作用，是指贴上标签后可能会促使他们进一步实施犯罪。将犯罪人判刑入狱一方面无疑是最深刻的"标签化"过程，当然它会给罪犯带来心灵震慑，但也可能导致其"破罐破摔"。而通过改造、教育，使之成为守法公民和对社会有用之人，就可以减少"标签化"带来的副作用。

这一理论对监狱教育的启示在于，对于在押罪犯，我们一方面要看到当下罪犯这一标签对于服刑人员是必要的，让其记住自己的身份，要打消消极混泡的思想，认真接受监狱的惩罚与改造。但更重要的是，要通过改造与转化，使其从监狱人重新走上社会，成为社会人，即能过正常生活的守法公民。也就是要逐渐做到去掉"罪犯"或"监狱人"这一标签，以一个合格守法公民的面貌重新走上社会。这既是监狱改造的宗旨，也是监狱改造的归宿。要做到这一点，关键是要树立正确的改造观，即"人是可以改造的"的思想。通过监管、教育、劳动等多种手段的结合，使罪犯在监狱脱胎换骨，逐步将"罪犯"标签取掉，成为新人，回归社会，并以实际行动证明自己已经开始了新的人生，最终真正被人们所接纳。

## 三、蝴蝶效应：抓小抓早，防患于未然

"蝴蝶效应"是由美国气象学家洛伦兹于20世纪60年代发现并提出来的，在《分形论——奇异性探索》和《混沌学传奇》等书中都有类似的描述。1961年的冬天，洛伦兹在皇家麦克比型计算机上进行了与天气预报相关的计算。为了正确预报天气，他用计算机求解地球大气的13种方程式。为了考查一个非常长的序列，他想了一个比较快的方法，就是不让计算机从头运行，而是从中间部分开始。他把前一次的输出直接输入到计算机里作为计算的初值，之后他便下楼去喝咖啡。一小时后，洛伦兹回到工作室，出乎意料的事情发生了，它发

现天气变化与上一次模式迅速偏离,在很短的时间里,它们的近似性全部消失了。而进一步的计算表明,因为输入的微小差异,居然造成了输出的巨大差异。经过检查,计算机是没有任何问题的,于是,洛伦兹由此发现了一种新现象——初始值的极端不稳定性,也就是"混沌"或者叫做"蝴蝶效应"。洛伦兹把他的发现在爱因斯坦的美国科学促进会上进行演讲:一只蝴蝶在巴西扇动翅膀,也许会在美国的德克萨斯州引起一场龙卷风。它揭示出细小的因素与看似完全不相干的巨大复杂变化之间存在着紧密的因果联系。他精彩的演讲和结论给人们留下了极为深刻的印象,从那时起,"蝴蝶效应"之说就不胫而走。①

蝴蝶效应通常用于天气、股票市场等在一定阶段内难以预测而且比较复杂的系统之中。在这些难以预测的比较复杂的系统中,经常会牵一发而动全身,即一旦某一非常小的事情处理不当,就有可能导致非常巨大而且无法预料的后果。以蝴蝶效应用之于社会管理来说明:一个微小的坏的机制,如果不加以关注、调节,最终可能会给社会带来巨大的危害,这可以喻为"龙卷风";相反,一个微小的坏的机制,只要加以正确引导,经过一段时间的努力,必定会给社会带来巨大的推动,这也可喻为"星星之火,可以燎原"。大至一个国家,中至一个地区,小至一个单位,在发展过程中必须要注意类似的小事,只有依据蝴蝶效应的理念恰当处理好诸多牵一发而动全身的问题,才能获得更加长久的发展。

监狱罪犯改造同样会受到"蝴蝶效应"的影响。罪犯被判刑投入监狱,监狱和干警的工作中心就是着眼于对他们的教育改造。但由于罪犯恶习较深,教育改造他们并非易事,而且很容易出现新的问题,甚至一些新问题可能会酿成大问题。因此,要谨记"罪犯改造无小事",留心罪犯改造中的蝴蝶效应,讲求工作艺术,尤其要特别关注初始状态的微小变化,注意它可能带来的正面或负面后果。在教育改造罪犯的过程中,由于在罪犯眼中,干警代表着政府、代表着执法机关,因此监狱干警的一句话的表述,一件事情的处理,正确的、恰当的,可能影响罪犯一辈子;错误的、武断的,也可能贻误罪犯往后的转化方向。这就要求干警要"谨言慎行",切忌任意妄为,随心所欲地去做事情,这样就能尽量给罪犯带来正面的影响,避免给罪犯造成负面影响。另外,在监狱教育改

---

① 参见公隋编著:《世界上最神奇的社会学定律》,新世界出版社 2011 年版,第 3—4 页。

造罪犯的过程中，起着重要作用的是安全问题，如果以"安全为天"的监狱管理，能够懂得"蝴蝶效应"，从源头上注重安全防范，并在实践中认真地贯彻落实，那么肯定会对罪犯改造、对监狱的整体发展有所帮助。从一件件监狱安全事故诸如监狱当中出现的越狱、袭警、群殴等重大恶性事件中探究原因，我们常常会发现事故最初发生时只是些非常微小的环节，只是因为未能从源头上控制。后来，就像那只偶尔扇动了几下翅膀的蝴蝶，它所产生的连锁反应逐渐破坏了整个监狱安全防范系统的平衡，进而酿成了重大事故，造成难以挽回的巨大损失。所以，从蝴蝶效应的角度看，防微杜渐和居安思危是抓好安全防范的必要条件，领导和普通干警都要树立"安全为天、预防为主"的责任意识，严格按照执法规范从事工作，特别是对于细小的安全隐患要及时发现，果断排除。否则一旦事情到了难以收拾的地步，即使做再多的补救工作，也难以挽回已造成的严重损失。

## 四、破窗效应：发现问题，及时修复

　　破窗效应是由政治学家威尔逊和监狱学家凯琳提出来的。该理论认为，如果有人打坏了一个建筑物的窗户玻璃，而这扇窗户又得不到及时的维修，别人就可能受到某些暗示性的纵容去打碎更多的窗户玻璃，久而久之，这些破窗户就给人造成一种无序的感觉。在这种公众麻木不仁的氛围中，犯罪就会滋生，变得越来越猖獗。该理论后经美国斯坦福大学心理学家菲利普·辛巴杜的实验进一步证实，他于1969年进行了一项实验。他找了两辆一模一样的汽车，把其中的一辆停在加利福尼亚州帕罗阿尔托的中产阶级社区，而另一辆停在相对杂乱的纽约布朗克斯街区。他把停在帕罗阿尔托中产社区的汽车保持良好状态，把停在布朗克斯街区的那一辆车牌摘掉了，并且把顶棚也打开。结果停在布朗克斯街区的那辆车一天之内就被人偷走了，而停在帕罗阿尔托的那一辆，停了一个星期仍安然无恙。后来，辛巴杜用锤子把停在帕罗阿尔托那辆车的玻璃敲了一个大洞，结果，仅仅过了几个小时，车就不见了。以后心理学家将其归纳为：任何一种不良现象的存在，都在传递一种信息，这种信息会导致不良现象的无限扩展。①

在美国，有这么一个诠释"破窗效应"的小故事：从 18 世纪开始，纽约就以"脏、乱、差"闻名。环境恶劣，秩序极差，而且犯罪猖獗。其中，地铁的情况尤为严重，是各种犯罪的发源地，被认为是"可以为所欲为、无法无天的场所。"针对这种状况，1994 年纽约市新任交通警察局长布拉顿决定采取有效措施进行治理。他认为小奸小恶就是暴力犯罪的引爆点。因此，虽然地铁站的重大刑事案件不断增加，他却全力打击逃票。结果发现，平均每 7 名逃票的人中就有一个通缉犯，每 20 个逃票的人中就有一个携带凶器者。从抓逃票入手，地铁的犯罪率真的开始下降，治安大幅好转。与此同时，他又开始治理地铁车厢的卫生。车厢变得干净了，站台随之也变干净了，站台干净了，随后街道也干净了，然后整个社区干净了，最后整个纽约变得整洁干净了、漂亮了。现在，纽约已是全美国治理最出色的城市。而这件事也被称为"纽约引爆点"。②

从小事做起，从基础抓起，因势利导，这是纽约实现由乱到治的关键。它启示我们，对于影响深远的过错，修补"第一个破窗"不仅要及时，更要大张旗鼓，然后顺势而为，就可以产生意想不到的奇效。另外，做人做事，要注意慎始，防微杜渐，如果对小的过失反应迟钝，纠正不力，将会使人们不自觉地任其变得更坏。

破窗效应在罪犯改造中有着很重要的启示借鉴意义。首先体现在执法程序上。在我们的实际工作中，经常会有这样的情况发生：看见某个干警在工作时违反执法程序或简化了一些操作程序，当时也没见出什么事情。于是，自己为了省事也就跟着别人学起来。但没有意识到这样做的结果不仅为自己的工作过程埋下了事故隐患，而且还有可能影响到周围的其他一些干警，不知不觉让他们也跟着违反工作规程。如果大家都在这样一种氛围中工作，后果不堪设想。

其次，体现在监区乃至监组管理中。它启示我们，必须及时修好"第一块被打碎的窗户玻璃"。有句成语叫"防微杜渐"，说的也是这个道理。比如监区乃至监组某个人违反了监规，有时也不妨以"小题大做"的方式处理，绝不能大事化小、小事化了。因此，干警在监区乃至监组管理过程中，一定要警惕破

---

① 参见于薇编著：《社会生存必知的金科玉律》，中国时代经济出版社 2011 年版，第 13 页。

② 同上书，第 46 页。

窗效应反面作用的发生。

再次,体现在对罪犯引导上。例如,一个罪犯因为有些问题如劳动成绩不好或时而违反监规,就给他打上"顽固犯"或屡教不改的印记,那么,其他干警和罪犯就会戴上有色眼镜看他。而这样做的结果,只会使所谓的"顽固犯"或问题犯对立心理越来越强,最后导致出现更大的问题。因此,监狱干警应该首先不要轻易认定那扇窗户破了,要注意保护罪犯的自尊心,及时修好被打碎的窗户玻璃才是上策。

总之,破窗效应的影响是比较隐蔽的,但后果又是非常可怕的。该理论的核心是把握好"及时修复",不能忽视细节。在罪犯改造工作中,我们如果能从小事抓起,使及时治理和纠正的理念深入到我们每个干警的思想与行为中,从自己做起,从小事入手,就会在罪犯改造中取得很好的效果。

## 五、酒与污水定律:清除害群之马,保持罪犯群体气正

在管理心理学里,有一条十分有趣的定律,叫"酒与污水定律"。这条定律是说,如果把一匙酒倒进一桶污水里,得到的还是一桶污水;如果把一匙污水倒进一桶酒中,得到的就是一桶污水。[①] 这就是管理学中的"酒与污水定律",与该定律相类似的提法还有,如果让一个烂苹果继续放在好苹果堆里,结果是好苹果也很快就变成烂苹果,另外还有我们常说的"一颗老鼠屎坏了一锅汤"的说法,重点都是放在被污染的那桶"酒"、被烂掉的那堆苹果和被坏了的那锅"汤"上。

这个定律其实讨论的是组织或群体内的破坏力问题,在任何一个组织或群体里,都存在一个或几个难弄的人物,似乎这些人存在的目的就是为了让这个组织或群体不得安宁,就是为了把事情搞糟。他们不干正事,到处搬弄是非、兴风作浪,破坏组织或群体内部的和谐。最糟糕的是,他们就像果箱里的烂苹果一样,如果不及时处理,它会迅速传染,把果箱里其他的苹果也弄烂。"烂苹果"的可怕之处在于它具有惊人的破坏力,一个习惯于捣乱、破坏的分子进入一个团体,如果予以纵容,就会出现一匙污水污染一桶酒的情况。

---

① 转引自公隋编著:《世界上最神奇的社会学定律》,新世界出版社2011年版,第260页。

社会心理学的研究表明，在组织或群体内部捣乱者、破坏者能量很强的一个重要原因在于，捣乱、破坏总比维护、建设容易，一个能工巧匠花费十日精心制作的陶瓷器，一头驴子一秒钟就能把它毁掉，因此即便有再多的能工巧匠，也不会有多少像样的工作成果。如果一个组织或群体里有这样一头驴子，就应该果断把它清除掉；如果还没有足够的把握这样做，也要设法把它拴起来不致为害。

应该说绝大多数罪犯经过一个阶段的改造，能够做到遵守监规，认罪服法，积极劳动，努力学习，争取早日重获自由。但也有一些顽危犯，不但恶习不改，反而视监狱及干警对他们的人道主义待遇和教育挽救为软弱可欺，虽然身在监狱，却仍然继续违规违纪，甚至又犯罪，或打架斗殴，或偷窃财物，或拉帮结伙，或伺机脱逃，或传习犯罪。就传习犯罪而言，有的罪犯在罪犯中津津乐道和炫耀自己的犯罪经历和犯罪"体会"，甚至公开传习"武术""护身术"，传授盗窃的方法，抢劫的要领以及强奸女性的伎俩。在他们的毒害下，一些罪犯，尤其是青少年初偶犯，可能会从"一面手"变成"多面手"。这些罪犯就如同污水、老鼠屎，必须依法、依规及时、果断地加以处置惩处，不如此，监规纪律就无法维持，改造秩序就无法建立，监管场所就可能变成"犯罪传习所"和"黑染缸"。这是绝对不能允许的。

在监狱罪犯群体中要防止一匙污水污染一桶酒现象的发生，其中的关键是要"擒贼擒王"。"擒贼先擒王"是千年古训，既是名言警句，也是历史文化精华的积淀。唐代诗人杜甫所写《前出塞》就有"挽弓当挽强，用箭当用强，射人先射马，擒贼先擒王"的诗句。可见擒贼擒王之计不仅由来已久，而且几乎人人皆知。王，可泛指国家、社团、机构、部门、宗教或帮会、团伙等组织的首领或核心人物。"擒贼擒王"就是要摧毁敌人的中坚力量，抓获敌人的首领，就可以瓦解整体力量。失去首领的军队，无异于一群乌合之众，脆弱得不堪一击是必然的。当然，要在万军之战中俘获敌首，其中艰险也是不言而喻的，不可贸然行事，要有周密的决策和巧妙的安排。具体到监狱，罪犯中间的顽危犯或反改造尖子，一般都有纠合性强、江湖义气重、充好汉心盛的特点，热衷于结团伙，借势壮胆，胡作非为。要打掉团伙，扭转不良风气，就要采取"擒贼擒王"的办法，先把"头头"严格隔离，使其失去显示自己、驾驭他人的机会。离则生疏，生疏则易生疑，就可以利用矛盾，分化瓦解，各个击破，团伙其他成员的转变也就好办多了。正如哲学家梭罗所说："一棵邪恶的大树，砍它枝叶千斧，不如砍它根基一斧。"砍根基就是"擒王"，就是抓住主要矛盾，抓住主要矛盾才能使问题得到实质性的解决。

在监狱罪犯群体中要防止一些污水污染一桶酒问题的发生，必须注意防微杜渐，平时加强管理，坚持经常性的教育工作，形成一个正气占上风，邪气没有市场的良好群体氛围，形成一个积极、健康、向上的罪犯改造群体风貌。这样即使调进一、两个心怀不轨的罪犯，也会迫于正面影响占主导的气场而不敢轻举妄动。

## 六、热炉法则：监规监纪必须牢牢扎根于改造罪犯的各个环节

热炉是火红的，如果有人触碰它，就会被烫伤；如果不碰它，就会安然无恙。因此，当人们围着火炉取暖的时候，谁也不敢去碰火炉一下，因为大家都知道，火炉是很热的，如果碰到它就会被烫伤。据此，西方管理学家认为，对于职场内部规章制度的管理与惩处，必须像烧得火烫的炉子一样，任何人触碰了它，都会受到相应的惩罚。美国管理学家史蒂芬·罗宾斯教授在《管理学》一书中，将这种现象称为"热炉法则"。①

"热炉法则"涵盖了几个原则②：一是警告性原则。热炉摆在那里，通红的壳体让大家知道碰触就会被烫。例如，在职场拥有一个立足于正反两面的引导机制，应该做什么，不应该做什么，如果做了就会受到相应的惩罚，这样就会使人趋利避害，不去违背规章制度。二是公平性原则。不论谁碰到热炉都会被烫，因为热炉对人不分贵贱亲疏。职场的管理制度也是如此，不论职务高低适用于任何人，只要触犯，都要受到惩罚，一律平等，没有例外。三是及时性原则。当不管谁碰到热炉时，立即就被烫伤。因此，惩处必须在错误行为发生后立即进行，如果延时，就不能起到好的惩戒、教育作用。四是分明性原则。你用哪里碰它，它就烫你哪里，而不会烫你没碰过的地方。即制度规定不可以做的，就不要去做，做了就会受惩罚。五是必然性原则。碰一次烫一次，没有例

---

① 参见于薇编著：《社会生存必知的金科玉律》，中国时代经济出版社2011年版，第182页。

② 同上书，第182—183页。

外。不是说这一次受过罚,下一次在做错时就可以不用再受罚了,错一次罚一次,没有走人情放过场的情况。聪明的人会在第一次被烫时就总结教训,这样就不会反复犯错。

热炉法则其实就是通过法规、制度的震慑性以警诫人们不要去碰高压线,去踩雷区。我国古代也有不少能够说明热炉法则的观点和实例。《左传·昭公二十年》中郑国子产就说过:"夫火烈,民望而畏之,故鲜死焉;水懦弱,民狎而玩之,则多死焉。"另传春秋时期,董阏于被派往赵国的上地去任地方长官,这一天,他来到石邑山,只见山中有一条深涧,涧壁陡峭,涧深百丈,十分险要。于是董阏于找到当地人问道:"有没有人掉进过这深涧?"当地人回答说:"没有。"董阏于继续问:"牛马猪狗有没有掉进去过呢?"人们回答说:"也没有。"董阏于想了想,问道:"为什么不曾有人畜掉进这深涧里去呢?"人们回答说:"这深涧阴森陡峭,谁要是掉进去了那还能有性命吗?因此无论是谁,走到这深涧附近都万分小心,或者绕道而行,谁也不敢去碰这个危险,连牲畜看到这深涧也会止步不前。"董阏于听完,深受启发地拍手叹道:"对啊,如果我制定严格的法制,又严厉地执法,毫不宽容,让人们知道违法就如同掉进这百丈深涧一样有生命危险,那就谁也不会去触犯法律了。"① 这里姑且撇开子产、董阏于推崇法制的人治成分,仅从子产借"火"、董阏于借"深涧"来谈维护法规制度的严肃性来看,子产的话就形象地反映出了"热炉法则",董阏于的见解与热炉法则也有异曲同工之妙,都是强调法规制度的重要性、严肃性、执行力,让人们明白违反法规制度后果的严重性,从而敬畏法规制度,并认真遵循法规制度。

热炉法则对于监狱的罪犯管理、教育也有其重要的启示借鉴意义。监规监纪是监狱一切监管改造制度的基石,罪犯改造集体要防止歪风邪气现象的蔓延,形成风清气正的局面,其重要的维系力是监规监纪。而监规监纪的维系力又要通过严格的执行力来完成,执行监规监纪时就必须严格遵守热炉法则。对于罪犯来说,谁要想用手去碰烧热的火炉即监规监纪时立刻会被烫,而火炉即监规监纪是绝不理会被烫的人是谁的。当把这种法则应用到监狱对罪犯的管理、教育中,就会出现监规监纪面前人人平等的局面。

由于罪犯过去在社会上大都是无法无天、放荡不羁的"野马",入监服刑后不少人还不认罪服法,试图挑战监规监纪,因此在监狱行刑过程中,更需要应

---

① 毕春月编著:《做老板必读的86个故事》,人民邮电出版社2013年版,第90页。

用热炉法则，即更需要一套不容触犯的严格的监规监纪。否则，就会造成秩序混乱没有章法，且不要说是对该目标的改造了，就是对眼下的安全都是致命的。因此，热炉法则必须牢牢扎根于监狱改造罪犯的各个环节。

在监狱的罪犯改造中要运用好"热炉法则"，结合其基本原理，要特别强调以下几点：

第一，要有提前量。监狱的各项监规监纪，首先要事先制定，并广泛告知，让所有罪犯都知道，哪些规定不能违反，哪些事不能做，做了就要受惩罚。其次要及时告知，如新收犯入监或新犯转来新的监区、监组，要及时、充分、全面宣讲监狱涉及罪犯的各项监规监纪，避免新犯因狱方未履行告知义务而出问题，给工作造成被动。

第二，要贵在落实。监狱的各项监规监纪，不能只写到墙上，印在本上，而是贵在实实在在地贯彻执行。让罪犯明白，绝不能以身试法，试则必受罚，一旦违反，立即受罚，从而确保监规监纪的权威性。

第三，要公平公正。不论是什么样的罪犯，什么来头，一摸热炉必被烫，一旦违反监规监纪必受罚，监规监纪面前人人平等是监规监纪得到全面贯彻落实的根本保证。

第四，惩罚要注意同对象所犯罪错的性质、程度相适应。也就是在运用热炉法则时，应同罪犯所犯罪错的性质程度相适应，如果不分对象所犯罪错的性质、程度，一味地滥用"热炉"手段，就会引起对象的抵触，使矛盾激化。在这里，还必须提出要严禁侮辱罪犯的人格或采用体罚手段，这样做只会引起相反的作用。

第五，运用热炉法则，不能仅仅停留在"烫"即处罚上，处罚后，细致的教育工作要跟上去，让罪犯对自己所受的惩罚心服口服。这样的话，"热炉"带给罪犯的不仅是烫手，还会有温暖的感觉，才能更好发挥热炉法则的良好效应。

以上列举了六个心理效应理论在罪犯改造中的运用，其实心理效应可以列举出上百个。限于篇幅，不可能一一展开。这里想要强调的是，监狱学实务研究包括监狱罪犯改造研究要关注这一方面的研究成果，善于吸收、合理嫁接、为我所用，以拓宽监狱学实务研究的思路，丰富监狱学实务研究的方法，从而对监狱学实务研究转型发展提供应有的助推作用。

（原载严励、岳平主编：《犯罪学转型与发展》，中国法制出版社2014年版）

# 试论监狱学研究思维方式的转型与更新

在我国社会全面转型与深化改革的关口,需要全社会各个领域转型与变革的跟进。在这种大势下,监狱要实现自身的转型与变革,必然离不开监狱学研究的支持和指导,而要真正发挥监狱学的支持和指导作用,又有赖于监狱学研究自身的转型与变革,而监狱学研究自身的转型与变革,根本又有赖于监狱学研究思维方式的转型与更新。没有监狱学研究思维方式的转型与更新,就没有监狱学研究和监狱的转型与变革,前者是后者的基础。正如有专家所言:"建设一流学科要有一流思维"①,或人们常说的"思路决定出路"。有了监狱学研究思维方式的成功转型与更新,才会给监狱学研究和监狱的转型带来根本性的推进和发生根本性的变革。可是改变已有的思维方式,形成新的思维方式,并不是一件轻而易举的事情,对于监狱学研究者来说,无疑是一个巨大的挑战。尽管如此,也要迎难而上,在监狱学研究思维方式的转型与更新上下功夫。否则就很难保证监狱学研究转型与变革的成功以及监狱转型与变革的成功。

美国著名的地质学家华莱士认为,人的大脑里蕴藏着丰富的宝藏,而思维方式是其中最珍贵的资源。② 正确的思维方式是解决问题的前提条件。人类发展至今,已经积累了多种多样的思维方式。但联系到监狱学研究领域,当下需要重点考虑的是,为什么要提出监狱学研究思维方式的转型与更新?监狱学研究思维方式的转型与更新要注意什么?什么样的思维方式是最适合当下监狱学研究转型和更新的思维方式?应该从哪些不适应新的形势发展需要的思维方式中解放出来?这是笔者在本文要着重回答的问题。

---

① 唐景莉等:《建设一流学科要有一流思维——对话北大、清华、人大、北师大部分一级学科负责人》,载《中国教育报》2013年2月25日第5版。

② 转引自金泽灿编著:《方法比努力更重要》,内蒙古文化出版社2008年版,第2页。

**守望与超越**
变革时代下监狱理论与实践探析

# 一、社会转型与变革呼唤监狱学研究思维方式的转型与更新

就一般意义的社会转型与变革而言,是与现代化密不可分的。对于现代化,有多种多样的理解。塞缪尔·亨廷顿认为,"现代化是一个包含了人们思想和行为各个领域变化的多方面进程。"戴维·波普诺认为,"现代化指的是在一个传统的前工业社会向工业化和城市化转化的过程中发生的主要的内部社会变革。"布莱克则认为,现代化是"反映着人控制环境的知识亘古未有的增长,伴随着科技革命的发生,从历史发展而来的各种体制适应迅速变化的各种功能的过程。"① 综合各种现代化的定义,比较公认的观点认为,现代化是指在一定时期和世界范围内,以先进的科学技术和先进发达的生产力为导向,实现整个社会和人类全面进步与全面优化的动态历史过程,它是社会的现代化与人的现代化有机统一的变化过程。② "现代化是人类社会唯一的普遍的出路。"③ 由于现代化是社会各个领域以及人的思想发生的重大变化,因此它必然会打上其不同于以往时代的变化特征:如在经济层面上,现代化是由传统农业社会向工业化和信息化社会的转变;在政治层面上,是由专制制度、半民主制度向民主法治制度的转变;在组织管理层面上,由单一的不分化的社会组织和管理,向结构多样化、管理科学化、功能专门化转变;在观念层面上,由宿命论、迷信、宗教狂热向理性化、知识化、科学化转变;在活动层面上,由人得不到发展到片面发展再到全面发展的转变;在交往层面上,由封闭型、地域性的人际关系,向开放性、全球化的人际关系转变;在生活层面上,由农村生活为主体向城镇化、尤其是大中城市为中心的转变等等。④ 也有人将现代化概括为一个过程,意味着四个转型,即"从传统计划经济向市场经济转型;从全能政治向依法执政、依法行政转型;从一元社会向多元社会转型;从封闭社会向开放社会转型"⑤。

---

① 转引自郭理蓉:《刑罚政策研究》,中国人民公安大学出版社 2008 年版,第 238 页。
② 参见李康平:《新世纪德育的创新与发展》,中国青年出版社 2001 年版,第 215 页。
③ 〔美〕列维:《现代化的后来者与幸存者》,吴葳译,知识出版社 1990 年版,第 2 页。
④ 参见李康平:《新世纪德育的创新与发展》,中国青年出版社 2001 年版,第 215—216 页。
⑤ 转引自张新顺、王传敏:《论监狱刑罚观念现代化的关键词描述》,载《江苏警视》2011 年第 2 期。

我国社会现正处于一个转型与变革的时代,或者说,正处于社会主义现代化建设的新时期。实现现代化,是中国人民一个半世纪以来梦寐以求的理想,也是中国共产党人长期坚持不懈的奋斗目标。社会的转型与变革必然带动社会系统中各个要素的变化与发展,而其内部要素的变化与发展反过来也会作用于社会转型与变革自身。改革开放以来,在实现社会主义现代化过程中带来的社会转型的巨大变革中,给监狱系统带来了全方位的变化,同时也给监狱系统提出了更加严峻的挑战和新的时代课题,也给监狱学研究提出了亟待破解的新的时代课题,要求监狱学研究必须转换和更新思维方式去适应这种转型与变革。监狱作为整个社会法治系统的一个组成部分,社会转型与变革与监狱会产生必然的联系,监狱离不开社会,监狱所有工作归根结底也是服务于社会。监狱的变迁与发展无论是在目的、任务还是制度、手段等方面都具体地受制于一定社会的经济、政治、文化、社会治理本身的变化与发展。因此,十分有必要把监狱工作置于社会转型与变革的大背景下去考量,社会转型与变革呼唤监狱学研究思维方式的转型与更新,只有适应转型与进行更新,才能实现监狱学研究的现代化转型并进一步助推我们实现当代中国监狱的现代化转型。

当前,我国正在经历着党的十一届三中全会以来最大的整体性社会转型与变革,全面建成小康社会进入决定性阶段,改革进入攻坚期和深水区。在新形势下,以习近平同志为总书记的党中央继承和发展了我们党关于社会主义现代化建设的理论,明确提出了推进国家治理体系和治理能力现代化,实现从工业、农业、国防和科学技术现代化向全面现代化目标的历史跨越。它不仅反映了党对国家现代化认识的深化,而且体现了我们党对改革认识的深化和系统化。[①]为实现全面现代化的目标,又系统化提出了"四个全面"的战略布局,拉开了新一轮社会转型和变革的大幕。社会转型与变革既是监狱事业转型与变革发生的宏大背景,也是监狱转型与变革的直接动力。作为国家刑罚执行机关的监狱,必须在这一最大的整体性社会转型与变革过程中主动地、自觉地进行适时转型,才能对推进平安中国、法治中国建设,对维护社会和谐稳定起到重要的保驾护航作用,否则便会失去其应有的生命力。监狱转型与变革是社会转型与变革的组成部分,它需要理论上的引领。社会转型与变革呼唤监狱的转型与变革,呼

---

① 参见王伟光:《努力实现国家治理体系和治理能力现代化》,载《求是》2014年第12期。

唤着监狱学研究思维方式的转型与更新。

而纵观改革开放以来,我国监狱事业发展的历程显示,监狱学研究与监狱工作实践具有不同步性。如监狱工作实践是不断地向前发展的,人们的思想认识也必须随着实践的发展而发展,但有些时候社会和监狱在转型发展中出现了新问题,监狱学研究却不能及时有效地提出有分量、有说服力的对策。有些理论研究虽然很前沿,但并没有被有效地转化为实践。监狱学研究的根本任务就在于研究新情况、解决新问题,揭示新特点,探索新思路,寻求新方法、新途径,并且要为新的实践提供科学的理论支持和指导。实际上,这些年来,一些监狱的法律法规以及监狱主管部门出台的相关指导性文件,也不是凭空创生出来的,这背后既有社会和监狱发展变化的需要,也有大量监狱学研究者的理论研究和支持。因此,在新形势下,监狱学研究要在社会和监狱转型的关口进行更有针对性的研究,从而为监狱工作实践和相关监狱决策的制定提供强有力的智力支持。而要做到这一点,就需要在监狱学研究思维方式的转型与更新上下功夫。而监狱学研究思维方式的转型与更新,将会更好地使监狱学研究适应监狱以及社会的转型与变革的需要,促使监狱工作理念、内容和方式的根本转变,满足监狱决策的需求,同时也会导致原有监狱学理论体系出现质的变化,并呼唤新的监狱学理论的创生,不仅对实现监狱全面转型与变革,而且对于整个社会的转型与变革起到应有的推动作用。

## 二、监狱学研究思维方式的转型与更新应立足国情、与时俱进、着眼使命

党的十八届四中全会通过的《中共中央关于全面推进依法治国若干重大问题的决定》明确要求我们必须从我国的基本国情出发,同改革开放不断深化相适应,总结和运用党领导人民实行法治的成功经验,围绕社会主义法治建设重大理论与实践问题,推进法治理论创新,为依法治国提供理论指导和学理支撑。

监狱学从本质上讲属于刑事科学[①],因此它也是属于法学或社会主义法治理论的重要组成部分,由此我们首先要明确的是,我们要创新什么样的监狱学?那就是要创造出与国情、与时代、与使命相适应的监狱学说。这也要求监狱学

---

① 参见王泰主编:《监狱学概论》,中国政法大学出版社1996年版,第2页。

研究思维方式的转型与变革要形成立足国情、适应时代、着眼使命的监狱学研究思维方式。

## (一) 立足国情的监狱学研究思维方式

中国的监狱学研究思维方式曾经也走过弯路。如郭明在《中国监狱学史纲》一书中指出，1949—1967年，中国继受苏联劳动改造传统的影响，《中华人民共和国劳动改造法讲义》等作品的出现，标志了中国监狱学的特定形态——劳改学形成初胚；1967—1979年则是学术完全失序与废弛及语录体的填充应用；直到1979年，劳改学随劳改教学与培训的需要而复生。复生后的劳改学，从体系构成和话语特点来看，主要受来自苏联劳改学教材翻译系列的影响。80年代中期以后，英美主义虽然日益渗透，但劳改学的知识主干却是由劳改意识形态演绎形成的本土化了的理论体系，基于其上的各种劳动改造学教材、著作和论文应运而生，蔚为大观。总的说来，可以把50年代初至80年代末的中国监狱学时期，称做"劳改学时代"。但是，自80年代中期以后，随着中外交流视野的扩大，翻译介绍国外各种监狱资料的增多，中国监狱学的知识与话语开始发生微妙而深刻的变化，预示了所受学术传统影响的改变。90年代以后发表或出版的大量论著中，引证注释国外监狱学资料绝大部分来自欧美国家。由此可以看到，原有劳改学术传统随着现代化路径的转向而发生了向"矫正"的明显偏移。[1] 该书虽为一家之言，但大体上勾勒出了新中国成立以来从劳改学到监狱学的发展脉络，同时也反映了监狱学研究思维方式在立足本国国情问题上所走过的弯路（当然也要看到不少研究者特别是进入21世纪以来立足国情所作的努力）。它警示我们，无论是搞"一边倒"（向苏联学习）式的老的教条主义，或者搞唯西方监狱理论、制度马首是瞻的新的教条主义，都是脱离中国国情与监狱工作实际的，也是不足为训的。监狱学研究脱离了中国国情，离开了本土，只会与实际沾不上边、接不上轨，不仅会使监狱学研究陷入误区，而且对于监狱工作实践也没有帮助，甚至会起到负面影响。这就要求我们在新的形势下，在监狱学研究中，思维方式要牢牢把握住立足国情和监狱工作实际这个基本点，如我国社会的历史阶段即社会主义初级阶段的客观现实，包括经济、政治、文化、社会特别是当下社会转型的实际状况；我国的传统文化、法律文化与监狱

---

[1] 参见郭明：《中国监狱学史纲》，中国方正出版社2005年版，第187—210页。

工作的结合；我国监狱工作的历史、现状、发展走向，监狱整体或某项制度改革与创新的可行性和可操作性，监狱民警与罪犯的现状和特点，罪犯改造质量提升的瓶颈和对策等，都是我们所不能忽视的。当然，我们强调立足国情，并不是一概排外，对于外来一切有益的东西都可以拿来为我所用，但是这个"拿来"也要以我为主，有所选择，有益于我国监狱学研究的健康发展。

### （二）与时俱进的监狱学研究思维方式

人类的法治包括监狱法治是一个不断发展的过程，不同的时代有不同的法治包括监狱法治需求，因此监狱学研究思维方式就必须与时俱进。首先，要着眼于我国当下社会发展现实，既要随着我国社会犯罪类型的变化与监狱押犯成分的变化，不断改进监狱制度和采取更有针对性的改造措施；又要随着社会文明与科技的进步，使监狱工作与改造措施不断发展，提高其科学文明的含金量。[①] 同时，监狱学的理论体系包括各分支学科的内容，也要符合时代的要求，有所更新。其次，再从国际背景来看，我们正处于一个全球化的时代。这个时代必须具有世界眼光、开放思维，必须置于国际大背景下来考虑中国的监狱行刑发展。放眼当今国际行刑体系，中国监狱作为其中的一个方面，自然不能置身事外。既要有自己鲜明的特色，也要适应国际行刑的发展趋势，更要遵循人类文明的共同成果[②]，借鉴国外的有益做法为我所用。这样才能适应国际行刑发展的新趋势，既促进我国监狱事业的科学发展，同时在国际行刑体系中真正有我们的一席之地。

### （三）着眼使命的监狱学研究思维方式

从实践的角度看，新形势下进一步推进监狱工作，打造法治监狱是为了谁？为了什么？这是必须十分清楚的问题。这里实际上所涉及的是监狱所肩负的使命问题。监狱所肩负的使命具有多重性，而最重要的使命是以改造人为宗旨，不断提高改造质量，最大限度地降低重新犯罪率，减少不和谐因素，维护社会稳定，促进公平正义。监狱工作所肩负的神圣使命决定了监狱学研究也不能游

---

① 参见何为民：《监狱学研究的方法论问题》，载中国监狱学会编：《优秀论文集（2003——2005）》（上册）（内部交流），第10页。
② 参见姜金兵：《长风破浪会有时》，载《江苏警视》2014年第9期。

离这个使命，也必须着眼使命来转换思维方式。这就要求监狱学研究在思维方式的转型与更新上，始终不能忘了所肩负的神圣使命，这样才能保证监狱学研究在健康的轨道上运行。从理论的角度来看，进一步建设和发展有中国特色的监狱学理论研究体系，发挥监狱学在监狱事业发展中的基础性、战略性、先导性、实用性作用是监狱学理论研究者的重要使命。而要完成好这一使命，就需要加快监狱学研究思维方式的转型与更新。

## 三、监狱学研究思维方式的转型与更新需要的几种思维方式

接下来要弄清楚的是，在五花八门的思维方式中，哪些是监狱学研究中好的思维方式。其"好"与"不好"的标准何在，其实在前面第二部分已经回答了。具体地说，什么样的思维方式是最适合当下监狱学转型与变革以及监狱工作转型与变革的思维方式呢？或者说哪些是监狱学研究思维方式的转型与更新所需要的思维方式呢？笔者以为，以下六种思维方式是监狱学研究中所需要的"理想"的或"好"的思维方式，它们各自相对面则是亟须转变的"不理想"或"不好"的思维方式。

### （一）从人治式思维转向法治式思维

我国当今社会，正处于由人治社会向法治社会的转型过程中，特别是十八届四中全会提出的全面推进依法治国的新布局，正在进一步促进其全面转型。在这一形势下，建立以法治为主导的监狱治理结构已势在必行。同时也要求监狱学研究的思维方式适应这一需要，即从人治式思维转向法治式思维。

所谓法治思维就是服从法治的要求，以法律规范为基准认识、分析、处理问题的思维方式。① 在监狱学研究与实践操作中，按照法治思维思考问题、分析问题和解决问题，是全面推进依法治国、依法治监的必然要求和题中应有之义。法治思维的特征是按照法治精神思考问题。在以往的监狱学研究与监狱工作实践中，我们主要依靠政策思维的方式、组织决定的路径、行政命令的手段

---

① 参见上海市中国特色社会主义理论体系研究中心：《树立法治思维 全面依法治国》，载《求是》2015年第7期。

## 守望与超越
### 变革时代下监狱理论与实践探析

进行理论研究和实际运作,在某些情况下甚至是个人意志在起作用,这都与法治思维有很大不同。思路决定出路,思维水平决定工作水平。早在改革开放伊始,党中央就向全党提出了战略思维、创新思维、辩证思维能力的要求。党的十八大以来,习近平总书记反复强调法治思维对党治国理政的重要意义,进一步强调把依法治国确定为党领导人民治理国家的基本方略,把依法执政确定为党治国理政的基本方式,这是适应全面推进依法治国的基本要求,也标志着党治国理政思维方式的一个重大转变。在这种大背景下,作为监狱领域的监狱学研究者,其思维方式也理应由人治式思维向法治式思维转变。

要实现这个转变,一是要在监狱学研究中始终贯穿宪法、法律至上的原则,用法治思维捍卫法律权威。在以往官本位的体制下,法律的权威抵不过权力的权威,较为普遍地存在着"黑头不如红头,红头不如笔头,笔头不如口头"的非法治思维和非法治方式表现在监狱学研究中,不少人习惯于依重领导人的讲话精神,法律反倒成了可有可无的东西。现在党中央提出全面推进"依法治国"所体现的就是法律权威,党中央强调党的一切活动不能超越法律范围,内含的也是确保法律权威。因此,今后的监狱学研究,要充分体现法治精神,用法治精神统领监狱学研究,坚定不移地用法治思维捍卫法律权威。只要是在法律没有禁止的范围,都可以发表自己的言论,提出自己的见解,即使是某些言论与上级某个领导、某个部门的某种说法不一致,也可以通过自由辩论的形式把问题辩论清楚,而不能动辄打棍子、扣帽子。

二是要在监狱学研究中加大、加重法治的内容。我国监狱本身就是社会主义法治体系的重要组成部分。作为以监狱为研究对象的监狱学自然要牢固树立姓"法"的意识。但以往我们的理论研究对法治在监狱中的地位关注不够,深入研究不够,而在全面推进依法治国、打造法治监狱的当下,就要认真反思一下过去,很好研究一下新形势下法治与监狱工作的关系,为依法治监提供充分的理论和智力支持。例如,有的同志经过思考,对于当前和今后需要打造的法治监狱概括了以下一些方面的显著特征:第一,监狱从法制治理向法治治理的理念的转变,从依法治监的要求向法治监狱的实践转变;第二,从监狱治理的有法可依向科学立法、民主立法、系统立法的转型升级;第三,从强调构建监狱治理的法律体系、制度体系、标准体系向强调体制、制度、机制、标准四位一体的转型升级;第四,从依法管理向依法治理监狱升级;第五,从过去单纯强调监狱和民警依法严格执法向强调政府、社会、服刑人员及其亲属共同推进、一体建设的目标转型升级；第六，从规范民警执法行为向由行为到程序、由内容到形式、由决策到执行一体化规范的转型升级等等。① 这些想法，从不同侧面对法治与监狱的关系作了较好的提炼，也启示我们监狱学研究在这一方面大有文章可做。这就要求我们在监狱学研究中加大"法治"的研究分量和力度，立足于实、建构于新、潜心于深，以不断推出监狱科研在打造法治监狱的连台好戏。

## （二）从监狱安全思维转向提升改造质量思维

应该看到，长期以来，我国监狱工作的目标和宗旨是比较明确的，尽管不同时期有不同提法和表述，但始终没有偏离改造人这根红线。当然，由于监狱体制、经费保障等条件的制约，监狱改造人这一职能的履行受到不同程度的影响，特别是在计划经济体制向市场经济体制转轨的前期，监狱改造人职能的履行受到了经费的严重制约，在面临生存环境的前提下，监狱不可能也无力把监狱的中心工作放在注重改造工作、提高改造质量上来。经过多年的上下努力，监狱的布局、建设和财政保障有了很大改观，但监狱尚未真正形成以提高罪犯改造质量为中心的工作格局。特别是在当前狱内在押犯构成日益复杂、惩罚与反惩罚、改造与反改造斗争日趋复杂的情况下，监狱的不安全系数在加大，客观上也使监狱安全成了监狱工作的重心。监狱安全成为评价工作的杠杆，成为监狱最主要的工作。② 甚至有的领导提出监狱安全"零事故""零发生"，"绝对不能发生安全事故。安全事故发生了就是一风吹，一失万无。"③ 应该看到，维护监狱安全是监狱工作必须履行好的重要工作职责，将监狱安全作为监狱工作的前提、基础和保障是很重要的，但监狱说到底还是为改造罪犯，提高罪犯改造质量服务的。另外，对于维护监狱安全而言，就监狱安全抓监狱安全，一味地"严防死守"还是属于较低层面的，用改造人的监狱工作宗旨相衡量效果也是不尽如人意的。根据有关研究，近年来监狱安全成绩逐年提高，但犯罪率却

---

① 参见安徽"现代监狱发展理念"课题研究开题报告。（2015年3月）
② 参见刘保民、张庆斌：《从安全模式到质量模式：现代中国监狱之构架导向》，载于爱荣主编：《监狱评论》第2卷，法律出版社2008年版，第5—6页。
③ 杜微家：《监狱工作六个怎么看》，载《上海警苑》2014年第1期。

居高不下，两次以上判刑的人数持续增加，所占比例也不断上升。① 这似乎反映出近年来高压下的监狱安全观在客观上削弱和分散了监狱以及干警的教育改造职能，也在一定程度上给罪犯改造质量的提升带来了负面影响。

必须清醒地看到，监狱安全固然重要，但绝不能就安全抓安全，挤压改造。有的地方甚至提出罪犯群体非正常死亡率、事故率等无限接近于零，这背离了常理，脱离了客观现实。在监狱安全的高压态势下，监狱干警动辄得咎，终日处于惶惶不安之中，也不可能把更多心思放在改造上。而在新形势下，特别是在以习近平同志为总书记的党中央提出"四个全面"战略布局的态势下，党和国家对监狱工作的发展提出了新的更高要求，那就是监狱要充分发挥职能作用，紧紧围绕改造人做文章，切实提高罪犯改造质量，为维护社会和谐稳定，为人民安居乐业做出新的贡献。形势的发展迫切要求监狱工作要实现由安全为重到以改造为重。而要实现这个转变，除了外部所应具备的良好条件和机遇外（如上级部门设置合理的监狱安全最低标准，有一定的弹性，使监狱干警不必过于担心会随时因监管安全追究责任），关键是思维方式的转换，即从监狱安全思维转向提升改造质量思维。这不仅是更好履行监狱职能的需要，是社会和公众的新期盼和新要求，也是符合罪犯本人长远利益需要的。而要实现这个转变，在监狱学研究中，就要不失时机地加大研究力度，加快探索步伐，为监狱由安全到改造质量提升的转型提供理论准备和智力支持。其中，特别需要在理论上搞清楚的问题，如科学认识监狱安全与监狱改造的关系问题，要弄清楚监狱安全是工作底线，不是工作目标，两者不能混淆，不能让安全束缚了罪犯改造的手脚。抓监狱安全，不能不加分析地、简单地就事论事论安全，要科学认识安全事故，制止它、防御它、让它少发生，最好不发生，如果发生也要视情处理，不宜不分青红皂白对涉事干警统统严办。再如，要研究如何基于罪犯群体的客观特殊性，结合社会所发生事故的平均水平，给监狱安全事故一定的包容度。另如科学认识罪犯问题、如何体现以人为本的治监理念问题、如何合理定位罪犯劳动的功能问题、如何凸显个别化教育改造问题、如何做好监狱改造与社会安置帮教的有机衔接问题等等。总之，要在研究中切实从监狱安全思维转向提升改造质量思维，要通过研究与探索，形成有助于破解监狱工作瓶颈，推进工

---

① 参见王明迪：《关于贯彻"首要标准"的若干问题》，载《中国监狱学刊》2009年第3期。

作健康发展的高质量的成果，切实为形成以改造罪犯为中心，全力提升改造质量的全新的监狱工作格局发挥应有的作用。

### （三）从封闭式思维转向开放式思维

在人们的印象中，监狱就是人类社会的一个"孤岛"，高墙、电网、武装警卫，这些外在符号象征着对罪犯自由的剥夺，这也是他们为各自所犯罪行应付出的代价。但与此同时要看到，正因为这个特殊的环境，容易形成高度的封闭，往往被外界看作神秘的地方和受苦受罚的地方。

随着监狱行刑理念的进步特别是行刑社会化的提出，随着市场经济的发展和政治文明、法治文明的深入，监狱不再是一座"孤岛"，而呈现出一种面朝社会开放的态势。

但由于长期监管工作所形成的惯性，加之安全压力和干警在监狱说一不二的特殊地位，容易使得监狱干警甚至包括一些领导以封闭为常态，如果开放反倒觉得不习惯，结果导致一些监狱干警滥用职权，把监狱弄成"法外之地"。近年来，从"洗澡死""噩梦死""洗脸死"等离奇死亡，到重刑犯从容越狱、服刑人员吸毒、伪造假资料假释、花钱赎身等乱象，到健力宝前董事长张海违法减刑、黑龙江讷河监狱丑闻的陆续曝光等，这些都真切地告诉我们，监管工作只有从封闭式思维转向开放式思维，才能主动适应形势发展需要。

在深入推进依法治国的时代背景下，"构建开放、动态、透明、便民的阳光司法机制"[①] 已成为共识。尽管监狱管理有一定的特殊性。但由封闭走向开放是大势所趋。在新形势下，监狱要主动适应，转换思维方式，主动融入社会环境中，提高监狱工作的社会化水平。

在这种大背景下，要求监狱学研究也必须从封闭型思维转向开放性思维，要保持一种开放的姿态，一方面要积极主动地适应国际行刑发展的趋势，即行刑社会化的趋势，对外积极借鉴人类狱制文明成果，汲取当代各国特别是发达国家监狱治理的先进经验，推动监狱治理现代化的步伐；另一方面要加大对狱务公开的研究力度，以提升监狱干警坚持以公开促公正，以透明保廉洁的意识，增强主动公开、主动接受监督的意识。虽然进入新世纪以来监狱系统在狱务公

---

① 《中共中央关于全面推进依法治国若干重大问题的决定》（四、保证公正司法，提高司法公信力）。

开上做了一定工作,但尚处于起步阶段,与《中共中央关于全面推进依法治国若干重大问题的决定》的要求相比还有较大距离。今后应加强这一方面的研究,进一步明晰狱务公开的法理基础,界定狱务信息的属性、狱务公开的原则、狱务公开的范围、狱务公开的形式等,并将成果转化于实践,以更好地指导实践。让阳光照进监狱,让监狱治理在阳光下运行,让暗箱操作没有空间,让司法腐败无法藏身,让全社会包括罪犯及其亲属更多地了解、支持和监督监狱工作。再一方面,面对信息社会铺天盖地的大数据,要有善于识别、吸收、消化的能力和排污能力以及善于同社会上多种媒体打交道的能力,这一方面也需要在监狱理论研究中有所关注,以使得监狱工作在应对突发事件上牢牢把握住舆论导向的主动权。

### (四)从象牙塔思维转向实践思维

马克思有一句名言:"哲学家们只是用不同的方式解释世界,而问题在于改变世界。"[1] 它已被选用为马克思在伦敦海格特公墓的碑文。这句话道出了马克思从事哲学等理论研究不同于以往哲学家的终极追求,那就是理论研究必须扎根实践、服务实践、指导实践,对现实有所改变。监狱学的研究同样要根植于实践的沃土,要在关注和解决现实问题中体现自身价值,这就必须在思维方式上从象牙塔思维转向实践思维,从书斋中走出面向监狱工作实践,深入基层一线,从广大监狱干警具体生动的监狱工作实践中提炼研究题材,汲取思想营养,为解决现实问题提供思路与良策。

应该看到,在监狱学研究中,梳理文献资料、对有关监狱思想发展的历史进行理性分析和逻辑归纳是必要的,但仅止于此,脱离了监狱实际,就难免流于空泛。令人遗憾的是,我国监狱学研究与其他学科领域发展水平相比,在对实践指导的影响力方面还存在着不小的差距。这些差距主要表现为,现有的监狱学理论还不能对长期得不到真实解决的重大监狱实践问题和社会转型时期面临的监狱发展新问题作出令人满意的回答(如罪犯劳动和改造的关系一直到现在也没有很好解决,基于对经济效益的追求,监狱罪犯的劳动至今仍未真正回到其始意义上的改造手段的地位);现有的监狱学理论尚不能令人信服地解释正在发生的监狱行刑与改造等诸多现象;研究中提出的监狱工作设想还不能成为

---

[1] 《马克思恩格斯全集》第 3 卷,人民出版社 1960 年版,第 6 页。

现实地解决重大监狱工作问题的可操作性的方案。这些问题值得我们反思：监狱学要真正走向繁荣，有旺盛的生命力，能够切实指导和服务于实践，其中的关键就是要在思维方式上从象牙塔思维转向实践思维。要使监狱学的研究成果确有成效，就必须牢固树立实践思维，深入监狱工作实践，主动地去接地气，走近基层干警，从而把理论性和实践性、可操作性有机统一起来，为问题的解决找到现实通道。特别需要指出的是，要在监狱学研究中转向实践思维，在研究方法上，要注重实证的研究方法，而这一点我们以往是做得很不够的。在民国时期，就有学者十分重视实证研究，如严景耀先生于20世纪20年代，不惜"作践"自己的高贵身份，前往京师第一监狱"屈尊"为"志愿囚徒"亲尝铁窗风味，运用实证研究的方法，对中国的犯罪和监狱问题进行了研究，其《北平犯罪之社会分析》《中国监狱问题》《北平监狱教诲与教育》《北平犯罪调查》《中国的犯罪问题与社会变迁的关系》等一系列重要的犯罪学、监狱学论著的完成无不与其身临其境的经历和扎实的实证研究相关。可惜新中国成立后一段时期由于种种原因有所断裂。近些年来有所好转，但停留在口头上的多，真正在研究中，在实践中运用的少。而当下的罪犯结构和监狱改造，其问题较前更为复杂，研究也显得非常迫切，极为需要监狱学理论研究多深入监狱一线，从实证研究的角度帮助解决实践问题，同时也可以提高研究成果的学术性和权威性。

在新形势下，监狱学研究在思维方式上从书斋中的理论层面转向到监狱工作实践层面，让监狱学的研究更加"接地气"，服务于监狱工作的发展和整个经济社会的发展，提升理论的现实价值，这既是我国监狱学研究义不容辞的职责，也是中国特色监狱事业改革与发展实践的呼唤。

### （五）从点状分析思维转向整体综合式思维

从发生学的意义上看，点状式思维在人类早期认识阶段就已经出现并被使用，这是一种比较初级和幼稚的思维，其最显著的特点是就事论事、点对点，不能发现不同事物之间的内在联系，做到由此及彼，更难以做到举一反三。从具体形态上看，点状式分析思维是一种片面的思维方式，只看到表面上的、零星的、碎片化的东西，而没有往深处追究，探求事物的起源和真实本质，对以往成功和失败的事情不清楚原因，在处理相同或类似的问题时就像之前没见过一样，以往的经验起不了什么作用。"只见树木，不见森林"是对这种思维方式最形象的描述。

点状式分析在监狱学研究中可以说是屡见不鲜。强调某一方面，就会自觉和不自觉地放大。如一讲狱务公开，似乎全监狱什么工作都要和它挂起钩来；一讲循证矫正，还没有弄清楚是怎么一回事，就开始大力推广，其他监狱改造工作都要为它让路。结果是强调的这个点孤立于其他点，缺少彼此关联，效果也不会好到哪里去。

作为一种思维方式，整体综合式思维强调整体的视角。它主张把某一部分始终置于整体的背景框架中进行思考，要求用整体来说明局部，它强调整体内不同要素的综合融通，而非不同要素的累计叠加。这种思维方式强调，如果只关心监狱学学科的某一视角、维度、方面，很容易丧失对学科整体的把握。

整体综合式思维方式的出现，打破了以往监狱学研究中已成传统的点状式思维与割裂式思维，它反对将监狱学研究与社会割裂开来，而是放在整个社会大的背景乃至世界大的背景下加以考虑。具体地说，这种思维方式的优势体现在以下几个方面：

第一，它意味着监狱学的研究要用整体的观点作统领。一是要把监狱看成社会的一个子系统，是社会的一个组成部分，受社会制约、为社会服务，监狱制度的任何改革和创新，都必须服从宪法和法律，考虑到社会效果，并与中国的国情和主流文化相吻合。二是当下需要在中国社会转型的整体背景下认识监狱学转型与变革问题。需要在中国监狱转型的整体背景下认识监狱学研究思维的转型与变革问题。要善于将监狱学研究融入整个中国社会、整个监狱转型的这一整体背景之中，要看到监狱学研究思维方式的成功转型对于现代监狱乃至中国社会转型的积极贡献，要在整体策划的基础上，具体策划、组织本学科的转型与发展。

第二，它意味着要在整体与部分的联系中，认识相互之间的联系。如监狱学的转型与发展，不是各个部分的简单拼凑，不能把总体或系统的认识还原为对组成它们的简单部分或单元的认识，而是要意识到整体是部分有机综合的结果，要运用整体综合思维方式，认识具体的基础理论、应用理论以及各分支学科建设等方面的具体价值。在监狱学的各个环节的把握上，认识到它与整体的关联，在此基础上，形成新的学科体系。

第三，在整体综合式思维的指导下，在监狱学研究中，还要意识到"整体大于部分之和""整体小于部分之和"等新思路。尊重整体的独特性和部分的独特性。整体对部分的影响，是渗透于部分之中的，因此要将整体意识渗透到部分之中，并密切关注整体层面的基本问题、核心问题，不因各部分、具体繁杂而丢弃整体，又不因外部整体背景的影响而丢弃自己作为"部分"的独特。这样一来，就能在监狱学研究中，通过把握各个研究方面的共同指向与相互之间的交互作用，来抓住监狱学研究中的根本性问题，这样的研究就不会是散乱的，才会形成正向合力。总之，从点状分析思维转向整体综合式思维，要求监狱学研究一方面要关注整体性问题的研究，另一方面要关注各个具体问题的研究，做深、做新、做细、做特，从而使两个方面相互促进。

### （六）从结果式思维转向过程式思维

结果式思维，顾名思义，关注的是事情的结果，是以结果为起点和终点的思维方式。结果的状态成为这种思维方式衡量一切的指标和参照系。在现实生活中，我们不难发现，结果主义非常盛行，认为"结果即全部，其中的过程和动机都不重要"①。

结果式思维在监狱学研究与监狱工作实践中有不少具体表现。例如，进入新世纪以来，"科研热"在不少监狱兴起，许多监狱以主持或参与各级相关课题研究为荣，甚至提出要让每个干警写文章，成为专家，有的监狱门口挂上若干个研究基地的牌子。在做课题的过程中，考核和评价的目标，主要围绕发表了多少论文，获得了什么级别的科研奖励等等。而一旦论文发表，课题结项，就往抽屉里一锁。

再如，近几年在研究提升罪犯改造质量的过程中，甚至一度高层的注意力就是看刑释人员重犯率甚至将其定为衡量监管工作的首要标准，却很少考虑实现重犯率降低的过程以及所涉及的诸多制约因素。这样一来，这个首要标准招致了许多非议，在实践中的效果也大打折扣。

与结果式思维相对的是过程式思维。过程是它的参照系和思考支点。过程式思维假设"过程对监狱学研究有着不可替代的重要价值"，因此，它将过程看作理论研究的本质特性，倾向于在理论研究时，不仅要思考研究什么，还要考虑如何使研究发生。由此，它颠覆了传统的实体式本质主义思维，颠覆了监狱学研究运动式、一阵风、一蹴而就的结果式思维方式。

---

① 〔日〕松野丰：《中国人的"结果主义"》，载《瞭望东方周刊》，转引自《大家文摘报》2012年7月27日第18版。

## 守望与超越
变革时代下监狱理论与实践探析

　　主导过程式思维是这样一种预设：监狱学的研究是一个复杂的过程系统，隐藏着许多需要探索的规律，因此不要主观地按照事先设计好的条条框框去证实其合理性，而是要通过在研究过程特别是在实践中的调查研究得出的结论来说明理论的真实性和可靠性。而现实中不少研究还停留在"领导提出发展课题，专家学者寻找理论依据，基层民警疲于应付的状态"①。这种结果式思维只能认定其毫无实事求是之意，大有急功近利之心，往往会"为达目的不择手段"，甚至不惜移花接木、编造数据，这在监狱科研中都是不难发现，甚至见怪不怪的。可想而知这种"结果"的真实性、可靠性和科学性到底如何。因此，要实现监狱学研究的转型与变革，其思维方式务必要从结果式思维转向过程式思维，让监狱学有关课题的研究始终置于过程的浸润之中。

　　上述六种需要转换的思维方式，彼此之间也有内在关联，是相互交织的关系而不是彼此割裂的关系，再加上监狱学研究所面对的监狱转型与变革本身的复杂性、独特性、多变性和艰巨性。因此，必须综合把握上述六种需要转换的思维方式，从多角度、多层面推进监狱学的转型与变革，进而推进监狱的转型与变革以及整个社会的转型与变革。

（原载《河南司法警官职业学院学报》2016年第1期）

---

① 杜微家：《监狱工作六个怎么看》，载《上海警苑》2014年第1期。